RICHELIEU

La raison de l'État

RICHELIEU

La raison de l'État

par Françoise Hildesheimer
Conservateur général du patrimoine
aux Archives nationales, professeur associé
à l'université Paris I Panthéon-Sorbonne

ILS ONT FAIT LA FRANCE

Une collection dirigée par
Max Gallo
de l'Académie française

L'ambition de la collection « Ils ont fait la France », dirigée par Max Gallo, est de présenter les grandes figures de notre histoire.
Personnages d'exception, à la fois légendaires et terriblement humains, ils ont inspiré historiens, écrivains, penseurs et journalistes… Bâtisseurs, législateurs, héros mythiques ou chefs de guerre, leur empreinte reste vive dans la France d'aujourd'hui.

Directeurs scientifiques :
Martin Aurell, Didier Le Fur, Guy-François Le Thiec.

Crédit couverture : © Stapleton Collection/ Corbis.
Crédits illustrations intérieures : p. 21 : Tableau de Joseph-Nicolas Robert-Fleury, p. 47 : Tableau de Philippe de Champaigne, p. 49 : © Rue des Archives/ Tal ; p. 25 : Gravure d'après un tableau de Henri Motte, p. 36 : Gravure par Vosterman d'après Van Dyck : © Rue des Archives/ Mary Evans ; p. 33 : Tableau de Philippe de Champaigne : © Rue des Archives/ RDA ; p. 18 : Tableau de Frans Pourbus le Jeune, p. 44, p. 52 : Tableau de Philippe de Champaigne, p. 61, p. 71 : DR ; p. 66 : Carte réalisée par Lézarts Création ; p. 12 : © Getty Images/ Photos.com.

Les textes présentés ici sont retranscrits d'éditions originales, pouvant comporter d'anciennes graphies.

Projet développé par :
Le Figaro et *L'Express*

ISBN : 978-2-8105-0410-7 (collection)
ISBN : 978-2-8105-0421-3 (volume XI)

Préface
de
Max Gallo

« L'infernal Cardinal ! », se serait exclamé Louix XIII, en 1641, s'emportant contre Armand Jean Du Plessis duc de Richelieu (1585-1642), son principal ministre.

Cependant, au lendemain de la mort du Cardinal – le 4 décembre 1642 –, le roi s'adressant aux ambassadeurs déclare : « Je ressens très vivement, comme vous le voyez, la mort du Cardinal. Je veux être constant et ferme dans les maximes et les avis du susdit seigneur Cardinal et je veux que toutes choses restent comme elles sont, sans les modifier. Je veux me servir des mêmes ministres, et comme le cardinal de Mazarin est, plus que les autres, au courant des projets et des maximes du cardinal de Richelieu, j'ai voulu l'agréger à mon conseil. »

Mazarin – l'homme lige de Richelieu – gouvernera en maître jusqu'à sa mort, en 1661. C'est alors seulement que Louis XIV – initié au fonctionnement de l'État par Mazarin – prendra les rênes du pouvoir. On mesure ainsi l'importance décisive de Richelieu – il est entré au conseil du roi en 1624 et est devenu en 1629 le principal ministre de Louis XIII – dans la construction de l'État monarchique. Son influence – directe, puis posthume – s'est exercée durant près de quarante ans. Il occupe même une place unique dans notre mémoire nationale. Il est entré dans notre légende repoussant dans la pénombre le roi. Il est l'une des figures familières de notre iconographie. On le voit arpentant la digue qu'il a fait construire pour assiéger La Rochelle, la cité protestante. Il est évêque depuis 1607 (nommé par Henri IV), cardinal en 1622, mais il a la silhouette d'un chef de guerre : cuissardes, épée au côté, armure serrant son torse, fin collier de barbe soulignant les traits de son visage émacié.

Il a fasciné ses contemporains. L'ambassadeur de Venise écrit : « Le Roi est monarque en France mais le Cardinal est le vrai maître. » Le duc de Buckingham – qui commande la flotte anglaise chargée de secourir les huguenots de La Rochelle – ne cache pas qu'à ses yeux « monseigneur le Cardinal est le premier homme du monde ». On l'admire donc. Richelieu d'ailleurs, par inclination, s'est attaché des gens de plume. Il a favorisé Théophraste Renaudot, qui, en 1631, lance le premier périodique, *La Gazette*, où l'on soutient la politique du Cardinal. En 1635 il parraine la création de l'Académie française, où se rassemblent les auteurs dont les œuvres et le prestige influencent l'opinion et célèbrent le Cardinal.

On le craint aussi. Il fait trancher les têtes des grands seigneurs qui conspirent. Il a brisé la résistance de La Rochelle. « La ville, écrit Richelieu, n'est plus peuplée que de squelettes, fantômes vains, morts respirant plutôt qu'hommes vivants. » Il est impitoyable avec les *Croquants* de Guyenne, et les *Nu-Pieds* de Normandie, pauvres affamés qui se sont rebellés.

Et sa poigne, sa dureté entretiennent sa légende. Lorsque Victor Hugo veut, dans sa pièce *Marion Delorme,* camper le Cardinal, il écrit :

« Regardez tous, voilà l'homme rouge qui passe,
Sa pourpre est faite de gouttes de leur sang. »

Et qui peut oublier les pièges que tend le Cardinal à la reine de France, *les Trois Mousquetaires*, les gardes du Cardinal, le duc de Buckingham tels qu'Alexandre Dumas les a imaginés et mis en scène ?

En fait la personnalité du Cardinal est plus complexe que ne le dit la légende, et son pouvoir plus précaire qu'on ne le croit.

Homme d'Église – même s'il a été d'abord destiné au métier des armes –, Richelieu place sa vie, ses actions, sa conception de l'État dans la main de Dieu. Il l'affirme dans son sermon de Noël 1608, alors qu'il n'est encore que l'évêque de Luçon, ce « gros bourg de deux mille âmes », l'évêché « le plus crotté de France ». « La paix, dit-il, est en nos cœurs lorsque la raison commande comme reine et maîtresse, que la partie inférieure qui contient le peuple de nos appétits obéit, et que toutes deux se soumettent à la raison éternelle de laquelle la nôtre emprunte ce qu'elle a de lumière. »

Plus tard dans ses *Mémoires*, il précisera : « Pour bien commander aux hommes qui sont leurs sujets, les rois obéissent à la raison, qui est un rayon ou une impression que nous avons de la divinité, et à la loi, qui nous enseigne que Dieu est le Roi primitif et les rois ne sont que les ministres de son royaume. »
Dès lors Richelieu a conscience que son pouvoir ne dépend que du bon vouloir du roi. Il peut être à chaque instant révoqué et d'autant plus que les Grands, la reine mère, Marie de Médicis, puis la reine de France, Anne d'Autriche, combattent la politique du Cardinal, qui vise précisément à « rabaisser l'orgueil des Grands », à les faire plier devant le pouvoir monarchique. À cette orientation traditionnelle de la politique des rois de France, Richelieu donne une impulsion déterminante. Mazarin la poursuivra malgré la Fronde, puis Louis XIV, à Versailles, la magnifiera. Mais Richelieu l'incarne le premier avec cette rudesse : les têtes des grands roulent. « Sa pourpre est faite de gouttes de leur sang. »

Cette prééminence du roi, Richelieu veut qu'elle s'affirme aussi à l'égard du « parti huguenot », qui depuis l'édit de Nantes a constitué un « État du dedans », dont ses villes fortifiées sont les points d'appui. « Il faut sur toutes choses, écrit Richelieu, achever de détruire la rébellion de l'hérésie. » Les villes protestantes tombent, leurs fortifications sont rasées. Mais l'édit d'Alès (1629) précise que la liberté du culte protestant est maintenue. Il n'empêche, ce chemin peut conduire à la révocation de l'édit de Nantes. Ce sera fait en 1685 par Louis XIV.
Richelieu ne l'a pas voulu. Homme d'Église, sa politique est en fait guidée par la raison d'État : à l'intérieur du royaume, briser toutes les résistances au pouvoir monarchique ; à l'extérieur mener une « guerre couverte » contre les Habsbourg et l'Espagne, et s'appuyer s'il le faut sur les forces protestantes : Gustave II Adolphe de Suède. Le cardinal de Richelieu refuse ainsi de conduire une politique « catholique », héritier en cela de François Ier et d'Henri IV.
L'opposition à ce choix est conduite par les Grands et la reine mère. Ils font le siège du roi, évoquent le temps des guerres de Religion, l'assassinat d'Henri III et d'Henri IV. Et Louis XIII semble les écouter. Les Grands croient triompher : ce sera la « journée des

Dupes ». Le roi renouvelle sa confiance à Richelieu : « Vous savez ce que je vous ai dit plusieurs fois, lui déclare-t-il, que si je vous avais perdu il me semblerait être perdu moi-même ? »
Partie gagnée pour Richelieu ? Il lui faut briser une nouvelle conjuration – celle de Cinq-Mars – puisque le roi s'est épris de ce jeune marquis. Richelieu mènera un combat exténuant pour obtenir la tête de Cinq-Mars, qui conspirait avec l'Espagne.

Mais, cette « victoire », Richelieu sent bien qu'elle l'a éloigné du monarque dont tout dépend.
La maladie, qui l'a harcelé sa vie durant, l'emporte. Il a 57 ans. Le 2 décembre 1642, deux jours avant sa mort, il écrit à Louis XIII : « Sire, voici le dernier adieu : en prenant congé de Votre Majesté, j'ai la consolation de laisser votre royaume dans le plus haut degré de gloire et de réputation où il ait jamais été et tous vos ennemis abattus, humiliés. »

« L'infernal cardinal », avait dit Louis XIII. Un courtisan note : « Le roi a agi de si bonne sorte en la maladie et la mort du Cardinal qu'il en a été admiré de tout le monde [...] Mais dans son âme il en était fort aise et fut ravi d'en être défait, il ne le nia point à ses familiers. »
Dans ses *Mémoires* le Cardinal avait écrit, lucide, comme une réponse anticipée aux propos du roi : « J'ai eu ce malheur que ceux qui ont pu beaucoup dans l'État m'en ont toujours voulu non pour aucun mal que je leur eusse fait mais pour le bien qu'on croyait être en moi. »
« Ce n'est pas d'aujourd'hui que la vertu nuit à la fortune et que les bonnes qualités tiennent lieu de crimes. »

C'est cependant le cardinal Armand Jean Du Plessis duc de Richelieu qui vit dans notre mémoire et notre imaginaire au premier rang de ceux qui ont fait la France.

Max Gallo

Sommaire

Choix de textes (extraits)

Richelieu, faits et dates

Un portrait démesuré

Tout le monde connaît de vue Richelieu. Pour la postérité, il pose, royal, immortalisé par Philippe de Champaigne. C'est une image unique lissée, officielle et hors du temps.

L'homme est mince et nerveux, le teint pâle, le visage anguleux et le nez aigu.

La *capa magna*, grandiose et simple, sorte de costume du sacre, en fait une véritable statue, la main droite tendue tenant la barrette équivalant à un bâton de commandement.

L'image est d'une saisissante simplicité, d'où le regard, signifiant l'intelligence, et l'autorité tombent sur le spectateur, qu'il toise.

Image proprement scandaleuse : dans la majorité de ses portraits, le Cardinal est en effet figuré en pied, donc debout, faisant fi, par une singulière audace, des conventions qui fixaient la représentation des personnages en fonction de leur qualité sociale et réservait celle-ci au roi et aux grands, la position assise étant affectée aux princes de l'Église.

Philippe de Champaigne n'a pu déroger à une tradition bien établie sans l'assentiment, sinon l'ordre, de son modèle : l'insistance porte sur le costume et la position ; un cardinal certes, mais seul et en posture royale.

C'est ainsi qu'il veut et poser pour la postérité et se contempler en ses portraits de lèse-majesté, qui sont la grandiose mesure de sa déraison d'État.

La carrière de cette image solitaire et quasi royale sera sans fin et lui donnera raison en immortalisant un cardinal, pourtant cruellement défini par son venimeux ennemi le pamphlétaire Mathieu de Morgues comme « un singe qui se joue avec des choses précieuses »...

Richelieu par Philippe de Champaigne.

Famille et enfance

Il semble qu'Armand Jean Du Plessis soit né le 9 septembre 1585 à Paris (une tradition moins vraisemblable le fait naître à Richelieu) dans une famille de bonne noblesse originaire des confins du Poitou et de l'Anjou, qui avait su faire carrière à la cour et nouer d'utiles alliances. Son grand-père, Louis Du Plessis, avait épousé Françoise de Rochechouart. Le cardinal de Retz, témoin peu suspect de complaisance, écrira : « Richelieu avait de la naissance » ; ce qui met à mal une légende tenace : celle de sa naissance obscure au sein d'une famille de très petite noblesse. « Le père du cardinal de Richelieu était fort bon gentilhomme », écrira sans réserve dans ses *Historiettes* Tallemant des Réaux, pourtant la méchante langue que l'on sait. Ce père, François, pour s'être rendu coupable du meurtre d'un voisin, lui-même meurtrier de son frère aîné, avait dû s'expatrier et avait rejoint le duc d'Anjou, alors roi de Pologne. À l'avènement de celui-ci au trône de France sous le nom d'Henri II, il obtient la charge de prévôt de l'Hôtel, puis de grand prévôt de France (autrement dit chef de la police et de la justice de la cour). Le meurtrier s'était métamorphosé en responsable de l'application de la loi et était fort bien introduit dans l'entourage proche du roi de France. À la mort d'Henri III, il sut manifester une fidélité précoce à Henri IV, qui le confirma dans sa charge et le nomma de surcroît premier capitaine des gardes. Sa carrière prit fin brutalement le 10 juin 1590, à Gonesse, où une fièvre pernicieuse l'emporta à l'âge de 42 ans. Armand Jean avait 5 ans.

Bien que cadet il vient au monde sous de très favorables auspices : loin d'être un nobliau provincial désargenté que rien ne destinait à l'exercice du pouvoir auprès du roi et qui s'y serait poussé par pure ambition personnelle, il est tout simplement le représentant exemplaire d'une famille et d'une classe sociale qui ont vocation à servir dans le proche entourage royal et entendent s'y maintenir. Sa naissance se situe précisément à l'apogée de cette ascension qui avait fait du grand prévôt non un favori du roi, mais l'un des tout premiers personnages du second cercle de ses familiers. Sa mère, quant à elle, est une fille d'avocat ; à côté de la noblesse d'épée qui compte dans ses rangs les Du Plessis, d'ancienne origine et à vocation militaire, elle incarne une seconde noblesse, dite « de robe », composée de ces hommes fortunés, d'extraction bourgeoise, qui s'affirment dans la société par l'acquisition d'offices – de charges publiques –, en se faisant agents du roi en matière judiciaire et financière ; ils représentent bientôt d'indispensables auxiliaires de l'État, et, par d'habiles et sonnantes alliances, pénètrent au sein des plus illustres familles pour en réargenter le blason. En cela, l'ascendance sociale du futur cardinal-ministre est bien caractéristique de son époque, qui est marquée par la réorganisation de l'élite sociale. Et ce sont des circonstances temporaires qui, ayant interdit au grand prévôt de gérer sa fortune de manière suivie et d'en percevoir les revenus, plongent à son décès sa famille dans une situation difficile. Une telle imprévoyance correspond à son statut de noble ; ce n'est qu'avec la mort inopinée du chef de famille au moment où ses finances étaient au plus bas que, de glorieuse, la famille Richelieu devient nécessiteuse. C'est pourquoi sa jeune veuve est contrainte de regagner le château de Richelieu, cadre d'une vie moins dispendieuse, qui sera celui de l'enfance d'Armand Jean, entre sa mère et sa grand-mère, dans une province, le Poitou, en proie aux troubles des guerres civiles.

Forts de leur culture psychanalytique, les historiens contemporains ont irrévérencieusement tenté de pénétrer dans le subconscient de l'enfant. Ils évoquent les images parentales qui l'ont sans doute marqué de manière indélébile : l'enfant fragile couvé par sa mère, avec qui il pourrait s'être identifié, aurait ainsi développé une personnalité féminine, maternelle, dans le cadre d'un modèle social qui faisait la plus large place à l'autorité paternelle. Or son père, significativement surnommé « Tristan l'Hermite », qui cumulait violence, tristesse, opportunisme politique, imprévoyance financière, avait été un absent pour ses enfants. C'est donc la mère, veuve impécunieuse, qui se débat dans les difficultés, subit la tutelle de sa belle-mère, supplée ces carences masculines et joue le rôle actif de soutien de famille, de leader de la politique de promotion familiale, rôle qu'il reprendra et poursuivra avec talent. Il lui doit assurément son caractère d'actif anxieux, sans cesse en mouvement, cette horreur des dettes et son souci de sa famille. Pour s'arracher à la gêne financière qui a marqué son enfance, il lui faudra se distinguer, attirer l'attention du roi, et l'origine de son ambition se trouve dans l'amour de l'enfant pour cette mère triste et soucieuse qu'il veut délivrer de ses peines.

De santé fragile (il demeurera toute sa vie accablé de maux divers), le cadet est, malgré tout, normalement destiné à la carrière des armes. C'est son oncle maternel, le chevalier de Malte Amador de La Porte, qui se charge de ses études et le fait admettre au collège de Navarre à Paris, où il manifeste une évidente aptitude aux études ;

parallèlement, il s'initie au métier des armes et à la vie de cour à l'académie du gentilhomme dauphinois Pluvinel.

L'évêché crotté

Rapidement la carrière de celui qui était alors dénommé marquis du Chillou prend une tout autre orientation. La vocation monastique de son frère Alphonse, d'abord destiné à l'évêché de Luçon et qui préfère se faire chartreux, est susceptible de porter un grave coup aux intérêts de sa famille, à laquelle cet évêché procure l'essentiel de ses revenus. Pour éviter cette catastrophe, « pour le bien de l'Église et la gloire de [son] nom », Armand Jean n'hésite pas un instant, et, à 17 ans, se remet à l'étude. En 1606, il est nommé par le roi évêque de Luçon. Comme il n'a pas l'âge nécessaire, il lui faut obtenir une dispense du pape ; dans ce but, il se rend lui-même à Rome, où, le 17 avril 1607, il est sacré par Paul V. Aussitôt, il rentre à Paris (où il aurait soutenu des thèses à l'épigraphe prémonitoire : *Quis erit similis mihi ?* [« Qui sera semblable à moi ? »]). Le 31 octobre, il est membre du collège de Sorbonne. Il lui reste quelques mois pour se créer des relations à la cour, où son frère aîné, Henri, est particulièrement en faveur auprès du roi Henri IV. Puis il gagne son évêché de Luçon.
C'est dans sa relation à sa mère, qu'il lui fallait soulager financièrement, ainsi qu'à son père et à son frère aîné, qui lui avaient montré la voie dans l'accession à la faveur royale, que s'ancre cette subite vocation, et il n'y a pas lieu de lui attribuer un quelconque cynisme machiavélique : dans l'esprit du temps, une telle carrière s'offre au libre choix de tout chrétien sans impliquer un appel mystique exceptionnel ; elle n'a rien que de normal.
L'évêché sort des troubles de la Ligue : les cloches de la cathédrale sont brisées, son clocher est brûlé, ses voûtes s'effondrent et ses autels sont ravagés. Bref, la reconstruction est à l'ordre du jour du nouvel évêque, qui se qualifie de « gueux », et qui doit tout autant s'établir et soutenir son rang que réformer son diocèse, conformément aux directives et impulsions du concile de Trente. Il écrit : « Je vous puis assurer que j'ai le plus vilain évêché de France, le plus crotté et le plus désagréable. » Car il est très soucieux de l'image qu'il donne, ce tout jeune évêque qui sous l'habit ecclésiastique a conservé l'allure du gentilhomme formé à l'art

militaire et reste toujours prompt à manifester avec fierté, sinon avec vanité, sa science universitaire. En réalité, sa situation n'est pas si catastrophique : ce petit diocèse rapporte à Richelieu 13 000 livres par an (d'où il faut déduire les 4 000 livres concédées à son frère Henri, mais ajouter 2 000 à 3 000 livres provenant de quelques prieurés dont il dispose), ce qui n'est d'ailleurs pas ridicule puisque quelque quarante évêques en France disposent de revenus inférieurs. Le nouvel évêque doit s'y installer et trouver les moyens de tenir son rang avec des ressources réduites, négocier des accommodements financiers avec ses chanoines, user de ses relations parisiennes pour obtenir à ses administrés dégrèvements fiscaux et secours. Surtout, il lui incombe d'y mettre en œuvre les dispositions du concile de Trente dans le cadre de la réforme catholique. Il se livre à cette tâche avec conscience et ponctualité, du moins dans les premières années de son épiscopat, visitant son diocèse, se préoccupant de l'instruction de son clergé et des fidèles, de l'implantation des ordres religieux, de la création d'un séminaire... C'est de cette époque que datent ses premiers contacts avec Pierre de Bérulle, fondateur de l'Oratoire, qui s'implante à Luçon, ainsi qu'avec un capucin, François Le Clerc du Tremblay, père Joseph, personnages que l'on retrouvera au temps de l'entrée en politique.

Mais, peu à peu, des activités autres que pastorales sollicitent le jeune prélat. En 1610, il cherche à représenter la province ecclésiastique de Bordeaux à l'assemblée du clergé, mais, en dépit de savantes et insistantes intrigues, subit un cuisant échec. Il est fort sensible aux perspectives ouvertes par l'assassinat d'Henri IV et cherche maladroitement et vainement à attirer sur lui l'attention de la régente, Marie de Médicis. En 1614, il parvient à ses fins et est élu aux états généraux convoqués à la majorité du roi Louis XIII. Il y trouve la première occasion de se mettre en évidence et de compléter son instruction politique.

Mais il faut largement nuancer le traditionnel portrait de « Rastignac mitré » que nombre de ses biographes ont dressé de lui : l'ambition de Richelieu doit être mesurée à l'aune de sa situation réelle et non estimée à la lumière de sa carrière ultérieure. Il n'y a pour les contemporains rien de surprenant ni de peccamineux dans ce qui peut aujourd'hui nous apparaître comme une confusion des genres, voire un dévoiement de la mission spirituelle de l'Église au profit d'une prise de pouvoir temporel. Les affaires religieuses sont à son époque tout naturellement des affaires d'État, tout comme paraît normale la vocation des hommes d'Église à une carrière politique. Par ailleurs on ne saurait oublier que, jusqu'à la fin de sa vie et en dépit du poids des affaires, Richelieu ne cessera pas de faire œuvre littéraire de théologien et de controversiste désireux de ramener par la persuasion les protestants dans le giron de Rome. C'est pourquoi suspecter la sincérité religieuse d'un homme qui ne serait qu'un arriviste sans scrupule est anachronique. De plus, retracer le cheminement de sa première accession au pouvoir oblige à faire table rase de l'idée également fausse selon laquelle son talent politique extraordinaire aurait trouvé immédiatement et automatiquement la scène où il pouvait s'exercer au service de l'État, service auquel il aurait été tout naturellement voué. Au contraire Richelieu connaît d'abord une longue période de semi-obscurité provinciale que l'on ne peut ignorer, même si elle est moins glorieuse que la vulgate convenue de l'ascension fulgurante.

Au cours des états généraux (les derniers avant 1789), les trois ordres – clergé, noblesse et tiers état – s'opposent sans être capables de proposer des solutions concrètes aux problèmes du royaume pour, en fin de compte, laisser le champ libre au renforcement du pouvoir monarchique. Tout au long des sessions, le jeune évêque se tient dans l'entourage de l'un des plus illustres prélats français, Du Perron, qui constitue pour lui un éminent modèle. Son âge lui interdit encore de jouer les premiers rôles et ses interventions dans les débats ne sont guère notables. Il y a peut-être de sa part prudence politique et désir de ne pas s'engager durablement dans de grandes controverses, afin de conserver son image auprès de ses protecteurs. C'est sans doute la raison pour laquelle il prononce, le 23 février 1615, la harangue finale du clergé devant la cour : l'évêque de Luçon ne s'est pas compromis par des prises de position ou par des éclats aventureux, et a su maintenir sans heurt ses relations dans les deux mondes de la cour et du clergé. Sa harangue semble avoir été assez habile ; on a pu dire qu'« il avait représenté tout ce de quoi il était chargé avec une extrême discrétion et qu'il avait contenté tout le monde sans offenser personne » et surtout adressé à la reine mère un éloge appuyé et remarqué : « Heureux le roi à qui Dieu donne une mère pleine d'amour envers sa personne, de zèle envers son État, et d'expérience pour la conduite de ses affaires. » Il avait également posé les bases d'un programme de réforme de l'État que l'on retrouvera ultérieurement en des termes analogues sous sa plume : « Le rétablissement de la monarchie dépend de l'observation et de l'accomplissement des lois. [...] Que si on en vient là, toutes choses se feront avec poids et juste mesure. On verra le règne de la raison puissamment établi ; la justice recouvrera

Marie de Médicis (1575-1642).

l'intégrité qui lui est due [...]. En un mot, toute la France sera remise au meilleur état où nos vœux puissent porter, et, ce qui est à noter, avec autant de facilité que je puis dire sa réformation autant aisée qu'elle est juste, nécessaire et pleine de gloire pour Votre Majesté. » Un programme qui inclut aussi la promotion politique des ecclésiastiques qui « sont en effet, ainsi qu'ils doivent être par raison, plus dépouillés que tous autres d'intérêts particuliers, qui perdent souvent les affaires publiques, attendu que gardant le célibat, comme ils font, rien ne survit après cette vie que leurs âmes, qui ne pouvant thésauriser en terre, les obligent à ne penser ici bas, en servant leur roi et leur patrie, qu'à s'acquérir pour jamais, là-haut au ciel, une glorieuse et parfaite récompense ».
On peut penser qu'en prononçant de telles phrases, le jeune évêque ne manque pas de songer au destin politique qu'il veut être le sien. Mais si Richelieu est déjà riche d'expériences sociales utiles, de ses relations à la cour, de son appartenance à l'ordre du clergé et d'une ambition sûre d'elle-même, il lui manque encore une condition nécessaire : l'appartenance à un réseau de clientèle. Et Marie de Médicis, si habilement flattée, devait, dans un premier temps, combler cette lacune.

La longue marche vers le pouvoir

À l'issue des états généraux, la chose n'allait pourtant pas immédiatement de soi et Richelieu regagne son évêché et se retire dans son prieuré de Coussay pour se livrer à des études de théologie. Mais, à Paris, ses amis obtiennent pour lui la charge honorifique d'aumônier de la future reine, Anne d'Autriche. La formation d'un nouveau ministère sous l'influence du nouveau favori de la reine mère, l'Italien Concini, le voit de nouveau à Paris ; ses talents de négociateur sont mis à profit pour obtenir une éphémère pacification avec le retour à la cour du prince de Condé, aussitôt arrêté. Peu après, un remaniement ministériel le fait secrétaire d'État avec le portefeuille de la guerre, chose, soulignons-le, fort scandaleuse pour un prélat ; une nomination qui coïncide avec la mort de sa mère.

On assiste alors au premier acte d'une sorte de jeu de rôle qui va unir Richelieu à la famille royale : à sa propre mère se substitue sa mère en politique, Marie de Médicis, qui va laborieusement l'imposer à son fils comme conseiller, mais aussi comme prélat, ce qui lui conférera une autorité quasi parentale.

Dès son arrivée au pouvoir et en dépit de son inexpérience, il déploie une grande activité pour la mise sur pied des armées destinées à affirmer l'autorité du roi à l'intérieur du royaume. À l'extérieur, il est immédiatement confronté à un problème qu'il retrouvera ultérieurement, celui de la Valteline, vallée haut alpine qui assure les communications entre le Milanais espagnol et les domaines de la maison d'Autriche, passée sous la domination des Grisons, alliés traditionnels de la France qui étaient en butte aux attaques de l'Espagne. La question qui se pose à lui est déjà celle, fondamentale, de l'orientation de la politique étrangère française : faut-il poursuivre la politique pro-espagnole de la régence de Marie de Médicis ou revenir à la politique d'Henri IV et donc intervenir pour limiter la puissance des Habsbourg ? Le ministre, ambitieux mais novice, cherche à promouvoir un règlement général sous les auspices de la France, mais son initiative échoue sans gloire, tandis que la chute de Concini entraîne celle du ministère. Bien qu'ayant tenté en vain des ouvertures en direction du favori du roi, Luynes, Richelieu est disgracié et le roi se déclare « débarrassé de sa tyrannie ». C'est la fin rapide d'un premier cycle de sa marche vers le pouvoir, qui ouvre pour lui un long purgatoire politique et l'oblige à recommencer à nouveaux frais une ascension politique qui a davantage des allures de longue marche – de traversée du désert même – que d'ascension fulgurante.

Car, en ce mois d'avril 1617, le roi Louis XIII (majeur depuis le 26 octobre 1614) vient de prendre un pouvoir qu'il avait jusque-là laissé à sa mère et n'apprécie guère l'ambitieux évêque qui doit suivre Marie de Médicis dans son exil à Blois. Là, Richelieu cherche à jouer le double rôle de conseiller de la reine déchue et d'agent de renseignements de la cour, un zèle qui le rend encore plus suspect et le fait assigner à résidence dans son diocèse, puis à Avignon. C'est pour lui une période sombre d'exil du pouvoir, de retraite durant laquelle il se remet à ses travaux de théologie (il en

Le duc de Luynes (1578-1621), favori de Louis XIII.

résultera l'*Instruction du chrétien*, dite « catéchisme de Luçon », et les *Principaux Points de la foy de l'Église catholique défendus contre l'écrit adressé au roi par les quatre ministres de Charenton*, deux ouvrages publiés en 1618). Louis XIII lui-même donne une conclusion ironique à l'épisode en applaudissant cette religieuse décision qui rend un évêque à son diocèse et en lui commandant de s'y tenir : « J'ai appris que vous vous résolviez de vous en retourner dans votre diocèse pour vaquer, selon le dû de votre charge, à exhorter vos diocésains à se conformer aux commandements de Dieu et aux miens, ce que j'approuve et loue grandement votre résolution. » Pourtant, le 7 mars 1619 arrive l'ordre libérateur du roi de rejoindre la reine mère à Angoulême ; dès le 27 mars, il s'exécute.

En arrivant, Richelieu constate que la reine, sous l'influence de son entourage, a multiplié les maladresses en s'opposant obstinément au roi ; habilement il met fin aux intrigues, rétablit le dialogue avec la cour et aboutit à un accord dont Marie de Médicis est largement bénéficiaire. Celle-ci commence alors à demander pour son conseiller l'octroi d'un chapeau de cardinal. À la même époque, Armand Jean subit un choc affectif doublé d'une perte politique avec la mort de son frère aîné Henri, marquis de Richelieu, désigné comme gouverneur d'Angers, tué en duel par un compétiteur pour ce poste ; l'hostilité aux duels qu'avait déjà manifestée sa harangue de 1615 s'en trouve renforcée.

Tandis que la brouille entre la mère et le fils se poursuit, Richelieu, qui se partage entre son diocèse et Angers, où est établie Marie de Médicis, ne peut éviter la rébellion de cette dernière, laquelle est brisée militairement par le roi aux Ponts-de-Cé le 6 août 1620. Il négocie enfin la paix, assortie pour lui de la promesse de cardinalat à laquelle Luynes, toujours aux affaires auprès de Louis XIII, n'est guère pressé de donner suite. Mais celui-ci trouve la mort au cours d'une campagne contre les protestants à nouveau révoltés, le 15 décembre 1621, au siège de Monheurt, une mort qui est suivie du rapprochement du roi avec sa mère, qui siège à nouveau au conseil. Elle s'y fait l'interprète de Richelieu, qui est enfin fait cardinal le 5 septembre 1622, lequel l'année suivante, se démet de son évêché de Luçon.

Le jeune évêque est devenu cardinal, un homme mûr de près de 40 ans bientôt ministre et, si le pouvoir est désormais à portée de sa main, la majeure partie de sa vie est maintenant derrière lui. L'aura de merveilleux providentiel qui nimbe la biographie des grands hommes tend à estomper des débuts de carrière incertains pour mieux laisser éclater une soudaine accession à la lumière du pouvoir pour la plus grande gloire de la France éternelle. Le phénomène est encore plus merveilleux si l'on ajoute que le héros est d'origine obscure, de petite noblesse provinciale ruinée et s'est élevé sans appui, par la seule force de son génie, lequel suffit à expliquer le succès que rencontrera immanquablement sa politique. Ce splendide tableau masque, on le voit, la réalité de l'ascension de Richelieu, qui se déroule dans le long temps de l'incertitude et nécessita de sa part une persévérance obstinée jalonnée à temps et à contretemps de plaidoyers *pro domo*, et passa par la conquête de la reine mère pour accéder, enfin et laborieusement, au roi.

Cardinal-ministre

La pourpre cardinalice constitue pour lui le meilleur marchepied pour accéder au maniement des affaires de l'État, et il ne doute pas de sa capacité en ce domaine. Il a désormais compris que suivre le parti du roi doit constituer son unique ligne de conduite, que la faveur de la reine mère est insuffisante et qu'il lui faut conquérir celle du roi avec l'appui d'une campagne d'opinion. Il y est aidé par les vieux ministres d'Henri IV rappelés par Louis XIII, impuissants à affirmer le rôle de la France en Europe. Le 29 avril 1624, il prend séance au conseil ; des lettres patentes du 21 novembre 1629 le confirmeront dans les fonctions de « principal ministre », titre qu'il portait, avec d'autres, dès 1627 et qui est exprimé dans un règlement du conseil du 18 janvier 1630 par la formule redondante de « premier et principal ministre de l'Estat ». Son programme est généralement rapporté à deux phrases très célèbres de son non moins célèbre *Testament politique* : « Lorsque V. M. se résolut de me donner en même temps et l'entrée de ses conseils et grande part en sa confiance pour la direction de ses affaires, je puis dire avec vérité que les huguenots partageaient l'État avec elle, que les grands se conduisaient comme s'ils n'eussent pas été ses sujets, et les plus puissants gouverneurs des provinces comme s'ils eussent été souverains en leurs charges. [...] Je lui promis d'employer toute mon industrie et toute l'autorité qu'il lui plaisait me donner pour ruiner le parti huguenot, rabaisser l'orgueil des grands, réduire tous ses sujets en leurs devoirs et relever son nom dans les nations étrangères au point où il devait être. »

Pendant ses premières années d'exercice du pouvoir, son action culmine en trois occasions : le mariage d'Angleterre, en politique étrangère ; le siège de La Rochelle, en politique intérieure ; enfin la journée des Dupes, ou l'affirmation par Louis XIII de son appui à Richelieu et d'une ligne politique qui ne variera plus.

Immédiatement Richelieu a retrouvé l'affaire de la Valteline et, par là, le problème espagnol. C'est aussitôt l'occasion pour lui de proposer un programme de gouvernement impliquant de la part du roi son soutien, afin d'opérer la reprise en main des affaires. En

Italie d'abord, c'est une intervention militaire pour libérer les Grisons de l'occupation espagnole et rendre son prestige à l'alliance de la France, suivie de la signature du traité de Monçon (5 mars 1626), qui neutralise la Valteline fermée aux troupes espagnoles. Cette paix permet d'exploiter le mariage anglais, car, parallèlement, on avait travaillé à resserrer l'alliance avec l'Angleterre en négociant et concluant le mariage de la sœur du roi, Henriette, avec Charles Ier d'Angleterre, sur fond d'intrigues politico-sentimentales où la reine Anne d'Autriche et le favori du roi d'Angleterre, Buckingham, jouent les premiers rôles avec la complicité de l'intrigante duchesse de Chevreuse. On retrouve cette dernière dans la première grande conspiration dirigée contre le cardinal-ministre, la conspiration de Chalais avec, à l'arrière-plan, la question – hautement politique, puisque Louis XIII n'a pas encore d'héritier – du mariage de Gaston d'Orléans, frère cadet du roi qui sera pour Richelieu un opposant permanent.

Ces événements dramatiques, comme les heureux résultats obtenus à l'étranger, fortifient la confiance du roi envers son ministre ainsi que celles des catholiques dévots, dont il peut alors faire figure de chef de file. Le prestige de la France est relevé en Italie, tandis que, renouant avec la politique d'Henri IV, l'alliance anglaise, utile contre l'Espagne, enlève aux protestants français la certitude d'un secours rapide. C'est l'époque d'une sorte de triumvirat unissant en une parfaite concorde le roi, sa mère et son ministre. L'heure est aux projets de réforme du royaume avec l'assemblée des notables de 1626 ; Richelieu et le garde des Sceaux, Michel de Marillac, coopèrent pour mettre au point un programme de réorganisation intérieure (exposé dans l'ordonnance royale préparée par Marillac et dite « code Michau ») dont la réalisation est prévue sous six ans.

La paix en est l'indispensable condition. Or c'est la guerre qui s'annonce. Tout ne va pas pour le mieux avec l'alliance anglaise, dont les problèmes favorisent la rébellion endémique des huguenots français, révolte qui trouve son abcès de fixation à La Rochelle. Le siège voit la présence continue de Richelieu de novembre 1627 à novembre 1628, et la capitulation de la place en 1628 marque la fin du parti huguenot et l'apogée de la popularité du ministre.

Richelieu sur la digue de La Rochelle.

À la chute de la ville, la puissance du Cardinal semble en effet être à son comble : vainqueur des protestants, il apparaît comme le champion de la cause catholique et est célébré comme tel. Cette unanimité est de courte durée, car, hors de France, les événements récents demandent une prise de parti, toujours en Italie. En effet, le duc de Nevers, héritier de son cousin le duc de Mantoue, y est l'objet d'attaques des Habsbourg alliés à la Savoie qui assiègent la place stratégique de Casal. Deux politiques sont alors possibles. L'une consiste à ignorer cette affaire pour ne pas s'opposer à l'Espagne catholique et à poursuivre, à l'intérieur de la France, l'œuvre de restauration catholique en achevant de réduire la rébellion protestante dans le Midi, puis à mettre en action la réforme intérieure du royaume. Tel est le programme des catholiques zélés, avec, à leur tête, Marie de Médicis, le cardinal de Bérulle, Michel de Marillac, le garde des sceaux, et son frère Louis, maréchal de France, et il leur semble que Richelieu est maintenant à même de l'accomplir.

La journée des Dupes

Or, l'avis que ce dernier présente le 13 janvier 1629 à Louis XIII n'est pas du tout conforme à ce programme et propose une autre politique : il limite l'action intérieure à la réduction des « principaux désordres » pour faire en sorte que le roi « soit absolument obéi des grands et des petits » ; à l'extérieur, le but est unique et prioritaire : « il faut avoir en dessein perpétuel d'arrêter le cours des progrès d'Espagne » et, pour ce faire, non pas tant accroître le territoire du royaume que se fortifier, se ménager des places avancées permettant l'intervention dans les États voisins, et se doter d'une puissance navale. Le roi doit donc choisir : intervenir contre les protestants, c'est abandonner l'Italie du Nord aux Espagnols et à leurs alliés. Intervenir à Casal, c'est s'opposer de manière indirecte à l'Espagne, prendre parti contre les catholiques et contre la reine mère.

Dans un premier temps, le roi et le ministre tentent de concilier les positions en décidant une intervention militaire limitée en Italie. Aussitôt ils font route vers le sud, gravissent le mont Genèvre le 28 février 1629 sous la neige ; s'embarquent dans des « ramasses », espèce de traîneau derrière lequel est celui qui le conduit, pour dévaler les pentes enneigées, bousculent les troupes savoyardes au pas de Suse et obtiennent la levée du siège de Casal, avant de se retourner contre les protestants du Midi. Après une campagne de six semaines, on signe l'édit de grâce d'Alès (28 juin 1629) suivi en juillet de la paix de Nîmes, textes qui marquent la fin du parti protestant en confirmant les dispositions de l'édit de Nantes quant à la liberté de conscience et à l'exercice du culte, mais en abolissent les clauses politiques. Édits de grâce, ils ne fonctionnent en effet plus de manière bilatérale, comme des traités, mais, différence fondamentale, émanent du seul roi, qui manifeste sa clémence à l'endroit de ses sujets huguenots, dont il espère le retour à la vraie et unique foi. On peut fixer à ce moment la véritable fin des guerres de Religion.

Un tel équilibre politique demeure précaire, et est impossible à maintenir longtemps : les dévots demandent avec insistance l'extirpation radicale de l'hérésie protestante, tandis que Richelieu (qui souhaite par ailleurs, en bon prélat, la conversion des protestants) est décidé à se borner à ce résultat politique et à revenir rapidement aux affaires internationales. Et le roi semble lui accorder son soutien, le confirmant dans ses fonctions de principal ministre et érigeant la terre de Richelieu en duché-pairie. À la fin de novembre 1629, Richelieu reprend la tête de l'armée d'Italie et la campagne aboutit à la prise de la place de Pignerol. Muni de ce gage, il faut prendre un parti décisif : terminer là la guerre et « quitter les pensées pour l'avenir » ou la poursuivre et « quitter toute pensée de repos, d'épargne et de règlement du dedans du royaume ». À Lyon, où est établie la cour, le ministre soutient devant le conseil le parti belliciste contre Marillac et l'emporte avec le soutien imprévu de la reine mère. La campagne est reprise, mais tourne mal : la ville de Casal tombe aux mains des Espagnols, tandis que les troupes françaises, commandées par Toiras, résistent, enfermées dans la citadelle ; Mantoue tombe également. C'est grâce aux bons offices de l'envoyé du pape, Jules Mazarin, qui fait là son entrée efficace sur la scène internationale, qu'une trêve est conclue permettant d'engager des pourparlers à Ratisbonne. À ce moment précis, les intrigues de la cour prennent le pas sur les grands desseins de politique étrangère. Mandé à Lyon, Richelieu y trouve le roi aux prises avec une violente offensive de la part de sa mère et de Marillac, tous deux hostiles à son aventureuse politique. De surcroît, le 21 septembre 1630, Louis XIII tombe malade, le 29 il reçoit l'extrême-onction et semble perdu, le 30, son abcès intestinal se vide et le 1er octobre il est hors de danger. L'avenir politique du Cardinal fut, au cours de ces journées, aussi précaire que la vie du roi, et, à leur issue, sa survie semble encore bien improbable : on dit que la reine mère a obtenu du roi convalescent la promesse de son renvoi. Le « grand orage » couve toujours ! Il se résoudrait à Paris au soir de la fameuse « journée des Dupes ».

Au début du mois de novembre 1630, le triumvirat est de retour à Paris. La reine mère a regagné son palais du Luxembourg, le Cardinal est à côté au petit Luxembourg, résidence qu'il tient de sa protectrice, le roi loge tout près, rue de Tournon, à l'hôtel des Ambassadeurs. Pendant deux jours, événements et retournements de situation vont se succéder à un rythme soutenu. Dans la soirée du 10 novembre, à l'issue du conseil, Marie de Médicis ouvre les hostilités et signifie à Richelieu qu'elle lui retire les charges de surintendant de sa maison, de chef de son conseil et de grand aumônier ; dans la foulée, elle chasse les membres de la famille du Cardinal qui étaient à son service. Le 11 au matin, au moment où elle somme le roi de choisir entre elle-même et le ministre, celui-ci fait irruption, par une porte providentiellement demeurée accessible, dans son cabinet ; là, malmené par un déluge d'invectives, il ne peut que manifester sa

soumission muette en baisant le pan de la robe de son ancienne protectrice et se retirer sans que Louis XIII se soit prononcé.
Pour les courtisans à l'affût des nouvelles, son renvoi est chose certaine et tous se pressent autour de la triomphatrice et de Michel de Marillac, qui passe pour successeur du ministre disgracié. Quant à ce dernier, qui semble n'avoir pas envisagé d'autre issue que la fuite, il se prépare à gagner son gouvernement du Havre au moment où le roi, retiré à Versailles, le mande auprès de lui. Là, ses offres de démission sont fermement rejetées par Louis XIII, qui se déclare respectueux de sa mère, mais « plus obligé à son État ». Les conséquences de cette décision, dont il faut souligner qu'elle est celle, personnelle et réfléchie, du roi, font place nette : Marillac est destitué et emprisonné, son frère, le maréchal qui commande en Italie, également arrêté et exécuté à l'issue d'un procès politique. Pour Marie de Médicis, la chute est quelque peu différée : dans l'immédiat, ce sont les courtisans qui s'éloignent d'elle, ce qui donne matière au comte Bautru, bel esprit du temps, de lancer un mot d'esprit qui restera pour qualifier une journée pour elle commencée dans la gloire et terminée dans l'échec : « C'était la journée des dupes ! »
L'histoire de Richelieu homme de pouvoir s'articule traditionnellement autour de ce temps court du coup de théâtre, de cette scène unique et fulgurante qui commande sa fortune politique et définit les options de la politique française. Cependant, de ce moment essentiel, mais peu glorieux, ses *Mémoires* ne parlent pas. On y lit simplement à propos de Marie de Médicis qu'« à peine a-t-elle le loisir de voir le roi qu'elle lui déclare le 10 novembre (qui depuis a été appelé la journée des Dupes) qu'elle ne veut plus aimer le Cardinal ni le voir en sa maison ». Aucune allusion n'est faite à l'entrevue du lendemain que Richelieu entend faire passer aux oubliettes de son histoire, puisqu'elle le révèle sous un jour qui ne lui convient pas, celui du condamné au silence…
Ce silence au second degré cache évidemment *a posteriori* la tempête qui révolutionne ce jour-là le cerveau du grand homme, lequel ne montre pas la fermeté mâle qu'il prône si volontiers. En effet, à l'issue de l'orageuse confrontation, il n'envisage d'autre issue qu'une peu glorieuse fuite en direction de son gouvernement du Havre, une réaction défaitiste qu'il reproduira jusqu'à la fin de sa vie dans les

situations désespérées. Émotion et passion imprègnent cette journée qui mit à rude épreuve les nerfs de ses acteurs et de ses spectateurs. La raison raisonnante dont il se réclame si souvent y échappe à Richelieu pour, au soir, devenir l'apanage d'un roi au naturel peu loquace, auquel son ministre rendra hommage, peut-être en se souvenant de ce jour : « S'il était impossible à tous les hommes de prévenir par raison les surprises qu'ils reçoivent de leurs passions, j'estimerais pourtant qu'il ne le fut pas à Votre Majesté, qui a beaucoup d'excellentes qualités que n'ont pas les autres. »

Dans le temps long et bavard d'une ascension vers le pouvoir, puis d'une carrière politique d'une durée exceptionnelle, ce temps subitement très court – à la fois bruyant des invectives de la reine et silencieux du respect du ministre – d'une scène cruciale constitue le paradoxe surprenant d'une mise en juste perspective de la fameuse journée des Dupes, dont le théâtral souvenir semble avoir été moins chéri de Richelieu que de ses historiens qui en firent après coup le héros. L'épisode aurait sans doute dû constituer pour lui une leçon portant sur la vertu salvatrice du silence respectueux ; or celle-ci n'a guère été retenue. Richelieu ne s'est point tu et toute sa vie a manifesté une inaltérable foi dans le pouvoir persuasif des mots, de la parole et de l'écriture (et les historiens doivent lui en savoir gré !).

Le beau parleur et le bègue

« Il est toujours en branle, parce qu'il est suspendu entre la crainte et l'espérance » : ainsi le décrit son virulent ennemi, Mathieu de Morgues, qui nous livre la clef de cette activité, héritage maternel, qui, davantage qu'une action physique, est définie par lui comme une « opération de l'esprit » qui met en branle la raison.

Avoir raison et se l'entendre dire, que pouvait-il y avoir de plus agréable et de plus rassurant pour Richelieu ? Car sa position n'était pas et ne sera jamais des plus assurées. Concilier les aspects divergents de sa propre personnalité et les aléas de sa carrière politique, l'amour du pouvoir et la crainte de sa perte, de l'échec, de la disgrâce, c'est ce que vécut quotidiennement le supposé tout-puissant ministre durant son long ministériat.

Or que faire quand, étant soi-même d'un naturel anxieux et dépressif, on est condamné à dépendre de la décision d'un roi incertain, à suspecter les trahisons, à attendre des nouvelles d'événements qui se déroulent au loin et dont la relation dépend de communications lentes et hasardeuses ? Que faire quand, étant croyant sincère et théologien de formation, mais inapte aux élans mystiques, on estime qu'on doit se salir les mains en politique ? Parler et écrire quand on n'a pas prise directe sur l'événement et la décision, pour persuader les autres et se rassurer soi-même. Telle fut sans doute la traduction et la canalisation de cette activité inquiète et angoissée de cet adepte de la raison : la mettre en mots pour atteindre la raison par-delà les larmes. Inlassablement Richelieu écrit pour lui-même (ordonner sa pensée ou se distraire), pour le roi (orienter sa décision), pour la postérité (construire l'histoire du règne), pour Dieu (faire œuvre de théologien et assurer son salut éternel), ce en quoi il est pleinement homme de cet « âge de l'éloquence » ressuscité par Marc Fumaroli, un temps où la « littérature » n'avait pas encore pris ses quartiers dans le ghetto d'une spécialisation postérieure et n'était pas l'apanage d'auteurs de profession, mais travail d'équipe au service d'un projet commun. Car Richelieu a parfaitement compris l'importance de la propagande et a su s'entourer : comme tout grand personnage, il possède son cercle de courtisans et de littérateurs, lesquels ont mission de l'amuser et de le flatter, mais qui composent aussi des pamphlets destinés à soutenir sa réputation ou sa position, écrivent des traités ou versifient pour lui (on connaît sa passion pour le théâtre), mais encore il utilise, pour mener une véritable guerre de propagande, une « académie gazétique » constituée d'hommes de talent et de sensibilités diverses, à la fois polémistes convaincus, mais aussi désireux de s'acquérir pensions et charges. Lui-même, mais aussi Louis XIII, n'hésitent pas à collaborer à *La Gazette*, ce périodique d'information qu'a créé Théophraste Renaudot en 1631. Bien dire pour mieux convaincre, c'est une manière pour lui d'associer la parole à l'action.

À la lecture de l'ensemble des œuvres émanant de son cabinet, il apparaît qu'il existait pour lui différentes manières de raisonner : une forme de réflexion contemporaine dominée par l'idéal de clarté et faisant appel à la raison, mais également une dialectique traditionnelle de type scolastique, ainsi qu'une argumentation de type humaniste faisant appel aux références du passé. L'ensemble se fondait en un instrument logique qui lui était propre, rhétorique et non philosophique, dominé par un impératif formel de facilité au service direct de l'évidence de l'action. Et c'est tout naturellement qu'il nous conduit ainsi à ce qui constitue le cœur de sa pensée politique et de sa croyance la plus profonde, unifiant, par la médiation de l'action, Dieu et la raison : le chapitre central du *Testament politique* « Qui monstre que la raison doit être la règle et la conduite d'un État » débute en ces termes : « La lumière naturelle fait connaître à un chacun que, l'homme ayant été fait raisonnable, il ne doit rien faire que par raison, puisqu'autrement il ferait contre sa nature, et, par conséquent, contre celui même qui en est l'auteur. »

Dans la pratique, cela veut dire encore et toujours persuader par la puissance de la parole « étant certain que, si les bêtes s'apprivoisent par la vue, les hommes le font davantage par la parole, quand on les traite avec douceur, qui leur fait volontairement supporter toutes les rigueurs dont ils connaissent que la raison oblige à user envers eux. » Persuader et imposer l'obéissance, tel va être son programme aux côtés du roi…

Car, dans l'association que constitue le ministériat, le roi est forcément premier.

Les historiens, omniscients – mais après coup – créditent souvent Richelieu d'une erreur ou d'une négligence politique : en attachant sa fortune à la faveur de Marie de Médicis, il aurait omis de prêter attention à la personnalité du jeune Louis XIII, dont la mère, bien qu'il fût majeur depuis 1614, n'avait point abandonné la direction des affaires auxquelles il ne semblait guère d'humeur à s'intéresser. Un manque de clairvoyance qu'il est certes aisé de discerner quand on connaît, comme nous, la suite de l'histoire et de reprocher à un Richelieu dont le génie supposerait une lucidité qui a manqué à l'ensemble de ses contemporains. Qui en effet aurait pensé que l'adolescent timide et renfermé qui ne semblait prendre plaisir qu'à la chasse aurait l'audace de machiner un coup d'État, de s'en prendre au favori de sa toute-puissante mère et de s'emparer d'un pouvoir que personne ne le pensait capable d'exercer ? Le cardinal ne fut pas seul à ouvrir les yeux trop tard ; en revanche, il fut le seul capable de remonter ce handicap. Dès lors, on ne peut plus envisager Richelieu indépendamment du roi. Et c'est là pour cet amoureux du pouvoir un insoluble problème.

En effet, l'entrée en scène tardive de Louis XIII ne doit pas occulter le caractère central de la personne du roi. Centrale, sa personne l'est du point de vue des institutions, car c'est dans le roi que s'incarne la souveraineté dont, depuis Jean Bodin au XVIe siècle, les juristes français ont exalté le caractère exclusif : « Le roi est monarque et n'a pas de compagnon en sa majesté royale. Tout le pouvoir royal est renfermé en sa personne », avait écrit un siècle plus tôt le juriste Guy Coquille, une phrase que l'ambitieux Richelieu n'avait sans doute pas assez méditée, alors que pour Louis XIII, comme pour ses sujets, elle fait la grandeur d'un métier qu'il assume pleinement à défaut de le trouver délicieux...

La personne royale a en outre un caractère religieux : le roi très chrétien, sacré et thaumaturge, « vicaire du Christ au royaume de France » est l'objet de la part de ses sujets d'une vénération qui va bien au-delà de la simple obéissance civile. Le personnage du roi est donc religieusement et institutionnellement aussi essentiel qu'il fut décisif du point de vue du destin individuel de Richelieu. Et sa personnalité mérite plus d'attention qu'on ne lui en prête d'habitude. Louis XIII souffre de sa position médiane entre Henri IV et Louis XIV, comme de sa cohabitation avec un Richelieu qui incarnerait plus brillamment que lui le triomphe de l'absolutisme monarchique. Pour n'être pas brillant, voire misanthrope, il ne mérite pas d'être occulté, voire ridiculisé. Au soir de la journée des Dupes, c'est lui et lui seul qui prit la décision qui scella le destin politique du ministre et orienta définitivement la politique française, et il la prit véritablement « par raison », car il s'estimait « plus obligé à son État qu'à sa mère ». Il fut sensible au silence de Richelieu ; peut-être le comprit-il mieux que ses beaux discours... Ce faisant, il agit en roi, par raison, assurément pas par passion.

Raisonnable, Louis XIII l'est en tolérant à ses côtés Richelieu, mais il faut bien voir qu'à l'époque la tolérance n'est en rien considérée, comme aujourd'hui, à l'instar d'une vertu positive. On tolère en effet ce dont on ne peut se passer, ce qu'on ne peut supprimer ; on le supporte, du moins tant qu'on ne peut faire autrement. C'est le cas de la monarchie française avec les protestants dans le cadre de l'édit de Nantes ; c'est aussi le cas de Louis XIII et de son principal

Louis XIII (1601-1643).

ministre. Celui-ci s'est précisément imposé au roi par son aptitude à manier la raison raisonnante, à développer un discours rationnel et rhétorique dont ni la reine mère ni lui-même n'étaient capables. De cela découlent deux conséquences d'ordres différents : d'une part, avec Louis XIII et Richelieu, on est bien loin de la raison des philosophes ; la raison de l'un c'est la soumission de bon sens à la supériorité de la raison rhétorique de l'autre. D'autre part, l'association ainsi fondée ne pouvait que demeurer fragile : comment le roi aurait-il pu supporter sans broncher l'insupportable et constante supériorité du raisonneur qui se trouvait à ses côtés ?

Et Richelieu part de très bas dans la faveur du roi, qui, à la chute de Concini en 1617, s'était, on s'en souvient, publiquement déclaré « délivré de sa tyrannie ». Son succès n'en est que plus éclatant quand, quatorze ans plus tard, le 30 mai 1631, Louis XIII déclare solennellement à son parlement de Paris : « J'ai été servi de mon cousin le cardinal de Richelieu avec tant de fidélité et de courage et ses conseils m'ont été si avantageux et si utiles que je ne puis que je ne témoigne à tout le monde l'entière satisfaction que j'ai des services signalés qu'il a rendus et continue tous les jours de rendre à ma personne et à mon État. [...] Vous saurez, une fois pour toutes, que j'ai entière confiance en lui et qu'en tout ce qui s'est passé il n'a rien fait que par mon exprès commandement, avec une exacte fidélité. » Moins d'un an après le « grand orage », le roi délivre publiquement ce satisfecit à son ministre, mettant un point final à ce que celui-ci devait appeler « l'année des tribulations ».

La greffe a mis du temps à prendre, non du fait du Cardinal fort désireux d'accéder au pouvoir, mais bien de celui du roi peu désireux de l'y voir arriver. Entre eux, point de coup de foudre, mais une adoption de raison, une alliance de deux personnalités finalement complémentaires. L'esprit de synthèse, les claires perceptions, l'expression aisée, les belles formulations du Cardinal s'imposent à un homme qui, en matière intellectuelle, est comme son antithèse. Ce n'est pas que le roi soit l'imbécile qu'on a trop souvent voulu voir. Stoïcien masochiste, timide obstiné et sentimental bègue et refoulé, il se renferme dans un silence morose qui couvre sa méfiance et son instabilité constantes. Cependant il ne manque pas de qualités proprement royales. D'abord, il a un sens aigu de la dignité de sa fonction et de la majesté royale. Ensuite, il est doté d'un solide bon sens et d'un grand sérieux : il est intelligent, mais manque de largeur de vues et se préoccupe surtout de détails ; c'est un scrupuleux à l'extrême. Son attitude vis-à-vis de ses ministres découle de son caractère : il ne supporte pas que ceux-ci accaparent un pouvoir qui est le sien et ne veut pas être gouverné par eux ; en revanche, il a une claire conscience de ses insuffisances en regard de ses responsabilités. C'est ainsi que Richelieu finit par s'imposer et prendre l'ascendant sur ce roi tatillon qui voit en lui un atout à tolérer au service de sa gloire. Richelieu l'a alors parfaitement compris, qui débute son *Testament politique* par cette diplomatique traduction de son adoption de raison : « Aussitôt qu'il a plu à Votre Majesté me donner part au maniement de ses affaires, je me proposai de n'oublier aucune chose qui pût dépendre de mon industrie pour faciliter les grands desseins qu'Elle avait, aussi utiles à cet État que glorieux à sa personne. »

Les deux hommes vont ainsi être associés dans l'exercice du pouvoir, un pouvoir dont la perception devait être bien différente : imposé à l'un par sa naissance, conquis par l'autre au prix d'une improbable ascension. De son ambitieux protégé, Marie de Médicis disait qu'il était abattu quand la fortune lui était contraire, pire qu'un dragon quand il avait le vent en poupe. Or le voilà au pouvoir. Au-delà de la satisfaction inhérente à sa réussite, qu'a-t-il pu ressentir ? Après tant d'écueils côtoyés, on peut penser qu'il éprouva quelque satisfaction, mais prit-il le temps de se retourner sur le passé et d'envisager systématiquement l'avenir ? En eut-il le désir ou même le loisir ? Car les affaires de l'année 1631 ne lui laissent guère de répit pour une introspection qui ne cadre guère avec son caractère. En revanche, son tempérament actif trouve immédiatement à s'employer : il lui faut affirmer l'autorité du roi au-dedans tout en manifestant la présence française au-dehors, débrouiller les intrigues de Gaston d'Orléans, négocier avec Marie de Médicis, mater les révoltes populaires, gérer le procès du maréchal de Marillac… Le 13 août, il connaît une évidente satisfaction : il est fait duc et pair, mais fut-il jamais assuré de son pouvoir et rassuré à son sujet ? Car ce pouvoir dépend du bon vouloir du roi et l'on connaît sa boutade relative à la difficile conquête des « six pieds de terre » du cabinet du souverain, toujours à recommencer, qui lui donnèrent « plus de peine que tout le reste de l'Europe ».

Richelieu doit ainsi procéder à une véritable prise de rôle, qu'il façonne en grand artiste : il associe son ambition personnelle et familiale au service du roi. Ainsi avait-il déjà procédé en 1629 : le 28 juin, par

Gaston d'Orléans (1608-1660).

l'édit de grâce d'Alès, Louis XIII avait octroyé aux protestants, sans discussion ni négociation, une paix qui mettait un point final aux guerres de Religion. Pour en administrer l'éclatante démonstration, une ville devait se soumettre à son autorité : Montauban la huguenote, qui refusait d'abattre ses fortifications comme la grâce royale lui en faisait obligation. Or le roi a déjà regagné la capitale et c'est le principal ministre qui assure la pacification du Languedoc et gagne Montauban. Ses *Mémoires* nous ont conservé le récit de ces journées et insistent autant sur la soumission de la province que sur la soumission de Richelieu à l'autorité royale. Écoutons-le qui, parvenu à Albi, reçoit les députés montalbanais et les remercie de « la confiance qu'ils témoignaient avoir en lui, laquelle il savait bien n'avoir autre fondement que celle qu'il plaisait au roi prendre en sa fidélité ». Le 20 août, parvenu en ville, il constate l'enthousiasme des habitants : « Ils lui offrirent le dais, qu'il refusa, bien qu'ils lui dissent qu'ils avaient accoutumé de l'offrir à leur gouverneur. » La notation n'est pas fortuite et va au-delà du détail anecdotique ; c'est l'expression affirmée devant les habitants de la non-participation du ministre à la sacralité du pouvoir royal, qui est l'apanage exclusif du roi, qui, visitant Montauban en 1632, y fera son entrée sous un dais. Surtout, « parmi toutes ces acclamations, le Cardinal eut un soin très particulier de faire connaître à tout le monde que la seule bénédiction de Dieu et la bonne conduite du roi étaient cause de tant de signalées actions et grands et avantageux succès qui, depuis deux ans, étaient arrivés en ce royaume. Il n'oubliait pas à représenter qu'on ne pouvait lui en attribuer aucune gloire, si ce n'est parce que les grands rois prenaient souvent plaisir de faire part des honneurs qui n'appartenaient qu'à eux seuls à leurs plus confidentes et fidèles créatures, ainsi que le soleil départ la lumière qui n'est propre qu'à lui aux autres astres qui d'eux-mêmes n'en ont point. Il leur faisait connaître que s'il méritait louange c'était seulement pour avoir fortement et constamment suivi les intentions du roi et fidèlement exécuté ses volontés. Il témoignait ouvertement que, s'il recevait les louanges qui lui étaient données, c'était parce qu'elles retombaient toutes sur le Roi, en tant que le Cardinal n'avait rien fait que par ses ordres ».

La trahison

Dans un tel contexte, la reine mère devait quitter la place ; elle y avait joué son rôle de rampe de lancement pour Richelieu, à défaut de celui de politique avisée ou de mère aimée. Et le jeu de rôle de se poursuivre : Richelieu, pour accomplir son dessein politique avait dû passer par elle pour accéder au roi, puis l'en déposséder en se substituant à elle dans la fonction maternelle, tandis que le roi prenait nécessairement la place du père (ce père qui a fait défaut à son enfance) et de l'autorité. Il lui reste donc à s'anéantir dans l'obéissance au roi, notion clef qui lui permet de surmonter ces insolubles oppositions et de servir une entité, l'État. Il lui reste en même temps à écrire fiévreusement pour se justifier et exister ; se justifier de sa trahison… Car c'est de l'échec de sa relation avec Marie de Médicis que résulte pour la postérité cette image noire d'un Richelieu traître à sa première protectrice. Tache indélébile sur sa réussite éclatante, véritable faute originelle, cette suspicion affecta profondément sa conscience et inspira naturellement des mises en cause violentes et des justifications acharnées, car la fidélité constituait une valeur essentielle de la société noble et de l'État monarchique. « Je n'ai jamais manqué à ce que j'ai dû à la reine sa mère, quelques calomnies que l'on m'ait voulu imposer à ce sujet », écrira-t-il encore en 1642 dans son testament. Sa relation à Marie de Médicis fut donc un point d'une sensibilité toute particulière où les nécessités impérieuses de la raison d'État ne parvinrent pas à étouffer les scrupules d'une conscience sensible à la trahison de la fidélité due par la créature, ainsi que – et peut-être avant tout – à l'image négative qui en résultait.

Victime d'un véritable « matricide politique », Marie de Médicis est en effet peu après exilée à Blois, d'où elle s'évade et quitte la France en 1631 pour n'y plus revenir ; elle mourra à Cologne en 1642.

Pour le roi, la journée des Dupes est l'occasion d'un choix politique décisif sur lequel il ne reviendra plus. Pour le ministre, c'est enfin la véritable prise de pouvoir avec l'élimination de ses opposants et la possibilité d'une politique faisant passer l'affirmation de la France face à la puissance espagnole avant la réforme intérieure, renvoyée après la paix. Pour tous les deux, c'est le début du système de gouvernement appelé « ministériat ». Désormais, il semble que la biographie de Richelieu se confonde pour l'essentiel avec les péripéties de sa politique étrangère.

Ajoutons que son affirmation en ce domaine est facilitée par la disparition fort opportune d'un concurrent, autre grand cardinal également conseiller de Marie de Médicis, un ami devenu pour lui un opposant : Pierre de Bérulle, qui meurt subitement et fort opportunément le 2 octobre 1629, esquivant ainsi un affrontement inévitable avec Richelieu. L'opposition entre les deux hommes est l'illustration exemplaire de ce choc de mentalités politiques qui est celui des années 1630 qui voient l'avènement d'une modernité étatique sécularisée. À la différence de Richelieu, Bérulle est un authentique mystique qui peut puiser dans sa propre expérience, qui ne dissocie pas la théologie et l'expérience spirituelle, pratiquant une théologie mystique et transformant l'expression en contemplation, là où notre cardinal-ministre manie des notions abstraites, bâtit un cadre formel qu'il ne remplit d'aucune expérience vécue. Là où Richelieu raisonne et argumente, Bérulle développe et modifie constamment sa pensée sans se soucier d'apporter de preuves ; les *Mémoires* de Richelieu soulignent la divergence : « [Bérulle] estimait qu'au gouvernement de l'État la prudence, aux règles de laquelle Dieu nous fait connaître par ses saintes lettres qu'il veut qu'on s'astreigne, en devait être la conduite, et non les mouvements intérieurs dont le même Dieu, par ses mêmes lettres, nous apprend à nous méfier beaucoup, en ce qu'il ne s'est point obligé à parler certainement aux hommes par telles voies. »

Surtout, outre cette opposition de styles, les deux ecclésiastiques ont développé une opposition politico-religieuse qui débouche sur des projets politiques opposés. « Arrêter le cours des progrès d'Espagne » et restaurer l'autorité du roi pour Richelieu, retrouver dans la paix l'unité du royaume brisée par la Réforme et réunifier les sphères spirituelle et politique sous l'égide du roi absolu, pour Bérulle. Au service de l'État s'oppose une focalisation sur l'unité de l'Église (et donc sur le problème protestant que Bérulle soulève de nouveau, en dépit de la solution de tolérance étatique qui avait prévalu avec Henri IV).

Or, pour le chrétien Richelieu, la cause est entendue. Contrairement à Bérulle et aux dévots qui mènent un combat d'arrière-garde en entendant maintenir la médiation de l'Église et restaurer l'unité perdue de la chrétienté, il a parfaitement intégré à sa pensée l'autonomie du politique et l'indivisibilité de la souveraineté de l'État ; nul doute dans son esprit : l'Église est dans l'État et non l'inverse, la sphère politique n'est plus, comme elle l'est encore chez Bérulle, englobée dans la sphère spirituelle, et le très dévot Louis XIII choisit lui aussi cette voie qui n'exclut nullement, du reste, de donner à l'action politique des fondements d'ordre religieux, mais permet la naissance d'une pensée politique véritablement autonome et moderne. Marillac et Bérulle répondent à la volonté dépassée de poser en préalable à la réforme du royaume la complète disparition de l'hérésie. Leur opposition à Richelieu se lit comme un conflit de générations entre les anciens témoins des guerres de Religion et ceux qui, tournés vers l'avenir, portent leur attention à la politique internationale et à la situation de la France en Europe.

En revanche, Richelieu trouve un soutien sans faille de la part d'une autre de ses relations ecclésiastiques, un capucin au zèle ardent, François Leclerc Du Tremblay, en religion le père Joseph, « l'Éminence grise », autre grand mystique et politique avisé. Il va se mettre au service de la politique impulsée par Richelieu et devenir à ses côtés le conseiller négociateur pour les affaires de l'empire et l'ami dévoué et réconfortant face à l'adversité. À côté du Cardinal, il met en pratique cet art de la négociation dont Richelieu a découvert l'intérêt dans ces années 1628-1630 et qu'il a formulé en une célèbre maxime : « Négocier sans cesse, ouvertement ou secrètement, en tous lieux, encore même qu'on n'en reçoive pas un fruit présent et que celui qu'on en peut attendre à l'avenir ne soit pas apparent, est chose tout à fait nécessaire pour le bien des États. » En même temps, sous la direction de deux proches du Cardinal se développent les deux secrétariats d'État chargés de l'administration de la guerre (François Sublet de Noyer) et des affaires étrangères (Léon Bouthillier-Chavigny).

La guerre avant tout

La décision d'engager la France dans la guerre anéantit toute tentative de réforme intérieure ; un régime d'exception qui est sous l'emprise de l'urgence et de la nécessité se met en place. L'absolutisme réaffirmé se double en effet de l'usage de moyens extraordinaires, administratifs, financiers et judiciaires, qui doublent les administrations ordinaires et permettent de mobiliser tous les rouages de l'État. Ainsi, à partir de 1633, les intendants, commissaires royaux jusque-là itinérants, s'installent à la tête des généralités et prennent en main le contrôle des corps municipaux, la répartition et l'assiette des impositions directes et la répression des émeutes antifiscales. Cet absolutisme brutal qui entend se faire obéir et appliquer la loi tout en pratiquant lui-même la transgression a été qualifié de « baroque » et exprime les tensions créées par le régime de guerre qui va progressivement imposer au royaume un effort sans précédent auquel s'identifie le ministre.
Sa vie va désormais se confondre avec sa politique étrangère, à tel point qu'il n'aura jamais le loisir de profiter du château splendide, le plus important jamais édifié par un sujet du roi, qu'il fait construire à

Richelieu (en bordure de la géométrique ville neuve qu'il a également fait bâtir dans les années 1630-1640) sur les plans de son architecte favori, Jacques Lemercier, afin d'affirmer dans la pierre la gloire de sa famille.

Le conflit qui couve en arrière-plan des affaires italiennes est en effet inéluctable et son enjeu est la substitution, sur la scène européenne, de la prépondérance française à la prépondérance espagnole. Le théâtre des opérations se déplace et quitte l'Italie pour une Allemagne où les protestants sont en lutte contre l'empereur. Tandis que le roi agonise à Lyon, les ambassadeurs français, le père Joseph et Brûlart de Genlis, négocient à Ratisbonne sans recevoir d'instructions précises. Ils concluent un accord dont les principales conventions sont les suivantes : évacuation des pays italiens par les Français et les Espagnols et octroi ultérieur de l'investiture de Mantoue au duc de Nevers, établissement d'une garnison impériale dans les Grisons et engagement de la France de ne plus contracter d'alliances en Allemagne contre l'empereur. Ces dispositions ne peuvent satisfaire le Cardinal, qui désavoue les ambassadeurs et en refuse la ratification. En revanche, il est fort satisfait des résultats obtenus en sous-main par le père Joseph, qui a ravivé la suspicion des électeurs à l'égard de l'empereur et a détaché provisoirement le condottiere-généralissime Wallenstein de son parti.

Dans un premier temps, il temporise et promeut la « guerre couverte », c'est-à-dire le soutien aux ennemis de l'empereur sans engagement direct de la France dans la guerre ; à cette occasion, le politique Richelieu reconnaît et utilise les puissances protestantes, et ces alliances hérétiques vont être source de grand scandale pour les dévots ; quant à lui, il estime que la mission divine qui est dévolue au roi de France est d'être le garant de l'ordre face à l'aspiration de l'Espagne à la monarchie universelle, et que pour cela la guerre est nécessaire et les alliances qu'elle exige légitimes.

En 1631, l'avancée fulgurante des troupes suédoises, conduites par leur jeune roi Gustave II Adolphe (souverain protestant avec lequel la France a conclu une alliance par le traité de Bärwald), devient irrésistible et se conclut avec la victoire de Breitenfeld sur les impériaux. Cependant, le roi de France se borne à une intervention en Lorraine pour s'y assurer, pour trois années, un libre passage (traité de Vic). L'année 1632 voit la poursuite de la création par la France d'une zone de protection vers l'est, tandis que les succès militaires de Gustave Adolphe en font un allié encombrant dont la mort à la bataille de Lützen, le 16 novembre, intervient fort opportunément. De 1633 à 1635, Richelieu continue à déployer ses pions vers l'est, négociant et soutenant tous les ennemis de l'empereur, occupant la Lorraine et s'avançant outre-Rhin jusqu'à Philippsbourg. L'écrasement des troupes suédoises par les Austro-Espagnols à Nördlingen (5-6 septembre 1634) l'oblige à sortir de sa réserve, et quand les Espagnols enlèvent Trèves et font prisonnier son électeur-archevêque, qui s'était placé sous protection française, la déclaration de guerre est très solennellement notifiée au roi d'Espagne à Bruxelles, le 19 mai 1635.

Les débuts de la « guerre ouverte » ne sont pas glorieux pour la France. L'année 1635 voit la débandade de son armée, qui accuse les faiblesses dues à son inorganisation et à son manque de préparation. 1636 est l'année de la double invasion du territoire, par les Espagnols, qui s'ouvrent la route de Paris à Corbie, et par les impériaux, qui échouent devant Saint-Jean-de-Losne.

On ne peut pas dire que la réaction de Richelieu ait été brillante face à la menace d'invasion : quand, en juillet, les Espagnols s'attaquent à la frontière de Picardie, les défenses françaises s'effondrent, il ne réagit pas avec panache. La Capelle, Vervins, La Catelet se rendent ; Corbie, dernier rempart sur la route de Paris, est assiégée le 6 août et se rend le 15, tandis que les estafettes ennemies parviennent à Pontoise ; dans le même temps, les impériaux progressent en Lorraine et les Espagnols envahissent la Bourgogne. La panique gagne Paris et le ministre en est la cible honnie ; le peuple, le parlement, les nobles, tous se déchaînent contre lui, son imprévoyance, son népotisme et son faste ; on le hue dans la rue, la foule s'amasse aux portes de son palais, on placarde des affiches injurieuses. C'est Louis XIII et lui seul, une fois encore, qui se montre à la hauteur de la situation et fait face, en première ligne, en provoquant un sursaut populaire au profit de la monarchie qu'il incarne. Il marche sur Corbie et assiège la place, qui est délivrée le 14 novembre. Sa solidité sans emphase contraste une fois de plus avec le désarroi du ministre que tourmentent son caractère dépressif et… ses hémorroïdes ; il n'envisage que la démission, la mort ou la fuite.

C'est alors qu'intervient le père Joseph usant d'une argumentation frappante à caractère religieux : « Votre faiblesse est-elle le moyen d'attirer la divine miséricorde ? N'est-elle pas faite plutôt pour exciter la colère de Dieu et enflammer sa vengeance ? » Il développe le thème de la persévérance humaine considérée comme un devoir religieux et parvient à toucher le Cardinal, qui en conçoit un regain de ferveur mystique et retrouve son courage pour paraître rasséréné, parcourir sans escorte les rues de la capitale et seconder le roi.

« Je crois assurément que plus Votre Majesté s'attachera à Dieu, plus ses affaires prospéreront-elles. » Sur Richelieu, la crise a des effets durables ; sous l'influence du capucin, il développe un esprit religieux nouveau qui marque les dernières années de sa vie. C'est le temps, non certes des méditations et extases mystiques auxquelles Richelieu ne s'est pas brutalement converti, mais des révélations, des inspirations divines et de l'attente fébrile des miracles ; c'est la foi dans les prédictions des religieuses calvairiennes qui annoncent la reprise de Corbie. L'eschatologie marque les dernières années auxquelles l'attente intense et mystique du succès des armes et du triomphe sur la maladie donne une coloration trop souvent insoupçonnée car elle cadre mal avec l'image classique du Cardinal. Quand, dans le *Testament politique,* celui-ci écrit au roi « en votre conduite la prudence et la bénédiction de Dieu ont marché de même pas », ses mots sont assurément à prendre au pied de la lettre : la bénédiction de Dieu sanctionne la légitimité de la politique proposée au roi par son ministre ; c'est la profonde croyance de Richelieu et, à ses côtés, du père Joseph.

La tension permanente qui est la sienne s'exprime par son emploi du temps tel que nous le rapporte son premier biographe, Antoine Aubéry : « Il se couchait ordinairement sur les onze heures et ne dormait d'abord que trois ou quatre heures. Son premier somme passé, il se faisait apporter de la lumière et son portefeuille pour écrire lui-même, ou pour dicter à une personne qui couchait exprès en sa chambre. Puis il se rendormait sur les six heures et ne se levait ainsi qu'entre sept et huit. La première chose qu'il faisait après avoir prié Dieu était de faire entrer ses secrétaires pour leur donner à transcrire les dépêches qu'il avait minutées la nuit. [...] Il s'habillait ensuite et faisait entrer les ministres, avec lesquels il s'enfermait pour travailler jusqu'à dix ou onze heures. Puis il entendait la messe et faisait, avant le dîner, un tour ou deux de jardin, pour donner audience à ceux qui l'attendaient. Après le dîner, il se donnait quelques heures d'entretien avec ses familiers, ou avec ceux qui avaient dîné à sa table ; puis il employait le reste de la journée aux affaires d'État et aux audiences pour les ambassadeurs des princes étrangers et les autres personnes publiques. Sur le soir, il faisait une seconde promenade, tant pour se délasser l'esprit que pour donner audience à ceux qui ne l'auraient pu avoir le matin. Après cette promenade, il donnait trêve aux affaires d'État, à moins qu'il ne survînt quelque chose d'extraordinaire, et ne voulait plus d'autre compagnie que celle de ses plus intimes et de ses domestiques [...]. Il se divertissait aussi quelquefois à la musique et à d'autres récréations honnêtes, gardant toujours cette maxime de ne se retirer point pour se coucher sur une matière trop triste ou trop gaie. La compagnie étant retirée, il ne manquait pas de se recueillir et de se mettre à genoux à la ruelle de son lit pour faire ses prières, qui duraient environ une demi-heure. »

Richelieu écrivant, par Philippe de Champaigne.

Cet emploi du temps montre combien Richelieu savait non seulement gérer, mais encore mettre à profit ses handicaps physiques : ses insomnies ont pour conséquence de doubler son temps de travail et donc sa productivité. On trouve à chaque heure sa volonté en action, qui lui permet de dominer ses faiblesses, de lutter contre la tentation permanente de la démission et de la fuite, et d'imposer cette organisation rationnelle qui fait régner, en dépit de tout, l'ordre et l'équilibre auxquels il est si attaché.

On serait chapeau bas devant cette si belle machine intellectuelle si son fonctionnement n'était pas périodiquement entravé par un inquiétant déséquilibre psychologique, au demeurant familial (son frère Alphonse, le cardinal-archevêque de Lyon, se prend en toute simplicité pour Dieu le Père et sa sœur Nicole refuse de s'asseoir sur son postérieur de verre…). Rôde autour de lui un air malsain de folie avec ces emportements démentiels, ces accès brusques de défoulement irraisonnés ou de dépression profonde dont on ne parle qu'à mots couverts (ne se prendrait-il pas pour un cheval pendant ces instants de démence ?).

Autre composante de sa personnalité, son goût pour la sociabilité amicale ; écoutons Desmarets de Saint-Sorlin : « Ayant reconnu en moi quelque peu de fertilité à produire sur le champ des pensées, il m'avouait que son plus grand plaisir était lorsque, dans notre conversation, il enchérissait de pensées par-dessus les miennes. » Cette activité de délassement dans une atmosphère amicale est assurément un facteur d'équilibre essentiel dans cette vie soumise à une tension nerveuse extrême ; elle constitue comme une soupape qui permet la détente et l'oubli temporaire de l'angoisse existentielle, de dépasser le champ du possible et du raisonnable pour se livrer à la fantaisie de son imagination. Pour l'observateur averti, la surprise est alors au rendez-vous. Le Cardinal de raison est amateur d'intrigues théâtrales compliquées dans le goût de son temps certes, mais bien éloignées de son image ordinaire : amants qui se séparent, quiproquos, fausses lettres rivalisent dans *L'Aveugle de Smyrne*, tragi-comédie des « Cinq Auteurs » représentée en son hôtel en 1637, intrigue romanesque de *Mirame*, tragi-comédie de Desmarets, avec laquelle il inaugure en 1641 son théâtre et où l'on trouve bien des similitudes avec l'affaire Anne d'Autriche-Buckingham…

Une autre soupape, le rire : à son confesseur, l'abbé Mulot, on sait qu'il appartenait de l'amuser. Lui-même était capable de monter une blague – d'un goût au demeurant incertain, il en conviendra lui-même –, avec sans doute la complicité de l'austère chancelier Séguier, dont la victime fut un certain Alphonse Lopez, morisque expulsé d'Espagne, qui jouait pour lui le rôle d'un véritable chargé d'affaires, lui fournissant notamment bijoux et œuvres d'art. Écoutons le récit de Tallemant des Réaux qui délivre une image inattendue de l'homme rouge : « Le cardinal de Richelieu, pour se divertir, un jour que Lopez revenait de Rueil avec toutes ses pierreries que le Cardinal avait voulu voir exprès, le fit attaquer par de feints voleurs, qui pourtant ne lui firent que la peur. Il y allait de tout son bien ; aussi la peur fut-elle si grande qu'il fallut changer de chemise au pont de Neuilly, tant sa chemise était gâtée. Le chancelier, dans le carrosse duquel il était, dit qu'il se présenta assez hardiment aux voleurs. Le Cardinal eut du déplaisir de lui avoir fait ce tour-là, car il avait joué à faire mourir ce pauvre homme ; et pour raccommoder cela, il le fit manger à sa table. Ce n'était pas un petit honneur ! »
Risquons enfin une question indiscrète : celle des femmes, ce sexe qu'il présente comme « ayant ordinairement moins de capacité que les hommes »... Elles ont joué un rôle constant dans la vie de Richelieu ; elles ont présidé à son éducation, ont fait sa carrière politique, ont partagé son intimité et ont été ses adversaires les plus tenaces (pensons à la duchesse de Chevreuse...) ; sa perception en est avant tout celle d'un danger politique, qu'il a voulu éliminer de la sphère de la politique et de la raison. Ses ennemis lui ont prêté diverses intrigues amoureuses (allant de la reine Anne d'Autriche à la courtisane Ninon de Lenclos en passant par Mme Bouthillier ou même sa nièce), dont aucune n'est attestée. On peut simplement dire que, à part sa mère, deux femmes ont réellement partagé son intimité, et que celle-ci fut essentiellement politique : Marie de Médicis, on l'a vu, mais aussi sa nièce, Marie-Madeleine de Vignerot, duchesse d'Aiguillon, qui fut assurément le premier rôle féminin de son entourage rapproché, celle qui a le plus partagé avec lui une intimité de vie et de pensée et qu'il qualifiera, au moment de sa mort de « personne la plus aimée », dont il fera son exécuteur testamentaire.

Revenons aux affaires de la guerre : en 1637-1638, c'est la stagnation. En 1637 est découverte la conspiration d'Anne d'Autriche, convaincue d'intelligences avec son Espagne natale ; c'est aussi l'année du vœu de Louis XIII consacrant le royaume à la Vierge, celle des grandes révoltes populaires contre le régime de guerre et ses implications fiscales. Mais c'est aussi l'apparition de fissures dans les relations du roi avec son ministre. En 1638, naît Louis Dieudonné, le futur Louis XIV ; c'est encore la déroute militaire de Fontarabie, mais la prise de Brisach par un allié de la France, Bernard de Saxe-Weimar, succès contemporain de la mort du père Joseph, le 17 décembre.

Anne d'Autriche (1601-1666).

Puis la situation se redresse. En 1639, à la mort de Bernard de Saxe-Weimar, la France hérite de son armée et de ses conquêtes. 1640 est une année sombre pour l'Espagne avec l'indépendance du Portugal et la révolte de la Catalogne. En 1641, c'est l'ouverture d'une conférence à Münster et à Osnabrück, en même temps que la continuation de la guerre.

À ce tableau il faut encore ajouter les cabales et les complots de la cour, qui constituent un élément essentiel de la vie politique et de la vie quotidienne de Richelieu, un monde (celui des romans excellemment documentés d'Alexandre Dumas) où les intrigues sont de véritables affaires d'État – comme on l'a bien vu avec la journée des Dupes –, à la fois choc de deux politiques opposées et conflit familial, dont Richelieu fut la cible et le gestionnaire, et qui ont notablement contribué à forger sa légende noire, du fait de la répression qu'il mit en œuvre pour les résoudre. Les perpétuelles intrigues de Gaston d'Orléans, frère du roi, les conspirations (après celle de Chalais en 1626, celle de Cinq-Mars en 1642), les révoltes des grands (celle de Montmorency, qui se termine par une exemplaire exécution en 1632), à quoi s'ajoute le châtiment impitoyable des duellistes (Bouteville et Des Chapelles), sont le quotidien du ministre.

Sur le plan financier, les dépenses, en augmentation lente de 1597 à 1633, passent à un niveau supérieur à partir de 1634 avec la préparation de l'entrée en guerre. Quant aux revenus, ils stagnent jusqu'en 1637, puis augmentent sur une courte durée de 1637 à 1643, avant de retomber rapidement au niveau moyen des années précédentes. Il s'ensuit un matraquage fiscal qui atteint un plafond impossible à dépasser.

En réaction contre cette pression fiscale intolérable, des révoltes populaires éclatent un peu partout dans le royaume (Croquants du Sud-Ouest, Va-Nu-Pieds de Normandie...) et font l'objet d'une répression sanglante.

La dernière année

1642, la dernière année de Richelieu, est pour lui une année sombre : sa santé se dégrade et les assauts du sort lui sont d'autant plus difficiles à supporter que le soutien du roi, cet enjeu constant, semble être de plus en plus incertain. Le cœur de Louis XIII avait été gagné par un nouveau favori, Henri de Ruzé de Coiffier d'Effiat, marquis de Cinq-Mars, fils de l'ancien surintendant des finances, une créature infidèle du Cardinal que celui-ci avait introduite dans la familiarité du roi en la faisant grand maître de la garde-robe puis grand écuyer pour y tenir à son profit la place de confident. L'idée d'associer le roi neurasthénique et le joyeux garçon est assurément malheureuse. D'abord docile, Cinq-Mars connaît une ascension vertigineuse et « Monsieur le Grand », assuré de son ascendant sur le roi, se considère bientôt comme délié de ses obligations vis-à-vis du Cardinal. De brouille en réconciliation entre le roi et le favori, le climat se détériore rapidement entre le ministre et sa créature, qui n'hésite plus à s'opposer directement à lui. Cinq-Mars sait exploiter l'agacement du roi devant l'autorité du Cardinal ainsi que ses scrupules vis-à-vis de sa politique belliqueuse. Au printemps 1641, Louis XIII lui donne accès au conseil sans même en informer Richelieu, qui l'en expulsera en juillet… La conspiration qui se noue autour de Cinq-Mars et de son ami François Auguste de Thou, réunit le duc de Bouillon et Gaston d'Orléans, frère du roi ; elle et va jusqu'à l'alliance avec l'ennemi espagnol. Il s'agit d'obtenir de Louis XIII le feu vert pour le débarrasser du Cardinal et, si le souverain n'acquiesce point formellement, il n'en prête pas moins une oreille complaisante aux conspirateurs. On sait que Richelieu, en un ultime effort, triomphera du complot, mais ce sera au prix de sa relation avec le roi.

Le marquis de Cinq-Mars (1620-1642).

Cette année 1642 constitue un tragique tournant pour le ministériat, la probabilité de la désaffection du roi à l'égard du tyrannique ministre, qui pourtant ne parvient pas à formuler expressément l'ordre qui l'en débarrasserait : « Il est cardinal et prêtre, je serais excommunié... » En dépit de ces scrupules, les deux hommes sont séparés matériellement et sentimentalement et, au-delà des rebondissements de l'affaire, c'est sans doute là le plus important : jamais le Cardinal n'est apparu aussi fragile ; il ne peut que revoir en pensée les scènes tragiques de la fin de Concini un quart de siècle plus tôt ; en dépit de tous ses efforts, sa situation n'est pas plus solide. Son martyre est moral et physique en ce printemps de 1642 : le testament qu'il rédige le 23 mai à Narbonne pour mettre en ordre sa succession parle de « la grande maladie en laquelle Dieu a permis que je sois tombé ».

Comme à son ordinaire, il songe à la fuite : comme vaincu par avance, il renonce à rejoindre Louis XIII et Cinq-Mars sous les murs de Perpignan ; immobilisé par la maladie à Narbonne, il décide de se retrancher dans la forteresse de Tarascon, proche des États pontificaux d'Avignon, où il avait connu l'exil vingt-quatre ans plus tôt. Quand, une fois le complot découvert, le roi et le Cardinal se revoient après trois mois de séparation, c'est deux grands malades qui se parlent, de litière à litière : Louis XIII rend formellement sa confiance au ministre, mais tout les sépare désormais et quand Richelieu apprend par l'interrogatoire de Cinq-Mars que le meilleur des maîtres a pu paraître acquiescer à son assassinat, le choc est terrible. Tandis que Perpignan capitule devant Louis XIII, il œuvre au châtiment des conjurés. Cinq-Mars exécuté, les deux hommes se retrouvent pour un ultime et pathétique face-à-face indirect : c'est à nouveau le chantage à la démission et l'énumération des conditions nécessaires pour qu'il demeure au service du roi, qui tarde à répondre. Trois mémorandums (27 octobre, 2 novembre, mi-novembre) et une négociation pied à pied sont nécessaires pour que ce dernier souscrive aux exigences du ministre (renvoyer les membres de son entourage qui avaient été favorables à Cinq-Mars et lui témoigner son exclusive confiance), et en quels termes : « Je n'ai rien à dire à mon cousin le cardinal de Richelieu, sinon qu'il a trop connu, pendant que le sieur de Cinq-Mars était auprès de moi, sa malice, ses impostures et ses artifices pour qu'il puisse ajouter foi à ce qu'il a dit au préjudice de l'amitié que je porte à mondit cousin et de l'estime que je fais de sa personne. » Difficile d'en dire moins, même si, dans les lignes qui suivent, Louis XIII, dont la conscience scrupuleuse est assurément mise à la torture, souscrit aux exigences du Cardinal ! Son accord politique sur la paix manifeste toutefois que le Cardinal lui est encore indispensable.

Les deux hommes ne se parleront plus. Richelieu écrit : « Ceux qui sont éloignés de la lumière du soleil prennent plaisir à savoir que, s'il ne les éclaire de près, sa lumière leur est favorable de loin. » Le tout-puissant Cardinal en est réduit à la situation de pitoyable quémandeur de miettes de la faveur royale ! C'est ainsi que s'achève le ministériat, et le Cardinal est à bout de souffle. Il est à Paris en son Palais-Cardinal, cette luxueuse demeure qu'il s'est fait bâtir avec sa salle de théâtre, sa bibliothèque et sa galerie des hommes illustres, où lui-même est représenté parmi les héros qui ont contribué au maintien de la Couronne ; de son côté, le roi séjourne à Saint-Germain-en-Laye.

Pourtant, à l'heure ultime de la mort du Cardinal, Louis XIII souscrira à la fiction de l'amitié et à la décence d'un raccommodage de façade : le 2 décembre 1642, il vient à Paris et rend visite au mourant, s'entretient en particulier avec lui, lui présente même les deux jaunes d'œuf qu'on veut lui faire absorber, mais on a noté ce rire qu'il n'aurait pas retenu face aux tableaux qu'il contemple une fois sorti de la chambre du Cardinal. Une seconde et bonne fois, il va être débarrassé de la tyrannie de ce ministre dont les qualités lui ont paru si admirables et si pesantes ; mais si les deux hommes sont humainement distants, leur accord politique n'est pas prêt de se rompre. C'est que l'un comme l'autre sont au service de l'État et que les hommes (y compris le roi) passent, alors que l'État demeure ; là est la grande leçon politique, celle que Louis XIV saura formuler (« Je m'en vais, mais l'État demeure », dira-t-il sur son lit de mort), mais que Louis XIII et Richelieu ont permise : celle de la modernité, dont nous avons hérité. En revanche, le fameux mot « Je n'ai jamais eu d'autres ennemis que ceux de l'État », que Richelieu aurait adressé au curé de Saint-Eustache venu l'administrer, n'est qu'une création postérieure d'une tradition hostile à Richelieu et désireuse d'en propager une image de politique sans scrupule.

Le roi, qui survit à son ministre jusqu'au 14 mai 1643, poursuit sans hésitation sa politique en confirmant le choix de son successeur, Mazarin. Le règne de Louis XIV s'ouvre glorieusement avec, le 19 mai 1643, la destruction de l'armée espagnole des Pays-Bas par le duc d'Enghien à Rocroi, une victoire qui assure le triomphe des armes françaises. Viennent ensuite la reprise des négociations par Mazarin, le congrès de Westphalie jusqu'à la paix partielle de 1648 (traités de Westphalie) et, après l'épisode de la Fronde, la paix générale de 1659-1660 (paix des Pyrénées). Et c'est finalement la France que lèguent Richelieu et Mazarin à Louis XIV, la première puissance européenne, une prépondérance toutefois acquise au prix des pires difficultés intérieures.

Jules Mazarin (1602-1661), successeur de Richelieu.

L'État abstrait

C'est la première modernité (XVIe siècle et majeure partie du XVIIe) qui voit la simplification de la carte de l'Europe et consacre le passage de l'État émietté dit « féodal » à un État moderne réunifié et souverain, du choc de la Réforme, qui brise l'unité chrétienne, à la paix des Pyrénées, qui débouche sur l'affirmation louis-quatorzienne en France et le déclin espagnol. C'est le temps du progressif changement de prééminence européenne : à l'Espagne du siècle d'Or succède la France du Grand Siècle ; c'est le triomphe de l'État territorial français sur l'Empire espagnol. Très largement, on peut estimer que les années 1630 furent décisives en ce qu'elles consacrèrent l'échec de la politique pro-espagnole des dévots et le gouvernement de la raison (non de la raison dite « d'État », on y reviendra), une raison mise à mal par les troubles des guerres de Religion, restaurée par Henri IV avec l'appui des politiques, et dont le règne fut célébré par Richelieu, qui entend montrer dans son *Testament* que « la raison doit être la règle et la conduite d'un État ». La raison impose la clarification de la soumission à un État qui obéit désormais à ses règles, en dépit des critiques anti-absolutistes manifestes dans la propagande hostile aux cardinaux-ministres considérés comme l'incarnation de la nouveauté étatique, qui explose à la mort de Richelieu et se déchaînera contre « le » Mazarin pendant la Fronde.

Les emplois que fait Richelieu de l'expression « raison d'État », à trois reprises seulement dans son *Testament politique,* présentent raison et raison d'État comme parfaitement antagonistes, et Richelieu, serviteur zélé de la première, ne saurait être considéré, de son propre et explicite aveu, comme sectateur de la seconde. On est donc fort éloigné de l'image du Cardinal, issue de la littérature polémique du XVIIe siècle, et propagée par une partie de l'historiographie traditionnelle, le faisant tenant d'un machiavélisme, nouvelle religion d'État d'où les principes sont bannis au profit de l'opportunisme et de la dissimulation. S'agissant de la raison d'État, on peut estimer que Richelieu n'en est en rien théoricien ni même adepte et que, dans l'usage qu'il fait du mot, il se rallie davantage à la tradition de contre-discours, un discours réactif le plus souvent méfiant, voire hostile, qu'à un enthousiasme engagé. Sa raison comme définition de l'humain et norme de conduite se rattache pleinement à l'héritage catholique thomiste. Elle n'est pas, en fin de compte, sa valeur ultime ; si sa place est au sommet dans l'ordre de la connaissance humaine, elle n'est pas suffisante pour fonder la foi, laquelle ne relève pas du domaine humain où la raison est opératoire, et cette raison qui définit l'homme le relie, en définitive, à ce Dieu qu'il lui faut reconnaître et auquel il doit se soumettre : « C'est une chose si connue d'un chacun par sa propre raison qu'il ne tire pas son être de lui-même, mais qu'il a un Dieu pour créateur et, par conséquent, pour directeur, qu'il n'y a personne qui ne sente que la nature a imprimé cette vérité dans son cœur avec des caractères qui ne peuvent s'effacer. »

Ainsi, l'émancipation politique de la raison, qui est bien un phénomène majeur de cette période qui oscille entre sacralité et sécularisation, apparaît plus complexe que l'historiographie traditionnelle, héritée du XIXe siècle laïc, a bien voulu le dire. Celle-ci a volontiers parlé d'une laïcisation de la politique et, pour la France, vu en Richelieu son grand artisan. Une vue sur laquelle les travaux les plus récents proposent de revenir et qui, si elle ne nie en rien le grand et irrésistible mouvement général de sécularisation des sociétés occidentales, remet l'accent sur le contexte de sacralité dans lequel celui-ci s'est peu à peu réalisé. Il ne faut jamais oublier que Richelieu, avant d'être un politique, est bel et bien un ecclésiastique. Il ne faut surtout pas oublier que la monarchie est avant tout sacrée et tire sa puissance de Dieu. On voit combien il faut, dans ce domaine, reconsidérer l'opinion commune et anachronique qui fait du Cardinal, comme le prétend notamment Henry Kissinger, « le seul homme d'État de son époque à se délester des contraintes morales et religieuses de la période médiévale ».

Une autre notion doit être évoquée pour cerner le politique : l'intérêt général ou le bien commun. Le roi décide « de science espéciale », autrement dit en vue du bien commun et par raison. Il y a là des références particulièrement explicites sous la plume de Richelieu. L'intérêt de l'État y est souvent confondu avec l'intérêt public, mis en avant pour justifier son action, un intérêt public qui a, lui aussi, partie liée avec la justice : le bien public est l'objectif de la mission de justice, tradition essentielle des institutions de la monarchie française, qui a deux aspects, l'un moral (l'équité), le second institutionnel et judiciaire, lié à la loi et surtout à son application. La justice peut être définie comme une vertu dérivée de l'application de la loi, ce qui donne à l'appellation de Louis XIII « le Juste » sa signification profonde d'adhésion aux conceptions de son ministre.

Une citation du *Testament politique* restitue le contexte : « Si, en toutes occasions, ils [les princes] ne préfèrent les intérêts publics aux particuliers, quoiqu'ils soient bien vivants d'ailleurs, ils se trouveront beaucoup plus coupables que ceux qui transgressent actuellement les commandements et les lois de Dieu, étant certain qu'omettre ce à quoi on est obligé et commettre ce qu'on ne doit pas faire est une même chose. » Ainsi, la référence à l'intérêt public se relie directement à la notion d'obéissance et de châtiment. Perturbateur des anciennes solidarités pour exiger une obéissance absolue, l'État avance pour sa justification la poursuite de l'intérêt général. Seul il est capable de dire le général, lequel ne peut résulter de la simple juxtaposition des intérêts particuliers. Il impose une unité d'abord judiciaire, puis politique, qui s'étend ensuite à l'économie et aux relations sociales.

Mais l'enjeu est aussi religieux. Ce n'est point par hasard si le débat sur la raison d'État se focalise sur les alliances hérétiques de la France et s'ancre dans le conflit entre fidélité religieuse et impératifs étatiques. Il met en pleine lumière l'enjeu religieux du concept d'État, au moment où l'Europe entre, mais de manières diverses, dans un âge pluriconfessionnel. C'est le temps de la redéfinition du rapport entre le Ciel et la Terre, et des relations réciproques du politique et du religieux, le dénouement dans l'ordre du politique de la crise de la médiation ouverte par la Réforme dans l'ordre du religieux. L'Église est déboutée de sa prétention à constituer l'intermédiaire obligé et universel entre l'ici-bas et l'au-delà, et la religion se circonscrit dans le cadre de l'intimité privée du for intime. La réorganisation se fait autour de l'État qui affirme ici-bas une autorité absolue, un pouvoir de droit divin, mais souverain dans sa sphère désormais autonome, et auquel les bons chrétiens peuvent désormais sacrifier sans état d'âme.

Une telle mutation ne s'est pas produite sans douleur, laquelle se traduit dans l'échec politique du parti dévot à maintenir l'unité religieuse du royaume de Louis XIII. Après la défaite de la Ligue, le catholicisme royal met l'Église dans l'État et Richelieu s'emploie à organiser la biconfessionnalité, moyen efficace d'émancipation du politique au prix d'une énergique réduction à l'obéissance. Dans cette perspective, la blessure infligée par l'histoire aux dévots provient moins de la Réforme que de son acceptation politique par le pouvoir. Les catholiques royaux placent désormais l'Église dans l'État, alors que les catholiques zélés persistent à placer l'État dans l'Église ; pour les premiers, l'intercession du roi institué de droit divin est suffisante pour conduire son peuple au salut, tandis que les seconds entendent maintenir la médiation traditionnelle de l'Église.

Par la guerre, le roi a également partie liée avec la violence, et la contribution de son serviteur Richelieu à l'affirmation de l'État moderne se trouve bien liée à la violence, violence de la guerre, violence de la répression et de la réduction à l'obéissance de la loi. C'est une composante notoire de son image, telle qu'elle nous a été transmise par ses adversaires, puis confortée par la littérature romantique. Le but déclaré de son action est de porter remède au désordre de l'État. Elle s'illustre à travers la problématique du châtiment.

Dans son *Testament politique*, Richelieu oppose, mais traite avec inégalité, peine et récompense dans le chapitre « Qui montre que la peine et la récompense sont deux principes tout à fait nécessaires à la conduite des États ». La peine occupe l'essentiel du texte, lequel, en cas d'attentat contre l'État, exclut tout pardon, justifiant la procédure d'exception cautionnée par le recours à l'autorité des théologiens et des politiques (et prévenant l'accusation de tyrannie). Désobéissance et intérêt de l'État constituent un système de référence clos et même verrouillé par la raison d'État (c'est une des rares références qu'y fait Richelieu) : « En matière de crime d'État, il faut fermer la porte à la pitié, mépriser les plaintes des personnes intéressées et les discours d'une populace ignorante qui blâme quelquefois ce qui lui est le plus utile et souvent tout à fait nécessaire. [...] Quand même la conscience pourrait souffrir qu'on laissât une action signalée sans récompense et un crime notable sans châtiment, la raison d'État ne le pourrait permettre. »

La célèbre question de la répression des duels en constitue l'exemplaire illustration, qui montre comment, à ceux qui placent la personne du roi au-dessus de la loi, s'opposent désormais ceux qui, comme Richelieu, placent l'autorité de la Couronne au-dessus de la personne du roi ; cette autorité, c'est naturellement l'État, qui peut exiger que la justice l'emporte sur la clémence : « Ainsi que la clémence est une vertu des princes, la justice l'est des États, dont le salut est plus considérable que celui des particuliers. » On est en quelque sorte renvoyé à la symbolique de l'un des insignes du pouvoir royal français, la main de justice, dont les trois doigts dressés renvoient respectivement à la divinité, à la raison démonstrative et à la charité. Le principe chrétien de résolution est bien évidemment l'amour, mais, chez le cardinal-ministre, il ne va guère sans l'obéissance et la crainte. C'est le cas pour la vie chrétienne telle qu'il la décrit dans son *Traité de la perfection du chrétien* : « Tel aimera Dieu de peur d'en recevoir du mal en ne l'aimant pas, et cet amour se résout en crainte. Cependant, si ce genre d'amour produit l'observation de la loi de Dieu, il sert à salut. » Son *Testament politique* traite lui aussi abondamment de l'amour dont doit bénéficier le souverain, image terrestre de Dieu : « L'autorité contraint à l'obéissance, mais la raison y persuade, et il est bien plus à propos de conduire les hommes par des moyens qui gagnent si insensiblement leurs volontés que par ceux qui, le plus souvent, ne les font agir qu'autant qu'ils les forcent. » On le voit, tout milite sous sa plume pour mettre un amour inséparable de la crainte au service de l'obéissance symétrique qui est due à Dieu comme au roi.

De là l'image impitoyable du Cardinal, celle de « l'homme à la main sanglante, à la robe écarlate » qui passe, impitoyable, à l'arrière-plan la scène de *Marion Delorme*. Dans la mesure où il est demeuré dans notre imaginaire national comme l'archétype de l'homme d'État, il a durablement imposé par son autorité posthume une conception brutale de l'action politique : la nécessité de la violence du processus d'affirmation de l'État moderne, l'idée que le pouvoir se conquiert et se conserve par la force, que la société est bâtie sur un principe d'autorité reposant sur la domination des uns et la servitude des autres, que l'obéissance s'impose par la crainte et la violence, que l'État national s'affirme par la guerre, des idées dont notre imaginaire politique a bien du mal à se déprendre… Il a également promu et conforté une misogynie politique durable, basée sur l'idée d'une différenciation des sexes soumettant à la domination mâle et conquérante de la raison des femmes intrigantes et dangereuses esclaves de la passion. Il a ainsi alimenté et cautionné une culture politique masculine et raisonnable qui, transmuée en véritable lieu commun, a fait long feu…

Enfin, il a imposé l'idée durable et plus pacifique d'une nécessaire liaison entre la littérature et la politique : il a précocement réalisé l'importance politique de la propagande. Mais c'est au titre de « fondateur » de l'Académie française, cette petite société amicale d'auteurs qui se réunissaient autour de Valentin Conrart, qu'il a officialisée par des lettres patentes de janvier 1635, dans le but de porter la langue royale à un point d'achèvement comparable à celui du latin de Cicéron, et dont il s'est institué le protecteur, qu'il est le plus volontiers célébré aujourd'hui…

« Il n'a jamais su en quoi consistait la félicité », écrivit en guise de bilan de sa vie Mathieu de Morgues, qui n'avait pas posé les armes et assurait que la félicité lui avait été refusée en ce monde en dépit des honneurs qu'il y avait connus, et qu'elle lui serait naturellement inaccessible dans l'éternité, où l'attendaient les tourments infernaux. Ce qui pourrait nous inciter à poser une ultime question : Richelieu a-t-il été heureux ? Si lui-même ne nous a pas laissé de témoignage direct sur ses états d'âme, on a vu que, mettant au net son *Testament politique* pour le roi, dans les années 1640, il nous donnait une réponse qui assimilait le gouvernement à un supplice particulièrement injuste en affirmant que « les grands hommes qu'on met au gouvernement des États sont comme ceux qu'on condamne au supplice, avec cette différence seulement que ceux-ci reçoivent la peine de leurs fautes et les autres de leurs mérites ».

Ne nous méprenons toutefois pas sur le sens possible de cette interrogation : il s'agit de tenter de comprendre quelle justification il donnait à son existence, non d'exercer à son endroit une curiosité visant en quelque manière à l'absoudre ou le condamner. Le bonheur constitue en effet un idéal inconnu du XVIIe siècle et sa recherche n'est devenue quasi obsessionnelle qu'au XVIIIe, où elle se nourrit du passage de Dieu au second plan des préoccupations humaines.

De cela, l'heure n'était pas encore venue en cette première moitié du XVIIe siècle, qui constitue, on l'a dit, une étape majeure en un autre domaine : l'autonomisation sécularisée de l'action politique, dont

Richelieu fut un acteur majeur, mais dans un contexte général de très forte sacralisation d'un pouvoir qui demeure d'origine divine et donc incontesté. Le cardinal-ministre contribua à la promotion rhétorique de la raison et à l'évolution des idées politiques : il fut au service de Dieu et du roi ; ses références furent Dieu et l'État ; son but fut le bonheur collectif, celui du royaume, de l'État national et royal (et non du peuple, autre héritage du siècle suivant), et son choix fut non un quelconque bonheur individuel et immédiat, mais la réalisation de cet ordre politique sous le regard de Dieu.

La conception noble et glorieuse de la vie considérait comme une indécente complaisance de soi la mise au jour d'états d'âme qui, pour autant qu'ils aient existé, étaient relégués à la sphère de la pudeur privée, le salut de l'âme et la gloire du roi constituant les seuls objectifs publiquement assignables à une vie. Le service de Dieu et du roi éclipsaient donc l'idée d'un bonheur égoïste et la joie ne constituait pas un mode habituel de comportement en un monde où la raison devait l'emporter sur les passions, où la vie affective était considérée comme un obstacle à la vie raisonnable, seule morale. Si l'on pouvait connaître une satisfaction de l'ordre du bonheur ici-bas, c'était celle qui résultait du réfrènement des passions au profit du règne de la raison, de la prédominance des zones claires de la conscience sur les régions obscures et louches des instincts et passions. Et Dieu sait que sa personnalité se prêtait à ce combat !

Le salut éternel intercepte au demeurant tout difficile bonheur terrestre, renvoyant sa réalisation à un autre monde. Pour le théologien que Richelieu fut sans relâche, la félicité et le bonheur sont constamment identifiés à ceux de l'âme dans l'au-delà : dans son *Traité de la perfection du chrétien*, il oppose la brièveté et la misère de la vie présente à l'éternité et au bonheur de la vie future : « Pourrons-nous considérer quel bien c'est à l'homme que d'avoir en ce monde la possession et la jouissance de son Dieu par sa grâce, et en l'autre par sa gloire, sans en être émus par ces considérations à vivre en sorte que nos actions ne nous privent pas d'un tel bonheur auquel nous sommes destinés ? » Ne peut-on pas lui faire crédit de quelque sincérité ? Ajoutons que, pour caractériser cette éternité, le bonheur est constamment associé au repos, un repos dont le temps était assurément bien venu pour lui.

Auparavant, il aura déployé une inlassable activité discursive qui en fait, auprès du roi taciturne, un véritable ministre des mots. Pourquoi éprouva-t-il le besoin de tant parler et écrire, pourquoi aima-t-il tant discuter avec ses amis, rivaliser de qualités littéraires, convaincre les protestants, écrire pour le roi ? Sans doute parce que le langage lui procurait un avantage décisif dans sa lutte pour l'existence, le moyen d'attirer l'attention, de donner sens et cohérence au monde et aux événements, d'argumenter de manière civile ou conflictuelle, de prévoir de manière rationnelle et de rallier les autres à ses vues. La parole lui servait à afficher avec talent ses qualités de leader politique et à prendre part à un pouvoir qui ne lui était pas échu par naissance. Pourquoi donna-t-il tant d'importance aux paroles des autres, à la fonction d'espionnage qui vise à en connaître la teneur, sinon pour conjurer les dangers potentiels qui menaçaient son existence ? Avec lui, la fonction politique du langage n'est pas à démontrer.

Et pourtant, il ne parvint jamais à neutraliser le plus grand des dangers qui le menaçait et qui résultait pour une grande part de cette facilité verbale : celle-ci en effet pouvait être insupportable au roi qui en était la cible première, un roi qui préférait agir que parler, être à la tête de son armée qu'à la table de négociations où son ministre ne cessait de le ramener. Le rôle dévolu au langage de souder une association tombe, dans ce cas particulier, à plat, et le fameux ministériat tant célébré révèle toute sa fragilité quand la parole du ministre se brise sur le silence du roi.

Par l'écriture toutefois, Richelieu connut la survie terrestre à laquelle il aspirait. Le *Testament politique*, les *Mémoires* n'ont cessé d'être passés au crible de la critique historique et utilisés comme matériaux d'histoire, même si les œuvres du théologien sont quelque peu tombées dans l'oubli.

Créateur de son rôle et de celui du roi, son maître, Richelieu fut en fin de compte un formidable acteur, un artiste capable même, dans le feu de la scène, de se copier lui-même, en un subtil jeu de miroirs où la postérité et l'histoire prendront ensuite leur place. Le rôle crée le personnage autant que le personnage crée le rôle ; les artistes exigent une légende et les héros réclament des mythes ; l'histoire forge ensuite des archétypes et Richelieu en vient alors à concentrer sur sa personne les aspirations humaines concernant le pouvoir.

Révélé par ses écrits, toujours masqué par ses silences et sa légende, l'homme rouge n'a pas fini de fasciner ses historiens et ceux-ci de partir à sa recherche ; pour le rencontrer à nouveau, retrouver son humanité en-deçà ou au-delà du héros ou de l'archétype abstrait ou anachronique, force est de l'écouter parler à travers ses œuvres, et c'est en se prolongeant de la sorte que sa volonté de persuasion et de survie pour l'histoire n'est finalement pas un vain mot.

Triple portrait de Richelieu, par Philippe de Champaigne.

L'époque de Richelieu, ou l'affirmation absolutiste

Une succession de prépondérances

Du point de vue européen, la période 1559-1661 a une grande signification : traditionnellement, les histoires générales parlent d'une succession de prépondérances, espagnole, puis française. Cette période met en présence trois absolutismes aux chronologies décalées : en premier lieu l'Espagne complexe et précoce (du moins pour la Castille), première puissance européenne qui va subir sa première défaite aux Pays-Bas à la fin du XVIe siècle et décliner jusqu'à sa « reprise » par les Bourbons ; monarchie la plus forte au Moyen Âge, capable de soutenir un effort de guerre prolongé sur le continent, l'absolutisme anglais, quant à lui, va être stoppé à mi-course au milieu du XVIIe siècle avec la chute des Stuart qui en voulaient le renforcement autoritaire ; en France enfin, l'absolutisme dure jusqu'à la fin du XVIIIe siècle.
Signalons que l'emploi du mot « absolutisme », s'il est commode pour notre propos, n'en constitue pas moins, à très proprement parler, un anachronisme : le mot apparaît en 1797 sous la plume de Chateaubriand dans son *Essai sur les révolutions* (par opposition à la monarchie parlementaire) et la langue de l'Ancien Régime parle de « pouvoir absolu » ou d'« autorité souveraine ». Mais, si le terme est tardif, il recouvre une réalité qui remonte aux origines de la monarchie, ce que démontrent certaines phrases prononcées par les rois depuis le Moyen Âge jusqu'au XVIIIe siècle. C'est le roi Louis XV qui l'exprime parfaitement en ces termes : « C'est en ma personne seule que réside la puissance souveraine, dont le caractère propre est l'esprit de conseil, de justice et de raison » (discours dit « de la flagellation », 1766). Dans les trois cas, il s'agit de monarchies centralisées, en rupture avec l'état antérieur de morcellement féodal, ce qui suppose un déplacement du pouvoir vers un sommet centralisé

et militarisé (le roi s'acquiert le monopole de la force armée, à laquelle la révolution militaire qui s'opère alors donne une puissance accrue), capable de coercition universelle, y compris à l'endroit de la classe sociale dominante, la noblesse. Mais cette dernière conserve sa primauté théorique et il n'est que de voir l'activité de la bourgeoisie pour s'y agréger pour en être convaincu. Son problème est aussi qu'elle conserve une place politique prépondérante, tandis que se développent, avec ou sans elle, de nouvelles formes d'économie marchande. Ces aspects économiques ne sont pas à négliger même en histoire politique, car l'État guerrier doit se financer. Essor économique au XVIe siècle, croissance démographique et irruption de métaux précieux d'Amérique, tout cela permet aux princes européens d'augmenter leurs dépenses sans que la pression fiscale s'accroisse pour autant. Ce n'est qu'avec la dépression économique du XVIIe siècle que les effets de la révolution militaire se font sentir : escalade de la guerre, bureaucratie des offices, érosion des clientèles privées, problème d'adaptation de la noblesse, troubles et désarroi qui en découlent.

Une révolution militaire

On a pu parler de « révolution militaire » intervenue au début de l'époque moderne dans laquelle on peut distinguer trois grandes composantes : technique, liée à l'artillerie, tactique, symbolisée par Maurice de Nassau et Gustave Adolphe de Suède, numérique avec la levée d'armées d'une ampleur jamais vue auparavant (150 000 hommes avec Charles Quint, 400 000 avec Louis XIV).
Au total, le mouvement d'étatisation s'accompagne d'une rationalisation de la guerre qui aboutira à l'inversion des valeurs : alors qu'au départ c'était la guerre qui constituait le cadre de vie le plus ordinaire des populations (la France des cardinaux-ministres connaît de 1635 à 1661 24 ans de guerre sur 26 ; 54 ans de règne de Louis XIV, dont 33 de conflit). Peu à peu l'évolution administrative va faire que la guerre résultera d'un choix maîtrisé ; on vivra en paix et on entrera en guerre. En effet, le XVIe siècle voit la mise en place progressive d'institutions diplomatiques stables entre les États ; en 1589, le secrétaire d'État Revol est spécialement chargé de

la correspondance avec les pays étrangers ; en 1594, Villeroy regroupe les affaires militaires et les affaires étrangères, département dont hérite Richelieu lors de son premier passage aux affaires en 1616-1617. Sous Louis XIV, après Turenne, qui commence la réorganisation de l'armée, Le Tellier, Louvois, Barbezieux forment une dynastie de secrétaires d'État de la guerre à qui l'on doit un ordre nouveau pour une armée qui n'a plus rien à voir avec les bandes indisciplinées de la guerre de Trente Ans ; le modèle militaire inspire la centralisation administrative (Louis XIV, puis au siècle suivant l'État prussien).

Un statu quo territorial

Le 3 avril 1559, au moment où le traité de Cateau-Cambrésis sanctionne la fin des guerres d'Italie et l'abandon des prétentions françaises sur la Péninsule, il peut sembler que l'unification européenne est en bonne marche ; elle permettrait à l'Occident catholique de se consacrer à la lutte contre l'islam, à la traditionnelle croisade. Et de fait Philippe II, le pape et Venise constituent une ligue dont la flotte remporte la victoire de Lépante (7 octobre 1571) ; celle-ci semble manifester le sommet de la puissance espagnole, mais sa fragilité se manifeste rapidement, dès 1588, avec le revers de l'« Invincible Armada », destinée à attaquer l'Angleterre qui apporte son soutien aux Provinces-Unies, décimée en mer du Nord par les éléments.

Au total, le traité de Cateau-Cambrésis constate un quasi *statu quo* territorial (la France gagne seulement Calais et les Trois-Évêchés) manifestant que les deux grandes puissances européennes s'équilibrent et que la France a montré sa solidité (et les ressources de sa fiscalité) en ne cédant pas face à un Habsbourg qui collectionne titres et territoires (et est riche des métaux précieux de ses colonies). Philippe II est à la tête d'un véritable empire, dont le centre de gravité est castillan ; son pouvoir s'étend sur les Pays-Bas, sur la Bourgogne, Milan, Naples et la Sicile, et excède les limites de l'Europe pour mordre sur l'Afrique à Oran et Tunis et s'étendre, au-delà des océans, sur les Indes (occidentales, Amérique, et orientales, Philippines). Le roi de France dispose d'atouts inverses : il est fort de son royaume populeux et d'un seul tenant.

L'Europe vers 1600

Une démographie immobile

Pour la France, on peut estimer qu'il y a eu très globalement une démographie immobile si on envisage la population existante dans les frontières actuelles : celle-ci ayant atteint les 20 millions dès le XIVe siècle, pour atteindre 22,5 millions à la fin du XVIIe siècle, avec des reculs marqués en périodes de crise. En revanche, si on prend en considération les frontières réelles et en expansion du royaume, on part, en 1550, de 13,5 millions d'habitants pour retrouver et dépasser les 20 millions en 1667 avec la réunion des Flandres et du Hainaut. On peut ainsi estimer la moyenne au kilomètre carré à 37 habitants.

Les différences régionales mettent en valeur une France du Nord-Ouest, nettement plus populeuse que cette moyenne.
En Espagne, les recensements permettent de conclure que le dynamisme démographique a été à peu près général jusqu'aux années 1570-1580, après lesquelles le reflux s'amorce pour se généraliser au tournant du siècle. Après 1620 en général, et surtout après 1640, la dépopulation devient une réalité. De surcroît l'expulsion des morisques, dans les années 1610, ajoute un déficit de quelque 280 000 personnes (30 % de la population du royaume de Valence, 15 % de celle de l'Aragon, 2-3 % pour la Castille). De 1530 à 1591, la population espagnole croît de quelque 2 millions d'individus (la progression annuelle est de 7,66 % en Castille, de 4,11 % seulement en Aragon) : vers 1590, on peut l'estimer à quelque 8 à 8,5 millions hommes, dont plus de 80 % en Castille, soit une densité moyenne de population de 14 habitants au kilomètre carré, qui descendra à 10 dans la seconde moitié du XVIIe siècle. L'Espagne est alors largement ouverte à l'immigration en provenance de la France. En fait, il est probable que vers 1580-1590 l'Espagne atteint un seuil de saturation démographique compte tenu de ses ressources : les provinces basques, la Galice, la Vieille Castille, le León y constituant des « mondes pleins » dont le déclin est l'événement démographique majeur qui coïncide avec la fin de la prépondérance espagnole dans un contexte de rivalité avec une France dense. La grande victime est alors assurément la péninsule Ibérique condamnée à baisser au moment où elle entend prendre la direction du monde.

Premier absolutisme et crise d'identité monarchique

Mais une série de crises de succession monarchique et les guerres de Religion semblent devoir mettre hors du jeu la principale puissance capable de rivaliser avec l'Espagne. Les règnes de François Ier et d'Henri II (1515-1547 et 1547-1559) correspondent à ce que les historiens appellent un « premier absolutisme », autrement dit une affirmation de l'autorité monarchique qui s'est accompagnée d'un perfectionnement des institutions royales, ainsi que d'une politique européenne d'intervention en Italie et de lutte contre les Habsbourg. L'appareil de l'État se trouve conforté par le perfectionnement de l'organisation du conseil du roi en « séances » spécialisées, par la définition territoriale des compétences des quatre secrétaires d'État, par l'envoi en « chevauchées » dans les provinces de maîtres des requêtes de l'hôtel du roi pourvus de pouvoirs étendus, par d'importantes réformes de l'administration financière, ou encore par la création d'une juridiction nouvelle, les présidiaux. C'est la mort accidentelle d'Henri II, lors d'un tournoi, en 1559, qui ouvre une période de minorités et de régence, celle de Catherine de Médicis, de règnes brefs de rois malades, éphémères ou mal aimés jusqu'en 1589. Les troubles intérieurs, les guerres de Religion engendrent une véritable « crise d'identité » du pouvoir monarchique, qui hésite entre les vieilles traditions du gouvernement domestique et la pratique absolutiste. C'est l'épisode des guerres de Religion, avec son apogée dramatique de la Saint-Barthélemy (24 août 1572), qui symbolise la fragilité d'un pouvoir monarchique ; enfin, c'est l'épisode insurrectionnel de la Ligue.

Dépassant le clivage confessionnel entre ultras catholiques et protestants, le parti des « politiques » (ou bons Français) va, dans les années qui suivent, se rallier sans état d'âme, à la mort d'Henri III sous le poignard du régicide Jacques Clément, au Bourbon Henri de Navarre, chef du parti protestant, qui devient le roi très chrétien Henri IV. Avec lui l'ordre royal revient, la paix est rétablie (le 2 mai 1598 la paix de Vervins avec l'Espagne, le 13 avril 1598 l'édit de Nantes avec les protestants), puis la France retrouve la voie de sa rivalité belliqueuse avec la puissance catholique des Habsbourg, à l'occasion de l'ouverture, en 1609, de la succession de Clèves et de Juliers, quand le couteau de Ravaillac remet encore une fois tout en cause.

Faiblesses de la monarchie hispanique

Pendant ce temps, au sein même de la monarchie hispanique on observe une faille : les mesures de centralisation administrative et l'impérialisme catholique espagnol se heurtent à la résistance acharnée de populations avides d'indépendance économique, politique et religieuse : bien que géographiquement excentrées et démographiquement marginales, les Provinces-Unies révoltées constituent pour l'Espagne une écharde douloureuse dont elle ne pourra se défaire à moins de reconnaître de fait l'indépendance de la nouvelle république qui va devenir un acteur majeur du jeu politique européen. Peu à peu, la hiérarchie va s'inverser et les années 1630-1650 se révéler décisives ; l'engagement militaire se mue en longue marche vers les paix de Westphalie et des Pyrénées, qui voient l'Espagne, dépouillée de ses prétentions hégémoniques, laisser le champ libre aux prétentions de Louis XIV, qui installera son petit-fils sur le trône de Madrid.

Parmi les autres grands acteurs du jeu politique international, il faut faire mention de l'Angleterre, qui, si elle participe aux querelles religieuses du temps (le schisme anglican) et affirme sa puissance sur mer, ne participe pas directement aux événements que nous venons d'évoquer ; de l'empire, lieu de naissance de la Réforme, qui s'y est propagée au prix de troubles qui vont en faire le principal champ de bataille européen ; de la mer enfin : sa maîtrise constitue un gage d'indépendance et de puissance, puisqu'elle est le principal moyen de communications internationales.

De ce point de vue géostratégique, l'empire espagnol a sa faiblesse : il est fait de pièces dispersées sur lesquelles certes le soleil ne se couche jamais, mais qui sont éloignées les unes des autres et entre lesquelles il n'est d'autre lien que maritime. Or, de Lépante à la fin du siècle, la Castille aura perdu la maîtrise des océans, sur lesquels la concurrenceront les gueux des Pays-Bas, qui ne sont encore qu'une flottille de révoltés, et les corsaires anglais, d'audacieux aventuriers, tandis que la France de Richelieu puis de Colbert travaillera à se doter d'une marine.

Le phénomène domine aussi l'histoire politique, car l'Espagne a pu déterminer sa politique en fonction de l'apport du métal précieux et pendant quarante ans a vécu dans l'idée que l'or et l'argent des Indes résoudraient tous ses problèmes de trésorerie. Il y a là un avantage politique évident provenant de ces métaux qui ne coûtent rien et qui permettent à l'Espagne de tenir tête, en dépit d'infériorités démographiques, économiques et fiscales, à la monarchie française qui n'en dispose pas. Celle-ci est dans l'obligation de renforcer son effort financier, et donc fiscal, qui pèse sur sa population, et de se procurer les précieux métaux par le moyen des circuits commerciaux.

La souveraineté moderne

Le XVIe siècle est également le temps d'une révolution intellectuelle inédite et multiforme où s'entrechoquent découverte de l'Amérique, redécouverte de l'Antiquité, réforme religieuse, avènement de la critique et fin de l'ère théologique. C'est encore le temps de l'apparition d'une notion juridique qui allait permettre l'évolution absolutiste de la monarchie : la souveraineté moderne définie de manière à interdire tout partage de sa possession et empêcher la possibilité d'une concurrence pour fonder l'État dit « moderne ».
La notion de souveraineté existait bien au Moyen Âge, mais elle correspondait à une notion différente : elle s'appliquait à un pouvoir qui admettait le principe du consentement entre le roi et les États pour les décisions politiques essentielles et admettait l'idée d'une coexistence avec la puissance du pape. L'absolutisme, que les historiens reconnaissent précocement en germe dans la monarchie, se doublait alors de limitations et supportait d'être contrôlé. La souveraineté moderne rompt avec le constitutionnalisme médiéval, qui reposait sur le principe du consentement entre le roi et les États pour les décisions politiques essentielles, ainsi qu'avec toute idée de domination de l'Église sur le royaume. La souveraineté moderne présente cette radicale nouveauté d'exclure la possibilité d'une concurrence et d'imposer son monopole et son indivisibilité. Le premier âge de l'État moderne n'est pas autre chose que son affirmation par l'élimination de toute concurrence.
Cette définition de la souveraineté a été posée au profit du souverain par le juriste français Jean Bodin (1530-1596). Son œuvre, élaborée au milieu des troubles des guerres de Religion (1576, *Les Six Livres de la république*), constitue le point de passage obligé de toute réflexion sur l'État moderne. On y lit : « République est un droit gouvernement de plusieurs ménages, et de ce qui leur est commun, avec puissance souveraine. [...] La souveraineté est la puissance absolue et perpétuelle

d'une République. » Ce pouvoir absolu se reconnaît à des marques qui sont celles de la souveraineté : « La première marque du prince souverain, c'est la puissance de donner la loi à tous en général, et à chacun en particulier, mais ce n'est pas assez car il faut ajouter sans le consentement de plus grand, ni de pareil, ni de moindre que soi. » Or cette souveraineté est indivisible et exclut donc toute forme de partage avec quelque puissance que ce soit. Cette souveraineté, qui est donc celle de l'État (entendu sous le mot de « République »), doit résider en un lieu politique et c'est, selon Bodin, dans la monarchie absolue, en la personne du prince qu'elle trouve son support le plus adéquat.

Jean Bodin (1529-1596).

Bodin réalise ainsi une véritable révolution conceptuelle en formulant, avec sa théorie de la souveraineté, le principe de l'unité de la puissance publique, d'où découlera une perception abstraite du pouvoir rapporté au principe supérieur du souverain, puis de l'État. Sa théorie de la souveraineté est reprise et précisée par d'autres juristes : celui qui en tire les conséquences avec le plus de rigueur est Cardin Le Bret (1558-1655), auteur d'un traité *De la souveraineté du roy* (1632) qui pose la célèbre formule que « la souveraineté du roi n'est non plus divisible que le point en géométrie » et en tire les conséquences quant à l'obéissance que doivent les sujets : « S'il faut obéir aux commandements, qui bien qu'ils semblent injustes, ont toutefois pour objet le bien de l'État : comme si le prince souverain commandait de tuer quelqu'un qui fut notoirement rebelle, factieux et séditieux. Mon opinion est, qu'en telles occasions, l'on doit obéir, et sans scrupule. »

La souveraineté est la marque juridique du changement de l'époque moderne. Elle est le signe par lequel on reconnaît l'existence de l'État distinct de la communauté politique sur laquelle il exerce sa domination, comme d'avec la personne des gouvernants. Elle conforte d'abord la pratique absolutiste de la monarchie car elle impose l'idée que le souverain ne peut partager son pouvoir et exclut toute possibilité de gouvernement « mixte » supposant, comme au Moyen Âge, une codécision entre organes étatiques. C'est donc désormais l'exercice de la souveraineté par une seule personne : le roi absolu. Le principal ministre (ou le favori) que l'on retrouve dans toutes les grandes monarchies a alors pour fonction de permettre au roi d'accéder à cette souveraineté, tout en assumant à sa place, vis-à-vis de l'opinion, les aspects négatifs et impopulaires du pouvoir. En effet, l'État moderne a été perçu comme une sorte de « monstre froid » qui a brisé impitoyablement toute opposition : celle des grands, des parlements ou des masses populaires. Mais aujourd'hui les historiens en donnent une interprétation plus nuancée et complémentaire : celle d'un absolutisme étudié dans son fonctionnement concret qui révèle une acceptation, et même une demande, de la part d'une société dont il aurait assumé les attentes et accompagné l'évolution. La mise en place de systèmes administratifs capables de gérer le royaume et de s'y assurer les fidélités nécessaires a permis d'affirmer sa suprématie sur la scène internationale. Ce n'est sans doute pas un hasard si les idées de souveraineté se sont dégagées avec Jean Bodin au moment de troubles civils : le pouvoir royal fort paraît alors la meilleure garantie contre l'anarchie et l'injustice. L'insistance sur la souveraineté et les efforts pour la rendre parfaite ne constituent que la simple recherche de garantie des conditions de la vie quotidienne. Se dégage alors une nouvelle perception plus nuancée, qui tient compte des rapports de pouvoir en ne les considérant pas forcément comme conflictuels et réhabilite, dans le cadre juridique nouveau qui est celui de la souveraineté de l'État, le caractère contractuel de la monarchie absolutiste, qui ne s'impose pas systématiquement à partir du centre, mais est en permanentes négociations de compromis en fonction de situations locales diverses. La question de la langue fait apparaître ces tensions sous l'angle de la rhétorique : à l'éloquence du palais – nourrie de sagesse et de science (et pétrie de citations) voire d'idéal dévot, comme à la sophistique à la mode de la cour qui conjugue ignorance et galanterie –, Richelieu imposera, parallèlement au rétablissement politique et militaire de l'État, qui passe par la mise au pas des parlements et de la grande noblesse, une normalisation et une régularité imitées du classicisme romain pour forger avec l'aide de l'Académie française une langue royale.

Premier et deuxième âge de l'État moderne

Quoi qu'il en soit, les contemporains tenaient pour admis que la monarchie de type absolu constituait la solution politique normale sinon la meilleure pour les grands pays. Louis XIV dans ses *Mémoires* systématisera ce point de vue : « On doit demeurer d'accord qu'il n'est rien qui n'établisse avec tant de sûreté le bonheur et le repos des provinces que la parfaite réunion de toute l'autorité dans la seule personne du *souverain*. Le seul partage qui s'en fait produit toujours de très grands malheurs. » En se conjuguant avec la souveraineté moderne, cet absolutisme devient, bien davantage que concentration, exclusivité du pouvoir au profit du souverain qui en a l'exercice viager (rappelons ici qu'entre ses mains sont concentrés tous les pouvoirs, législatif, exécutif et judiciaire, l'Ancien Régime ignorant la séparation des pouvoirs). La difficulté que l'on rencontre dans un premier temps réside dans la confusion entre l'incarnation absolutiste de la souveraineté et sa dépersonnalisation étatique, encore difficile à concevoir objectivement dans l'imbrication entre des pratiques qui précèdent la formulation théorique et sa vulgarisation. C'est sans doute dans ce sens que l'on peut parler d'un « premier » et d'un « deuxième » âge de l'État moderne, correspondant au dégagement progressif de la souveraineté de la personne du roi pour se constituer en entité abstraite douée d'une continuité supérieure à la condition humaine. Au-delà du gouvernement monarchique absolu s'est peu à peu dégagée une abstraction, une valeur référence, qui impose ses raisons, ou plutôt sa raison. Lorsque cette évolution est parvenue à son terme, le principal ministre peut s'effacer : au lendemain de la mort de Mazarin, le 9 mars 1661, Louis XIV commence « à jeter les yeux sur toutes les diverses parties de l'État, et non pas des yeux indifférents, mais des yeux de maître » ; il décide alors de se passer des services d'un principal ministre et de contrôler lui-même tous les rouages et les actes du gouvernement.

Repères chronologiques

1585

9 septembre : naissance de Richelieu.

1606

Richelieu nommé évêque de Luçon.

1607

Richelieu sacré évêque.

1608

Formation de l'Union évangélique entre les réformés allemands.
Alliance défensive de la France et des Provinces-Unies.
Richelieu à Luçon.

1609

Formation d'une ligue catholique en Allemagne.
25 mars : ouverture de la succession de Clèves et de Juliers.
Trêve de douze ans entre l'Espagne et les Provinces-Unies.
Expulsion des morisques d'Espagne.

1610

13 mai : sacre de Marie de Médicis à Saint-Denis.
14 mai : assassinat d'Henri IV ; Louis III roi de France : régence de Marie de Médicis.
Remontrances des arminiens et contre-remontrances des gomaristes aux États de Hollande.

1611

30 avril : rapprochement franco-espagnol ; entrevue de Fontainebleau.
Guerre entre le Danemark et la Suède ; mort de Charles IX de Suède : Gustave Adolphe roi.
Procès de Gaufridi à Aix.

1612
Mort de Rodolphe II ; Matthias empereur.

1613
Concini maréchal d'Ancre.

1614
2 octobre : Louis XIII déclaré majeur.
20 octobre : sacre de Louis XIII.
27 octobre : ouverture des états généraux à Paris, Richelieu député du clergé.
Traité de Xanten entre les électeurs de Brandebourg et de Saxe.

1615
Soulèvement de Condé.
7 juillet : l'assemblée du clergé de France reçoit le concile de Trente.
28 novembre : Louis XIII épouse Anne d'Autriche.
Traité d'Asti entre l'Espagne et la Savoie.

1616
3 mai : paix de Loudun avec Condé.
1er septembre : arrestation de Condé.
25 novembre : Richelieu secrétaire d'État.

1617
24 avril : assassinat de Concini.
4 décembre : assemblée des notables à Rouen.
Arrestation d'Oldenbarnevelt et de Grotius.

1618
23 mai : défenestration de Prague, révolte de la Bohême, début de la guerre de Trente Ans.
Richelieu exilé à Avignon.

1619
Première guerre de la mère (Marie de Médicis) et du fils (Louis XIII), Richelieu est rappelé auprès de la reine mère.

Mort de Matthias : Ferdinand II empereur.
L'électeur palatin élu roi de Bohême.
Exécution d'Oldenbarnevelt.

1620

3 juillet : traité d'Ulm entre l'empereur et l'Union évangélique.
Deuxième guerre de la mère et du fils.
7 août : bataille des Ponts-de-Cé.
Octobre : campagne contre les protestants du Béarn ; Béarn et Navarre rattachés au royaume.
8 novembre : bataille de la montagne Blanche.
Décembre : prise d'armes des protestants.

1621

Mort de Philippe III : Philippe IV roi d'Espagne.
Avril : traité de Madrid entre la France et l'Espagne à propos de la Valteline.
Campagne contre les protestants du Midi de la France.
Fin de la trêve de douze ans.
Mort de Paul V : Grégoire XV pape.

1622

18 octobre : paix de Montpellier avec les protestants.
Traité entre la Bavière et la France.
Richelieu cardinal.

1623

Alliance entre la France, la Savoie et Venise.
Diète de Ratisbonne : l'électorat palatin transféré à la Bavière.
Mort de Grégoire XV : Urbain VIII pape.

1624

Avril : Richelieu au conseil.
10 juin : traité de Compiègne, alliance de la France et des Provinces-Unies.
Soulèvement des Croquants du Quercy.

1625
Nouveau soulèvement protestant.
Opérations en Valteline.
Échec du débarquement anglo-hollandais à Cadix.
27 mars : mort de Jacques Ier ; Charles Ier roi d'Angleterre épouse Henriette de France.
Mort de Maurice de Nassau.
Wallenstein commandant des troupes impériales.
Entrée en guerre du Danemark.
Spinola prend Breda.

1626
5 février : paix de La Rochelle avec les protestants.
5 mars : traité de Monçon avec l'Espagne à propos de la Valteline.
Conspiration de Chalais.
Assemblée des notables.
Union des Armes en Espagne ; naissance de Christine de Suède.

1627
Siège de La Rochelle.
Décembre : ouverture de la succession de Mantoue.

1628
28 octobre : capitulation de La Rochelle.
Petition of rights.
Assassinat de Buckingham.
Les Hollandais s'emparent de la flotte des Indes.

1629
Mars : Intervention française en Italie.
28 juin : édit de grâce d'Alès, paix avec les protestants.
Édit de restitution.
Charles Ier dissout le Parlement.
Mort de Bethlen Gabor.

1630
Traité de paix entre l'Espagne et l'Angleterre.

Mars : les Français prennent Pignerol.
13 octobre : traité de Ratisbonne entre la France et l'empereur.
11 novembre : journée des Dupes, Richelieu confirmé au pouvoir.

1631

23 janvier : traité de Bärwald, alliance franco-suédoise.
19 juin : traité de Cherasco réglant les affaires italiennes.
17 septembre : Gustave Adolphe bat les impériaux à Breitenfeld.

1632

6 janvier : traité de Vic entre la France et la Lorraine.
Juin-août : soulèvement de Montmorency en Languedoc.
26 juin : traité de Liverdun avec la Lorraine.
16 novembre : Gustave Adoplphe meurt à la bataille de Lützen ; Christine reine de Suède.

1633

Septembre : traité de Charmes, la Lorraine cédée provisoirement à la France.
Oxenstierna reconstitue la ligue protestante à Heilbronn.

1634

Disgrâce et assassinat de Wallenstein.
Renouvellement de l'alliance de la France avec les Provinces-Unies.
Bataille de Nördlingen.

1635

La France s'allie avec les Provinces-Unies et la Suède.
19 mai : la France déclare la guerre à l'Espagne.

1636

Août : prise de Corbie par les Espagnols.
Novembre : Louis XIII reprend Corbie.
Siège de Saint-Jean-de-Losne.
Révoltes populaires dans les provinces françaises.

1637
Mort de Ferdinand II : Ferdinand III empereur.
11 décembre : vœu de Louis XIII.

1638
Bernard de Saxe-Weimar passe au service de la France.
5 septembre : naissance du dauphin, futur Louis XIV.
7 septembre : Fontarabie.
19 décembre : prise de Brisach.

1639
Révolte des Nu-Pieds en Normandie.
Révolte du comte de Soissons, bataille de La Marfée.
18 juillet : mort de Bernard de Saxe-Weimar.
Les Hollandais détruisent la flotte espagnole.

1640
Révolte de la Catalogne.
Indépendance du Portugal.

1641
Cromwell prend le pouvoir.
La France s'allie avec le Portugal.
Louis XIII comte de Barcelone.

1642
Complot et exécution de Cinq-Mars.
4 décembre : mort de Richelieu.
5 décembre : Mazarin au conseil.

Richelieu vu par…

Christian Jouhaud

« L'âpre et redoutable Richelieu avait foudroyé plutôt que gouverné les humains », écrit le cardinal de Retz, donnant à Richelieu son image terrible et traditionnelle. Quelques siècles plus tard, alors que les historiens ont beaucoup travaillé, l'un d'entre eux, Christian Jouhaud, fait ce bilan désenchanté :

« À feuilleter, survoler, dévorer, travailler tout ce qui peut être lu sur Richelieu (Dieu sait si l'on peut en lire), on ne voit plus que les livres, l'éclat de certains, la nullité de beaucoup, les recopiages, les polémiques. Et Richelieu devient peu à peu ce qui leur échappe. Richelieu, Armand Jean Du Plessis, a-t-il existé ? Les récits ne l'ont-ils pas inventé (une main de fer dans un gant de velours) ? A-t-il été autre chose qu'une signature au bas d'une lettre ? Autre chose qu'un bon sujet pour les peintures de Philippe de Champaigne ? » (*La Main de Richelieu, ou le pouvoir cardinal*, Gallimard, 1991.)

Antoine Aubery

S'il est évident qu'il existe un lien entre les documents volontairement produits au sein du cabinet de Richelieu et la présentation du personnage par les historiens qui utilisent ces sources, on observe nonobstant bien des distorsions dans l'appréciation du personnage. Le premier biographe, Antoine Aubery, est très largement un hagiographe soucieux de promouvoir une image exemplaire de son héros :

« La comparaison qui se fait d'ordinaire des ministres d'État et des autres personnes publiques aux flambeaux qui se consument eux-mêmes en servant aux autres convient particulièrement au cardinal de Richelieu, qui a indubitablement prodigué sa santé et sa vie au service de sa patrie et du public. Aussi disait-on ordinairement qu'il aimait beaucoup mieux l'État que sa propre vie. » (*Histoire du cardinal-duc de Richelieu*, 1660.)

Jules Michelet

Les histoires de France ont repris ce portrait, et l'image de Richelieu propagée par l'historiographie classique est avant tout politique ; elle a contribué à forger celle, générique, de l'homme d'État national ; mais les belles qualités prennent des couleurs plus inquiétantes.

Jules Michelet est fasciné par la figure des grands portraits de Philippe de Champaigne, qu'il décrypte en ces termes :

« Il vient à vous. On n'est pas rassuré. Ce personnage-là a bien les allures de la vie. Mais vraiment, est-ce un homme ? un esprit ? Oui, une intelligence à coup sûr, ferme, nette, dirais-je lumineuse ou de lueur sinistre ? S'il faisait quelques pas de plus, nous serions face à face. Je ne m'en soucie point. J'ai peur que cette forte tête n'ait rien du tout dans la poitrine, point de cœur, point d'entrailles. [...] Que de contrastes en lui ! Si dur, si souple, si entier, si brisé ! Par combien de tortures doit-il avoir été pétri, formé et déformé, disons mieux, désarticulé pour être devenu cette chose éminemment artificielle qui marche sans marcher, qui avance sans qu'il y paraisse et sans faire bruit, glissant sur un tapis sourd... puis, arrivé, renverse tout.

Il vous regarde du fond de son mystère, le sphinx à robe rouge. Je n'ose dire du fond de sa fourberie. Car au rebours du sphinx antique, qui meurt si on le devine, celui-ci semble dire : “Quiconque me devine en mourra”. » (*Histoire de France au XVIIe siècle*, 1880.)

Ernest Lavisse

*Plus classiquement, dans l'*Histoire de France *d'Ernest Lavisse, notre grand « instituteur national », on lit :*

« De sa marche au pouvoir, si tortueuse et si lente, il lui resta de la colère et de la rancune. Il avait souffert, lui le violent, de faire le doux, lui tyrannique, de plier, lui qui avait conscience de sa supériorité de voir à la place qui lui revenait des médiocres et des impuissants. [...] Le corps sortait malade de l'épreuve, échauffé et comme brûlé par la passion intérieure. De violentes douleurs de tête, de mauvaises digestions, des souffrances d'un ordre plus infime (hémorroïdes, rétention d'urine) affligeaient cet être supérieur. Il en gardait des traces sur sa figure creusée et terreuse. Mais l'œil était illuminé d'intelligence et de passion. La mine était fière, la taille belle, et drapé dans sa robe rouge, qui le grandissait encore, le nouveau chef du conseil du roi avait l'air d'un très grand seigneur qui par hasard serait d'Église. » (*Histoire de France*, t. VI, 1905.)

Albert Mallet et Jules Isaac

Quant au classique manuel d'Albert Mallet et de Jules Isaac, il reprend le message à l'intention des écoliers :

« On le savait insatiable de pouvoir, chacun, et le roi lui-même, le craignait ; mais une fois entré au conseil, il s'imposa par l'évidente supériorité de son esprit. Bien qu'il eût montré jusqu'alors beaucoup de souplesse, Richelieu était fait pour dominer. Il avait le don du commandement, un orgueil impérieux, une volonté inflexible. D'ailleurs son dévouement à la royauté était absolu. Toutes ses décisions, tous ses actes étaient commandés par la raison d'État. » (*XVIIe et XVIIIe siècles. Classe de seconde*, 1930.)

Pierre Ripert

Cette image traditionnelle est aujourd'hui volontairement assumée par Pierre Ripert, qui entend renouer avec l'histoire anecdotique des manuels scolaires du XIXe siècle :

« Il a tenu la promesse qu'il avait faite à Louis XIII en entrant au ministère : il a, au-dehors, relevé le nom du roi au point où il devait être parmi les nations étrangères ; il a, à l'intérieur, tout fait plier sous son autorité. Mais à quel prix ! Avec lui, la France est passée de la licence aristocratique à l'arbitraire du despotisme royal. » (*Richelieu et Mazarin*, Privat, 2002.)

Gabriel Hanotaux et le duc de La Force

Les nombreuses biographies consacrées spécialement au personnage vont permettre d'affiner son portrait. Parmi elles se détache celle de Gabriel Hanotaux (1853-1944), qui, fort de ses qualifications de chartiste, de diplomate et de ministre (il fut ministre des Affaires étrangères de 1894 à 1898), allait, dans les années qui précédèrent la Grande Guerre, quasiment incarner la recherche autour de Richelieu. Sa grande biographie, achevée trois ans après sa mort par le duc de La Force, promeut l'image de l'homme politique idéal dont la France ne cesse d'avoir besoin, l'incarnation du « clair génie » français :

« J'ai trouvé en Richelieu un génie abordable, accessible, d'une psychologie plutôt simple et facile à déchiffrer. En m'approchant, j'ai vu s'évanouir le spectre vêtu de rouge qui passe au cinquième acte de *Marion Delorme*, le sphinx impassible et muet qu'évoque la page, d'ailleurs admirable, de Michelet. J'ai vu un homme d'État français, au sens pratique et positif, au coup d'œil froid et sûr, à la main rude. Je l'ai rattaché sans effort à la série de nos grands politiques, aux Philippe le Bel, aux Charles V, aux Louis XI, aux hommes de la Révolution. Ce qui le distingue, c'est la clarté, la logique, la mesure dans l'énergie ; il faut ajouter une souplesse, une agilité merveilleuse. Cet homme maigre et fin ne s'est maintenu si longtemps aux affaires que par des tours de force où il y avait beaucoup de patience et d'adresse. Une telle contrainte explique, d'autre part, les détentes terribles d'une nature qui était, au fond, autoritaire et cassante.
Le costume, en lui, inquiète un peu la curiosité de l'histoire anecdotique. Qu'y a-t-il sous cette robe ? Il y a d'abord un prêtre, un vrai prêtre, croyant, comme tout le monde l'était en ce temps-là. Mais il y a surtout un homme d'action. [...] Il a voulu le pouvoir, il a voulu le garder jusqu'à sa mort ; une fois ministre, ses ambitions se confondant avec le bien de l'État, il s'est consacré à une grande œuvre : l'achèvement de l'unité française par l'établissement définitif de l'autorité absolue du roi et par la ruine de la maison d'Espagne. Cet homme n'a vécu que pour cela. » (*Histoire du cardinal de Richelieu*, t. I, 1893.)

Théodore Cahu et Maurice Leloir

Il s'agit de statufier un héros omniprésent, forgeant l'histoire de son temps et dont le génie constitue l'explication nécessaire et suffisante devant laquelle on ne peut que s'incliner. Le cardinal de La Rochelle c'est le cardinal de la France éternelle, une image à laquelle se rallient les biographes de la première moitié du XXe siècle et que vulgarisent et mettent en images Théodore Cahu et Maurice Leloir sous le haut patronage de Gabriel Hanotaux :

« Sa politique se résume en ces deux termes : en balayant le territoire des dernières broussailles de la féodalité, il assura l'unité nationale ; en mettant fin à l'empire catholique de Charles-Quint et de

Philippe II, il fit du roi de France le premier prince d'Europe. [...] S'il fut sans clémence, on peut répéter après lui : "J'ai été sévère pour quelques-uns afin d'être bon pour tous. C'est la justice que j'ai aimée, non la vengeance." Enfin, s'il eut tant d'ennemis, on lui doit cette vérité qu'il n'eut qu'un amour : celui de la patrie qu'il fit plus grande et plus forte et dont il assura l'impérissable gloire. » (*Richelieu*, 1901.)

Hilaire Belloc

Au XXe siècle, tandis que la IIIe République se plaît à célébrer le « laïcisateur » de la politique, une contestation émane d'une biographie étrangère, celle d'Hilaire Belloc, historien catholique irlandais qui donne une vision farouchement critique d'un Richelieu ecclésiastique dévoyé, destructeur de l'Europe chrétienne.

« En un mot, des deux idéals qu'il avait constamment tenus en équilibre, de la nation et de la religion, l'utilité de la nation l'avait contraint en fin de compte à sacrifier entièrement la religion. [...] Il était maintenant [en 1635] voué à cette action directe qui devait mener enfin à l'Europe que nous connaissons : une Europe divisée, tombée en une ruine de nations irritées et où la religion est mortellement blessée – si en vérité une chose immortelle peut subir des blessures mortelles. » (*Richelieu*, Payot, 1933.)

Simone Weil

Une autre accusation (plus idéologique qu'historique), qui se développe avec la montée du nazisme, vise l'inventeur de l'État, serviteur de l'ordre et de la puissance, autrement dit précurseur non seulement de la Révolution, mais encore de Hitler. Ainsi Simone Weil écrit-elle :

« Le véritable, le premier précurseur d'Hitler depuis l'Antiquité est sans doute Richelieu. Il a inventé l'État. Avant lui, des rois comme Louis XI avaient pu établir un pouvoir fort ; mais ils défendaient leur couronne. Des sujets avaient pu se montrer citoyens dans le maniement des affaires ; ils se dévouaient au bien public. L'État auquel Richelieu s'est donné corps et âme, au point de n'avoir plus conscience d'aucune ambition personnelle, n'était pas la couronne, encore moins le bien public : c'était la machine anonyme, aveugle, productrice d'ordre et de puissance que nous connaissons aujourd'hui sous ce nom et que certains pays adorent. » (*Écrits historiques et politiques, 2, Vers la guerre (1937-1940)*, éd. S. Fraisse, 1989.)

Aldous Huxley

Quant à Aldous Huxley, il déclare :

« Richelieu est admiré par des écrivains modernes comme un grand et très prévoyant homme d'État, bien qu'il soit parfaitement clair que les actions qu'il a entreprises pour la grandeur des Bourbons ont créé les conditions sociales, économiques et politiques qui ont amené la chute de cette dynastie, l'ascension de la Prusse et la catastrophe des XIXe et XXe siècles. [...] Une incohérence aussi extraordinaire ne peut s'expliquer que par ce fait que, quand les gens parlent du succès de leur pays, ils pensent par périodes extrêmement brèves. [...] Rétrospectivement, des hommes comme Richelieu, Louis XIV et Napoléon sont plus admirés pour leur gloire éphémère qu'ils ne sont haïs pour les longues misères qui furent le prix de cette gloire. » (*L'Éminence grise* [1941], Gallimard, 1980.)

Carl J. Burckhard

Diplomate-historien à l'instar d'Hanotaux, Carl J. Burckhard est avant tout soucieux de politique étrangère. Si son premier volume date de 1933 et participe de l'apologie de l'homme fort qui était dans l'air du temps, les volumes suivants sont sous l'emprise des événements de la Seconde Guerre mondiale et du climat nouveau de guerre froide, et le héros, présenté sous les traits d'un grand malade, y apparaît subitement bien pitoyable :

« Ce grand solitaire fut un être profondément malheureux. C'est sa propre infortune qui explique la dureté de ses réactions. » (*Richelieu*, t.3 [1966], Robert Laffont, 1975.)

Victor-Lucien Tapié

La remarquable synthèse de Victor-Lucien Tapié mettait à sa plus juste place la personnalité de Louis XIII et dressait un portrait plus nuancé tenant compte des critiques venues de l'étranger :

« Des régimes hostiles à cette monarchie qu'il a mise hors de pair se sont réclamés de certaines parties de son œuvre : on a cru, chez cet autoritaire, discerner des idées qui eussent convenu au XIXe siècle libéral ; allié des princes protestants luttant contre l'hégémonie d'une seule puissance, n'est-il pas un précurseur d'une Europe fédérale ? Mais de l'étranger se sont élevées (dans ce siècle-ci) des voix discordantes : son impérialisme n'a-t-il pas au contraire, éveillé d'interminables luttes entre la France et ses voisins ? n'a-t-il pas empêché l'union de tous les peuples chrétiens, substitué la passion nationale à la fraternité que prêchait la religion ? n'a-t-il pas provoqué, par un excès d'autorité, un malaise de la société française dont devait sortir à la longue la Révolution ? en ruinant la maison d'Autriche, n'a-t-il pas préparé l'ascension de la Prusse, de l'Allemagne une et conquérante ?... N'insistons pas davantage : tant de contradiction autour de sa mémoire en prouvent seulement la grandeur. Il ne faut pas se dissimuler que, comme chez tous les grands hommes (tous les hommes mais à plus forte raison les grands), il restera toujours en lui une part d'énigme. » (*La France de Louis XIII et Richelieu*, Flammarion, 1967.)

John H. Elliott

En développant un parallèle avec Olivarès, sir John H. Elliott ajoute sa touche comparatiste au portrait, où Richelieu perd sa spécificité française : « Ces longues années psychologiquement épuisantes, années d'attente, d'intrigues et encore d'attente ont achevé leur formation à la seule école de politique qui comptait : l'école de la cour. Les déceptions et les humiliations subies pendant ces années les ont mis à l'épreuve jusqu'aux limites de leurs possibilités, et elles ont confirmé ce que leurs ennemis soupçonnaient déjà : leur extrême ambition et leur détermination. [...] La ressemblance entre Richelieu et Olivarès, malgré leurs différences à bien des égards, vient de leur farouche détermination à contrôler et à modeler le monde à leur image par tous les moyens disponibles, y compris la langue. [...] Conscients que les plans les mieux préparés pouvaient échouer à cause d'un soudain imprévu, ils se battaient pour le pouvoir avec une ténacité née de la conviction optimiste qu'ils pouvaient l'utiliser de quelque façon pour changer le monde. » (*Richelieu et Olivarès*, [1984], PUF, 1991.)

Michel Carmona

Nonobstant, l'historien-biographe Michel Carmona sous le titre conventionnel L'Ambition et le pouvoir *reprend trait pour trait le*

portrait classique de l'historiographie française tout en voulant voir en Richelieu :
« Un Français moyen avec ses qualités et défauts poussés au paroxysme. » (*Richelieu. L'Ambition et le pouvoir*, Fayard, 1983.)

Roland Mousnier

Le grand historien du XVII*e siècle et biographe de Richelieu Roland Mousnier appelle quant à lui à une relecture directe des sources, et met l'accent sur l'appartenance du Cardinal à l'ordre ecclésiastique et au monde de la foi, mais son titre,* L'Homme rouge, *avec sa référence à la vision romantique du Cardinal, témoigne de la permanence de l'image traditionnelle du héros :*
« Le rôle immense joué par Richelieu correspond à ces trois caractères de prêtre, de gentilhomme et de fidèle, unis en un même être, où ils vivent et réagissent l'un sur l'autre, comme les personnes d'une autre trinité. » (*L'Homme rouge, ou la vie du cardinal de Richelieu*, Robert Laffont, 1992.)

François Bluche

Quant à François Bluche, il lui consacre un essai qui se veut novateur :
Un essai « qui privilégie l'homme à travers l'œuvre et fera découvrir un personnage plus compliqué que sa légende, moins terrible – s'il n'est pas toujours rassurant. Non dépourvu d'humanité, voire d'humour. [...] Richelieu, s'il fut un génie, fut un génie atypique. » (*Richelieu*, Perrin, 2003.)

Françoise Hildesheimer

L'une des dernières biographies, par Françoise Hildesheimer, tout en mettant l'accent sur la personnalité ecclésiastique du cardinal-ministre, conclut par un bilan nuancé :
« Son génie propre est d'identifier les priorités, de s'y tenir et de tout y subordonner, voire y sacrifier sans états d'âme : c'est le choix décisif de la politique étrangère et de la lutte contre la maison d'Espagne qu'avec le roi il impose au royaume et à laquelle il sacrifie la réforme intérieure, renvoyée après la conclusion de la paix. La guerre, qui en fut la conséquence, s'avéra l'agent le plus efficace du renforcement du pouvoir du "roi de guerre", un roi fiscalement exigeant envers

ses peuples. Les réformes populaires, nobiliaires et parlementaires, toutes durement réprimées, furent le contrecoup de l'affirmation de cet État sans états d'âme qui exigeait une universelle réduction à l'obéissance. C'est peut-être par ce chemin qu'on rejoint une certaine idée de "salut public" ou de ce que Richelieu lui-même nomme les "intérêts publics". Peut-on alors parler de modernité ? Les milieux anticléricaux de la fin du XIXe siècle ont vu dans le cardinal le premier "laïcisateur" de la politique, une vision qui imprègne les manuels scolaires de la IIIe République. Gare à l'anachronisme… Richelieu fut intimement un chrétien attentif à l'accomplissement de ses devoirs de prélat. Pour lui, l'action politique ne se concevait pas sans finalité religieuse, puisque "le premier fondement du bonheur d'un État est l'établissement du règne de Dieu". La grande source de son énergie réside dans ce discours toujours continué qui concerne le pouvoir et la foi, le salut éternel de l'homme et le salut temporel des États. Aujourd'hui il nous importe de nous souvenir que le génie du cardinal-ministre est d'avoir cru à la possibilité de mener une action politique sécularisée sans se sentir en contradiction avec sa foi religieuse ; et c'est là sans doute que se situe le legs qu'il peut nous délivrer. » (*Richelieu*, Flammarion, 2004.)

Edgar Faure

Aux historiens, il convient d'adjoindre trois politiques du XXe siècle qui, s'ils prolongent la tradition d'Hanotaux en percevant Richelieu à travers le filtre de leur expérience, continuent à véhiculer les stéréotypes traditionnels. Comme Edgar Faure, qui laissera inachevée une étude sur le gouvernement de Richelieu :

« À une époque transitionnelle peut répondre un caractère décisif. Ce n'est pas toujours le cas : ce le fut. […] Le premier ministre – il en a la fonction et non pas le titre […] – assume la réalité du pouvoir, quelle que soit la part de consentement et de responsabilité que l'on doive reconnaître à Louis XIII. Sans doute, la conception longtemps dominante d'un roi pantin, dont le ministre tire les ficelles, "soumettant tout à son maître, qu'il soumet lui-même" est-elle sévèrement contestée par les historiens les plus récents (elle l'était d'ailleurs par Saint-Simon). Mais il ne s'agit, dans la meilleure hypothèse, que d'une symbiose. Dans les grandes affaires du règne,

Richelieu apporte et impose des vues personnelles, procédant d'une inspiration soutenue, tendant à des fins constantes, doctrinées avec complaisance et appliquées avec rigueur. Le gouvernement du cardinal-duc apporte un schéma exemplaire à l'appui de la thèse carlylienne du rôle historique du héros. » (*Figaro littéraire*, 26 janvier 1963.)

Michel Debré

Sa réception, en janvier 1989, à l'Académie française est l'occasion pour le nouveau promu Michel Debré d'évoquer la question originale de la persistance d'une civilisation universelle occidentale et, à l'intérieur de celle-ci, de l'identité nationale française. Richelieu et de Gaulle sont alors appelés à la rescousse :

« Il y aura bientôt un demi-siècle que j'attends l'historien sincère et profond qui établira un parallèle entre le cardinal de Richelieu et le général de Gaulle ; entre le fondateur de l'État moderne et le restaurateur de la République. […] Richelieu et De Gaulle, ayant tous deux reconstitué l'État, ayant ainsi rendu aux Français confiance en même temps qu'ils imposaient son respect au monde entier, ont fait de la politique étrangère la grande affaire et la raison d'être d'un État digne de ce nom. Sans doute, pour Richelieu, l'Europe est l'Occident, et pour de Gaulle elle n'en est qu'un des éléments. Mais derrière la volonté chez l'un de refuser l'hégémonie espagnole et chez l'autre la domination allemande d'abord, la tutelle anglo-saxonne ensuite, on découvre une conception analogue : c'est par la coopération des grands peuples responsables et de leurs dirigeants que l'Europe trouvera la paix intérieure, qui suppose la tolérance, et l'influence extérieure, qui suppose l'ardeur à participer aux affaires du monde. » (*Le Monde*, 22 janvier 1989.)

Henry Kissinger

Henry Kissinger montre la persistance d'une vision de Richelieu comme pur et machiavélique politique :

« Peu d'hommes d'État peuvent se targuer d'avoir autant marqué l'histoire. Richelieu fut le père de l'État moderne. Il vulgarisa la notion de raison d'État et l'appliqua avec persévérance au profit de son pays. Sous son égide, la raison d'État se substitua à la vieille notion médiévale de “valeurs morales universelles” comme principe opérant de la politique de la France. Bien que religieux par nature, il considérait sa responsabilité de ministre sous un angle entièrement séculier. Peut-être Richelieu cherchait-il personnellement le salut, mais celui-ci n’avait aucune raison d’être pour l’homme d’État. “L’homme est immortel, son salut est dans l’autre vie, déclara-t-il un jour. L’État n’a pas d’immortalité, son salut est maintenant ou jamais”. » (*Diplomatie*, Fayard, 1995.)

Bibliographie sélective

Sur Richelieu lui-même

G. Hanotaux et duc de La Force, *Histoire du cardinal de Richelieu*, 7 vol., Paris, Plon, 1893-1947.

C.-J. Burckhardt, *Richelieu*, 3 vol., Paris, Robert Laffont, 1970-1975.

M. Carmona, *Richelieu. L'Ambition et le pouvoir*, Paris, Fayard, 1983.

J. Bergin, *Pouvoir et fortune de Richelieu*, Paris, Robert Laffont, 1987.

R. J. Knecht, *Richelieu*, Londres-New-York, Longman, 1991.

J.-H. Elliott, *Richelieu et Olivarès*, Paris, PUF, 1991.

R. Mousnier, *L'Homme rouge, ou la vie du cardinal de Richelieu*, Paris, Robert Laffont, 1992.

J. Bergin, *L'Ascension de Richelieu*, Paris, Payot, 1994.

J. Wollemberg, *Les Trois Richelieu*, Paris, Guibert, 1995.

F. Bluche, *Richelieu*, Paris, Perrin, 2003.

F. Hildesheimer, *Richelieu*, Paris, Flammarion, 2004.

P. Blet, *Richelieu et l'Église*, Versailles, Via Romana, 2007.

A. Teyssier, *Richelieu*, Paris, Michalon, 2007.

M.-C. Vignal Souleyreau, *Richelieu, ou la quête d'Europe*, Paris, Pygmalion, 2008.

Autour de Richelieu

Dictionnaires et manuels

L. Bély (dir.), *Dictionnaire de l'Ancien Régime*, Paris, PUF, 1996.

J. Cornette, *Les Années cardinales. Chronique de la France.* 1599-1652, Paris, Sedes, 2000.

J. Cornette (dir.), *La Monarchie entre Renaissance et Révolution. 1515-1792*, Paris, Seuil, 2000.

B. Barbiche, *Les Institutions de la monarchie française à l'époque moderne*, Paris, PUF, 1999 (rééd. 2001).

C. Blanquie, *Les Institutions de la France des Bourbons (1589-1789)*, Paris, Belin, 2003.

R. Mousnier, *Les Institutions de la France sous la monarchie absolue*, Paris, PUF, 1974 (rééd. 2005).

Grandes études

A. Chéruel, *Histoire de l'administration monarchique*, Paris, Dezobry, 1855.

J. Caillet, *L'Administration en France sous le ministère du cardinal de Richelieu*, Paris, Firmin Didot, 1863.

G. d'Avenel, *Richelieu et la monarchie absolue*, 4 vol., Paris, Plon, 1884-1890.

O. Ranum, *Les Créatures de Richelieu. Secrétaires d'État et surintendants des finances. 1635-1643*, Paris, A. Pedone, 1966.

É. Thuau, *Raison d'État et pensée politique à l'époque de Richelieu*, Paris, Presses de l'Institut français d'Athènes, 1966.

V.-L. Tapié, *La France de Louis XIII et Richelieu*, Paris, Flammarion, 1967.

D. Richet. *La France moderne. L'esprit des institutions*, Paris, Flammarion, 1971.

W. F. Church, *Richelieu and Reason of State,* Princeton, Princeton Univ. Press, 1972.

G. R. R. Treasure, *Cardinal Richelieu and the Development of Absolutism*, Londres, Black, 1972.

R. Bonney, *Political Change in France under Richelieu and Mazarin. 1624-1661*, Oxford, Oxford Univ. Press, 1978.

H. Méchoulan (dir.), *L'État baroque. 1610-1652*, Paris, Vrin, 1985.

R. Muchembled, *Le Temps des supplices. De l'obéissance sous les rois absolus. XV*e*-XVIII*e *siècle,* Paris, Armand Colin, 1992.

D. Nordmann, *Frontières de France. De l'espace au territoire*, Paris, Gallimard, 1999.

F. Cosandey et R. Descimon, *L'Absolutisme en France. Histoire et historiographie*, Paris, Seuil, 2002.

Richelieu

Œuvres

Notice

Une anecdote est significative : à son familier Boisrobert s'enquérant de son activité préférée, Richelieu répond qu'il se plaît à « faire des vers ». Cette production littéraire a été constante et a concerné de multiples domaines. On peut y distinguer :

– Les œuvres signées et éditées de son vivant ou immédiatement après sa mort : il s'agit des écrits du théologien, au nombre de quatre pouvant être associés deux à deux. D'une part L'Instruction du chrétien, *dite* Catéchisme de Luçon *(1618), et le* Traité de la perfection du chrétien *(1646) accompagnent le fidèle dans la progression de sa vie religieuse, de l'acquisition des principes de base jusqu'aux plus hauts états de contemplation mystique. D'autre part* Les Principaux Points de la foi... *(1618) et* La méthode la plus facile pour convertir ceux qui se sont séparés de l'Église *(1651) visent à ramener les protestants dans le giron de Rome.*

– Les œuvres non signées de lui, mais publiées de son vivant et reconnues comme ayant requis sa participation : il s'agit du théâtre, pour lequel il utilise d'abord les services de Jean Rotrou, qui figure bientôt, avec Boisrobert, Colletet, Claude de l'Estoille et Pierre Corneille, au nombre des « cinq auteurs » chargés, sous la direction de Chapelain, de composer chacun un acte des tragi-comédies La Comédie des Tuileries *et* L'Aveugle de Smyrne *dont les plans étaient fournis par Richelieu, puis* Mirame *et* Europe, selon les plans fournis par Desmarets de Saint-Sorlin.

– Les manuscrits découverts ultérieurement et publiés dans un contexte de polémique portant sur leur authenticité : le Testament politique, *les* Maximes d'État *et les* Mémoires.

– Enfin, les archives proprement dites, abondante production documentaire issue de son activité gouvernementale et utilisées pour produire les écrits précédents.

S'agissant de Richelieu, on ne saurait poser la question de « l'auteur » comme on le ferait à l'endroit d'un auteur littéraire classique. Le cardinal s'était entouré d'une équipe d'hommes de talent à la fois polémistes et désireux de s'acquérir pensions et charges : Mathieu de Morgues, Fan-

can, Ferrier, Sirmond, Hay du Chastelet... avec lesquels sa collaboration ne fut pas sans orage. Fancan, publiciste excessif, sera embastillé. Après 1630, Mathieu de Morgues, fidèle de Marie de Médicis, deviendra le critique le plus acerbe de celui qui a trahi sa protectrice. Encore plus près de lui, ses collaborateurs les plus proches, exécutants exceptionnellement fidèles et dévoués, formaient ce qu'on a appelé son cabinet, avec plusieurs secrétaires attachés à son service et tenant la plume pour lui. Tous ces fidèles étaient chargés d'écrire sous la dictée du maître, mais aussi de procéder aux recherches documentaires dans les documents d'archives comme dans les ouvrages de la bibliothèque, de rédiger des ébauches que Richelieu révisait, annotait et leur rendait pour mise au net. S'il fallait porter un jugement « littéraire » à l'aune de nos critères contemporains sur ces ouvrages, celui-ci risquerait d'être sévère : le Testament politique, sans doute le texte le plus célèbre, n'est guère autre chose qu'une habile organisation de lieux communs politiques à laquelle les historiens ont apporté la caution du génie qu'ils attribuaient à son supposé auteur. Les Mémoires sont une mise en scène de documents à finalité apologétique, et les ouvrages religieux n'offrent qu'une originalité restreinte dans leur apport à l'histoire de la spiritualité...

En réalité une telle constatation n'a rien de dépréciatif, car il y a bel et bien une fonction politique du lieu commun en ce temps où la rhétorique avait une valeur de « structure d'intelligibilité » directement liée à l'art oratoire. À l'écart de toute recherche de modernité, il s'agissait de recycler pour marteler, de retailler sans cesse les vieux mots-clefs, de puiser dans le fonds commun des citations tirées des auteurs antiques et de les utiliser doctement. Ce qui est important dans ce cas, c'est le choix de ces lieux communs confrontés, par la personnalité et la carrière de Richelieu, à l'enclume des événements. On est bien loin de textes faisant directement transparaître le « génie » de leur auteur ; leur intérêt est ailleurs. L'art ne se situe alors plus dans l'originalité de la pensée, mais bien davantage dans la belle mise en œuvre des lieux communs, de ce que le « sens commun » admet par expérience pour, à travers ce qui a été déjà dit et écrit, dire du neuf grâce à un art de la rhétorique qui préside à l'agencement des idées dans le but de convaincre l'interlocuteur et de se concilier l'opinion. À travers sa volonté de bien parler aux autres, Richelieu impose sa patte aux idées communes en son temps, et c'est par là, davantage que par un quelconque « génie » original, qu'il impressionne.

Traité de la perfection du chrétien

La duchesse d'Aiguillon expose dans un avant-propos les conditions dans lesquelles a été rédigé le Traité de la perfection du chrétien *publié en 1647 : « Il serait inutile de s'étendre d'avantage sur l'excellence de ce livre, auquel il ne manque rien de la dernière main de son auteur, qui attendait de le revoir quand il le mettrait en lumière. C'est assez pour sa recommandation qu'il porte le nom de ce grand cardinal de Richelieu qui n'entreprit jamais rien que d'utile et de relevé. Je remarquerai seulement une circonstance merveilleuse de la naissance de cet ouvrage : qu'il fut commencé pendant le siège de Corbie et mis en l'état où il est pendant celui de Hesdin, et qu'ainsi cet ouvrage de paix a été conçu et enfanté durant les plus grands orages de la guerre. Ce qui fera sans doute admirer la piété et le zèle véritablement chrétien, aussi bien que la force et l'étendue de l'esprit de ce grand homme qui, pendant que son prince remportait tant de glorieuses victoires sur les ennemis de son État, ne se contentait pas de l'assister de ses conseils comme un autre Moïse pour le succès et pour la prospérité de ses armes. »*

Ce que Tallemant contestait, rappelant que des collaborateurs avaient donné la main à la préparation de l'ouvrage pour la publication : « Dans la préface, il dit qu'il a fait ce livre durant les désordres de Corbie : c'est une vanité ridicule. Quand cela serait, à quoi il n'y a nulle assurance, car il n'en avait pas le loisir et avait assez d'autres choses dans la tête, il ne faudrait pas le dire. M. Desmaretz, par l'ordre de Mme d'Aiguillon, et M. de Chartres, Lescot, qui avait été son confesseur, ont un peu revu cet ouvrage. »

CHAPITRE XLIII.

Quelle sorte de vie en ce monde est la plus parfaite et comme telle préférable aux autres.

On divise d'ordinaire la vie humaine en deux espèces, en la vie contemplative et en l'active.

Aristote [1] tire cette division des diverses fonctions de l'entendement, qui est quelquefois purement contemplatif et quelquefois actif.

Au premier sens, il ne s'occupe en la contemplation des choses que pour la seule satisfaction qu'il a de les connaître ; et au second, il ne recherche de les connaître que pour opérer. En la contemplation la fin de l'entendement est repos, et en l'action il a le travail pour objet et pour but. La vie de chaque chose se reconnaît par l'opération qui lui est propre, à laquelle elle est portée par l'inclination de sa nature.

Par ce principe nous disons que les plantes vivent d'une vie végétative, parce que nous voyons que d'elles-mêmes elles prennent nourriture, croissent et se multiplient. Nous disons encore que les animaux vivent d'une vie sensitive, parce que, outre l'accroissance, ils ont sentiment et mouvement. Nous disons enfin que la vie des hommes est raisonnable ; parce que, outre ces deux premières qualités communes aux vivants, ils connaissent et agissent par raisonnement.

Et parce qu'entre les hommes il s'en trouve quelques-uns qui se plaisent particulièrement à la contemplation, et d'autres qui se portent d'eux-mêmes à l'action, c'est-à-dire, à tout ce qui peut servir extérieurement au maintien de leur société, la vie humaine est divisée en la contemplative et en l'active.

Le même philosophe au premier livre de sa *Morale* [2], ajoute une troisième vie à ces deux premières, qu'il appelle voluptueuse ; mais cette dernière espèce étant plus propre aux bêtes qu'aux hommes, qui n'en peuvent être faits participants qu'à raison du principe qui leur est commun avec les bêtes, elle ne mérite pas d'être mise au nombre des vies humaines.

Saint Augustin [3] en fait encore une autre espèce, qu'il appelle mixte ; parce qu'elle est composée de la contemplative et de l'active : mais cette vie mêlée n'ayant rien que ce qu'elle tire des deux autres, ne

1. Philosophe grec (384-322 av. J. C.), disciple de Platon, Aristote a expliqué dans le livre IV de son *Éthique à Nicomaque* que l'action vertueuse est certes source de bonheur, mais que la contemplation est, pour le sage, plus importante : elle est la vertu suprême de l'âme.

2. Il s'agit toujours de l'*Éthique à Nicomaque :* au livre I, Aristote, qui s'interroge sur les notions de bien et de bonheur, résume la pensée qu'il va développer en disant au chapitre V qu'il y a trois genres de vie possibles, liés à trois conceptions du bonheur : la vie de plaisirs, la vie politique active et la vie contemplative.

3. Père de l'Église, saint Augustin (354-430) est, avec saint Thomas d'Aquin (1225-1274) dont il sera question un peu plus loin, l'un des plus grands théologiens chrétiens. Richelieu fait allusion à son célèbre livre *La Cité de Dieu* (ici, livre XIX, chapitre 19).

doit pas être censée nouvelle espèce ; mais selon qu'elle tient plus ou de la contemplation que de l'action, ou de l'action que de la contemplation, elle prend le nom de la vie dont elle a le plus, et en conserve l'espèce.

Saint Bernard [4] représente ces deux vies, par les deux filles de Laban, toutes deux femmes de Jacob, Lia et Rachel : celle-ci plus belle, et l'autre plus féconde ; Rachel cadette, et l'autre l'aînée. Parce que, comme dit saint Isidore, il faut s'occuper à la vie active, avant que de prétendre à la vie contemplative.

Saint Augustin [5] compare ces deux mêmes vies aux deux sœurs Marthe et Marie ; la première occupée au ministère, et à repaître le Fils de Dieu et ses apôtres corporellement ; la seconde attachée aux pieds du même Fils de Dieu, attentive à ses inspirations, et recevant de lui la nourriture de son âme. Toutes deux sont bonnes, ajoute-t-il, mais la seconde est la meilleure.

Aristote [6] même a reconnu par la seule lumière naturelle, que la vie contemplative est par sa nature plus excellente que l'active ; ce qu'il prouve par diverses raisons dont je toucherai les principales succinctement.

La première est que la contemplation convient à l'homme, non-seulement selon la plus noble de ses puissances, qui est l'entendement, mais encore au respect de son propre sujet, qui est la vérité ; et ce qui est à noter, vérité divine et increéée ; qui est maintenant parmi nous l'objet de la contemplation chrétienne. Au lieu que l'action n'a pour but que les choses extérieures.

La seconde, que l'homme en la contemplation n'a besoin que de soi-même ; les seules lumières de son entendement lui étant nécessaires pour concevoir son objet : au lieu qu'en la vie active il a besoin de quantité d'aides extérieures dont il ne saurait se passer. Et c'est ce que le Fils de Dieu déclare par le discours qu'il tient à Marthe, figure

4. Cette référence, fréquente, aux deux filles de Laban (Genèse, 29) est faite par saint Bernard de Clairvaux (1090-1153) dans son traité *De la considération*, adressé au pape Eugène ; elle est reprise dans ses traités ascétiques, avant de l'être par son disciple Gilbert de Hollandia.

5. Dans le sermon 103, saint Augustin commente en effet le passage de l'Évangile de Luc, X. On y voit une femme affairée, Marthe, qui reproche à sa sœur de demeurer aux pieds du Christ à l'écouter. Ce dernier répond que Marie a choisi la meilleure part.

6. Au livre X de l'*Éthique à Nicomaque*.

de la vie active, lorsqu'il dit : *Tu te tourmentes après plusieurs choses.* (*Luc.* x, 41.)

La troisième consiste en ce qu'à proprement parler, la vie contemplative a pour objet les choses divines ; et l'active les humaines, qui sont infiniment au-dessous des divines. À raison de quoi saint Augustin [7] continuant à marquer les différences des deux sœurs, dit : *Au commencement le Verbe était.* (*Joan.* I, 1.) Voilà ce que Marie écoutait : *Le Verbe s'est fait chair.* (*Ibid.*, 14.) Voilà celui que Marthe servait.

Ce même saint touche une nouvelle raison qu'il tire du Fils de Dieu, en ce dialogue excellent qu'il a avec elles ; Marie a choisi la meilleure part, qui ne lui peut être ôtée : parce que Dieu qui est l'objet de la contemplation, et l'entendement qui est la puissance qui le regarde et le contemple, ne périront jamais. Au lieu que la nécessité de secourir le prochain, cesse d'être par la fin de cette vie. Ce qui fait que la vie active n'aura plus de lieu, lorsque la contemplative se trouvera en sa perfection et en sa force, dans la gloire en laquelle Dieu se découvrira plus clairement à ses saints. Ainsi la vie contemplative ne peut avoir autres limites que celles de l'éternité ; au lieu que l'active n'aura pas plus d'étendue que la durée de ce monde.

Ces raisons font voir clairement que la vie contemplative est de sa nature plus noble que l'active ; à quoi saint Thomas ajoute [8], qu'elle est aussi plus méritoire.

Bien que ces deux qualités semblent d'abord une même chose, ou au moins être inséparables l'une de l'autre, il s'y trouve toutefois une très grande différence.

L'amour des saints dans le ciel est beaucoup plus parfait que le nôtre, mais il n'est pas si méritoire ; et qui plus est, il ne l'est point du tout, parce qu'il est sans liberté, qui est le principe du mérite.

Mais il est vrai qu'il y a plus de mérite où il y a plus de perfection d'amour conjointe avec la liberté ; et par conséquent la vie contemplative est plus méritoire en ce monde que l'active, en tant que la

7. Dans son sermon 27, comme le rappelle saint Thomas dans le recueil qu'il a fait des commentaires de l'Évangile (*Catena aurea*).

8. Dans sa *Somme théologique*, II, II, question 182, consacrée à la comparaison de la vie active avec la vie contemplative (et à la mise en lumière de la supériorité de cette dernière).

charité qui nous fait aimer Dieu à cause de lui-même, est plus parfaite que celle qui nous le fait trouver seulement dans le prochain, que nous aimons pour l'amour de Dieu.

Quoique ces raisons donnent le prix de noblesse et de mérite à la contemplation, il y a toutefois certaines circonstances qui peuvent rendre la vie active plus méritoire que la contemplative : ce qui arrive lorsque la charité qui porte l'homme à travailler pour le bien de son prochain, surpasse celle qui l'attache à la contemplation, en ce que la première passant par-dessus les considérations de la douceur qui lie les âmes à Dieu par la contemplation, fait que l'homme méprise ses intérêts pour ceux de son prochain ; au lieu que lorsqu'il laisse le soin de son prochain pour le repos de la contemplation, sa charité est d'autant moins parfaite qu'il a plus d'amour-propre, si le motif qui le porte à se gouverner ainsi, est son intérêt particulier.

Les plus parfaits imitateurs de la vie de Notre Seigneur en ce monde, sont ceux dont la vie est plus méritoire et plus agréable à Dieu : et Jésus-Christ n'étant venu au monde que pour travailler au profit et pour le salut de l'homme, non-seulement par les fatigues de sa vie, mais par les peines de sa mort ; il est certain que celui qui fait semblable vie aux mêmes fins, lui sera plus agréable que celui qui s'emploiera continuellement à la contemplation, s'il n'y est appelé par une vocation très spéciale, ou par les devoirs de sa condition.

Ces choses étant présupposées, il m'est impossible de ne conseiller pas l'action à tous les chrétiens qui en sont capables, et la contemplation seulement à ceux qui y sont particulièrement appelés. Chacun doit agir selon sa vocation ; et il est certain que l'exemple de Jésus-Christ appelle tous les chrétiens à l'action, et que peu sont tirés à la contemplation.

Au reste, il se pourra trouver quelqu'un si fortement appelé et lié à l'action, que la contemplation pourrait être criminelle en lui, si, pour y vaquer, il abandonnait l'action à laquelle il est obligé ; et tels sont les curés, les évêques et tous les magistrats. En telles personnes l'action est plus parfaite et plus méritoire que la contemplation qui, d'autre part, aura plus de perfection et de mérite aux ermites et aux religieux, que Dieu a retirés du tracas du monde, pour leur donner lieu de lui parler cœur à cœur en solitude.

Ceux que Notre Seigneur a choisis pour travailler en sa vigne [9], n'ont reçu autre ordre que de s'y employer diligemment, auquel cas seulement il leur promet récompense. Et lorsqu'il envoie ses apôtres, il ne leur recommande pas la contemplation ; mais le travail pour avancer le salut du prochain : parce que c'était la fin de leur vocation, et qu'ils devaient planter l'Évangile, et attirer les âmes à Jésus-Christ par leurs travaux.

Saint Paul [10] proteste hautement, que Dieu lui ayant donné la charge d'instruire les gentils, il honorera son ministère ; c'est-à-dire, qu'il travaillera pour leur conversion ; et il ne lui arrive quasi qu'une seule fois [11] de parler de ses contemplations, et des hautes lumières de ses révélations. Encore ajoute-t-il aussitôt, qu'afin que telle grâce ne lui fût pas préjudiciable, Dieu lui laissa souffrir une violente tentation de Satan. Mais il se trouve fort peu de ses *Épîtres*, où il ne recommande ses travaux et les soins qu'il prenait pour avancer la gloire de Jésus-Christ son maître, en procurant le salut des âmes.

Enfin la charité du prochain, et le soin de procurer son salut, pressent de telle sorte ce grand Apôtre, qu'il consent d'être anathème [12], c'est-à-dire, séparé de Jésus-Christ, pourvu que leur salut s'accomplisse. C'est bien préférer la vie active à la contemplative, que de vouloir être séparé de Jésus-Christ pour le salut de son prochain.

Le même Apôtre (ce qui est bien à remarquer) ne recommande rien tant à chacun, que de faire les choses qui sont de sa vocation [13]. D'où il s'ensuit clairement que ceux qui étant appelés à la vie active, la quittent d'eux-mêmes pour se donner à la contemplation, non-seulement ne s'avancent pas à la perfection, mais s'en reculent ; faisant contre l'obligation générale de tous les chrétiens, qui est de s'employer en l'état de vie où il plaît à Dieu de les appeler.

La perfection chrétienne consiste, ainsi que nous l'avons montré au sixième chapitre de cet ouvrage, à faire la volonté de Dieu. Or Dieu veut que chacun fasse les choses à quoi il est appelé : et par conséquent quiconque se sépare de sa condition, et en abandonne les fonc-

9. Allusion à la parabole exposée au chapitre XX de l'Évangile selon Matthieu.

10. Dans presque toutes ses Épîtres, et en particulier dans celle qui est adressée aux Romains, chapitre XV.

11. Seconde Épître aux Corinthiens, XII, 2-4.

12. Épître aux Romains, IX, 3

13. Première Épître aux Corinthiens, VII, 20.

tions sous prétexte de se porter à d'autres, qui en une autre condition sont plus parfaites ; au lieu de faire progrès en la perfection ; prend une route toute contraire.

Tant s'en faut, dit saint Bernard [14], que celui qui est appelé à l'action, la doive quitter pour la contemplation, que la contemplation peut être délaissée par celui que sa condition oblige d'y vaquer, lorsqu'il y a lieu de procurer le salut des âmes par l'action.

La raison de ce grand saint consiste assurément, en ce qu'ainsi que nous avons enseigné ci-dessus, plus d'amour donne plus de perfection à nos actions ; et qu'il y a plus de charité à se priver de la douceur de la contemplation, pour procurer le salut des âmes, que Jésus-Christ a aimées jusques à ce point que de les racheter par son sang ; que d'abandonner leur salut pour jouir de la douceur de la contemplation.

Beaucoup d'âmes ignorantes de ces vérités se trompent, lorsqu'au lieu d'acquérir la perfection due à leur condition, elles se forment des idées d'une vertu étrangère qui ne leur convient point ; et ne faisant rien moins que ce qu'elles doivent le plus, n'ont autre soin que de faire les choses à quoi elles ne sont pas obligées.

Tels sont les évêques, qui au lieu de veiller sur leur troupeau, et le repaître par parole et par exemple, n'ont presque d'autre soin que d'instruire des âmes que Dieu ne leur a point commises, et qui doivent suivre Jésus-Christ sous une autre conduite que la leur.

C'est encore une opinion qui se trouve en beaucoup d'esprits, de croire qu'il est impossible de se donner parfaitement à Dieu, si on ne se délivre tout à fait du monde et des affaires. Mais le zèle que ma condition m'oblige d'avoir pour le bien public de l'Église et de l'État, pour la gloire de Dieu et le salut des âmes, me fait dire, au contraire, qu'on ne saurait mieux employer son travail qu'aux lieux où il se trouve une plus grande moisson à faire, lorsque le divin père de famille nous y appelle. Il y en a qui croient qu'un entier repos leur donne plus de moyen de consacrer leurs pensées à Dieu ; et moi je dis qu'ordinairement, moins on a de loisir qui dégénère souvent en oisiveté, mieux on peut sacrifier ses actions à Dieu ; et par ses actions,

14. Voir *supra* note 4.

ses pensées, si les unes et les autres animées de charité n'ont d'autre but que l'accomplissement de ses volontés.

Je sais bien que celui qui sait vaquer à l'oraison, a la vraie science de bien vivre ; et que l'oraison requiert du temps : mais je sais bien aussi que celui-là prie toujours qui fait toujours bien.

La vie de Jésus-Christ a été un continuel exercice de charité, et une chaîne perpétuelle d'actions exemplaires. Les anges mêmes sont en un perpétuel mouvement pour la gloire de Dieu ; et ainsi il ne faut pas penser qu'une honnête oisiveté, sous prétexte d'employer son temps à la contemplation, soit toujours le meilleur moyen de servir Dieu.

Si la retraite des solitaires est parsemée de fleurs, ils ne laissent pas d'y trouver des épines, d'autant plus piquantes qu'ils ne les attendaient pas ; et bien que les épines soient le vrai pavé de ceux qui demeurent dans le monde, ils y cueillent souvent des fleurs, qui sont le mépris des vanités, le dégoût de la vie, la résolution à la mort, et la résignation à la volonté de Dieu ; et qui leur sont d'autant plus agréables qu'ils ne se les promettaient pas.

La sainte mère Thérèse [15] animée de l'esprit de Dieu, dit sur ce sujet fort à propos ; que bien que dans la pratique du monde les âmes soient plus exposées à quelques chutes, et qu'il soit difficile qu'elles évitent de tomber en quelque désordre ; le mérite y peut être bien plus grand qu'à conserver le repos dans la solitude. Elle apporte pour exemple l'histoire de Saint Pierre [16], qu'elle produit, pour faire voir que beaucoup se trompent souvent en la vertu qu'ils pensent avoir, lorsqu'ils ne l'ont pas éprouvée ; et que Dieu permet que ceux qu'il aime, tirent du profit de leurs fautes.

Ce grand apôtre, dit-elle, croyait être courageux ; et le cœur lui manqua à la première occasion : mais sa chute lui fut avantageuse, en ce qu'elle lui fit connaître que Dieu seul est celui auquel il faut mettre sa confiance ; et qu'il n'y a pas lieu d'en prendre en soi-même. Et en effet, ajoute-t-elle, la lâcheté qu'il commit en renonçant son Maître, lui donna la force de le confesser au martyre. De ce que nous avons dit,

15. Sainte Thérèse d'Avila (1515-1582), mystique espagnole qui réforma le Carmel, est l'auteur en particulier du *Traité du château, ou demeure de l'âme* auquel Richelieu fait ici allusion.

16. Allusion au reniement de saint Pierre (Évangile selon Matthieu, XIV).

il faut conclure que les œuvres étant la meilleure preuve de l'amour, s'il est vrai que celui qui a le plus d'amour ait plus de perfection et de mérite en ce monde, il est certain que la vie de ceux qui font de meilleures œuvres est plus parfaite et plus méritoire, s'ils ne sont évidemment appelés à d'autres fonctions, en l'accomplissement desquelles ils ne cèdent à personne en charité ; puisque c'est cette seule vertu qui les y attache, pour suivre les volontés de Dieu : auquel cas même ils ne sont pas détachés des bonnes œuvres, puisqu'ils concourent par leurs souhaits et par leurs prières, à toutes celles qui se font au monde.

Cette vérité est d'autant plus assurée, qu'ainsi que le règne de la contemplation est principalement au ciel, celui de l'action a son siège en terre : d'où il s'ensuit manifestement, que parce qu'on ne peut vaquer dans le ciel à diverses actions de charité, que la nécessité du prochain requiert seulement en ce monde, il ne faut pas perdre l'occasion de les accomplir tandis que nous y sommes.

Je convie d'autant plus ardemment à ce saint exercice ceux qui aspirent à la perfection, que la contemplation est beaucoup plus sujette à tromperie que l'action ; en ce que l'ange de ténèbres se transforme souvent avec tant d'artifice, qu'il fait passer les fausses clartés pour de véritables lumières ; au lieu que nous ne pouvons être trompés au ministère de la vie active, n'y ayant personne qui se puisse mettre au hasard de faire mal, en bien faisant à son prochain, selon la portée de sa condition, et les règles et l'exemple de Notre Seigneur Jésus-Christ.

CHAPITRE XLIV.

Conseils spirituels utiles pour la perfection du chrétien.

Premier conseil.

Chacun doit accommoder sa dévotion à sa condition, et non sa condition à certaines règles spirituelles qui, pour n'avoir aucune proposition au genre de vie de celui qui les veut pratiquer, sont comme des greffes excellentes, lesquelles étant entées sur des sauvageons qui n'ont aucune affinité avec leur nature, les font périr au lieu d'y porter du fruit.

Autres sont les vertus d'un prélat ; autres celles d'un prince ; autres celles d'un particulier. Si le prélat ne fait les fonctions de sa charge, s'il n'est assidu auprès de son troupeau, s'il n'est soigneux de le paître, et par instructions salutaires et par bons exemples, quelques bonnes œuvres qu'il puisse faire, il ne sera point agréable à Dieu. Il en est de même du prince et du magistrat : s'ils n'ont soin des peuples qui leur sont commis, s'ils laissent les crimes impunis, particulièrement ceux qui troublent la religion et le repos public, quelque dévotion particulière qu'ils puissent avoir, ils ne satisferont pas à ce que Dieu demande d'eux.

Tel qui est attaché à la vie active, pense faire beaucoup s'il donne une partie de son temps à la contemplation, à l'exemple de quelque bon religieux dont il a la conversation ; mais il se trompe, il faut bien se garder d'être, en matière de dévotion, comme les singes qui veulent imiter tout ce qu'ils voient : chacun doit regarder sa portée, et non pas celle de son compagnon ; et comme les vocations sont différentes, il ne faut pas s'attacher à un degré différent de l'instinct de la grâce qui nous est donnée, lequel se peut reconnaître et par les prudentes réflexions que chacun peut faire sur soi-même et par une entière soumission à un sage directeur auquel on ouvre son intérieur.

Je convie chacun d'en user ainsi, parce que je sais certainement que pour ne le faire pas, beaucoup qui cherchent leur salut se précipitent souvent dans leur ruine.

Second conseil.

C'est une maxime qui ne peut recevoir de contradiction, qu'au chemin de la dévotion aucun n'y peut faire progrès que par les actions qui lui sont propres, et de l'ignorance de ce principe indubitable, il arrive beaucoup d'inconvénients.

La femme qui départ, à l'insu de son mari, plus d'aumônes qu'elle ne peut donner sans son consentement, ne fait aucun progrès, parce que, bien que la réalité de son action lui soit propre, la moralité ne l'est pas en tant que le consentement de son mari y est nécessaire, et qu'une action ne peut être censée moralement bonne sans l'aveu de celui lequel y a un notable intérêt.

Il arrive encore de cette ignorance, que tel ne pense pas mal faire en s'acquérant du bien par moyens illicites, pourvu qu'il en emploie une partie en charités ; et je dis à celui qui en use ainsi, qu'il fait deux maux au lieu de faire un bien. Le premier est de prendre le bien d'autrui ; et le second, de disposer de ce qui n'est pas à lui, sans la permission de celui qui en est le vrai propriétaire.

Et s'il pense que son aumône satisfait au moins en partie à la restitution du bien qu'il a pris, il se trompe ; car, puisqu'il faut rendre à chacun ce qui lui appartient, c'est à celui qu'on a volé qu'il faut restituer ce qu'on lui a pris ; et jamais il n'est permis de donner à l'Église et au public ce qu'on a pris à des particuliers, si ce n'est lorsqu'il est impossible de les connaître ou de leur rendre ce qui leur est dû.

Troisième conseil.

Toute dévotion qui préfère les œuvres du conseil à celles de son obligation, quoiqu'elle semble plus parfaite, est vicieuse ; cependant beaucoup d'âmes, par l'abus du siècle, tombent dans cet inconvénient.

Il leur semble que, pourvu qu'ils disent force chapelets, qu'ils visitent quelques églises, qu'ils fassent quelques œuvres de charité, ils peuvent s'exempter de quitter certaines aversions qui les travaillent. Une femme pense être excusée devant Dieu si elle ne rend pas à son mari la complaisance qu'elle doit ; un fils croit être en mêmes termes, s'il sort des bornes de la vraie obéissance que la nature l'oblige de rendre à son père ; mais ils se flattent et se trompent, étant très certains que les œuvres d'obligation prévalent à toutes celles de conseil.

Ainsi si la femme n'a le soin qu'elle doit de sa famille ; si elle ne rend respect et obéissance à son mari, si elle n'a autant d'amour pour ses enfants que la nature l'y oblige, ses jeûnes, ses prières et ses fréquentes communions lui sont, non-seulement inutiles, mais elles lui seront imputées comme criminelles devant Dieu.

Quatrième conseil.

La vraie dévotion doit tendre à la mortification des passions de l'esprit.

Si quelqu'un jeûne une semaine entière pour éteindre les mouvements déréglés de ses sens, et néglige ce qui peut rabattre son orgueil naturel, sa conduite n'est pas bonne. L'esprit dont la volonté fait partie faisant le péché, c'est lui qu'il faut régler principalement, et la modération du corps n'est nécessaire qu'en tant qu'elle peut servir à celle de l'esprit ou à l'acquit des devoirs de sa vocation, et à l'imitation de la vie de son Sauveur. Il ne faut pas se proposer les austérités comme une fin, mais seulement comme des moyens dont on se sert utilement, lorsqu'on en use avec modération et direction, pour parvenir à la fin qu'on a de se rendre maître de soi-même, et de s'assujettir à l'esprit de Dieu.

Lorsque les austérités sont excessives, elles aigrissent le sang plutôt qu'elles ne le tempèrent ; et cependant il y a beaucoup de gens qui pensent avoir tout fait quand ils ont jeûné et qu'ils se sont bien disciplinés, encore même qu'ils ne trouvent point d'amendement en eux.

Cinquième conseil.

Quiconque pense être dévot et se trouve sujet à toutes ses imperfections naturelles, peut s'assurer qu'il n'est dévot qu'en son imagination et non devant Dieu ; et ceux qui aspirent à la perfection de la vie spirituelle doivent savoir qu'elle consiste à se dépouiller de soi-même, et se revêtir de Jésus-Christ. De sorte que celui qui n'étant par sa nature sujet qu'à certains mouvements d'un orgueil naturel, n'en est pas plus dépouillé à cinquante ans qu'il était à vingt, doit savoir qu'il s'est moins approché de la perfection que celui à qui il reste dix défauts semblables, et qui s'est corrigé de dix autres auxquels il était sujet.

Le sacrifice d'une passion déréglée peut être plus agréable à Dieu que toute autre œuvre que puisse faire le chrétien ; et il est certain qu'aucun ne doit être estimé s'avancer au chemin de la perfection, s'il souffre en lui quelque dérèglement notable sans travailler à s'en corriger. Il faut par cette considération bien prendre garde à ne conserver pas quelques défauts naturels que nous avons, à l'ombre de quelques vertus qui nous sont aussi naturelles.

L'homme se flatte aisément en l'un et en l'autre, c'est-à-dire qu'il se rend d'autant plus indulgent à souffrir ses mauvaises inclinations qu'il prend plaisir à suivre austèrement la vertu à laquelle il se sent porté. Cependant, s'il demeurait en cet état, sa vertu n'entrerait pas en ligne de compte devant Dieu, parce qu'elle serait purement naturelle, et non chrétienne et d'élection ; et ses défauts ne laisseraient pas de lui être imputés, parce qu'ils ne seraient pas seulement naturels, mais volontaires, par la négligence qu'il apporterait à s'en corriger.

Sur ce faux fondement, il arrive souvent, qu'à l'ombre de quelques actions d'humilité, l'homme nourrit un orgueil intérieur dans son âme, qui lui fait concevoir du mépris de ceux qui, n'ayant pas tant d'apparence de dévotion que lui, ne laissent pas d'être meilleurs. Tel procédé est une marque d'autant plus infaillible d'une fausse vertu, que la vraie humilité élève le prochain au lieu de l'abaisser, et qu'elle ne peut être vraie sans être charitable, ni charitable sans estimer ce qu'il y a de bon en son prochain, au lieu de le mésestimer pour les défauts qui sont en lui.

Sixième conseil.

Pour s'avancer en la perfection chrétienne ce n'est pas un petit secret de considérer moins ce qu'il y a de bon en sa personne, que ce qu'il y a de mal, et plus les perfections de son prochain que ses défauts. Cependant la corruption de notre nature, et l'amour-propre, ennemi de celui que Jésus-Christ nous conseille et nous commande, portent souvent ceux qui pensent être les plus dévots, s'ils n'y prennent garde, à faire le contraire ; et de là naît une infinité de maux.

Pour ne faire pas assez de réflexion sur nos imperfections, nous manquons à nous en corriger ; et pour avoir trop d'égard aux bonnes qualités que Dieu met en nous, nous tombons souvent en un orgueilleux amour de nous-mêmes, peu éloigné de la présomption.

D'autre part le peu d'égard que nous avons aux vertus d'autrui, nous empêche de les imiter ; et pour avoir les yeux trop ouverts à leurs défauts, il arrive souvent que nous les méprisons ; et ce mépris nous porte quelquefois à en médire.

Je supplie ceux qui aspirent à la dévotion, de faire d'autant plus d'état de cette remarque, que l'humilité étant le fondement de la perfection chrétienne, et l'amour du prochain un des degrés de cette perfection ; il est impossible de bien considérer les défauts et les perfections d'autrui, sans se confondre en soi-même, et sans être touché de l'estime et de l'amour de son prochain, selon que la loi de Dieu nous y oblige.

Septième conseil.

Il faut se corriger de ses défauts avec raison, modération et douceur ; de peur de faire, dit le bienheureux évêque de Genève [17], comme ces huissiers, qui, criant avec trop de véhémence pour obliger au silence, font plus de bruit que ceux qu'ils veulent faire taire.

Tel ignorant cette pratique, pourrait concevoir une si sensible fâcherie de s'être fâché, que sa dernière colère le troublerait plus que la première ; au lieu que si nous faisons réflexion sur nos fautes, avec plus de compassion de nous, que de passion contre nous ; le repentir que nous en concevrons, sera comme les arbres qui prennent des racines plus profondes, et portent beaucoup plus de fruits en une terre douce et fraîche qu'en un terroir rude et aride.

Huitième conseil.

Ceux qui courent le plus vite, ne sont pas ceux qui arrivent le plus sûrement ni le plus tôt aux lieux où ils veulent aller : tant parce qu'ils

17. Saint François de Sales (1567-1622), un des rénovateurs du catholicisme après le concile de Trente (1545-1563). Il est l'auteur de la très célèbre *Introduction à la vie dévote* (1609), citée ici (troisième partie, chapitre VIII).

sont sujets à broncher et à tomber en chemin, que parce qu'ils sont souvent hors d'haleine avant que d'être au bout de la carrière. Ainsi il est beaucoup meilleur de marcher doucement, mais sans intermission, en la voie de son salut, que d'y courir à perte d'haleine, et, en effet, il n'y a rien de plus dangereux que de faire commencer la dévotion par où elle doit finir ; il faut s'y avancer par degrés, apprendre à combattre ses vices en exerçant les vertus contraires, auparavant que de prétendre la paix intérieure par l'accroissement de ses passions et par une parfaite indifférence à toutes choses, hormis à ce qui est de la volonté de Dieu. En un mot, pourvu que celui qui veut arriver à la perfection fasse progrès dans son dessein, il vaut mieux qu'il soit simplement diligent que précipité.

Les grands fleuves qui vont lentement, sont ceux qui sont les plus utiles ; et les torrents ruinent d'ordinaire leurs voisinages, et ne peuvent servir au trafic. Bien que l'homme spirituel ne s'aperçoive pas d'autant d'avancement que son zèle lui en fait souhaiter, il ne doit pas être mal satisfait de soi-même ; mais il lui doit suffire que sa conscience ne lui reproche aucune notable infidélité aux grâces qui lui sont présentées.

Neuvième conseil.

Comme il ne faut pas aller trop vite au chemin de la perfection, il faut bien se donner de garde d'y être aussi trop paresseux et de tomber en une telle nonchalance, qu'on demeure quasi sans action et sans mouvement au bien ; comme si la vie n'était donnée à l'homme que pour vivre seulement ; car c'est reculer que de ne pas s'avancer.

Aucuns estiment qu'ils font assez, s'ils ne font point de mal à leur prochain ; et sur ce fondement ils n'ont pas soin de lui bien faire. Telle dévotion n'est pas seulement imparfaite, mais vicieuse ; vu que la perfection chrétienne consiste en celle de la charité, qui n'a pas seulement pour but de ne rien faire contre ses règles ; mais d'agir selon sa nature, qui porte à faire bien à ceux à qui on le peut avec raison.

Dixième conseil.

L'une des meilleures maximes qu'on puisse avoir dans la pratique du monde, est de travailler avec autant de soin en toutes les affaires qu'on veut entreprendre, comme si Dieu ne nous y aidait point ; et après en avoir ainsi usé, se confier en Dieu aussi absolument, que si lui seul devait avoir soin de ce que nous voulons, sans que nous nous en mêlassions.

C'est une des règles du religieux et prudent saint Ignace, dont l'usage n'est pas seulement utile dans les cloîtres, mais excellent et nécessaire dans la pratique du monde.

Onzième conseil.

La tristesse est une mauvaise compagne de la dévotion ; au contraire la joie en est une vraie marque. Dieu, dit l'Apôtre [18], aime ceux qui le servent avec joie ; et David excite les justes à se réjouir en Dieu.

Cependant il y a beaucoup de personnes qui sont en cette erreur ; qu'ils n'estimeraient pas être dévots, si leur retenue n'allait jusqu'à la mélancolie : telle opinion est erronée et contraire à la solide dévotion, qui mettant l'homme bien avec Dieu, doit remplir son cœur de paix et de joie ; étant vrai que l'homme ne doit jamais être triste, que quand il est tombé en péché mortel.

Douzième conseil.

On ne doit pas estimer que la quiétude soit une perpétuelle compagne de la dévotion, ni que celui qui est le plus agité et travaillé de violentes tentations, soit le moins en la grâce de Dieu. Au contraire, tels travaux sont souvent une marque assurée de l'estime que Dieu fait de ces derniers, qu'il ne laisse exposés à la violence du combat,

18. Outre l'ensemble de l'Épître aux Philippiens, bien d'autres passages de saint Paul, dont II Corinthiens, I, 23. David est vu ici comme l'auteur des Psaumes ; les passages sont nombreux : en particulier les psaumes 30, 31 et 32.

que parce qu'il les sait capables de résister à leurs ennemis avec la force de sa grâce.

Treizième conseil.

Entre tous les péchés, ceux qui ont des suites et des attachements dont il est difficile de se dépêtrer, doivent être évités avec grand soin.

Toute impureté est très dangereuse et damnable : mais le concubinage l'est au centuple ; parce que c'est une continuation de mal, d'autant plus difficile à quitter, que l'habitude en est plus grande.

Telle est la confidence d'un bénéfice ; tels le larcin et l'usure ; qui obligent non-seulement à quitter l'utilité que l'on en reçoit, mais de plus à la restitution de ce qu'on a reçu par le passé. Tel est aussi l'abus assez ordinaire, lorsque celui qui a dérobé pense avoir satisfait s'il en rend une partie, soit à ceux auxquels il l'a pris, soit à l'Église ou aux pauvres.

La continuation du péché a tant de rapport avec l'impénitence finale, qu'il est aisé de concevoir combien elle est dangereuse ; et il est vrai, que l'accoutumance que nos esprits prennent à croupir dans leur péché, nous jette insensiblement dans le dernier de ces malheurs.

Quatorzième conseil.

C'est un abus assez ordinaire dans le monde, de se conduire comme s'il n'y avait que les péchés de commission qui damnent l'homme. Pourvu qu'un prélat soit chaste, et qu'il donne l'aumône, il pense que Dieu lui en doit de reste, et cependant une négligence de sa charge, un seul péché d'omission le damnera.

La femme, dont la chasteté n'est point en doute, croit tellement obliger son mari qu'elle se dispense du respect qui lui est dû, et s'imagine qu'il lui est permis de le traiter indignement.

Toutes les vertus sont enchaînées, et ainsi tant s'en faut que l'une dispense des autres ; elle les suppose si absolument, qu'aucun ne peut être estimé vraiment vertueux s'il ne les a toutes.

Quinzième conseil.

On ne doit pas estimer celui-là plus parfait, qui est le plus savant en la théorie de la perfection, mais bien celui qui s'attache et s'applique le plus à sa pratique.

Ce n'est pas la vanité des sciences qui nous approche de Dieu, mais la droiture de la volonté. Dieu demande le cœur de l'homme, et le simple qui lui en fait sacrifice, sans savoir autre chose sinon qu'il se donne à son Dieu, est plus proche de lui que celui qui, cultivant plus son esprit dans les saintes lumières de sa vie spirituelle, se donne moins entièrement à celui qui en est l'objet, bien qu'il sache mieux comme il faut s'y donner que celui qui n'a pas toute sa reconnaissance.

Seizième conseil.

Il est très dangereux en matière de dévotion de vouloir marcher par des sentiers nouveaux, quittant le grand chemin battu et frayé par nos pères, et c'est cependant ce qui se fait trop souvent en ce temps. Il n'y a rien si aisé que de penser avoir une vocation particulière, dont la nouveauté chatouille nos sens, et nous repaît de quelque vent. Sur ce fondement beaucoup ne pensent pas être bien dévots, s'ils n'établissent quelque espèce de nouvel ordre. Tel religieux pense que c'est rendre une révérence particulière aux sacrements que de s'en approcher peu souvent par la reconnaissance de son indignité ; bien qu'il soit obligé par la pratique de son ordre d'en user autrement.

Un autre sous l'apparence d'une élévation extraordinaire, se laisse insensiblement aller dans les folles opinions des illuminés. Je ne parle plus de ces personnes qui s'attachent au dérèglement des sens, sous prétexte d'une indifférence à toutes les choses du monde : ces opinions-là sont trop grossières pour y pouvoir tomber sans malice ; mais je parle des personnes dont les opinions sont d'autant plus plausibles, qu'ayant pour but l'épurement de l'esprit à leur mode, elles ne laissent pas de faire état de la mortification du corps et des moyens propres à tenir nos sens en bride.

Les inventions trop subtiles sont aussi dangereuses en la spiritualité que les nouveautés en matière de religion. Il s'en faut garder comme de pointes aiguës aussi capables de piquer, comme elles sont impuissantes à servir de solide fondement à cause de leur faiblesse. Quelque bonne fin que puissent avoir ceux qui quittent les chemins battus, pour suivre les nouveaux sentiers qu'ils ont trouvés, on peut dire avec vérité qu'ils se cherchent eux-mêmes et s'éloignent de Jésus-Christ, qu'ils ont Dieu en la bouche et le seul amour-propre dans le cœur ; et que ce n'est pas Dieu qu'ils révèrent en sa parole, et dans les enseignements de son église, mais l'idole de leurs inventions qu'ils adorent aveuglément.

En effet, celui qui ne pense trouver Dieu qu'aux nouveaux établissements qu'il se propose, montre bien que s'il le cherche, c'est seulement pour le trouver en soi-même, c'est-à-dire, en sa propre vanité ; puisque s'il n'avait autre dessein que de le trouver ; il le chercherait assurément aux lieux où il ne peut ignorer qu'il n'ait choisi sa demeure, et non pas en ceux où il n'est assuré qu'il soit, bien qu'à son compte il y puisse être.

Il faut donc que ceux qui veulent faire progrès au chemin de la perfection, cherchent Dieu où l'Église le montre, et non où leur esprit se l'imagine. Qu'ils marchent par les chemins tracés par nos pères, et non par des sentiers particuliers ; si ce n'est pour obéir à quelques nouveaux ordres de l'Église qu'il est beaucoup plus sûr de recevoir en telles occasions que de les rechercher sans grand discernement ; autrement qu'ils soient assurés que Dieu leur dira un jour : Je ne vous connais point ; cherchez votre récompense en vous-mêmes, je ne la dois pas être, puisque ce n'est pas moi que vous avez cherché ; vous avez méprisé mes voies, quoique ouvertes et battues de longtemps, pour suivre des sentiers égarés que votre seul orgueil et vos sens vous ont tracés : au lieu de vous assurer sur l'infaillibilité de mon esprit que j'ai promis à mon Église, vous avez suivi l'erreur du vôtre, dont je vous ai plusieurs fois avertis de vous garder ; vous êtes coupables de deux crimes, qu'un de mes prophètes reprochait autrefois au peuple d'Israël. *Vous m'avez quitté, moi qui suis la fontaine d'eau vive et vous vous êtes fait des citernes, incapables de contenir des eaux qui puissent étancher votre soif* (*Jerem.* II, 13) ; je ne vous connais point, retirez-vous de moi.

Dix-septième conseil.

Il faut bien être sur ses gardes pour se garantir d'un certain orgueil, qui, se glissant assez aisément dans l'esprit de ceux qui font profession particulière de dévotion, leur fait souvent penser, ou que rien n'est bien fait s'ils ne le font, ou au moins qu'ils sont capables de faire mieux que les autres hommes.

Telles personnes se laissent volontiers aller à trouver à redire à toutes choses, et à le témoigner ou par leurs paroles, ou par leurs gestes, ou par leurs soupirs.

Je ne parle pas de ceux qui, le faisant de propos délibéré pour condamner les actions d'autrui, sont dans les voies d'une malice noire, et non dans celle des spirituels qui tachent de remarquer les traces du Fils de Dieu pour les suivre : mais je dis que la conduite de ceux qui ont un tel procédé sans mauvais dessein est très mauvaise ; parce que ce qu'ils improuvent est ou le mieux qui se puisse faire, bien qu'on n'ait pas le succès qu'on pourrait désirer, auquel cas ils ne peuvent le condamner sans injustice, ou quand même on pourrait faire mieux. Si ce qu'on fait est bien, il ne mérite pas d'être blâmé, ou si même il le méritait, pour n'être pas fait selon les règles de la prudence, cette vertu et la charité ne permettent pas de condamner ce qui est fait sans malice.

Par un tel principe, non-seulement l'humilité se trouve ruinée, mais la charité est offensée, et la présomption qui fait qu'on se préfère à autrui, s'accorde aussi peu avec la prudence humaine, qu'avec la loi de Jésus-Christ.

Pour conclusion, bien qu'il soit permis à chacun de considérer ce qui se fait dans le monde, l'homme vraiment spirituel, ne doit jamais improuver une action, si elle n'est évidemment mauvaise, ni la condamner devant personne, s'il ne juge que le témoignage de son sentiment peut aussi certainement produire du bien qu'il est incapable de faire aucun mal.

Dix-huitième conseil.

La connaissance que le cours des affaires m'a donnée de ce qui se passe dans le monde, me fait supplier les religieux, et ceux qui sont consultés comme spirituels, de prendre soigneusement garde à deux choses :

La première, à ne se laisser pas tromper sous prétexte de piété, par ceux qui n'affectent que les apparences de la vertu, et qui ont d'autant plus de soin de bien parler, que plus ils s'abandonnent à mal faire.

Je sais bien que dans le christianisme, ce n'est pas une petite vertu que de bien juger de son prochain ; mais il est dangereux de le faire avec telle simplicité, qu'on n'y apporte aucun discernement de prudence. Beaucoup d'inconvénients sont venus à ma connaissance de ce défaut, et il en peut arriver d'indicibles ; particulièrement à ceux qui ont charge de la conduite des âmes, et qui sont employés en des fonctions publiques, lesquels tomberaient sans doute en de grandes méprises, s'ils ne joignaient la prudence du monde à leur bonté morale.

La seconde est que plusieurs estiment par un faux principe, que c'est assez qu'une chose soit licite, pour la pouvoir permettre ; particulièrement quand il est question d'obliger des personnes de considération.

Les inconvénients de cette maxime sont encore plus à craindre, que ceux qui peuvent arriver de l'autre. Grand nombre de religieux y tombent souvent par une grande bonté. Si un homme simplement capable, selon la rigueur des canons, d'un bénéfice qui a charge d'âmes, est recommandé par des personnes de qualité ; leur simplicité est telle, qu'ils ne font aucune difficulté de le préférer à un autre de plus grande capacité et de plus grand zèle. Cependant le premier vivra tellement languissant dans sa charge, qu'en n'y faisant pas de mal, il n'y fera pas de bien ; au lieu que l'ardeur de l'autre l'eût assurément porté à ne laisser aucun bien possible sans l'entreprendre.

S'il est vrai qu'en la voie de la perfection, il faille s'estimer coupable, non-seulement du mal qu'on a commis, mais aussi de n'avoir pas fait le bien qu'on est obligé de faire, comme l'on en peut douter : ceux qui persisteraient en une telle simplicité, après être avertis des maux qui en arrivent, ne sauraient s'exempter de blâme.

Dix-neuvième conseil.

Il faut éviter le scrupule presque avec autant de soin que le péché ; puisqu'ils aboutissent tous deux à une même fin.

Le péché nous privant de la grâce, nous prive de la vie de nos âmes ; et le scrupulé nous empêchant par le troublé qu'il nous donne l'exercice des bonnes œuvres et des vertus, nous prive des fonctions de la vie, qui nous est ôtée par le péché.

Le péché doit être détesté, parce que de sa nature il sépare l'homme de son Dieu ; et le scrupule doit être fui, parce que bien qu'il cherche Dieu en apparence, et que ce soit son but et sa fin, il en éloigne les âmes par accident.

Ainsi qu'il arrive quelquefois qu'un cheval ombrageux se jette dans un précipice, en se reculant de quelque ombre : de même les âmes scrupuleuses effrayées de la seule ombre du péché, se précipitent bien souvent en des abîmes de désordre et de confusion.

Comme la plus grande déférence que l'âme scrupuleuse rend à son jugement et à sa crainte, est une des premières causes de son mal ; la soumission au jugement d'autrui en est un des plus souverains remèdes. Il est de cette maladie de l'âme comme de celles du corps ; ainsi qu'on guérit peu souvent des dernières sans le conseil des médecins ; aussi est-il difficile de se tirer des autres, sans le conseil de quelque bon directeur. Je dis bon, parce qu'ainsi qu'un médecin ignorant est plus capable d'altérer la santé que de la rendre ; ainsi un mauvais directeur augmente plutôt les troubles des âmes qu'il ne les apaise. Le peu, le d'Israël qui a toujours marché sûrement, lorsqu'il a cheminé sous la conduite de Moïse, ne la méprisa pas plus tôt qu'il s'égara dans le désert. C'est ce qui donne lieu à Salomon de dire à son fils : *Ne fais rien sans conseil, et tu ne t'en repentiras pas.* (*Ecch.* XXXII, 24) ; et à Tobie [19], d'avertir aussi son fils de demander toujours conseil à son conducteur.

Bien qu'il soit presque impossible de se délivrer de ce pénible mal par autre expédient, il n'y a rien si aisé que de le chasser ; pourvu

19. Livre de Tobie, IV, 18.

qu'on s'en serve, et qu'on veuille suivre deux conseils très nécessaires en cette occasion, et dont la pratique est fort aisée.

Le premier, de se mettre en l'esprit que Dieu qui est venu en terre pour sauver tous les hommes au prix de son sang, qui vaut plus que tout le monde, ne perd jamais les âmes pour peu de chose ; que toutes les suggestions que le diable propose à l'homme, ne souillent point une âme qui déteste ce malheureux esprit, et qui aime son Dieu ; que sans un consentement distinct et précis, toutes les tentations sont sans effet ; enfin que ce n'est point ce qui passe dans l'entendement qui damne l'homme, mais seulement ce qui s'arrête dans la volonté ; et que jamais on ne doit estimer avoir consenti à une chose, laquelle on connaît ne vouloir pas actuellement, et qu'on ne sait point avoir voulue, bien qu'on le craigne.

La crainte qu'un scrupuleux a d'avoir voulu ce qu'il sait bien qu'il ne veut pas, et qu'il ne voudrait pour rien du monde, est une marque assurée qu'il est innocent de ce dont il craint être coupable.

Le second consiste à éviter la solitude, et chercher du divertissement, n'y ayant rien de plus dangereux en un tel mal, que d'avoir lieu d'entretenir ses pensées sur le sujet dont on est travaillé.

Il faut en telles occasions combattre à la façon des Parthes, tournant le dos à ses ennemis, et se bien donner garde de leur faire tête ; il les faut vaincre par résolution, et non par dispute et raisonnement ; étant véritable que si l'on ouvre la porte à l'un pour le convaincre par raison, tant d'autres entreront à la foule avec lui qu'on s'en trouvera sans doute accablé ; et bien qu'on dit d'ordinaire qu'il ne faut jamais mépriser ses ennemis, il faut le faire en ce sujet.

Je sais bien qu'il est difficile qu'un malade méprise son mal : mais comme on néglige ceux que le médecin assure être de peu d'importance, je supplie ceux qui seront travaillés de scrupule, de n'en faire aucun état, sur l'assurance que je leur donne que rien ne leur fait peur que des ombres, et que s'ils les méprisent, ils en connaîtront aussitôt les illusions et les fausses apparences, et en seront absolument délivrés.

Vingtième conseil.

Toute personne, de quelque profession qu'elle puisse être, qui, ayant un soin particulier de garder la loi de Dieu selon sa condition, se conduira en ce dessein par le seul motif de la volonté de Dieu, qui est la vraie règle de la perfection ; peut prendre une assurance morale, que sa vie sera aussi agréable à Dieu que celle des religieux qui sont dans les cloîtres.

Je ne touche point au mérite du vœu, qui donne, ainsi que je l'ai déjà dit, pareil avantage aux religieux, que ceux qui donnent un arbre chargé de fruit, ont sur d'autres ; qui ne faisant présent que du fruit qui croît en leur jardin, se réservent la possession des arbres ; mais je veux dire seulement, que les séculiers, de quelque condition qu'ils soient, qui se conduiront ainsi que je l'ai représenté, atteindront aussi bien en exerçant la fonction de leur charge la perfection que la vie chrétienne peut avoir dans l'étendue de leur condition, que les religieux en satisfaisant à tous leurs vœux et à toutes les obligations de leur ordre.

Les hommes étaient quasi tous inégaux en force, Dieu a voulu rendre expressément les obligations des chrétiens presque toutes différentes ; en sorte que quiconque fait ce qu'il peut, satisfait assurément à ce qu'il doit ; la justice ne pouvant permettre qu'on demande à l'homme ce qui excède sa puissance.

Bien que j'aie traité ci-dessus amplement cette matière, j'estime ne pouvoir mieux finir cet ouvrage qu'en la répétant en peu de mots, tant parce que c'est l'abrégé de tout ce livre, qui n'a autre fin que d'apprendre à chacun comme il peut parvenir à la perfection dont Jésus-Christ nous a donné l'exemple ; que parce qu'on ne saurait trop imprimer dans l'esprit des chrétiens, que tous peuvent, sans sortir de leur condition, parvenir à ce but, et qu'il n'y a point de meilleur moyen de les y porter, que de leur faire voir qu'ils peuvent aisément ce que le sang de leur Sauveur demande d'eux, et qu'il a répandu pour leur obtenir la grâce de le pouvoir accomplir.

Traité qui contient la méthode la plus facile et la plus assurée pour convertir ceux qui se sont séparés de l'Église

Cet ouvrage de controverse antiprotestante a également été publié à titre posthume en 1651, et l'opinion que Richelieu n'en était que « le père adoptif » s'est alors propagée. Et pourtant la publication est précédée d'un avertissement dû à l'évêque de Chartres, Lescot, qui fut confesseur ordinaire de Richelieu et qui s'emploie à réfuter cette interprétation : « Plusieurs personnes savent que, dans le plus fort des affaires où la conduite de l'État l'engageait, celle de travailler à l'éclaircissement de quelques points controversés en la foi était l'une de ses plus sérieuses et plus agréables occupations. C'était dans ce travail qu'il se délassait de tous les autres, et il n'y employait pas seulement ce qui lui restait des heures du jour, mais encore ordinairement une grande partie de celles de la nuit. Il y a sujet de s'étonner qu'un homme, chargé comme il était de toute la conduite d'un grand royaume, ait pu composer des ouvrages d'une méditation profonde et d'une lecture si consommée. Néanmoins cet étonnement ne doit pas naître du peu de temps qu'il y ait employé, la force et la vigueur prodigieuse de son esprit lui faisant trouver du temps de reste dans un ministère qui semble n'en avoir jamais suffisamment pour tous les autres. Ceux qui ont eu l'honneur de l'approcher [...] savent qu'il n'y en a point [de traité] sur lequel il ait travaillé avec tant d'ardeur ni avec un soin plus exact que celui-ci. »

En fait, on connaît un autre théologien ayant travaillé pour Richelieu, un oratorien, le P. du Laurens, ancien ministre protestant, converti et recruté par le cardinal pour son livre de controverse destiné à la conversion des protestants. Il est l'auteur d'un livre publié en 1667 et intitulé Triomphe de l'Église romaine, *qui « contient en abrégé une partie des écrits qu'il avait préparés pour le cardinal de Richelieu ». Le témoignage de ce collaborateur est bien significatif de la méthode de travail constante usitée par le cardinal dans tous les domaines de son activité littéraire : celle-ci repose sur le choix de collaborateurs obscurs et dévoués réalisant un travail de documentation.*

La Providence de Dieu est si admirable, que lors qu'elle destine un homme pour s'en servir à quelque fin, elle l'y achemine insensiblement sans qu'il en ait connaissance ; & le fait penser aux moyens d'y parvenir, dans le temps même qu'il semble en être diverti par d'autres occupations.

Il y a plus de trente ans qu'étant attaché aux fonctions de l'Épiscopat dans le Diocèse de Luçon [20] près de La Rochelle, je pensais souvent dans une profonde paix aux moyens de ranger cette place à l'obéissance du Roi. Ces pensées passaient alors en mon esprit comme des songes ou de vaines imaginations : mais Dieu ayant voulu depuis que l'on entreprit ce qui ne m'avait semblé autrefois que des chimères, & que l'on attaquât cette place pour la réduire à son devoir ; je pensais durant ce siège à retirer de l'hérésie par la raison, ceux que le Roi retirait de la rébellion par la force.

Pour réussir en ce dessein, je me proposais dès ce temps-là de chercher quelque voie plus courte que celle que l'on avait suivie ; & après avoir longtemps médité sur un sujet si important, j'ai trouvé qu'il n'y avait rien d'impossible à la charité, quand il plaît à Dieu la donner à ceux qu'il veut comme associer avec lui en la production de ses œuvres.

Je sais bien que je suis tout à fait indigne d'être mis en ce nombre, mais je n'en perds pas l'espérance, quand je considère que Dieu, qui est le plus grand & le plus excellent de tous les ouvriers, sait se servir de toutes sortes d'outils ; & que plus il en emploie de mauvais, plus son excellence & son adresse paraissent en la perfection de ses ouvrages. Et puis qu'il a plu à sa bonté de se servir de moi en des choses qui étaient beaucoup au-delà de mes forces, j'ose croire qu'il voudra s'en servir encore en celle-ci, qui est si importante à sa gloire ; & qu'ayant défié fait réussir dans la guerre ce qui semblait impossible aux hommes, il fera réussir encore dans la paix ce qui ne leur est pas moins impossible, mais qui n'est pas aussi moins facile à sa grâce.

20. Cette ville, située à une quarantaine de kilomètres au nord de La Rochelle, fut en effet le siège d'un évêché dès le XIVe siècle. Richelieu fut sacré à Rome en 1607, à 22 ans (avec une dispense du pape Paul V), évêque de Luçon.

Comme il n'y a rien de si aisé que de faire voir un objet à ceux qui ont des yeux propres pour le voir, il semble aussi qu'il n'y ait rien de si facile que de faire connaître aux hommes une vérité que leur entendement est capable de connaître. Cependant il est vrai qu'une des plus difficiles entreprises est celle de tirer d'erreur ceux qui s'y trouvent engagés, & de leur faire voir & embrasser ce qu'ils doivent croire. Et après avoir souvent examiné d'où pouvait venir cette difficulté, j'ai trouvé qu'elle venait indubitablement, ou de ce qu'on ne met pas bien en leur jour les objets que l'on veut faire voir ; ou de ce qu'on ne veut pas les regarder, ou de ce qu'on ne les regarde qu'au travers d'un voile & de trop loin, ou de ce qu'on ne s'arrête pas assez à les considérer, ou enfin de ce que celui qui regarde étant incapable de voir lui-même l'objet qu'il contemple, n'a pas le secours qui lui est nécessaire pour le bien connaître.

C'est donc à moi de mettre dans cet ouvrage la vérité si bien en son jour, qu'elle puisse être vue aisément ; mais aussi c'est à ceux qui ont besoin de la connaître, de la regarder sans le voile de la passion qui les aveugle, de la regarder de près & avec attention, & de demander à Dieu la grâce dont ils ont besoin, pour n'être pas privés par eux-mêmes de ce qui est si absolument nécessaire à leur salut. J'espère en même temps que la bonté de Dieu dissipera les ténèbres que mon ignorance pourrait laisser à l'entour des objets que je veux faire voir : qu'ils seront par sa miséricorde environnés des rayons de sa lumière, qui seule est capable de les rendre visibles ; & qu'ayant tâché de satisfaire à tout ce qui dépendra de moi pour la conversion de ceux qui sont dans l'erreur, il brisera la dureté de leurs cœurs, & leur fortifiera la vue en sorte qu'ils connaîtront ses vérités en ce monde, par la lumière de la foi, & en l'autre par celle de la gloire.

L'homme de sa nature n'a pas assez de force pour voir les vérités nécessaires à son salut : Car tout ainsi que l'opération de l'œil requiert le concours que l'Auteur de la nature donne à toutes les actions des vivants, aussi dans les choses du salut toute connaissance suppose nécessairement le secours de la grâce, dont Dieu est la vive & l'unique source. Et comme celui qui ferme les yeux pour ne voir pas, ne peut voir si Dieu ne lui donne deux secours ; l'un pour ouvrir ses yeux, & l'autre pour le faire voir : ainsi celui qui s'opiniâtre à ne chercher pas la vérité qu'il pense avoir trouvée, a besoin de deux grâces ; dont l'une surmonte l'opiniâtreté de sa volonté, laquelle détourne son entendement de considérer ce qu'on lui propose ; & l'autre porte & aide son esprit à connaître ce qu'il n'a pas connu jusqu'alors.

De là vient que les anciens Pères distinguent avec grande raison, ceux qui sont trompés par la simple ignorance de leur entendement, d'avec ceux qui demeurent en leur aveuglement par la dépravation de leur volonté ; & ils estiment la guérison des derniers aussi difficile que celle des premiers est aisée.

Et parce qu'il arrive souvent qu'au lieu de coopérer aux grâces nécessaires à vaincre ces deux difficultés, l'homme y résiste par sa malice ; il est lui-même cause que sa conversion, qui serait aisée avec le secours du Ciel, se trouve si difficile qu'ordinairement il demeure & se perd dans son erreur.

La mauvaise disposition des Hérétiques, & celle de ceux-qui entreprennent de les convertir, peut également empêcher un si grand bien.

L'obstination des uns & la vanité des autres, produisent quelquefois un effet tout contraire à celui qu'on devrait attendre.

Je proteste devant Dieu, qui pénètre l'intérieur des hommes, que dans le dessein que je me propose je ne prétends autre gloire que de procurer la sienne ; & je le supplie de tout mon cœur qu'il mette en moi toutes les qualités nécessaires pour une œuvre si importante.

Je le supplie ensuite qu'il fasse que ceux qui pour plusieurs considérations ont plus que juste raison de douter de la bonté du vaisseau dans lequel ils sont embarqués ; & entre autres parce qu'il est nouveau, & que l'arche du salut est ancienne ; veille se dépouiller de toute passion pour considérer attentivement si ce que je leur proposerai est capable d'éclaircir la controverse qui est entre eux & nous sur ce sujet.

Et parce qu'ils n'ont pas seulement lieu de craindre que leur vaisseau ne soit pas bon ; mais encore de soupçonner que la nourriture qu'ils y reçoivent soit mêlée de poison, en ce qu'elle est toute autre que celle dont les fidèles se nourrissaient aux premiers siècles de l'Église ; je le supplie encore de leur ôter cette présomptueuse confiance qui, leur faisant croire qu'ils ont trouvé la vérité, les rend obstinés à n'examiner pas s'ils se sont trompés.

Je sais bien qu'il n'appartient qu'à Dieu de toucher les cœurs & de convertir les âmes. Je sais que sans sa grâce tous nos travaux sont inutiles : mais je sais que si nous faisons ce qui est en nous pour ne nous priver pas de l'effet de ses premières grâces, il ne doublera son secours, & fera que nous ne serons pas trompés en notre attente.

Il n'est pas seulement nécessaire de demander son aide de bouche ; il faut aussi la demander de cœur ; & même le convier par nos actions à nous la départir ; voyant de telle sorte que notre conduite sur la terre attire la bénédiction du Ciel.

Rien de ce qui dépend de nous ne peut plus contribuer à obtenir la conversion des hommes à la foi, qu'une droiture en nos mœurs ! L'amour que Dieu a pour les âmes est si grand, qu'il donnera sans doute cette sainte lumière à ceux qui répondront à ses inspirations avec fidélité.

Je conjure en cette considération, & ceux qui marchent dans les vraies voies de notre Seigneur JESUS-CHRIST, & ceux qui en étant sortis ont besoin d'être redressés, de se rendre de plus en plus soigneux de ne transgresser pas la loi qui leur est commune.

Ce soin chrétien & religieux inspiré du Ciel servira aux uns pour être confirmés dans le bon chemin dans lequel ils sont, & aux autres pour leur en ouvrir l'opérer.

Je me promets que si nos adversaires étant disposés de la sorte veulent lire ce que je n'écris que pour leur avantage, Dieu bénira tellement mon dessein, qu'ils verront ce qu'ils n'ont pas vu, & ce qu'ils n'ont pas voulu y on jusqu'à cette heure, & parviendront enfin au but auquel ils aspirent, bien qu'ils s'en éloignent en effet.

Comme il se trouve souvent divers chemins pour aller à un même lieu, il y a trois différences façons d'agir, pour faire connaître à nos Adversaires qui de nous ou d'eux est dans la véritable voie qui conduit au salut.

La première n'oblige pas à l'examen des points particuliers controversés entre eux & nous : mais requiert seulement qu'on sache qui de nous ou d'eux a l'Église ; puisqu'il est certain, comme le reconnaissent nos Adversaires mêmes, que celui qui a cet avantage est assuré d'avoir la vérité de la doctrine, & d'être dans le vrai chemin de son salut.

Les deux autres requièrent qu'on examine la doctrine; mais par divers moyens. L'un considère seulement ce qu'en dit l'Écriture, que les Prétendus Reformés établissent seule règle des vérités de la foi : & l'autre examine de plus ce que les Conciles, les Pères, & les autres Auteurs en ont dit, & ce que nous en pouvons comprendre par la lumière naturelle.

Puis qu'il n'y a personne qui ne reconnaisse que de deux chemins le plus court & le plus assuré est le meilleur, la première voie est évidemment préférable aux autres.

La lumière naturelle a de tout temps fait voir & avouer à ceux qui ont voulu s'en servir pour pénétrer la nature des choses, qu'en la recherche de la vérité il faut commencer par ce qui est plus facile à connaître. De ce principe certain & évident, on a de longtemps inféré, qu'au fait des Controverses qui sont entre nous sur le sujet de la foi, il fallait commencer par le point de l'Église ; tant parce qu'étant unique comme il est, on peut le décider plus aisément, qu'un grand nombre de questions qui concernent la doctrine que parce que le sens & la simple lumière des plus grossiers, sont suffisants pour en juger, ainsi que nous le prouverons ici après; au lieu qu'il faut & beaucoup de capacité naturelle; & beaucoup d'acquis par un grand travail, pour pouvoir comprendre les difficultés qui se rencontrent aux autres; & qu'en telles matières il est aisé aux esprits subtils & doctes, d'imposer à ceux qui sont grossiers & ignorants.

Il n'y a point d'esprits si peu intelligents, qui ne soient capables de juger qu'il est plus raisonnable de faire connaître aux hommes la voie de leur salut, par la décision d'une seule question, que par l'examen de plusieurs; par une question de fait, dont la vérité se connaît par les sens & par la lumière naturelle, & qui est si aisée que le peuple est capable de l'entendre, & n'y peut être déçu ; que non pas par plusieurs questions qui ne se connaissent que par un raisonnement qui suppose une profonde érudition, & une discussion si exacte, que les plus subtils y peuvent être trompés : Et enfin plutôt par une question qui décide toutes les autres, nos Adversaires avouant que ceux qui ont la vraie Église ont la vraie doctrine; que par plusieurs dont l'éclaircissement ne nous fait pas connaître la vraie Église; la vraie doctrine pouvant convenir aux fausses églises aussi bien qu'à la véritable; ce que l'exemple des Schismatiques justifie clairement.

Cette vérité est si évidente, que pendant que l'on a des moyens de preuves semblables à ceux que je propose, il est à craindre que si l'on en veut employer d'autres, ce ne soit plutôt chercher sa vanité que le salut des hommes.

On ne peut sans ignorance ou sans malice persuader au peuple qu'il a besoin d'être éclairci des points de la doctrine, lors qu'il l'est de la vérité de l'Église. On ne le peut sans ignorance, puisque les plus doctes d'entre nos Adversaires reconnaissent, ainsi que leurs passages rapportés à la marge le justifient clairement, que ceux qui on la vraie Église ne peuvent être privés de la vraie doctrine. On ne le peut aussi sans malice, puisque le sens commun fait connaître aux plus grossiers, que les simples peuvent aisément prendre l'ombre pour le corps, en des questions que les meilleurs esprits n'entendent qu'avec peine, & que les doctes sont souvent embarrassés & lassés par l'examen de plusieurs points, qui se résolvent suffisamment par la décision d'un seul.

Je pourrais en cette considération n'entrer pas en l'examen du second moyen proposé ci-dessus, qui a pour but de faire voir ce que l'Écriture dit sur chacun des points qui sont nécessaires à salut.

Mais je ne prétends pas en user ainsi mon intention n'est pas de fermer la porte à toute dispute qui concerne la doctrine; au contraire je veux non seulement la laisser libre entre les doctes, mais j'entreprends de la réduire à tel point, que les simples en seront capables.

Quant au dernier moyen des trois ci-dessus rapportés, nos Adversaires n'admettant ni l'autorité des Conciles, ni celle des Pères, ni celle de quelques autres Auteurs que ce puisse être, pour moyens infaillibles de la connaissance d'un point de foi; il n'y a pas lieu de s'en servir pour vider nos différents.

Cette troisième méthode doit être réservée aux Conciles, qui étant composée de plusieurs esprits excellents, peuvent & doivent examiner les matières par toutes sortes de moyens : d'autant que c'est à eux de déclarer ce qui concerne chaque point, & ce que nous devons croire; & aux particuliers de recevoir leurs décisions comme vraie parole de Dieu, en tant qu'il a promis de parler par la bouche de son Église, & de la préserver l'erreur en tout temps.

Si en suite de cette remarque j'emploie le témoignage des Pères en cet ouvrage, on ne le trouvera pas étrange ; puisque je ne le produirai pas comme un moyen qui puisse être propre à décider nos différents, selon les principes de nos Adversaires : mais je m'en servirai seulement pour confirmer les vérités, qui paraîtront mêmes le plus souvent par les sens & par la lumière naturelle, ou qui seront si clairement inférées des sentiments de nos Adversaires, que si elles ne sont avouées d'eux, elles n'en pourront être contestées avec apparence de raison.

Si je fais voir que nos Adversaires sont hors de l'Église de JESUS-CHRIST, qui est le seul vaisseau auquel on peut faire son salut, ici décide toutes nos Controverses.

Si je le fais voir par divers raisonnements qui ne requièrent autre capacité que celle de la lumière naturelle ; & ce qui est à remarquer, par divers raisonnements dont un seul suffit pour en donner une claire connaissance ; je décide tous nos différents par un moyen si juste et si aisé, qu'il exclue la nécessité de tout autre.

Si en suite j'entre dans l'examen de sa doctrine, par une voie qui ne suppose autre capacité que celle de la lecture & du sens commun, pour connaître si les saintes Lettres, dont nos Adversaires tâchent de se prévaloir, parlent conformément à ce qu'ils prétendent ; je fais par grâce ce qu'on ne peut requérir par obligation ; & cependant je ne m'engage pas à une entreprise trop difficile, si les Prétendus Reformés disent vrai, lors qu'ils soutiennent qu'en ce qui est nécessaire à salut, l'Écriture est si claire qu'elle n'a besoin d'aucune interprétation. Mais je m'y engage sans nécessité, puisque la raison & les lois divines & humaines obligent tout accusateur à justifier le fait dont il accuse un autre ; tout innovateur à vérifier ce qu'il propose de nouveau, & tout réformateur de Religion à prouver par la parole de Dieu, & l'erreur de celle qu'il reforme, & la droiture de celle qu'il veut établir ; ce que je vérifierai ci-après : d'où il s'ensuit que ceux qui troublent notre légitime possession, & nous accusent d'être hors de l'Église de IESUS-CHRIST, & de professer une doctrine erronée, sont obligés à prouver par la parole de Dieu, ce qu'ils soutiennent en ces deux points, avec tant de hardiesse qu'ils voudraient faire croire qu'il n'y a pas lieu d'en douter.

Puis qu'ils professent qu'ils ont retrouvé & rétabli depuis cent ou six-vingts ans, cette sainte Arche hors laquelle il n'y a point de salut, & que leur doctrine est la seule orthodoxe, qui nous a été laissée par notre Seigneur Jésus-Christ & par ses Apôtres ; ils doivent justifier ce qu'ils disent, non seulement par l'Écriture, qui seule selon leurs principes contient la parole de Dieu, mais par des termes exprès & clairs, auxquels ils disent que les saintes Lettres parlent en toutes les matières nécessaires au salut des hommes.

Peuvent-ils soutenir que l'Église Romaine n'est pas l'Église de Jesus-Christ, & croire comme article de foi que leur société est celle qu'il a établie en terre ; sans faire voir, & que la première n'a pas les conditions que l'Écriture attribue à l'Église de Jesus-Christ, & en suite que l'autre les a toutes ?

Peuvent-ils enseigner & croire encore comme article de foi, que la doctrine que nous professons est erronée, & que la leur est seule orthodoxe ; sans justifier l'un & l'autre par des moyens proportionnés à leurs fins, c'est-à-dire par l'Écriture, qui selon leurs maximes est la seule règle & le seul fondement de la foi ?

Ceux qui sont les plus ingénus parmi eux, avouent franchement qu'ils sont obligés de prouver tous les deux, & de la sorte que je le représente.

Cependant pour les traiter avec une faveur extraordinaire, je ne laisserai pas de prouver qu'ils n'ont pas l'Église de Jesus-Christ : d'où il s'ensuit que nous l'avons ; puisque eux & nous sommes d'accord que l'une de nos deux Églises est la vraie.

Passant outre j'examinerai tous les points de doctrine, qui selon leurs principes peuvent & doivent être estimés fondamentaux & nécessaires à salut ; & je ferai voir clairement qu'aucun de ces points n'est fondé en l'Écriture ainsi qu'ils le soutiennent : d'où il s'ensuit, selon leurs propres principes, que leur doctrine n'est point celle de Jesus-Christ ; & conséquemment que c'est l'Église Romaine qui a cet avantage.

Enfin bien que le sens commun fasse connaître aux plus grossiers, que nous ne sommes point obligés d'entrer en l'examen des points non nécessaires à salut ; pour satisfaire entièrement nos Adversaires, je ne laisserai pas de faire voir succinctement qu'ils ne sont pas mieux fondés en ceux qu'ils disent n'être pas nécessaires à salut, que dans les autres.

Mon intention n'étant pas de faire des lieux communs, je ne prétends pas dire en cet ouvrage, ni en aucun autre que je puisse jamais entreprendre sur quelque matière que ce soit, tout ce qui s'en pourrait dire : mais n'ayant autre but que de faire voir le plus court & le plus sur chemin de salut ; comme j'éviterai toutes choses superflues, aussi n'en omettrai-je autant que je pourrai aucune de celles qui sont nécessaires.

Puis qu'en la dispute qui est entre nous & nos Adversaires, la fausseté de l'Église Protestante prouve la vérité de la Romaine, ainsi que le Chapitre douzième de ce premier Livre fera voir ; le dessein que je me propose ne m'oblige qu'à prouver, que l'Église prétendue reformée n'est pas celle de JESUS-CHRIST. Cependant plusieurs Chapitres de mon second Livre ne laisseront pas de justifier, que les qualités dont la privation empêche que l'Église de nos Adversaires ne puisse être celle de JESUS-CHRIST, sont si éminemment en l'Église Romaine, qu'il est impossible de ne les apercevoir pas ; & par conséquent de ne pas connaître qu'elle est la vraie Église, non seulement parce que celle de nos Adversaires ne l'est pas, mais de plus parce que les conditions que l'Écriture, les Pères & la raison attribuent à celle de JESUS-CHRIST, se trouvent véritablement en elle.

Bien que la même présupposition qui est entre nous & les Prétendus Reformés, que l'une de nos deux doctrines est celle de JESUS-CHRIST, ne m'oblige encore à autre chose qu'à vérifier que la leur est fausse & contraire à l'Écriture, pour justifier que celle dont ils nous ont trouvés en possession, est véritable & conforme à l'Écriture ; je ne laisserai pas d'examiner tellement au troisième Livre les points qui peuvent être estimés fondamentaux par les principes des Prétendus Reformés, que l'on verra clairement que dans ces points leur créance n'est point fondée en l'Écriture, mais seulement la nôtre : ce que je prétends justifier par le témoignage des anciens Pères & des premiers Conciles, qui ne doivent point être récusés par nos Adversaires ; puis qu'ils professent en divers lieux que les quatre premiers Conciles, & les Pères qui ont vécu de ce temps-là, ne leur sont pas suspects en nos différents.

Bien qu'il soit vrai aussi que s'ils se trouvent mal fondés en un seul de leurs points fondamentaux, ils perdent absolument leur cause, sans qu'il soit besoin de passer à l'examen des autres; puisqu'ils reconnaissent qu'on ne peut errer innocemment en un point fondamental, ni demeurer en l'Église de Jesus-Christ en professant une doctrine non orthodoxe en des matières de cette nature; je ne laisserai pas de justifier que s'ils sont mal fondés en un de leurs points fondamentaux, ils ne le sont pas mieux en tous les autres.

Toutes ces choses étant posées, les Ministres de Charenton [21] faisant connaître en l'Apologie que Daillé [22], l'un d'entre eux, a faite avec l'aveu & l'approbation de ses Confrères, le moyen de distinguer les points fondamentaux de ceux qui ne le sont pas; & disant en termes exprès que tous Sujets doivent obéissance à leur Souverain en ce qui n'est point contraire à leur salut, & qu'en leur particulier ils ne seraient pas bons Citoyens, s'ils rompaient l'union politique de l'état dans lequel ils sont nés, sans qu'ils en eussent un sujet légitime; qui pour être tel, doit être absolument nécessaire à salut : Il n'y a personne qui ne soit obligé de reconnaître, que si je prouve que tels Réformateurs n'ont point eu de sujet de se séparer de l'Église Romaine à raison des points fondamentaux, ils ne peuvent en demeurer divisés, sans contrevenir manifestement à la raison, sans agir contre leurs propres principes, & sans violer irréligieusement ce qu'ils doivent à l'union de l'Église & à l'obéissance de leur Souverain.

Apprenant des anciennes lumières de l'Église & de la pratique de ce temps, que les Hérétiques n'ont presque point d'autre moyen de s'échapper lors que la vérité les presse, que celui de donner le change, & de décliner la thèse dont il est question; je supplie le Lecteur de remarquer, que pour répondre suffisamment à cet ouvrage, il faut réfuter ce qui s'y trouvera être employé pour justifier la fausseté de

21. Dans ce village à l'est de Paris se trouvait, avant sa démolition en 1685, un temple calviniste de grande importance.

22. Ministre de Charenton, Jean Daillé (1594-1670), après s'être chargé de l'édition des Mémoires de son maître Du Plessis-Mornay, écrivit une *Apologie des synodes d'Alençon et de Charenton* (qui ne fut imprimée qu'en 1655, en latin). Bayle dit de lui dans son *Dictionnaire* qu'il était « celui des controversistes protestants que les catholiques estimaient le plus ».

l'Église de nos Adversaires, & celle de leur doctrine ; & non pas ce que j'y emploierai pour vérifier, sans y être obligé, que l'Église Romaine a toutes les qualités qui conviennent à la vraie Église, & que sa doctrine est pure & orthodoxe.

Je ne fais pas cette remarque pour prévenir ce qui peut être répondu par nos Adversaires à ce que j'emploierai en cet ouvrage, sans obligation, & pour m'en garantir par une simple précaution ; puis qu'ils ne sauraient rien alléguer qui ne soit aisé à détruire : mais je fais cette observation, parce que la nature de la chose le requiert, & qu'il faudrait être privé de sens, pour ne voir pas que pour agir directement, ils ne peuvent s'attaquer qu'aux moyens qui sont allégués, comme nécessaires à la fin que je me propose ; & qu'en user autrement c'est sortir des légitimes lois d'une dispute, & chercher à se sauver dans l'embarras de divers discours superflus, & inutiles au sujet dont il s'agit.

Cependant pourvu que les Prétendus Reformés reconnaissent qu'ils ne peuvent s'attacher seulement à l'accessoire, sans me donner gain de cause au principal, quelques difficultés qu'ils viennent à former sur ce que nous aurons dit en cet ouvrage ; la charité qui porte les Chrétiens à faire des actions qu'elle ne les oblige point de faire, me portera aussi à les résoudre.

Si ceux pour le salut desquels je travaille veulent agir aussi sincèrement que je fais pour leur bien, nos controverses seront bientôt finies ; y ayant cette différence entre cet ouvrage & la plupart des autres faits à même fin, que beaucoup sont fondés en des principes qui ne sont pas si évidents par eux-mêmes qu'ils puissent être connus de tous ; au lieu qu'en celui-ci j'emploie des moyens si infaillibles & des preuves si manifestes, que les vérités que j'y démontre sont évidentes aux plus grossiers.

Toutes ces démonstrations étant fondées sur des principes, ou connaissables par les sens, & par la seule lumière naturelle, qui ne trompent personne à cause de leur pureté, ou avouées de nos Adversaires ; il s'ensuit que les inductions qui en sont tirées, suivent la nature de leurs principes ; & qu'étant évidentes comme eux, elles ne peuvent avec raison être contestées de personne.

Europe, comédie héroïque

En 1642, la France est en guerre et le cardinal souhaite la présenter comme le défenseur désintéressé des « libertés » bafouées par les Habsbourg. La pièce de Desmarets de Saint-Sorlin à laquelle il aurait prêté la main, Europe, *s'emploie à illustrer cette thèse. Au centre de l'intrigue, Europe y est aux prises avec cet « amant basané » espagnol, Ibère, qui, partageant son cœur entre elle et Amérique, rêve de l'assujettir et non de la défendre. Le roi de France, Francion, accroît sa gloire en se faisant son protecteur (notamment en se mettant au service des petites puissances), et, pour ce faire, on retrouve la nécessité de la guerre, menée avec une visée non tyrannique, mais avec une volonté de garantir l'ordre, mission divine dévolue au roi de France et que confortent les résultats qu'il obtient (la pièce s'articule en effet sur les succès français des années 1640-1643) ; elle martèle le refus de Francion de tout asservissement des autres États et son but de défense des libertés publiques, mobile de son entrée en guerre : à l'asservissement par l'Espagne désireuse de s'assurer la monarchie universelle, la France oppose sa protection désintéressée, à l'écart de tout esprit de conquête : « Pour moi, je ne prétends ni conquête ni bien,/Si l'intérêt public ne marche avant le mien. »*

SCENE IV.

FRANCION, EUROPE, AUSONIE.

FRANCION – Je voulus détromper le vaillant Germanique ;
Mais il part en courroux : quelque chose le pique.

EUROPE – Ausonie, embrassons ce généreux vainqueur,
Qui pour dernier exploit à su vaincre son cœur.
Qui libéralement rendant une conquête,
De rayons éternels a couronné sa tête.
Cet acte va fermer la bouche aux envieux.
Francion est loué de la terre & des Cieux :

Il fait voir qu'il s'armait pour ma seule défense,
Et qu'il veut mon repos pour toute récompense.
Dedans cette action je vois par ses vertus
L'ennui & les tyrans d'un seul coup d'abattus.
Mais sachez, Francion, le bien qu'on nous propose.
Il faut que désormais votre bras se repose.
Enfin, mon Chevalier, on nous donne la paix :
Pour le moins si de l'offre on en vient aux effets.

FRANCION – Qui l'offre ?

EUROPE – Germanique, & de la part d'Ibère.

FRANCION – D'Ibère ? Assurez-vous que c'est une chimère.

EUROPE – Il veut faire serment, & conjurer les Dieux
De punir le parjure.

FRANCION – O le religieux !

EUROPE – S'il voit que de son offre on ait pris de l'ombrage,
Il pourra du refus tirer grand avantage.
Il publiera par tout qu'il désire la paix,
Que vous aimez la guerre & ses sanglants effets ;
Que vous prêtez secours à ses peuples rebelles,
Et sans cesse aspirez à conquêtes nouvelles.
Enfin si l'on refuse un bien si précieux,
Il croit avoir pour lui les hommes & les Dieux.

FRANCION – Il sait parler de paix, & moi je la sais faire :
Il la fuit & la craint : je la cherche & l'espère.
Il dit bien qu'il ne veut que le commun repos,
Puis soudain ses effets démentent ses propos ;
Et moi sans affecter d'être cru pacifique,
J'établis en effet la liberté publique.
Aurais-je dû souffrir que tout lui fût permis :
Qu'il osât près de moi dépouiller mes amis ?
Qu'enrichi de leurs biens il ravît ma couronne ?
Qui délaisse un ami soi-même s'abandonne.
Si le Ciel m'a nommé le premier de ses fils,
Dois-je attendre de voir ses autels asservis ?
Et que Rome bientôt par Ibère opprimée,

Souffre encore le joug d'une insolente armée ?
Le Ciel que je défends m'a mis le fer en main ;
Et je l'ai fait agir d'un effort plus qu'humain.
J'ai pour mes alliés employé ma puissance :
On croit les Francs légers, pourtant avec constance.
Je les ai secourus, & je persiste encore
D'employer pour leur aide & mon fer & mon or.
Au sein des ennemis j'ai su porter la guerre :
Je n'ai pas dû m'aimer pour désoler ma terre ;
J'ai dompté l'Étranger, & gardé ma maison :
J'ai dû l'un par vengeance, & l'autre par raison.
J'ai conquis, il est vrai : m'en saurait-on reprendre ;
M'étais-je donc armé pour ne rien entreprendre ?
Ce que mon bras acquit sur de moindres que moi
Par bonté je le rends en leur donnant la loi ;
Et sait contre un égal garder avec courage
Ce que j'ai reconquis de mon vieil héritage.
Il est vrai, je maintiens & maintiendrai toujours
Des peuples affranchis qui cherchent mon secours,
Qui ne s'étaient donnés que sous des lois restreintes,
Qu'Ibère impérieux a fièrement enfreintes.
Je n'ai pas recherché qu'ils me fissent leur Roi :
Je suis assez content s'ils vivent sous leur loi :
Et j'atteste des Dieux la puissance suprême,
Que qui se donne à moi, je le rends à lui-même.
Hé bien j'assiste un Roi qui d'un bras glorieux
A repris un État surpris à ses aïeux.
Cette défense est juste, & ce Roi légitime
A repris par vertu ce qui sut pris par crime.
Il faut que d'un accord chacun rentre en son bien ;
Je prétends seulement qu'on me rende le mien.
Mon esprit à la paix ne se rend point contraire ;
Et c'est bien la vouloir que forcer à la faire.

EUROPE – Je désire la paix, & la veux espérer.
C'est à moi d'y courir, à vous de l'assurer

FRANCION – Pourvu qu'en cette paix dont il donne espérance,
Tous nos chers Alliés trouvent leur assurance ;

Qu'elle serre entre tous un durable lien,
Dans leur contentement je trouverai le mien.
Ibère espère en vain que je les abandonne.
Je quitterais plutôt honneur, Sceptre & Couronne.
J'estime trop leur foi, j'aime trop leur valeur.
De tous mes intérêts le premier est le leur.
La paix puisse régner désormais sur la terre.
C'est pour la seule paix que je soutiens la guerre.
J'aime le nom de Juste, & quand les Conquérants
Ne veulent qu'envahir, ils ne sont que Tyrans.
Moi seul j'ai combattu trois puissances royales :
J'ai rendu par bonté trois Couronnes Ducales.
Je sais tout conquérir, mais je ne garde rien ;
Trop content de la gloire, & de mon propre bien.

EUROPE – Retirons-nous d'ici : je vois venir Ibère.
FRANCION – Sans être vu de lui, voyons ce qu'il veut faire.

Testament politique du cardinal duc de Richelieu

Le Testament politique *est considéré comme le sommet de l'œuvre de Richelieu. Il se compose de deux parties : une « Succincte narration des grandes actions du roi Louis XIII », qui couvre les années 1624 à 1638, suivie d'un programme de réformes du royaume que l'établissement prochain de la paix va rendre possible.*

Le Testament politique *fut écrit avec l'aide de l'entourage de Richelieu, qui met à profit une documentation abondante et variée, mêlant les actes officiels, les souvenirs personnels, les notes au roi, des mémoires issus du cabinet du ministre.*

L'ouvrage fut composé dans les années 1640 et publié pour la première fois à Amsterdam en 1668 par le protestant français Desbordes qui voulait ainsi opposer la pensée religieuse de Richelieu à l'intolérance de Louis XIV.

CHAPITRE PREMIER.

Le premier fondement du bonheur d'un État est l'établissement du Règne de Dieu.

Le règne de Dieu est le principe du Gouvernement des États & en effet c'est une chose si absolument nécessaire, que sans ce fondement il n'y a point de prince qui puisse bien régner, ni d'État qui puisse être heureux.

Il serait aisé de faire des Volumes entiers sur un sujet si important, auquel l'Écriture, les Pères, & toutes sortes d'Histoire nous fourniraient un nombre infini d'exemple ; de prétextes & d'exhortations qui conspirent à une même fin. Mais c'est une chose si connue d'un chacun par sa propre raison, qu'il ne tire pas son être de lui-même ; mais qu'il a un Dieu pour Créateur, & par conséquent pour Directeur, qu'il n'y a personne qui ne sente que la Nature a imprimé cette vérité dans son cœur, avec des caractères qui ne peuvent s'effacer.

Tant de Princes se sont perdus, eux, & leurs États, pour fonder leur conduite sur un jugement contraire à leur propre connaissance ; & tant d'autres ont été comblés de bénédictions pour avoir soumis leur autorité à celle dont elle dérivait, pour n'avoir cherché leur grandeur qu'en celle de leur Créateur, & pour avoir eu plus de soin de son règne, que du leur propre, que je ne m'étendrai pas davantage sur une vérité trop évidente, pour avoir besoin de preuve.

Seulement, dirai-je en un mot, qu'ainsi qu'il est impossible que le règne d'un Prince, qui laisse régner le désordre & le vice en son État, soit heureux ; aussi DIEU ne souffrira-t-il pas aisément, que celui soit malheureux, qui aura un soin particulier d'établir son Empire dans l'étendue de sa Domination.

Rien n'est plus utile à un établissement, que la bonne vie des Princes, laquelle est une Loi parlante & obligeante avec plus d'efficace, que toutes celles qu'ils pourraient faire plus contraindre au bien qu'ils veulent procurer.

S'il est vrai, qu'en quelque crime que puisse tomber un Souverain, il pèche plus par le mauvais exemple, que par la nature de sa faute ; il n'est pas moins indubitable que quelques Lois qu'il pousse faire, s'il pratique ce qu'il prescrit, son exemple n'est pas moins utile à l'observation de ses volontés, que toutes les peines de ses ordonnances, pour graves qu'elles puissent être.

La pureté, d'un Prince chaste, bannira plus d'impureté de son Royaume, que toutes les Ordonnances qu'il saurait faire à cette fin.

La prudence & la retenue de celui qui ne jurera point, retranchera plutôt tous les serments & blasphèmes, trop ordinaires dans les États, que quelque rigueur qu'il puisse exercer contre ceux qui s'adonnent à telles exécrations.

Ce n'est pas pour cela qu'il faille s'abstenir de faire rigoureusement châtier les scandales, les jurements & les blasphèmes ; au contraire, on ne saurait y être trop exact, & pour sainte & exemplaire que puisse être la vie d'un Prince & d'un Magistrat, ils ne seront jamais censés faire ce qu'ils doivent, si en y conviant par leur exemple, ils n'y contraignent par la rigueur des Loix.

Il n'y a point de Souverain au Monde, qui ne soit obligé par ce principe à procurer la conversion de ceux, qui vivants sous son règne, sont dévoyés du chemin de salut. Mais comme l'homme est raisonnable de sa nature, les Princes sont censez, avoir en ce point satisfait à leur obligation, s'ils pratiquent tous les moyens raisonnables, pour arriver à une si bonne fin ; & la prudence ne leur permet pas d'en tenter de si hasardeux, qu'ils puissent déraciner le bon bled, en voulant déraciner la zizanie, dont il serait difficile de purger un État, par autre voye que celle de la douceur, sans s'exposer à un ébranlement capable de le perdre, ou au moins, de lui causer un notable préjudice.

Comme les Princes sont obligés d'établir le vrai culte de DIEU, ils doivent être fort soigneux d'en bannir les fausses apparences, si préjudiciables aux États, qu'on peut dire avec vérité, que l'hypocrisie a souvent servi de voile, pour couvrir la laideur des plus pernicieuses entreprises.

Beaucoup d'esprits, dont la faiblesse est équivalente à la malice, se servent quelquefois de ce genre de ruse, d'autant plus ordinaire aux femmes, que leur Sexe est plus porté à la dévotion, & que le peu de force dont il est accompagné les rend plus capables de tels déguisements, qui supposent moins de solidité que de finesse.

CHAPITRE II.

La raison doit être la règle & conduite d'un État.

La lumière naturelle fait connaître à un chacun, que l'homme ayant été fait raisonnable, il ne doit rien faire que par raison, puisqu'autrement il ferait contre sa nature, & par conséquent contre lui même qui en est l'auteur.

Elle enseigne encore, que plus un homme est grand & élevé, plus il doit faire état de ce privilège, & moins doit il abuser du raisonnement qui constitue son être ; parce que les avantages qu'il a sur les autres hommes, contraignent à conserver, & ce qui est de la nature, & ce qui est de la fin, que celui dont il tire son élévation s'est proposée.

De ces deux Principes, il s'ensuit clairement, qui si l'homme est souverainement raisonnable, il doit souverainement faire régner la raison ; Ce que ne requiert pas seulement qu'il ne fasse rien sans elle, mais l'oblige de plus à faire, que tous ceux qui sont sous son autorité la révèrent & la suivent religieusement.

Cette conséquence est la source d'une autre, qui nous enseigne, qu'ainsi qu'il ne faut rien vouloir, qui ne soit raisonnable & juste, il ne faut rien vouloir de tel, que l'on ne fasse exécuter, & où les commandements ne soient suivis d'obéissance ; parce qu'autrement la raison ne régnerait pas souverainement.

La pratique de cette régle est d'autant plus aisée, que l'amour est le plus puissant motif qui oblige à obéir, & qu'il est impossible que des Sujets n'aiment pas un Prince, s'ils connaissent que la raison soit la guide de toutes ses actions.

L'autorité contraint à l'obéïssance, mais la raison y persuade, & il est bien plus à propos de conduire les hommes par des moyens qui gagnent insensiblement leur volonté, que par ceux, qui le plus souvent ne les font agir qu'entant qu'ils les forcent.

S'il est vrai, que la raison doit être le flambeau qui éclaire les Princes en leur conduite, & en celle de leurs États ; est-il encore vrai, que n'y ayant rien au monde, qui compatisse moins avec elle que la passion, qui aveugle tellement, qu'elle fait quelquefois prendre l'ombre pour le corps : Un Prince doit sur tout éviter d'agir par un tel principe, qui le rendrait d'autant plus odieux, qu'il est directement contraire à celui qui distingue l'homme d'avec les animaux.

On se repent souvent à loisir de ce que la passion a fait faire avec précipitation, & on n'a jamais lieu de faire le même des choses, auxquelles l'on s'est porté par des considérations raisonnables.

Il faut vouloir fortement ce qu'on a résolu par de semblables motifs, puis que c'est le seul moyen de se faire obéïr, & qu'ainsi que l'humilité est le premier fondement de la perfection chrétienne, l'obéïssance est le plus solide de celle de la sujétion, si nécessaire à la subsistance des États ; que si elle est défectueuse ils ne peuvent être florissants.

Il y a beaucoup de choses, qui sont de cette nature, qu'entre le vouloir & le faire il n'y a point de différence, à cause de la facilité qui se trouve en leur exécution ; Mais il les faut vouloir efficacement, c'est-à-dire, avec telle fermeté qu'on les veuille toujours, & qu'après en avoir commandé l'exécution, on fasse châtier sévérement ceux qui n'obéissent pas.

Celles qui paraissent les plus difficiles, & presque impossibles, ne le sont que par l'indifférence, avec laquelle il semble qu'on les veuille, & qu'on les ordonne ; & il est vrai que les Sujets seront toujours religieux à obéïr, lors que les Princes seront fermes & persévérants à commander ; d'où il s'enfuit que c'est une chose certaine, que leur indifférence & leur foiblesse en sont la cause.

En un mot, ainsi que vouloir fortement, & faire ce qu'on veut, est une même chose en un Prince autorisé en son État, ainsi vouloir faiblement & ne vouloir pas, en sont si différents, qu'ils aboutissent à une même fin.

Le Gouvernement du Royaume requiert une vertu mâle, & une fermeté inébranlable, contraire à la mollesse, qui expose ceux en qui elle se trouve, aux entreprises de leurs ennemis.

Il faut en toutes choses agir avec vigueur, vû principalement, que quand même le succès de ce qu'on entreprend ne serait pas bon, au moins aura-t-on cet avantage, que n'ayant rien omis de ce qui le pouvait faire réussir, on évitera la honte, lors qu'on ne peut éviter le mal d'un mauvais événement.

Quand même on succomberait en faisant son devoir, la disgrâce serait heureuse ; & au contraire, quelque bon succès qu'on puisse avoir, en se relâchant de ce à quoi l'on est obligé par honneur & par conscience, il doit être estimé malheureux, puis qu'il ne saurait emporter aucun profit, qui égale les désavantages qu'on reçoit du moyen par lequel il a été procuré.

Par le passé, la plupart des grands desseins de la France sont allés en fumée, parce que la première difficulté qu'on rencontrait en leur exécution, arrêtait tous ceux qui par la raison ne devaient pas laisser que de les poursuivre ; & s'il est arrivé autrement durant le règne de V. M. la persévérance avec laquelle on a constamment agi en est la cause.

Si une fois on n'est pas propre à l'exécution d'un bon dessein, il en faut attendre une autre ; & lors qu'on a mis la main à l'œuvre, si les difficultés qu'on rencontre obligent à quelque surséance, la raison veut qu'on reprenne ses premières voyes, aussitôt que le temps & l'occasion se trouveront favorables.

En un mot, rien ne doit détourner d'une bonne entreprise, si ce n'est qu'il arrive quelque accident, qui la rende tout à fait impossible, & il ne faut rien oublier de ce qui peut avancer l'exécution de celles qu'on a résolues avec raison.

C'est ce qui m'oblige de parler en ce lieu du secret & de la discipline, qui sont si nécessaires au bon succès des affaires, que rien ne le peut davantage.

Outre que l'expérience en fait foi, la raison en est évidente, vu que ce qui surprend, étonne d'ordinaire de telle sorte, qu'il ôte souvent les moyens de s'y opposer, & que poursuivre lentement l'exécution d'un dessein, & le divulguer, est le même que parler d'une chose pour ne la pas faire.

De-là vient que les femmes paresseuses, & peu secrètes de leur nature, sont si peu propres au Gouvernement ; que si on considère encore, qu'elles sont fort sujettes à leurs passions, & par conséquent peu susceptibles de raison & de justice, ce seul principe les exclut de toutes les Administrations publiques.

Ce n'est pas qu'il ne s'en puisse trouver quelqu'une, tellement exempte de ces défauts qu'elle pourrait y être admise.

Il y a peu de règles, qui ne soient capables de quelque exception ; Ce Siècle même en a porté quelqu'une, qu'on ne saurait assez louer ; mais il est vrai qu'ordinairement leur molesse les rend incapables d'une vertu mâle, nécessaire à l'Administration, & qu'il est presque impossible, que leur Gouvernement soit exempt, ou de bassesse, ou de diminution, dont la foiblesse de leur sexe est la cause ; ou d'injustice, ou de cruauté, dont le dérèglement de leurs passions, qui leur tient lieu de raison, est la vraie source.

CHAPITRE III.

Qui montre que les intérêts publics doivent être l'Unique fin de ceux qui Gouvernent les États, ou du moins qu'ils doivent être préférés aux particuliers.

Les intérêts publics doivent être l'unique fin du Prince & de ses Conseillers ; ou du moins les uns & les autres sont obligés de les avoir en si singulière recommandation, qu'ils les préfèrent à tous les particuliers.

Il est impossible de concevoir le bien qu'un Prince, & ceux dont il se sert en ses affaires, peuvent faire, s'ils suivent religieusement ce principe, & on ne saurait s'imaginer le mal qui arrive à un État, quand on préfère les intérêts particuliers aux publics, & que ces derniers sont réglés par les autres.

La vraye Philosophie, la Loi chrétienne, & la Politique, enseignent si clairement cette vérité, que les Conseillers d'un Prince ne sçauroient lui mettre trop souvent devant les yeux un principe si nécessaire, ni le Prince châtier assez sévérement ceux de son Conseil, qui sont assez misérables pour ne le pratiquer pas.

Je ne puis que je ne remarque à ce propos, que la prospérité qui a toujours accompagné l'Espagne depuis quelques siècles, n'a point d'autre cause que le soin que son Conseil a eu de préférer les intérêts de l'État à tous autres, & que la plûpart des malheurs qui sont arrivés à la France, ont été causés par le trop grand attachement que beaucoup de ceux qui ont été employés à l'Administration ont eu à leurs propres intérêts au préjudice de ceux du public.

Les uns ont toujours suivi les intérêts du public, qui par la force de leur nature les ont tirés à ce qui s'est trouvé le plus avantageux à l'État.

Et les autres accommodant toutes choses ou à leur utilité ou à leur caprice, les ont souvent détournés de leur propre fin, pour les conduire à celle qui leur étaient ou plus agréables ou plus avantageuses.

La mort ou le changement des Ministres n'ont jamais apporté de mutation au Conseil d'Espagne. Mais il n'en a pas été de même en ce Royaume, où les affaires n'ont pas seulement été changées par le changement des Conseillers, mais elles ont pris tant de diverses formes sous les mêmes par la diversité de leurs conseils, qu'un tel procédé eût assurément ruiné cette Monarchie, si Dieu par sa bonté ne tirait des imperfections de nôtre Nation, le remède des maux dont elle est cause. Si la diversité de nos intérêts & notre inconstance naturelle nous portent souvent dans des préjugés effroyables, notre légèreté même ne nous permet pas de demeurer fermes & stables en ce qui est de nôtre propre bien, & nous en tire si promptement que nos ennemis ne pouvant prendre de justes mesures sur des variétés si fréquentes, n'ont pas le loisir de profiter de nos fautes.

Vôtre conseil ayant changé de procédé depuis certain temps, Vos affaires ont aussi changé de face au grand bien du Royaume ; Et si l'avenir on continue de suivre l'exemple du règne de V. M. nos voisins n'auront pas l'avantage qu'ils ont eu par le passé. Mais ce Royaume partageant la sagesse avec eux, aura sans doute part à la bonne fortune, puis qu'encore qu'être sage & heureux ne soit pas toujours une même chose, le meilleur moyen qu'on puisse prendre pour n'être pas malheureux, est de prendre le chemin qu'enseignent la prudence & la raison, & non le dérèglement assez ordinaire aux esprits des hommes, & particulièrement à ceux des François.

Si ceux en qui V. M. se confiera du soin de ses affaires, ont la capacité & la probité dont j'ai parlé ci-dessus, Elle n'aura plus à se garder en ce qui concerne ce principe ; ce qui de soi-même ne lui sera pas difficile, puis que l'intérêt de la propre réputation du Prince & ceux du public n'ont qu'une même fin.

Les Princes consentent fort aisément aux règlements généraux de leurs État, parce qu'en les faisant, ils n'ont devant les yeux que la raison & la justice, qu'on embrasse volontiers lors qu'on ne trouve point d'obstacles qui détournent du bon chemin. Mais quand l'occasion se présente de mettre en pratique les bons établissements qu'ils ont fait, ils ne montrent pas toujours la même fermeté, parce que c'est lors que les intérêts du tiers & du quart, la pitié, la compassion, la faveur & les importunités les sollicitent & s'opposent à leurs bons desseins, & qu'ils n'ont pas souvent assez de force pour se vaincre eux mêmes & mépriser des considérations particulières qui ne doivent être de nul poids au respect des publiques.

C'est en telles occasions qu'ils doivent recueillir toute leur force contre leur foiblesse, se remettant devant les yeux, que ceux que Dieu destine à conserver les autres, n'en doivent avoir que pour voir ce qui est avantageux au Public & pour leur conservation tout ensemble.

Maximes d'État et fragments politiques du cardinal de Richelieu

En 1880, le grand historien de Richelieu Gabriel Hanotaux exhumait un manuscrit de la collection Clairambault conservé à la Bibliothèque nationale, recueil relié sous l'appellation de Miscellanea, *composé de feuilles diverses provenant du cabinet de Richelieu et contenant des notes (citations et maximes) mises en réserve et destinées à être reprises dans des écrits postérieurs. En établissant le lien qui les unissait au texte du* Testament politique, *il a contribué à démontrer l'authenticité de ce texte et à mettre en lumière les modes de travail du cabinet de Richelieu. On trouvera d'ailleurs un certain nombre des maximes reproduites ci-dessous reprises dans les extraits du* Testament politique *donnés ci-dessus.*

Il est de beaucoup de grands comme des feux d'artifice. Il est aisé de les faire jouer, mais impossible de les faire toujours durer en ce jeu.

Communément les hommes considèrent l'événement des choses eu égard auquel, maintenant avec louange, maintenant avec blâme, selon qu'il est heureux ou contraire, on attribue toujours au conseil de ce qui est le plus souvent procédé de la fortune.

La nature enseigne d'elle-même à un chacun qui trouve l'empêchement aux passages étroits, de chercher à passer ou plus haut ou plus bas, là où il n'y a rien qui empêche.

Plus un homme est grand et élevé, plus doit-il regarder à n'offenser personne, s'il ne veut avoir la haine de tout le monde, étant chose certaine qu'on hait d'autant plus un homme que moins se peut-on venger de lui.

Aux entreprises dont le fruit n'est pas présent, il faut employer d'ordinaire de grands esprits, de grands courages et personnes de grande autorité ; grands esprits pour qu'ils puissent aussi bien prévoir une utilité éloignée, comme les médiocres esprits voient les présentes ; grands courages pour que les difficultés ne les empêchent point ; grande autorité pour qu'à leur ombre beaucoup de gens s'y embarquent.

On voit peu de personnes qui tirent l'avantage de leurs adverses parties. Au contraire d'ordinaire on perd le profit qu'on en peut tirer par une nouvelle faute qu'ils commettent.

Il y a des gens si fins que subtilisant sur toutes choses, ils font souvent comme ceux qui pour effiler trop la pointe des aiguilles les rompent.

C'est chose ordinaire de croire que quiconque n'est point en une affaire tâche de la ruiner.

En France l'on ne donne ordre à rien par précaution ; et même quand les maux sont arrivés on n'y remédie pas absolument, mais par accommodement, ce qui ne se fait jamais sans beaucoup de préjudice pour l'État, étant certain que l'on considère les intérêts particuliers plus que les généraux qui devraient être en singulière recommandation.

Auprès des rois de France il y a toujours des calomniateurs à revendre, et qui ne s'attaquent jamais qu'aux meilleurs et plus affectionnés serviteurs que les rois ont.

Ce n'est pas sans raison que ceux qui ont la direction des États monarchiques disent que les sujets doivent en certains cas avoir une obéissance aveugle envers leur prince, puisque souvent la nécessité les contraint de prendre des conseils qui ne peuvent être soutenus par aucune raison, mais seulement par l'événement, mauvais garant des résolutions et des conseils qu'on prend des choses ordinaires.

En la cour il faut procéder avec les bons avec simplicité et franchise, et avec les fourbes avec prudence, circonspection et autant d'apparence de franchise comme on en aura en effet avec les gens de bien.

J'ai souvent remarqué la bouche de quelques-uns assurer d'une très sincère affection, et le visage témoigner une grande jalousie et envie envers celui à qui on donnait ces assurances. Le premier de ces effets vient de la raison, le second du sentiment.

En certaines occasions, parler et agir courageusement après qu'on a mis le droit de son côté n'est point courir à une rupture ; mais c'est la prévenir et l'étouffer avant qu'elle naisse.

En affaires d'État il n'est pas comme des autres : aux unes il faut commencer par l'éclaircissement du droit ; aux autres par l'exécution et possession.

La science d'une femme doit consister en modestie et retenue. Celles doivent être dites les plus habiles qui ont le plus de jugement. Je n'en ai jamais vu de fort lettrées qui n'ait tiré beaucoup d'imperfection de sa grande connaissance. Et il est vrai de dire qu'ainsi que les hommes emploient leur capacité à bien, les femmes l'emploient à mal.

Il est certaines choses aux événements desquelles toute sorte de prudence ne peut pourvoir, parce qu'il n'est pas permis de les prévoir.

Aux grands esprits les fortes et solides raisons sont excellentes, et les raisons faibles sont bonnes pour les esprits médiocres.

Chacun conçoit les affaires selon la portée de son esprit ; la plus grande affaire est aisée et petite aux grands esprits, et les esprits faibles trouvent tout de grande conséquence. D'autre part aussi quelquefois ces petits esprits n'estiment pas de grande conséquence les affaires qui le sont le plus parce qu'ils ne sont pas capables de les connaître.

Il importe grandement que le prince qui veut être aimé donne les principales charges de son État à des personnes qui soient aimées et dans le mérite desquelles on puisse trouver la cause de leur élévation.

Il faut écouter beaucoup et parler peu pour bien agir au gouvernement d'un État.

Les grands hommes qu'on met au gouvernement de l'État sont comme ceux qu'on condamne au supplice, avec cette différence seulement que ceux-ci reçoivent la peine de leurs fautes et les autres de leur mérite.

Il n'appartient qu'aux grandes âmes de servir fidèlement les trois et supporter sans dégoût la calomnie que les méchants et les ignorants mettent à sus aux gens de bien, sans pour cela se relâcher du service qu'on est obligé de leur rendre.

Tout homme qui a eu la faveur n'aime jamais ceux qui la possèdent après lui, quoiqu'il souffre un autre régner ; la raison est qu'ayant une fois épousé la faveur, il croit que tous ceux qui la possèdent après lui en sont adultères.

Il ne faut pas laisser un moment d'intermission aux affaires commencées, et il les faut suivre d'une perpétuelle continuité du dessein et qu'agir ou cesser ne soit que par dessein et non par relâche d'esprit, indifférence des choses, vacillation de pensée ou dessein contraire.

Aux États où il y a de grandes affaires, on est contraint pour le bien public de choquer si souvent les communautés qu'il est bon de les contenter en choses moins importantes.

Mémoires du cardinal de Richelieu, sur le règne de Louis XIII depuis 1610 jusqu'à 1638

Estimant qu'il ne serait jamais si bien servi que par lui-même, Richelieu avait formé le projet d'une histoire du règne de Louis XIII à laquelle travaillaient à partir des documents des membres de son cabinet dont le « secrétaire des mémoires », identifié comme Achille Harlay de Sancy, évêque de Saint-Malo. Le résultat de ce travail demeuré inachevé est connu sous l'appellation fautive de Mémoires *de Richelieu. Il s'agit d'une mise en scène à finalité apologétique de documents d'archives résultant de l'activité gouvernementale du cardinal.*

Publiés dans leur intégralité très tardivement, en 1823, les Mémoires *retracent l'histoire de la France de 1610 à 1638. Est présentée ici l'année 1628 (livre XIX).*

Il parut peu après [23] à Paris un petit discours français, imprimé à Turin, intitulé *Avertissement au Roi d'un bon et fidèle Français sur les troubles d'Italie*, qui était attribué en duc de Savoie, par lequel il essayait de faire paraître que le Roi était mal conseillé de s'opposer à son injuste attentat contre le duc de Mantoue, et qu'il n'était pas assez puissant pour le forcer, étant assisté de l'Espagne et de l'Empereur, comme il était. Le cardinal lui fit faire une réponse qui découvrait ses artifices, et répondait à ses mauvaises raisons, et prédisait par une sage prévoyance ce qui lui en arriva depuis.

23. Alors que Richelieu assiège La Rochelle (qui s'est rebellée contre le roi à la suite d'affaires concernant les franchises commerciales de la ville, et qui a reçu l'aide de Buckingham débarqué à l'île de Ré) depuis le mois de septembre 1627, le conflit en Italie du nord se poursuit. Il avait commencé à la mort du duc de Mantoue, Vincent II, le 26 décembre 1627. En l'absence d'héritiers, le duc de Nevers, son gendre et cousin, prétend à sa succession. Il est soutenu par Louis XIII, qui fait ainsi pièce aux Espagnols en renforçant ses positions en Italie du nord, dans cette région particulièrement stratégique. Mais l'empereur refuse son investiture à Charles de Nevers, déjà installé dans Mantoue au début de l'année 1628. Les Espagnols viennent à l'aide du duc de Savoie, qui convoite la région du Montferrat, au sud-ouest du Milanais, propriété du duc de Mantoue. L'affaire devient européenne et vient troubler le siège de La Rochelle dont c'est ici le récit.

Ce mouvement, qui était grand, important à la France, et d'une longue suite, requérait un prompt secours du Roi, qu'il ne pouvait donner, étant employé à La Rochelle qui occupait ses principales forces ; ce qui faisait que le cardinal recherchait en son esprit tous les moyens qui pouvaient abréger ce siège, et estima devoir faire tenter l'entreprise que l'on avait sur La Rochelle, il y avait plus de quatre mois. Peu de temps après que le Roi fut venu en l'armée, plusieurs lui proposèrent diverses entreprises sur ladite La Rochelle, et combien qu'à l'abord il y eût lieu de croire qu'on ne les pourrait exécuter, sans de grandes difficultés, contre une ville assiégée, la même prudence qui faisait concevoir ce doute, obligeait de ne pas rejeter des ouvertures qui pouvaient prévenir les incommodités d'un si long siège, et qui étaient faites par des personnes que l'on savait avoir une parfaite connaissance des lieux. Le Heaume, qui s'était retiré au service du Roi depuis quelques années, après avoir eu longtemps la charge de sergent-major dans La Rochelle dont il avait reconnu les défauts, mit en avant le dessein de surprendre le port du bastion des Vases et la porte de Saint-Nicolas, et de donner en même temps à la porte des Deux-Moulins par une poterne qui en était fort proche et avait sa sortie du côté de la mer. Cette proposition ne semblait pas hors d'apparence, à cause principalement que tous ces lieux étant peu éloignés rendaient l'attaque plus facile ; toutefois, après une diligente remarque de chacun en particulier, on ne la trouva pas bonne, et, à la vérité, c'eût été hasarder beaucoup de monde avec peu d'espoir. Cette considération porta le cardinal d'écouter plus volontiers un autre avis qui lui fut donné par un des principaux habitants de la ville, catholique et officier du Roi. Il dit avoir reconnu deux endroits qui se touchaient presque l'un l'autre, dont l'on pouvait se promettre un heureux succès, ou au moins les tenter avec fort peu de perte. L'un de ces lieux était la porte de Maubec, laquelle n'étant pas faite pour servir ordinairement, et restant murée en temps de paix, l'on n'avait pas pris tant de soin de fortifier comme les autres ; que deux pétards y donnerait entrée, et que, de plus, à trente pas de là, dans la même courtine où se trouvait la porte, il y avait une fort grande voûte fermée d'une grille de bois, que l'on levait pour faire passer dans la ville les bateaux chargés de sel, dont l'on fait quantité dans les marais salants qui de cette part l'environnent. En même temps le marquis d'Effiat[24], sans savoir chose quelconque de cet avis, fit voir au cardinal un homme de la fidélité duquel il s'assurait, qui, ayant fait du séjour dans La Rochelle, disait avoir fort considéré cette grille, et qu'à la voir elle donnait envie d'y former une entreprise pour la facilité qui s'y rencontrait.

Sur la fin de novembre, le cardinal donna charge à cet officier du Roi de faire choix de paysans catholiques et fidèles, qui eussent habitude des lieux, et députa quelqu'un de sa maison pour s'enquérir d'eux à loisir, sous prétexte d'autres desseins. Pour cet effet on se servit de quatre sauniers, qui n'avaient fait autre métier toute leur vie que de travailler aux marais proches de Maubec, savaient tous les chemins qui conduisaient à la porte et à la grille, et les détours d'un canal qui, entre les marécages, s'allait rendre dans les fossés de la ville, et coule sous la voûte où la grille est posée. Ces gens, interrogés à part et à diverses fois, rapportèrent que, pour aller dans la ville par la porte Maubec, l'on passait sur un pont dormant de sept à huit pieds de largeur, et aussi long que le fossé, qui pouvait être de douze toises ; qu'à l'entrée du pont dormant vers la contrescarpe, la nuit on le voit un pont-levis de huit pieds de longueur, qu'au bout du pont dormant vers la ville, sur lequel jusque-là le chemin était libre, on trouvait un pont-levis, long de dix pieds, au devant de la première porte de la ville qui touchait le derrière du pont, depuis laquelle s'étendoit une voûte de la longueur du rempart jusqu'à la dernière porte à l'entrée de la rue, sans qu'il y eût fossé ni barrière entre deux ; qu'ils n'avaient point vu faire garde au dehors, ni sur le pont dormant, ni sur la porte, entre laquelle et la grille l'on mettait sur le rempart un corps-de-garde de trente ou quarante hommes. Quant à la voûte fermée d'une grille, ils disaient avoir conduit fort souvent des bateaux sur le canal, qui, descendant des sources de Périgny le long de la Moulinette jusque dans le fossé, entrait sous cette voûte dans la ville, et à quelque trois cents pas de là s'allait rendre dans le port, d'où le flux de la mer montait par ce canal jusque dans le fossé, et bien loin au-delà ; qu'en cet endroit le fossé était large de douze toises, et creux de quelque six pieds ; qu'en basse mer l'eau n'y était pas plus haute que de trois ou quatre pieds ; qu'il y avait un peu de fange à l'entrée du

24. Antoine Coiffier de Ruzé, marquis d'Effiat (1581-1632), fut surintendant des Finances puis maréchal de France ; il participa à toutes les grandes entreprises de Richelieu, dont il fut un des fidèles.

fossé, en sorte toutefois que l'on marchait aisément ; qu'après avoir fait trois ou quatre pas on y trouvait le roc et le gravier jusqu'à la voûte ; et durant toute sa longueur, qui s'étendait sous le rempart, le canal qui allait au port continuait d'avoir le terrain ferme, et l'eau de la même hauteur, avec cette commodité que, sortant de dessous la voûte pour entrer dans la ville, il y avait sur le bord du canal une montée fort facile, d'où l'on se pourrait mettre à terre, pour y former des bataillons et se saisir du corps-de-garde qui en était fort près. Ces hommes assuraient avoir passé souvent à pied par tous ces lieux quand la mer s'était retirée, et quelques-uns disaient y être allés depuis deux mois, et avoir raccommodé quelques pièces rompues de la grille qui n'était que de bois, sans autres défenses que d'un gros mât attaché sous la voûte à deux pieds de la grille, d'un bout de la muraille à l'autre, avec des chaînes de fer qui lui donnaient l'ébat de flotter à fleur d'eau. Sur la fin de novembre, cet officier du Roi prit l'occasion de quelques affaires domestiques d'entrer dans la ville, sous le passeport du maire, pour reconnaître s'il n'y avait rien de changé depuis qu'il en était parti, et rapporta que non.

Après tant de témoignages, le cardinal, pour s'éclaircir encore mieux de cette affaire, envoya deux gentilshommes de sa maison, Saint-Germain et La Forêt, pour reconnaître si le rapport des paysans était véritable, qui, leur servant de guide, les menèrent la nuit jusque sur le bord de la contrescarpe, où ils demeurèrent et marchèrent longtemps vis-à-vis de la porte de la grille sans être aperçus, et trouvèrent les choses comme on les avait dites. Quinze jours après, Marillac[25], maréchal de camp, fut la nuit visiter les lieux avec les mêmes gentilshommes et les mêmes paysans. La garde était si mauvaise qu'ils ne furent point découverts, encore qu'étant sur le bord de la contrescarpe, ils parlassent souvent ensemble pour mieux former leur avis sur ce qu'ils voyaient. La Forêt mit une jambe dans le fossé, et, avançant le bras, le sonda avec un bâton, et trouva qu'il n'y avait que trois pieds d'eau, combien que la mer ne fût pas encore toute basse. Cependant il fallut trouver des pétards et des gens pour les exécuter, dont l'on manquait en cette armée, pour ce qu'on ne s'était pas imaginé de rencontrer une occasion si favorable de s'en servir. Le sieur

25. Louis de Marillac (1572-1632), comte de Beaumont, qui sera maréchal de France en juin 1629, puis tombera en disgrâce (il était du parti de la reine mère) pour finir décapité en place de Grève le 10 mai 1632, au terme d'un procès qui eut essentiellement une fonction d'exemple.

de Feuquières [26], qui s'offrit de conduire et soutenir les pétardiers, en alla quérir quelques-uns à Paris de sa connaissance par le commandement du cardinal, qui en fit aussi venir de Gascogne et de Bretagne, des plus habiles et des plus estimés. Il envoya fondre à Saintes quantité de pétards. Il en eut d'autres de l'Arsenal, et en fit faire chez lui plusieurs de bois, reliés de bandes de fer, pour la commodité d'être légers et forts. Il eut soin de recouvrer des ouvriers fort rares, pour forger toutes sortes de ferrements, et préparer les machines dont l'on pourrait avoir besoin en cette occasion.

Vers le 25 de janvier, le Roi s'étant résolu à cette entreprise, il donna l'ordre au cardinal de pourvoir à tout ce qui serait requis. L'exécution fut principalement commise au maréchal de Schomberg [27] et au sieur de Marillac, pour y faire sa charge de maréchal de camp ; Feuquières devait avoir la pointe avec les pétardiers et faire la première attaque. À ce sujet, le sieur de Marillac, qui n'avait pu reconnaître la nuit distinctement les avenues, jugea expédient que Feuquières y allât le jour, mais de loin et autant que sa vue se pourrait étendre. Sur quoi le malheur voulut que La Forêt, qui avait fait le chemin deux fois, s'étant offert de le guider, le mena dans une embuscade à mille pas de la ville. Ils aperçurent d'assez loin quelques soldats cachés dans des masures, que Feuquières jugea être des ennemis, leur voyant des fusils et longues arquebuses, et dit à La Forêt ce qu'il en pensait. L'autre repartit qu'il connaissait tout ce quartier, et que c'était un corps-de-garde que les nôtres avaient avancé ; comme ils s'approchèrent d'eux ils leur firent une salve de douze coups, dont l'un frappa La Forêt à la tête et le porta par terre tout roide mort, le cheval de Feuquières, fort blessé à l'épaule, tomba sous lui ; il se releva, et comme il vint mettre l'épée à la main, il vit qu'on lui présenta deux arquebuses contre l'estomac à bout portant ; il les écarta si heureusement avec les deux bras qu'elles tirèrent à ses côtés sans le toucher. Soudain ses preneurs le menèrent à grands pas dans la ville, ayant vu quelques-uns des nôtres qui venaient pour le secourir, et emportèrent le corps de La Forêt. Il survint ensuite un nombre de

26. Manassès de Pas de Feuquières (1590-1640) commande les pétardiers devant La Rochelle, avant de devenir maréchal de camp puis gouverneur de Toul. Les pétardiers sont chargés de faire sauter les portes des villes avec des boîtes remplies de poudre, les pétards.

27. Henri de Schomberg (1575-1632), qui cumula les charges civiles et militaires, et fut un grand serviteur de l'État.

rencontres défavorables et favorables, d'une considération non petite pour causer ou pour empêcher la ruine de cette importante entreprise. Sans doute elle courut un extrême hasard par la prise de Feuquières, pour la grande intelligence qu'il en avait, comme l'un des premiers qui donna le dessein et l'estime ; mais ce qui achevait de détruire l'affaire, c'était que lors il portait sur soi le nom et l'ordre de l'attaque des lieux et des troupes. Il se souvint de ce papier dès qu'il se vit entre les mains des ennemis, et le déchira par le chemin sous son manteau, sans qu'ils le vissent ; ils le firent entrer par la porte de Maubec, de laquelle se voyant proche il se mit à marcher plus lentement, comme s'étant lassé d'avoir été mené si vite ; il reconnut l'état de la grille et de la porte, et trouva moyen de faire savoir au cardinal qu'à son avis l'entreprise pouvait réussir, et beaucoup mieux qu'il n'eût pensé auparavant. L'on crut, avec raison, qu'il fallait surseoir quelque temps, jusqu'à ce que l'on fût assuré que ceux de La Rochelle fussent entièrement hors du soupçon que les circonstances de la prise de Feuquières pouvaient leur faire concevoir.

Un mois après le cardinal trouva moyen de faire sortir un habitant de la ville, catholique et homme sûr, pour s'informer de lui sans lui rien découvrir ce que l'on y disait, y ayant lieu de croire qu'une nouvelle de telle conséquence pour l'intérêt de tous ne se pourrait celer parmi le peuple. L'on apprit qu'on ne témoignait aucune défiance, que l'on ne voyait aucun changement ni dedans ni dehors aux lieux où l'on avait dessein, que la garde s'y faisait avec beaucoup de négligence, et qu'ordinairement on ne mettait la nuit en cet endroit que vingt-cinq ou trente hommes, dont la plupart étaient valets tenant la place de leurs maîtres, qui s'en allaient chez eux dormir à leur aise vers les deux ou trois heures avant le jour. Le 7 de mars, le cardinal envoya les pétardiers, conduits par les mêmes guides dont nous avons parlé, pour voir les lieux de l'attaque et s'y préparer de loin ; ils aperçurent quelques mèches sur leur chemin, ce qui les arrêta pour n'être découverts, et fit craindre que l'ennemi, ayant appris notre dessein, n'eût mis des gens de guerre sur les avenues, ou que ce fût une sortie par hasard : ce que l'on trouva être ainsi par l'événement. Pour ne rien tenter qu'à propos, et pour ne s'émouvoir aussi de vaine crainte, le jeudi 9 de mars, le cardinal envoya derechef sur les lieux Cahusac et Arnauld [28], avec les deux principaux pétardiers. Ils allèrent sans alarme sur la contrescarpe, y demeurèrent près de deux heures, eurent loisir de remarquer tout distinctement. Ils revinrent fort satisfaits, disant d'un commun accord, et spécialement les pétardiers, que s'étant trouvés en plusieurs entreprises de beaucoup moindre conséquence, ils n'en avaient point vu une plus raisonnable ; que jamais ils n'eussent pu croire une si mauvaise garde pour une telle ville ; que la commodité de l'approcher et de la retraite donnait lieu de ne hasarder que fort peu de gens en une action dont l'effet ne se pouvait acheter assez chèrement.

Enfin on se résolut à l'exécution, n'y ayant plus moyen de tenir cette affaire secrète, dont l'on n'avait pu prendre une exacte connaissance sans donner sujet à plusieurs de s'en douter. Du commun avis des principaux chefs de l'armée, le temps fut pris entre la nuit du samedi au dimanche le 12 de mars ; il n'eût été possible d'en souhaiter une plus favorable, pour n'être ni trop claire ni trop obscure ; la lune, qui luisait jusque sur les dix heures du soir, donnait la commodité de faire marcher de loin les troupes avec ordre, et puis les laissait approcher sans alarme. Le cardinal trouva moyen de faire sortir de la ville, sur les cinq heures au soir du samedi, trois heures devant que l'on commençât l'entreprise, un habitant catholique, lequel apprit qu'il n'y avait nul soupçon ni nul changement. Sur les sept heures du soir le cardinal alla à Périgny, où il avait donné le rendez-vous aux chefs pour prendre leur avis sur les occurrences, ordonner des commandements, et voir en quel état étaient les pétards et machines que l'on y avait apportés, comme au quartier le plus proche des lieux de l'attaque, à laquelle on marcha selon cet ordre : à dix heures du soir, Cahusac, Charmassé, Saint-Germain, La Louvière et vingt autres gentilshommes de la maison du cardinal, avec nombre de ses gardes et autres soldats choisis, s'embarquèrent dans cinq chaloupes, sur le canal près de la Moulinette, pour conduire et soutenir les pétards que Banneville et Beauregard avaient charge d'appliquer à la grille, laquelle étant de bois on ne pouvait manquer à rompre, non plus que le mât attaché à deux pieds de la grille sous la voûte ; que si après le premier coup de pétard il fût resté quelque autre chose

28. François de Roger de Cahusac, mort en 1640, et Pierre Arnauld, d'une ancienne et noble famille d'Auvergne, mort en 1624.

à faire, nos gens en avaient quantité d'autres, et de toutes sortes de tenailles, de marteaux et de haches pour faire promptement le passage, lequel étant ouvert, ces cinquante premiers, bien armés et fort résolus, s'en devaient rendre maîtres, et donner lieu aux troupes qui suivaient d'entrer avec sûreté, descendant, sans beaucoup de peine, du pied de la contrescarpe dans le fossé, où, pour le plus, il n'y avait que trois pieds d'eau. Et pour marcher avec plus d'assurance, ceux qui étaient dans les chaloupes devaient sonder et montrer le chemin, et s'il se fût rencontré quelque fossé, on le pouvait passer sur les bateaux et s'en servir comme de ponts.

Arnauld, mestre de camp des carabins[29], eut le commandement, avec sa troupe, de soutenir les pétardiers destinés pour la porte de Maubec, conduits par Saint-Ferjus. On avait préparé un pont volant étroit, et long de quinze pieds, lequel, étant posé sur le bord de la contrescarpe, et appuyant son autre bout sur le pont dormant, gagnait aisément le derrière du dernier pont-levis, d'où nos gens pouvaient aller droit au second et dernier pont-levis, et pétarder la première porte de la ville qui le touchait. Or, comme ceux-là s'avanceraient, quelques autres avaient la charge de lever, par-derrière, les serrures du premier pont-levis, avec des ferrements faits exprès pour l'abattre sans bruit et y faire passer les troupes, ou, s'il eût été besoin, ils l'eussent pétardé pour rompre en même temps les deux ponts-levis et surprendre plus à coup les gardes ; et, quant à la dernière porte de la ville, n'y ayant ni pont-levis ni herse, elle n'eût pas fait résistance. Le cardinal ordonna que ceux qui faisaient la pointe avec les pétardiers seraient soutenus de cinq cents hommes, séparés en diverses troupes, commandés par le sieur de Marillac, et qu'assez proche de là, le maréchal de Schomberg se tînt prêt pour donner avec quinze cents hommes, et que les premiers entrés par la grille, ou par la porte de Maubec, après avoir taillé en pièces le premier corps-de-garde, et dressé un corps de bataille en la place de la Ville-Neuve pour s'opposer aux ennemis, iraient ouvrir par dedans celle de Cogne, près de laquelle le cardinal ferait halte avec mille chevaux et quatre mille hommes de pied, pour faire le plus grand effet où il serait plus de besoin.

29. Ce sont les soldats de la cavalerie légère.

Sur les onze heures du soir, ledit sieur de Marillac s'avance avec Arnauld, et se met à faire deux ponts pour faciliter le passage dans les marais, et attendit longtemps les pétards sur le dernier pont à trois cents pas de la contrescarpe ; mais le malheur voulut que Saint-Ferjus, destiné pour l'attaque de la porte de Maubec avec Le Limousin et autres pétardiers, étant parti de Périgny, entre onze heures et minuit, avec tout l'équipage des pétards et machines, pour arriver au lieu de l'entreprise entre les deux et trois heures du matin, s'étant mis en chemin, se vit abandonné de la plupart de ceux que le maréchal de Schomberg, qui commandait à ce quartier, avait ordonnés pour lui aider, et lui fut impossible dans l'obscurité de les retrouver. De sorte que dans ce travail de chercher du secours, et de faire porter par peu de gens ce qui ne requérait quatre fois autant, il employa cinq heures à faire le chemin qu'il eût pu faire en deux forts à son aise, n'ayant à marcher qu'une demi-lieue. Sur cela le sieur de Marillac, n'entendant rien de cette part, alla chercher Cahusac qui avait conduit ses bateaux, deux heures devant le jour, le long du canal de la Moulinette, à deux cents pas du fossé de la ville, et si près, que les sentinelles l'eussent aperçu s'il ne les eût rangés contre la rive, du côté où était ledit sieur de Marillac, lequel ne les put voir à cause qu'un ruisseau l'empêcha d'aller sur le bord du canal ; de sorte qu'ils n'eurent point de nouvelles les uns des autres ; ce qui fit que Cahusac mit en terre quelques-uns de ses compagnons, qui demeurèrent plus d'une grosse heure sur la contrescarpe, allant et venant vis-à-vis de la grille et de la porte pour regarder la contenance des ennemis, et s'ils verraient paroître nos gens. Ils ne furent point découverts des sentinelles et des rondes qu'ils virent et ouïrent parler, sans reconnaître aucun bruit dans la ville, et ne retirèrent leurs bateaux qu'il ne fût jour.

En ces entrefaites, le sieur de Marillac étant retourné à ce dernier pont, Le Limousin, l'un des pétardiers de la porte, lui vint dire que son équipage était demeuré assez loin de là, et ne pouvait arriver d'une heure, pour l'accident que nous avons représenté, et que l'on pourrait être surpris du jour avant que de commencer l'exécution. Sur ce doute, le sieur de Marillac fit remporter par des soldats le bois de ces deux ponts, et envoya Arnauld donner avis de cet événement au cardinal, qui s'était avancé à la tête des troupes à trois cents pas de la porte de Cogne, pour être prêt de donner au premier bruit, et y demeura jusqu'au grand jour avec impatience, attendant l'effet du pétard ou des nouvelles du sieur de Marillac, qui le laissa toujours en cette incertitude. La plupart crurent que Marillac, qui ne fut jamais hasardeux, saigna du nez en cette occasion, et n'osa se hasarder d'entrer en un lieu dont il ne voyait pas la sortie.

Plusieurs marques de considération se rencontrèrent en cette entreprise : qu'elle fut conduite avec tant de secret durant quatre mois, qu'après avoir passé par les mains de plusieurs personnes dont l'on avait besoin, et après que dix milles hommes avaient été en armes toute une nuit autour des murailles d'une telle ville de guerre, et dans le temps d'un siège si jaloux, les Rochelois n'en avaient eu connaissance que le jour suivant, par ceux des nôtres qu'ils prirent à l'attaque de Tadon [30] ; que l'on eût approché si près, et demeuré si longtemps, jusques au grand jour, sous la batterie de tant de canons sans avoir perdu un seul homme ; que l'on eût pris ses mesures si justes pour reconnaître au vrai la facilité du succès, que même les ennemis furent contraints d'avouer qu'il était infaillible sans ce malheur, Tous ceux qui sortirent depuis pour diverses occasions le déclarèrent. Grossetière, qui fut pris à son retour d'Angleterre, le donna sous son seing. Aux voyages que plusieurs fois Arnauld fit à La Rochelle à leur prière, pour obtenir sûreté à leurs députés, les principaux de la noblesse et des gens de guerre reconnurent cette vérité, et le peuple réputa à miracle d'être échappé de ce danger. De vrai, il y eut bien quelque sorte de merveille en la conduite, et l'on n'en voit pas moins en la rupture de ce dessein si bien entrepris, lequel Dieu voulut changer en une autre manière de châtiment plus convenable à la malice des coupables, qui était si extrême qu'on ne leur pouvait donner de bourreaux moins cruels et plus infâmes que les propres auteurs, se faisant mourir eux-mêmes par la faim et toutes sortes de misères.

Mais comme cette entreprise n'avait point fait ralentir les travaux du siège, aussi quand elle fut saillie n'en fut-on point moins encouragé. Dès deux ou trois jours après, quatorze autres vaisseaux maçonnés arrivèrent de Bordeaux, et furent soudain coulés au fond dans le canal. D'autre part on continuait la digue avec grande diligence. La prévoyance du cardinal était si grande à faire venir en l'armée toutes

30. Fort gardé par les habitants de La Rochelle.

choses nécessaires, que les munitions de guerre, vivres, foins, avoines, y étaient en abondance, même l'argent n'y manquait point aux nécessités, y employant son crédit et ses deniers lorsqu'il en était besoin. Il se faisait presque tous les jours des escarmouches, où les Rochelois étaient toujours battus. Dix-huit chevau-légers [31] de La Rochelle sortirent vers le Colombier-Rouge, où était en garde la compagnie de chevau-légers de La Roque-Massebaut, qui les chargea, en sorte que huit maîtres de ladite compagnie, qui se trouvèrent lors à cheval, repoussèrent les ennemis jusque dans les marais, et prirent un nommé Bonneval, et en tuèrent un autre et un cheval. Le 19 mars, ils furent encore battus proche le fort de Beaulieu, où le sieur de La Borde-Vely avec quinze maîtres de sa compagnie chargea trente des ennemis, en tua trois, prit un, et en blessa cinq ou six de leurs meilleurs hommes, qui se retirèrent à La Rochelle, entre lesquels était Jean Farine, qui en mourut quelques jours après.

Le cardinal maintenait aussi un grand ordre parmi les gens de guerre ; les prévôts de Fontenay, Saintes, Angoulême, Saumur et Angers, furent mis avec leurs compagnies sur les avenues de La Rochelle, et principalement sur les gués et passages de Marans, Nouaillé, Vrison, Allère, Millescu et Charroux, afin d'arrêter les soldats qui se retiraient de l'armée sans congé. Le régiment de La Meilleraie [32] était d'ordinaire au fort de La Font, qui était fort proche de la porte de Cogne, par où les ennemis sortaient d'ordinaire. Un gentilhomme poitevin, nommé Contentier, qui était dans la ville, se battit avec ledit sieur de La Meilleraie, en pourpoint, entre ledit fort et la ville, avec le pistolet et l'épée ; et parce qu'auparavant un pareil combat avait été défendu au sieur de Roque-Massebaut, et que ledit sieur de La Meilleraie l'avait fait sans permission, le cardinal le suspendit de sa charge, et l'interdit de l'armée pour trois mois, pour montrer l'exemple, bien que la plupart de ceux qui étaient au conseil de guerre fussent de contraire avis et autorisassent cette action plutôt que lui en donner du blâme ; néanmoins, à cause qu'il était son parent il en usa ainsi.

---

31. « Compagnie de cavalerie composée de gens de naissance et d'honneur » (Littré) et qui, à ce titre, faisait souvent partie de la garde du roi.

32. Cousin germain du cardinal, Charles de La Porte (1602-1664), marquis (puis duc) de La Meilleraye, combattit dans plusieurs guerres avant de devenir maréchal de France en 1639, après avoir été grand maître de l'Artillerie (1632). Il épousa en 1630 la fille du maréchal d'Effiat.

Les huguenots de la campagne, voyant les choses aller de la sorte, commencèrent à croire à bon escient que le Roi viendrait à son honneur de ce siège, et, ne pouvant souffrir sans un extrême regret de voir prendre cette ville, commencèrent à faire force assemblées secrètes dans les maisons de quelques gentilshommes ; dont le cardinal étant averti, il fit trouver bon à M. d'Angoulême d'aller en bas Poitou avec deux compagnies de cavalerie et ses gardes, pour les mouvements qui pouvaient être de ce côté-là, et se saisir de la personne et maison de La Rolandière, ainsi que le Roi l'avait résolu ; et le maréchal de Schomberg envoya en Saintonge et Angoumois, pour faire veiller aux actions des plus remuants et s'en saisir.

Le 22 mars, trois barques rocheloises, qui venaient d'Angleterre chargées de vivres, parurent, l'une de vingt-cinq tonneaux, l'autre de treize, et la troisième de dix, et se hasardèrent de tenter le passage de l'estacade, laquelle était seulement commencée, et bien loin de la perfection en laquelle elle fut par après. Le Roi n'avait pas encore une armée navale formée, mais seulement quelques vaisseaux à l'embouchure du Chef-de-Baye. Le grand nombre de barques, chaloupes et galiotes armées, qu'il y eut depuis pour la garde du canal, n'y étaient pas encore, de sorte qu'ils espéraient facilement passer. Leur dessein, à l'aide du temps qui leur était favorable par la tempête qu'il faisait et la nuit, leur réussit en partie, car il y en eut une qui passa vers le Fort-Louis, en un lieu où l'estacade flottante finissait, en touchant néanmoins aux vaisseaux enfoncés ; mais le vent étant grand la porta jusque dans La Rochelle. La seconde voulut passer par le même endroit, mais elle fut prise par le sieur de Saint-Germain qui commandait une galiote ; la troisième s'alla échouer auprès du fort de Tadon que les Rochelois gardaient. Marillac alla dès la nuit même pour s'en rendre maître avec quelques troupes qui étaient en garde au fort d'Orléans : il entra dans ladite barque et tua ce qui était dedans ; mais, faute de pétards et de haches pour la crever et rendre inutile, qu'il oublia de faire porter avec lui, la marée venant avec impétuosité par la tempête qu'il faisait, le contraignit de l'abandonner, de sorte qu'elle fut poussée par ladite marée dans La Rochelle. Quelques-uns des nôtres voulurent l'empêcher d'y aller à force de galiotes et de chaloupes ; mais, sans le commandeur Desgoutes qui commandait dans le canal, qui alla pour faire retirer nos gens qui étaient après ladite barque, la marée et le mauvais temps les eût tous emportés avec la barque dans la ville. Cette entrée fit beaucoup plus de bruit que d'effet, car en toutes les deux barques il n'y avait que vingt-deux tonneaux de seigle, encore se trouva-t-il tout gâté, et le peuple conçut de mauvaises espérances de l'assistance d'Angleterre, voyant le petit secours qu'ils en avaient reçu après une si longue attente. Le Roi en tira ce profit, que les Rochelois qui étaient dans la première barque, se sentant toucher aux vaisseaux enfoncés, crurent être pris et jetèrent leurs papiers dans la mer, qui furent trouvés le lendemain et apportés au cardinal qui les fit déchiffrer, et, par ce moyen, connut particulièrement tous leurs desseins et négociations avec l'Angleterre, et quels secours ils en devaient espérer.

Leurs députés en Angleterre leur mandaient qu'il se préparait un secours pour eux, mais que les difficultés qui se rencontraient aux préparatifs de vaisseaux, munitions de guerre, amas de matelots et de soldats étaient si grandes, que le temps dudit secours était fort incertain, outre que le Roi était en une merveilleuse disette d'argent qui paraissait en deux choses : l'une, que les vingt-deux tonneaux de seigle chargés dans les deux barques des capitaines Daniel et David, étaient pour le compte des Rochelois particuliers qui étaient en Angleterre, qui n'avaient jamais voulu les envoyer que sous la promesse qu'ils leur avaient faite qu'ils pourraient les débiter comme bon leur semblerait sans payer aucuns droits ; l'autre, en ce que lorsqu'on parlait de leur envoyer nombre de vaisseaux chargés de blé, sous l'escorte du comte d'Embigh [33], c'était pour le compte de Buckingham [34], qui voulait être assuré que le maire lui enverrait les deniers du prix que le blé serait vendu dans La Rochelle ; qu'ils avaient cru néanmoins devoir passer un traité avec lui, selon le pouvoir qu'ils en avaient d'eux, par lequel ledit Roi promettait de n'entendre à aucun accord, sans les y comprendre et conserver leurs privilèges. Et eux lui avaient promis qu'en revanche ils ne traiteraient point sans son consentement, et se mettraient ouvertement en sa protection, et seraient tellement attachés à lui, que toutes fois et quantes qu'il

33. Amiral anglais, beau-frère du duc de Buckingham, qui abandonne le combat devant La Rochelle et retourne en Angleterre.

34. George Villiers, duc de Buckingham (1592-1628), auteur de l'initiative britannique d'envoyer des troupes défendre La Rochelle assiégée, de manière à faire de cette ville une place anglaise. Les troupes de Buckingham, au nombre de seize mille hommes, sont stationnées dans l'île de Ré.

aurait la guerre avec la France, ils se déclareraient pour lui et l'assisteraient de leurs ports. Ils envoyaient le projet de traité, afin qu'ils le signassent à La Rochelle et qu'ils le pussent mettre entre les mains du roi d'Angleterre.

Ces nouvelles nous donnèrent courage, tant parce qu'elles nous apprenaient que nous avions du temps pour avancer la digue, nos estacades, et barrer le canal par toutes sortes d'inventions, que parce aussi qu'elles nous faisaient connaître la faiblesse et la nécessité d'Angleterre, et peut-être le peu de volonté qu'ils avaient de revenir au lieu où ils avaient été battus.

Le cardinal pensa lors à disposer encore une nouvelle estacade, en forme de demi-lune, au-devant de celle dont nous avons déjà parlé. Chacun estimait qu'il serait impossible de l'y faire subsister ; le cardinal avait bien les mêmes pensées pendant les tempêtes, mais il se résolut à faire seulement provision de vaisseaux, et ne dresser cette estacade qu'à la fin d'avril, où les vents sont d'ordinaire passés, voyant par les avis que l'on avait eus que les Anglais ne pouvaient venir qu'à la fin de mai. Et en effet, ce projet réussit avec fruit et approbation de tout le monde. Et pour ce qu'en matière de grandes affaires, qui veut faire assez doit vouloir trop, et ne refuser aucun moyen de tous ceux qui se proposent pour parvenir à ses fins, les chimères de Targon ayant donné lieu à plusieurs personnes de rechercher des inventions aussi solides pour barrer le canal, que les siennes avaient été vaines, Le Plessis-Bensaçon fit voir au cardinal un modèle de machine qu'il approuva grandement, et qui réussit fort bien ; depuis, Vassal lui en proposa un autre qu'il accepta aussi.

Mais voyons ce que le Roi fit à Paris depuis son arrivée, qui fut le 24 février, jusques au 3 avril qu'il en partit pour retourner en son camp. Les ambassadeurs extraordinaires de Hollande y arrivèrent le 8 mars et le saluèrent le 13. Le maréchal de La Force[35] y fit grande instance à Sa Majesté pour faire délivrer les comtes de La Suze et de Roussy[36] qui avaient été mis à la Bastille le 21 janvier, pource qu'ils voulaient soulever les huguenots en Picardie. Sa Majesté lui défen-

35. Jacques-Nompar de Caumont (1559-1652), maréchal de France (1622), réformé.

36. Louis de Champagne, comte de La Suze, et le comte de Roussy furent mis à la Bastille sur ordre de la reine, alors que le roi se trouvait au siège de La Rochelle. Ils étaient accusés de vouloir soulever les huguenots non seulement en Picardie, mais également en Champagne et en Brie.

dit de lui en parler davantage, et qu'elle le tenait en son particulier pour son serviteur[37]. Le prince de Phalsbourg y vint aussi encore le 23 mars de la part du duc de Lorraine, pour la délivrance de Montaigu, qui, d'autre côté, étant averti que le Roi était à Paris, demanda congé de lui pouvoir écrire ses sentiments sur la mésintelligence du Roi son maître avec Sa Majesté, et les moyens faciles qu'il avait de la faire cesser. Et lui étant permis, lui manda que le bon traitement qu'il recevait de Sa Majesté l'obligeait à désirer s'employer à la réconciliation du Roi son maître avec Sa Majesté ; qu'il savait qu'il n'y avait point en toute cette guerre d'autre cause que la croyance que le Roi son maître avait que Sa Majesté ne correspondait pas à l'honneur et à l'amitié qu'il lui portait, et l'opinion que Buckingham avait d'être méprisé ; que, ces opinions ôtées, il n'y avait rien qui pût empêcher une bonne paix, laquelle assurément le Roi son maître ferait, s'il était assuré que le Roi la désirât de sa part, comme il faisait de la sienne, et que Buckingham l'y porterait si on lui voulait témoigner faire compte de lui ; que le mépris qu'on avait fait de sa personne, lui refusant de venir en France, était cause de tout le mal ; que si on lui eût permis de venir il y fût aussi souvent demeuré qu'en Angleterre, n'ayant autre désir que de moyenner la bonne intelligence entre les deux couronnes.

Il dit, de plus, au sieur du Tremblay, gouverneur de la Bastille, qu'il n'y avait rien au monde qu'il estimât tant que le cardinal, ni qu'aussi il haït et enviât davantage, à cause qu'il n'avait reçu traverse que de lui en ses desseins, et l'avait toujours trouvé en tête pour résister à ce qu'il avait désiré ; que si Buckingham le haïssait, l'abbé Scaglia et madame de Chevreuse[38] ne l'aimaient pas davantage, la dernière le croyant la cause de son éloignement ; que c'était une princesse aimée en Angleterre, à laquelle ce roi portait une particulière affection, et qu'il la voudrait assurément comprendre en la paix s'il n'avait honte d'y faire mention d'une femme ; mais qu'il se sentirait très obligé si Sa Majesté ne lui faisait point de déplaisir ; qu'elle avait l'esprit fort, une beauté puissante dont elle savait bien user, ne s'amollissant

37. Le Mercure François (t. XIV, p. 159) rapporte les propos suivants du roi : « Brisons là-dessus, monsieur le maréchal, et ne m'en parlez plus, contentez-vous de savoir que je ne vous veux point de mal, et continuez à me servir loyalement. »
38. Marie de Rohan-Montbazon, duchesse de Chevreuse (1600-1679), qui n'eut de cesse de combattre Richelieu.

par aucune disgrâce, et demeurant toujours en une même assiette d'esprit ; qu'elle s'était mise en la protection du duc de Lorraine, qui n'en était pas moins passionné que le duc de son père, qui n'avaient pas fait néanmoins ce qu'ils lui avaient promis ni l'un ni l'autre ; puis, insinuant qu'elle avait porté Buckingham à faire ce qu'il avait fait, il dit que l'amour et la haine avaient grande puissance sur lui, et que, par promesse, il s'était engagé à faire ce qu'il avait fait ; qu'il ne manquait pas d'intelligences en France, où il y avait quantité de mécontents ; que le sieur de Candale était du nombre, homme de dessein, et qui avait créance parmi les étrangers ; que le comte de Soissons [39] était uni avec eux, et s'était engagé par écrit ; que le duc de Savoie ne pouvait nier qu'il n'eût traité, et ne se fût engagé d'entrer avec une armée parla Bourgogne, et qu'il l'eût fait s'il n'eût craint que la plupart de ses troupes, étant françaises, ne l'eussent quitté ; qu'il savait bien embarquer les autres et ne rien faire ; qu'il ne secondait pas son ambassadeur Scaglia, à qui il ne tenoit pas qu'on n'eût vu en France quantité d'armées contre le Roi, composées de ses propres sujets ; que si les autres eussent été aussi prêts à exécuter ce qu'ils avaient promis, le duc de Lorraine eût donné beaucoup de peine à Sa Majesté ; qu'en passant par Bruxelles avec passe-port de l'Infante, il avait eu une longue conférence avec Spinola [40], qui avait intelligence avec le Roi son maître ; ce qui l'avait fort étonné, quand il avait su qu'on lui avait fuit une si bonne réception ; que le Roi son maître ne craignait point que l'Espagne fît rien contre lui, ni que son armée se mit en mer tandis qu'ils y seraient.

Le duc de Lorraine, qui, depuis la prise de Montaigu, avait toujours sollicité sa délivrance, du commencement avec menaces vaines, puis avec paroles plus modestes et plus convenables à sa qualité, envoya pour la troisième fois à Paris le prince de Phalsbourg [41], pour supplier le Roi de lui faire cette grâce.

En un mot, le Roi trouva à Paris de grandes difficultés, et peu de loisir de se divertir au plaisir de la chasse, comme il désirait pour sa

39. Louis II de Bourbon, comte de Soissons (1604-1641), gouverneur du Dauphiné (1612) puis de Champagne et de Brie (1631). Il organisera en 1636 un complot contre Richelieu, qui échouera.

40. Ambrogio, marquis de Spinola (1571-1630), au service de Philippe III d'Espagne, se mit, à partir de l'avènement de Philippe IV, au service du duc de Savoie, pour lequel il assiégea, en 1629, Casal, capitale du Montferrat. Il apparaît dans le célèbre tableau de Vélasquez *La Reddition de Breda* (1635).

41. Fils naturel d'Henri, duc de Lorraine.

santé. Il en trouva sur le mariage de Monsieur [42], à qui, par cabale forcée, on voulait faire épouser la princesse, fille du duc de Mantoue, quoique, pour satisfaire à la Reine sa mère, il eût donné sa parole pour une des filles de Florence ; du côté de l'Empereur, qui renouvelait les vieilles querelles de Metz, Toul et Verdun [43] ; sur le sujet du duc de Lorraine, qui, par une folle passion, s'éloignait des intérêts de la France et des siens propres ; sur la délivrance de Montaigu [44], que plusieurs raisons obligeaient à retenir, et d'autres à délivrer ; les unes à le délivrer à certaines conditions, les autres absolument ; sur le retour de la duchesse de Chevreuse, qui avait fait beaucoup de mal, en pouvait faire à l'avenir, et par la même raison pouvait faire du bien, et apporte de l'avantage au service du Roi ; sur le retour du comte de Soissons, qui était en Savoie au préjudice de son devoir ; et enfin la plus grande difficulté était sur ce que les Espagnols passaient toujours plus avant contre M. de Mautoue [45], se servant de l'occasion pour le dépouiller, contre toute justice, de ses États. Car déjà l'Empereur lui avait refusé l'investiture, sous prétexte des apparents droits des prétendants, et avait, par un décret du 20 mars, établi le comte Jean de Nassau son commissaire impérial, pour prendre en séquestre le duché de Mantoue et du Montferrat. Et le duc de Mantoue avait demandé secours au Roi, et permission de pouvoir faire levée de gens de guerre en son royaume pour sa défense.

Toutes ces affaires traînèrent pendant le voyage du Roi, et lui donnèrent beaucoup de peine. Il ne les résolut qu'à son retour avec le cardinal, qui estima qu'il fallait pourvoir à toutes fortement. Seulement résolut-il celle de madame de Chevreuse, qui était hors de France pour le même sujet qui avait mis Chalais [46] hors du monde. Elle ne

42. Gaston d'Orléans (1608-1660), frère de Louis XIII, désirait épouser Marie de Lorraine, contre l'avis du roi, si bien qu'il fomenta une véritable résistance à partir de Bruxelles, en s'appuyant sur les Espagnols et sur le gouverneur du Languedoc, Montmorency ; ce fut un échec.

43. Il s'agit des trois évêchés qui sont occupés par les troupes françaises depuis le traité de Chambord (1552) ; le duc de Lorraine n'a de cesse de les contrôler, sinon de s'en emparer pour unifier son duché. Henri IV tente d'en faire des villes sujettes dès 1602. Louis XIII, vu comme le successeur de Charlemagne, est poussé à reprendre définitivement ces villes aux ducs de Lorraine, considérés comme des usurpateurs.

44. Agent secret d'Angleterre, arrêté sur les terres du duc de Lorraine, qui sortit de la Bastille le 14 avril.

45. Charles de Gonzague, duc de Nevers.

46. En 1626 eut lieu ce que l'on appela « l'affaire Chalais », dans l'entourage de Gaston d'Orléans. Gaston-Henri de Talleyrand, comte de Chalais (1599-1626), est l'âme d'un complot contre Richelieu ; il est trahi, jugé et exécuté (19 août 1626). Gaston d'Orléans promet d'épouser Mlle de Montpensier, ce qui sera fait, avec la bénédiction du cardinal, le 9 août 1626.

perdait point le temps avec le duc de Lorraine [47] ; elle négociait avec lui comme elle avait fait avec les Anglais. Cette affaire commença par amour, mais allait plus loin ; elle unit l'Angleterre et la Lorraine ensemble par un bon principe, que les choses qui sont unes et un tiers sont unes en elles-mêmes. Par le moyen de ces deux princes, Savoie, qui ne pouvait demeurer en repos, entra en la cabale. Si elle négocioit au dehors du royaume, elle ne s'oubliait pas au dedans ; elle unit autant qu'elle put toutes ces cabales étrangères avec ses parents, chefs des factions huguenotes qui se faisaient en France. Plusieurs femmes agissaient à ses fins dans la cour ; on tâchait d'en faire sortir Monsieur par toutes sortes d'artifices. Il demandait une armée pour secourir Mantoue à contretemps, sans considérer que l'occasion n'était pas bonne pour rompre avec Espagne, et que le Roi ne pouvait pas entreprendre tant d'affaires à la fois. On nourrissait la Reine en de perpétuels mécontentements ; on piquait madame la comtesse, pendant que M. le comte était en Savoie, de plus en plus au jeu ; on tâchait de gagner un grand ; on faisait ce qu'on pouvait pour en perdre un autre ; jour et nuit on y travaillait.

Le cardinal manda au Roi que, s'il était difficile et hors d'espérance qu'elle pût jamais bien faire, étant si mal née, néanmoins, comme les planètes malignes augmentaient leur malignité quand elles étaient en une maison ennemie, et, au contraire, leurs aspects s'adoucissaient quand elles étaient en un lieu qui leur plaisait, peut-être relâcherait-elle quelque chose de la malignité de son esprit si on la retirait de cet exil, joint qu'il était à propos de donner quelque chose aux instantes prières de son mari. Toutefois, que d'autant qu'en quelque lieu qu'elle fût elle nuisait toujours, Sa Majesté, pour d'une part contenter son mari, et d'autre part ayant égard au repos de sa cour et au bien de son État, ne lui devrait permettre de retourner que sous quelques conditions qui empêchassent qu'elle ne pût faire tout le mal que son mauvais esprit pouvait lui suggérer. Ces conditions furent qu'elle ne viendrait point à Paris, ni en lieu où le Roi et les Reines fussent, et qu'elle n'en approcherait pas plus près qu'était l'abbaye de Jouare [48],

47. Charles IV de Lorraine accepte le mariage (1631) de sa sœur Marguerite avec Gaston d'Orléans, contre le désir de Louis XIII. Duc depuis 1624, il ne cesse de refuser ce qui lui apparaîtrait comme des preuves de vassalité à l'égard de la politique de Richelieu.

48. Abbaye bénédictine fondée vers 635, située en Seine-et-Marne. Jeanne VI de Lorraine, abbesse de 1624 à 1638, accueille fréquemment la reine.

en laquelle le Roi avait agréable qu'elle pût demeurer avec madame de Jouare sa sœur, ainsi que partout ailleurs où elle voudrait, en égale distance ou plus éloignée de la cour et de Paris ; et que quand la Reine mère de Sa Majesté serait en son château de Monceaux[49], elle lui allât faire la révérence une fois seulement, comme Sa Majesté trouvait bon que lorsqu'elle et les Reines ne seraient à Paris, elle pût venir en sa maison de Dampierre, et y faire séjour durant leur absence. Le duc de Chevreuse son mari en donna une reconnaissance signée de sa main, et quelques jours après vint trouver la Reine-mère, et lui dit que, pour lui faire connaître comme sa femme voulait bien servir, il avertissait Sa Majesté que la Reine et Mirabel avaient sollicité le duc de Lorraine, autant qu'ils avaient pu, pendant son séjour à Paris, d'abandonner les intérêts de la France, et se joindre à ceux d'Espagne.

Les longs entretiens de Mirabel[50], non accoutumés auparavant, avec la Reine, ou avec les Espagnoles qui étaient chez elle ses confidentes, en devaient donner assez d'ombrage ; joint que ledit Mirabel, qui auparavant blâmait les comportements de la Reine, était maintenant du tout changé ; ce qui pouvait donner juste sujet de croire que l'intérêt, qui en Espagne est toujours en plus grande considération que l'honneur, prévalait en cette occasion. On en avait eu même quelques avis conformes à celui-là ; mais la chose étant si éloignée du devoir l'était de l'imagination des plus judicieux. On avait su dès longtemps auparavant, par l'ambassadeur de Savoie (lorsque son maître n'était pas encore attaché aux intérêts d'Espagne), que les Anglais qui venaient en France, sous prétexte de rendre les prisonniers français qui avaient été pris durant le siège de Ré, y venaient en effet pour savoir des dames si elles voudraient que l'Angleterre fit paix avec la France ou avec l'Espagne ; mais en cela on ne voulait pas croire ce que l'on voyait très clairement. Maintenant ce dernier avis obligea d'y avoir davantage de foi.

Mais, nonobstant tous ces beaux semblants du duc de Chevreuse, sa femme gardait toujours son cœur, et conservait sa mauvaise volonté

49. Situé en Seine-et-Marne, dans la commune de Montceaux-lès-Meaux, ce château, détruit peu après la Révolution, fut la propriété de Catherine de Médicis avant de l'être de Marie, la mère de Louis XIII.

50. Antonio de Toledo et d'Avila, marquis de Mirabel, fut ambassadeur d'Espagne à Paris entre 1621 et 1632. Il ne cessa de fomenter secrètement les conflits en poussant par exemple le duc de Rohan à signer un traité avec l'Espagne.

contre le Roi et le cardinal. Une demoiselle, qu'elle chassa par après, donna avis que sa liaison avec la Reine régnante était plus étroite que jamais, et qu'elle lui disait qu'elle n'avait rien à craindre, ayant l'Empereur, l'Espagne, l'Angleterre, la Lorraine et beaucoup d'autres pour elle. Qu'elle disait aussi que c'était un grand déplaisir que le cardinal n'eût plus sa maison de campagne, et qu'on lui eût donné un morceau en la sienne venant voisiner. Toutes ces choses étaient un grand témoignage de son mauvais courage ; joint que quelque temps après le garde des sceaux dit au cardinal que la Reine régnante le faisait solliciter sous main, par la Fargis [51], de lui faire toucher 100 ou 150,000 liv. sans que personne en sût rien.

Quant à Montaigu, le cardinal conseilla au Roi de le délivrer, non sous les conditions qu'aucuns proposoient à Sa Majesté, mais sans condition aucune, lui donnant pleine liberté, et lui faisant la grâce entière. Il manda aussi à Sa Majesté qu'il fallait contenter M. de Lorraine, qui ne demandait que satisfaction sur ce sujet pour se remettre bien tout à fait avec elle. Que son avis, pour cette raison, avait toujours été qu'il fallait envoyer Montaigu au parlement, arrêtant le cours de son procès par l'autorité du Roi, aussitôt que la cour auroit eu connaissance de ses fautes et de ses complices. Que par ce moyen on eût fait connaître la justice qu'avait le Roi en toutes ses affaires, et tout le monde eût vu clairement la continuation des cabales et monopoles des princes unis contre Sa Majesté. Le mauvais procédé de M. le comte eût paru, et eût-on empêché qu'il n'eût pu publier son éloignement, juste et raisonnable, tyrannique, ce qu'il ferait avec le temps ; que le parlement l'eût jugé avoir besoin de grâce, le Roi la lui eût faite volontiers, et l'eût par ce moyen humilié et contenu par force ; qu'après cela il eût voulu délivrer Montaigu purement et simplement, et le renvoyer en Angleterre. Et en effet, il estimait que sa restitution eût été plus obligeante et plus agréable à M. de Lorraine qui eût vu qu'on le tirait d'un notable péril pour lui. Qu'il estimait que l'on eût fait une très grande faute de le rendre, en lui faisant promettre de ne rien dire ni écrire contre le service du Roi pendant trois mois, et l'obligeant à demeurer ce temps en Lor-

51. Femme de Charles d'Angennes, sieur du Fargis, comte de La Rochepot (chargé de mission à Madrid de novembre 1618 à janvier 1619 puis ambassadeur de juin 1620 à 1626 et négociateur du traité de Montçon), la comtesse du Fargis fut chassée de la cour par Richelieu, dont elle se déclara l'ennemie, s'efforçant, dans l'entourage du duc d'Orléans, de fomenter une révolte avec l'aide de l'Espagne.

raine, comme l'on avait stipulé. Que la première condition était honteuse, en ce qu'elle témoignoit foiblesse et appréhension ; elle était de plus inutile, pource qu'on savait bien qu'elle ne serait pas gardée, tant parce qu'elle était faite par un sujet qui devait passer par-dessus toutes sortes de considérations pour son maître, que parce qu'elle était extorquée en prison, où les promesses n'étaient censées volontaires. La deuxième était tout à fait préjudiciable, puisque par icelle, on établissait par force, auprès de M. de Lorraine, un ambassadeur d'Angleterre, qui n'auroit autre soin que de porter M. de Lorraine aux fins de son maître. On retirait madame de Chevreuse de ce pays, de peur que sa présence et son industrie animassent ce personnage, et on lui donnait une personne qui était dans les intérêts de cette dame, et qui pourrait, par la force de son esprit, faire autant de mal auprès de ce prince, que la Chevreuse en avait fait par d'autres voies. Qu'il fallait ôter Montaigu de Lorraine, et que si on l'avait déjà obligé à ces deux conditions qu'il eût acceptées, il était d'avis que dès le lendemain on l'en dispensât, et qu'on lui témoignât qu'on ne les lui avait proposées que pour après lui faire la courtoisie entière.

Le Roi trouva bon l'avis du cardinal, ensuite duquel le prince de Phalsbourg assurant Sa Majesté qu'au cas qu'on rendît Montaigu, le duc de Lorraine viendroit en personne pour remercier Sa Majesté, lui ouvrir son cœur, et s'unir avec la France plus que jamais, il fut résolu de délivrer ce prisonnier. Sur l'avis que le prince de Phalsbourg en donna en Lorraine, ledit duc partit de ses États pour venir à Paris. Etant en chemin, il rencontra Montaigu, qu'il renvoya en Angleterre, selon la liberté qu'il en avait eue. Mais, un jour après que le duc de Lorraine eut été à Paris, le malheur voulut que trouvant Bourbonne dans le cabinet de la Reine, où Sa Majesté n'était pas pour lors, il commanda à son capitaine des gardes. [...]

M. de Lorraine s'en étant retourné, M. le prince de Phalsbourg, qui avait bien servi, poursuivit lors civilement qu'on eût agréable d'admettre la démission du gouvernement de Metz et Verdun, que M. de Vaudemont, son beau-père, voulait faire en son nom. Le conseil qui était auprès de la Reine estimait qu'il le fallait faire ; le cardinal fut d'avis contraire pour plusieurs raisons, et, entre autres, parce qu'il était Lorrain, beau-frère du duc de Lorraine, et qu'il était de très périlleuse conséquence de donner des gouvernements aux étrangers, principalement quand ils ont habitude et puissance ès frontières voisines. On alléguait qu'il était bien intentionné présentement; mais, en telles occasions, il estimait qu'il fallait plus regarder le futur que le présent, plus ce qui pouvait et devait être par raison d'intérêt que ce qui était et serait dans la chaleur du ressentiment qu'auroit le prince d'une obligation fraîchement reçue, au cas qu'on lui accordât ce qu'il demandait.

Sa Majesté partit de Paris le 3 avril, surmontant beaucoup d'obstacles suscités par divers esprits pour l'arrêter. Elle était si impatiente de voir son armée et le siège de La Rochelle, qu'elle arriva à Surgères[52] la veille de Pâques fleuries[53], où le cardinal, le duc d'Angoulême, le maréchal de Schomberg et les principaux officiers de l'armée, l'allèrent trouver et furent reçus avec grandes caresses. Le cardinal avait fait faire les recrues d'hommes d'élite, de sorte que les compagnies étaient belles, plus que complètes et en bon ordre. L'armée qui n'était que de dix-huit mille hommes au plus quand le Roi partit, y comprenant beaucoup de soldats malades et languissants des travaux et froidures de l'hiver, il la trouva à son retour de vingt-cinq mille hommes effectifs, des meilleurs qu'il se pouvait désirer; les recrues ayant été faites, dans les provinces d'Anjou, Poitou, Saintonge, Angoumois, Limousin et Guienne, avec tant d'ordre et police, par le moyen des étapes, que le passage de ces troupes ne leur fut presque point à charge. Le soir de l'arrivée du Roi, on borda les lignes, forts et redoutes de mousquetaires qui avaient ordre au signal de faire une salve; l'armée navale et les batteries avaient semblable commandement. Sa Majesté voulut donner le signal au fort de Bonne-Grene qui commença, et ensuite tous les autres en un même temps, d'autant qu'il était situé sur un lieu éminent. Il faisait parfaitement beau voir ce témoignage de joie dans l'armée; car on voyait tous les travaux en feu, et avec tant d'ordre que le feu dura une demi-heure. Elle reçut un merveilleux contentement quand elle vit les travaux de terre en leur perfection, bien qu'ils eussent quatre lieues de circonférence, avec de grands forts royaux de mille pas en mille pas, et les redoutes fraisées de cent en cent pas, les lignes de six pieds de profondeur et autant de largeur. Mais, si ce travail s'avançait puissamment, la digue

52. Ville située à une quarantaine de kilomètres à l'est de La Rochelle.

53. Le jour des Rameaux.

ne demeurait pas en arrière, étant l'ouvrage que le cardinal avait particulièrement entrepris, qui était si difficile que personne que lui n'y eût osé penser, tant à cause de l'extrême dépense qu'il fallait avancer, que parce qu'une tempête ruinait plus de besogne en un jour que l'on n'en pouvait refaire en onze. L'argent, qui était le nerf de cette entreprise, ne manquait point, le cardinal faisant fournir de ses deniers tous les deux jours 4,000 livres pour ce travail, et employant l'autorité qu'il avait plu au Roi lui donner sur la mer, pour avoir tout ce qui y était nécessaire, tant barques et bateaux à porter de la pierre, que matelots et autres gens qui ont accoutumé de travailler à la mer.

Sa Majesté, dès qu'elle fut arrivée, demanda avis au cardinal sur une proposition qui lui avait été faite à Paris, de prendre prisonnier le duc de Lorraine, dont le moyen assez facile lui était présenté par un nommé Blagny, capitaine d'une compagnie de chevau-légers, qui offrait de l'arrêter auprès de sa maison où il passait souvent seul pour aller voir la duchesse de Chevreuse. Il lui dit que, si La Rochelle était prise, et que le duc de Lorraine continuât à brouiller comme il faisait, il ne ferait nulle difficulté de le prendre ; mais qu'ayant cette grande affaire sur les bras, il craignait que sa prise ne nous tirât d'aucune affaire et nous en excitât de nouvelles ; car, sans doute, en tel cas l'Empereur, le roi d'Espagne et peut-être tous les princes souverains, interviendraient pour sa liberté. Si nous le délivrions, il demeurerait lié à nos ennemis et envieux, il serait ulcéré jusqu'au dernier point, et, quelque parole qu'il nous donnât, il n'en tiendrait aucune. Si nous le gardions, le roi d'Espagne, qui voudrait bien faire remuer l'Empereur sur le sujet de Verdun si le temps le permettoit, auroit bien un plus beau prétexte. Qu'au reste il doutait que la chrétienté jugeât qu'il y eût lieu de prendre un prince souverain avec qui nous n'avions point de guerre déclarée ; si, en le prenant, nous nous rendions maîtres de son État, les considérations du monde seraient fortes ; mais, en le prenant, son État demeurait en son entier avec un père et un frère, à qui peut-être ferions-nous plaisir sans nous procurer aucun avantage.

Le Roi, après cela, lui commanda de lui donner un avis général sur l'état présent de toutes ses affaires. Pour obéir à Sa Majesté, il lui dit en plein conseil qu'encore que la France eût de grandes affaires sur les bras, il semblait que l'on en pouvait sortir avec conduite ; que l'Angleterre avait guerre ouverte avec nous ; Savoie était liée avec elle ;

Venise, du même côté, y adhérait par voie secrète ; Lorraine avait levé le masque, et avait été portée par des voies assez connues, quoique secrètes, à se déclarer pour l'Anglais ; qu'il se flattait de l'assistance de l'Empereur, qui, au même temps qu'il nous voyait des affaires, formait des plaintes contre nous sur le sujet des Trois Evêchés ; que M. le comte adhéroit ouvertement à ce mauvais parti, et quelques autres grands avaient les mêmes pensées, et désiraient le mauvais succès des affaires du Roi pour se déclarer ; que les huguenots traversaient les forces du Roi, occupées par le siège de La Rochelle, et l'armée qu'avait M. de Rohan en Languedoc ; que les Hollandais, qui nous devaient assistance en cette occasion, favorisaient nos ennemis en ce qu'ils pouvaient ; que l'Espagne, avec qui nous étions en traité particulier depuis peu pour attaquer conjointement l'Angleterre, n'avait point satisfait aux conditions du traité ; au contraire, elle reculait pour donner temps aux Anglais d'allumer tellement le feu en France qu'il ne se pût éteindre ; que son dessein avait paru clairement en ce qu'elle ne nous avait envoyé l'apparence du secours qu'elle nous avait promis, qu'après que l'occasion était passée de s'en servir, et qu'elle l'avait retiré, quelque instance qu'on lui fît au contraire, lorsqu'il y avait eu lieu de s'en prévaloir pour empêcher que La Rochelle fût secourue ; qu'il parraissait encore, en ce qu'elle violait le traité de Monçon [54], et s'emparait de la Valteline contre sa foi, en ce qu'elle ne parachevait point celui de Gênes et de Savoie, mais, par les difficultés qu'elle y apportait, voulait contraindre M. de Savoie de nous quitter absolument ; qu'il parraissait enfin, en ce qu'elle prenait l'occasion de nos occupations pour spolier à main armée M. de Mantoue des États qui lui appartiennent légitimement, parce qu'il était Français, quoique, par le traité de Monçon, tous les différends qui arriveraient en Italie se devaient terminer par la négociation des rois, sans en venir aux armes ; que toutes ces choses faisaient voir clairement que la France n'avait pas peu d'affaires, et que sa maladie était de celles que les médecins appellent compliquées, dont la guérison était d'autant plus difficile que ce qui est bon à un genre de mal est préjudiciable

54. Ce traité, signé le 5 mars 1626 et ratifié le 2 mai , rend la Valteline aux Grisons, appelés aussi Ligues grises : il s'agit d'une république fédérative. Cette vallée alpine catholique est essentielle pour permettre aux Habsbourg de se rendre à Milan en prenant une route sûre qui relie leurs possessions d'Autriche et d'Italie. L'Espagne vient au secours des catholiques qui avaient été rudoyés par leurs seigneurs, de confession protestante. À la suite de diverses péripéties, la France, qui a envoyé des troupes, se rapproche de Madrid, abandonnant Charles-Emmanuel de Savoie. Mais la route de la Valteline demeure fermée à l'Autriche.

à l'autre ; que ce qui était le plus fâcheux, était que la gangrène, qui parraissait extérieurement, venoit d'une cause interne assez connue, mais à laquelle on ne pouvait toucher ; que le vrai remède à tous ces maux était la prise de La Rochelle ; si on venoit à bout de cette place promptement, les ennemis découverts déposeraient, non leur mauvaise volonté, mais leur hostilité ; les secrets applaudiraient aux victoires du Roi qu'ils eussent bien désiré troubler, et nous aurions la paix partout si nous voulions ; que La Rochelle ne se pouvait sauver ; si elle n'était point secourue dans peu de mois, le Roi en serait le maître, et en ce cas tous les ennemis de la France ne nous sauraient faire mal ; quand même elle serait secourue, on ne pouvait néanmoins démordre de ce dessein, sans ruiner pour jamais la France et les affaires particulières de la personne du Roi, et nous ne laisserions pas de l'avoir à la longue, étant certain que dans deux mois la digue serait avancée ; quand même il serait maintenant impossible d'empêcher un premier secours, il serait facile de s'opposer avec succès au second, qu'il y avait trois ans que le Roi s'était opposé aux entreprises des Espagnols, et avait dissipé les mauvais desseins de La Rochelle avec des vaisseaux hollandais, et l'apparence des forces d'Angleterre dont nous avions quelques ramberges. Depuis un an que les Anglais nous avaient attaqués, il avait été utile et nécessaire d'empêcher que l'Espagne se joignit avec eux, par un traité que nous avions fait avec elle pour attaquer l'Angleterre ; que les Anglais et les Hollandais nous assistant contre les huguenots, ne désiraient pas que nous vinssions à bout de nos desseins, et cependant nous nous étions servis d'eux avec succès ; qu'il fallait faire le même des Espagnols, nous servir de leur ombre, nonobstant leur infidélité, et cependant, puisqu'elle nous était connue, de nous engager plus avant qu'il fallait avec eux ; que le but que nous devions avoir était de prendre La Rochelle et ruiner le parti huguenot en France, et pour en avoir plus de moyen faire la paix avec les Anglais.

Mais que, d'autant que nul bien n'est bien si on le reçoit avec quelque diminution d'honneur, il fallait venir à ces fins sans violer le traité que nous avions fait avec Espagne ; que ce traité obligeait les Espagnols à faire, dès l'année passée, une attaque royale à l'Angleterre, et nous étions seulement obligés de les seconder au mois de juin de celle-ci ; que l'Espagne n'ayant point satisfait à cette obligation, nous pouvions prétendre n'être obligés à aucune chose ; mais encore que nous eussions raison de faire ainsi, beaucoup estimeraient que nous aurions pris trop aux cheveux l'occasion de manquer, et partant qu'il fallait agir plus loyalement ; que les Espagnols promettaient qu'au commencement de juin ils auraient soixante galions et six galères pour attaquer l'Angleterre, et que nous avions proposé d'en faire autant ; qu'il fallait faire un effort pour être au temps susdit avec cet armement effectif. Cela étant, il arriverait de deux choses l'une : ou que les Espagnols manqueraient, ou que leur réputation les contraindrait de faire l'armement promis ; s'ils manquaient, comme il y avait apparence de le croire, nous nous plaindrions d'eux devant Dieu et devant le monde, serions libres de notre parole, et, avec soixante vaisseaux et six galères, nous serions capables seuls de résister à l'Angleterre, leur donner appréhension de nos forces et faire une paix honorable. S'ils ne manquaient point, à la bonne heure, puisqu'en ce cas nous attaquerions si puissamment l'Angleterre, que nous n'aurions plus à craindre qu'ils assistassent nos huguenots ; que pour venir à ces fins, il fallait diligenter l'armement du Roi, qui serait infailliblement prêt au temps susdit si l'argent qu'il y fallait dépendre était donné promptement et comptant ; au lieu que si on le donnait tard, ou qu'on ne fournit que des assignations, il arriverait que, l'armement n'étant pas prêt à temps, les Espagnols nous accuseraient avec prétexte de la faute qu'ils voulaient commettre en notre endroit en nous manquant ; nous ne pourrions nous dégager d'avec eux, et ne serions point en état d'attaquer l'Angleterre par eux ni par nous, ni même de résister à leur attaque par nos seules forces. Ainsi nous ne sortirions point de guerre, y serions engagés pour longtemps ; Sa Majesté ferait la même dépense pour son armement, quoiqu'inutilement, pour être tardive ; et, au lieu que si elle eût été prompte, c'eût été la dernière qu'il eût fallu faire, sa tardivité en engendreront beaucoup d'autres, pour les diverses et mauvaises affaires qui nous tomberaient sur les bras de tous côtés. Cependant, que sans cela on ne pouvait faire la paix avec honneur, ni la traiter sûrement, quand même on n'aurait pas d'égard au traité que l'on avait fait avec les Espagnols, vu qu'il était à craindre que la négociation qu'on pourrait faire avec l'Angleterre, par quelque voie que ce pût être, ne servit à autre chose que de donner lieu aux Anglais, nonobstant qu'ils nous recherchaient de paix, de s'accorder en un instant avec les Espagnols qui y étaient portés par des voies aussi puissantes qu'elles devaient être tenues secrètes.

Quant à l'affaire de Mantoue, la première chose qui fut conseillée au Roi, fut d'exhorter M. de Mantoue de donner à M. de Savoie tout ce qu'il demandait, qui consistait en 12,000 écus de rente, avec la place de Trino, plutôt que de venir à une rupture ouverte. On estima aussi qu'il fallait échauffer l'Empereur, qu'on mandait être favorable à M. de Mantoue en cette affaire, et lui témoigner que le Roi se porterait d'autant plus à protéger M. de Mantoue par voies douces, qu'en cela il suivrait la raison et son jugement. Mais il ne se passa pas huit jours qu'on apprit que l'Empereur était changé, et que la rupture était ouverte. Les divers événements changeant tous les jours les affaires, on apprit le décret de séquestre que l'Empereur avait fait des États de M. de Mantoue et du Montferrat, envoyant le comte Jean de Nassau [55], comme commissaire impérial, accompagné de deux conseillers, pour signifier ledit décret au duc de Mantoue; l'ordre qui fut donné à don Gonzalez d'attaquer par force les États de M. de Mantoue, au cas qu'il n'obéît audit décret; la nouvelle armée avec laquelle don Gonzalez [56] était déjà entré dans ses États d'une part, et M. de Savoie de l'autre; le peu de moyen qu'il y avait de les secourir, y ayant apparence que l'affaire devroit être faite avant que l'on pût être prêt pour aider le prince affligé; le juste sujet qu'il y avait de craindre que si le Roi secourait M. de Mantoue, l'Empereur, à qui l'Espagne avait depuis quelque temps fait former des plaintes contre la France pour prendre un prétexte de brouillerie, n'entrât en Champagne, sous couleur de retirer les Trois Evêchés, quoiqu'il ne demandât point Cambray ni Tournay, villes impériales détenues par l'Espagne; la connaissance que le sieur du Fargis avait donnée, par Lingendes [57], du déplaisir qu'auroit l'Espagne de la prise de La Rochelle, du désir qu'ils avaient qu'elle n'arrivât pas, qui était tel qu'ils lui avaient dit à lui-même qu'elle n'était pas encore prise, et qu'il y avait beaucoup d'autres affaires en France; toutes ces choses

55. L'empereur ordonna en effet que les États du duc de Mantoue fussent mis en séquestre entre les mains du comte de Nassau.

56. Le 25 février 1628, don Gonzalez de Cordoue assiégea Casale di Monferrato, place stratégique dans l'est du Montferrat, sur la rive droite du Pô.

57. Nicolas de Lingendes, maître d'hôtel ordinaire du roi, qui alla en Espagne pour négocier le mariage de Louis XIII avec Anne d'Autriche.

firent que le cardinal estima que le Roi ne pouvait plus en aucune façon se déclarer.

C'était l'avis du Pape, qui, connaissant la mauvaise intention des Espagnols, conseilla au Roi de n'agir que par négociation, et encore sans chaleur, en cette affaire. Partant, il semblait que s'il permettait aux parents de M. de Mantoue de le secourir, c'était tout ce qu'il pouvait faire. Qu'au reste il fallait agir par négociation. Pour cet effet, il crut qu'il fallait dépêcher au sieur du Fargis, lui donner charge expresse d'agir avec le comte d'Olivarès sur ce sujet, lui faire entendre que le Roi avait beaucoup de sujet d'être offensé de M. de Mantoue pour les troubles passés, et pour le sujet récent des desseins de mariage avec Monsieur, comme lui insinuant en confiance le peu de sujet qu'avait Sa Majesté de l'assister ; mais qu'elle n'entendait pas comme ce mouvement pouvait compatir avec le traité de Monçon, qui portait que tout différend d'Italie serait terminé par la négociation des deux Rois, sans en venir aux armes, ni avec le dessein qu'avait l'Espagne au regard de l'Angleterre, selon le traité fait entre ces deux couronnes. Que cependant le Roi refusait d'écouter ce que Lorraine, Hollande, Savoie et Danemarck lui offraient très-avantageux de la paix d'Angleterre, et ce qu'Angleterre même recherchait, et offrait encore depuis peu par elle-même ; enfin que ledit sieur du Fargis tâcherait de mettre l'affaire en négociation. Ce procédé témoignerait confiance et donnerait lieu d'excuse, si, par après, on traitait avec Angleterre, et ôteroit tout prétexte aux Espagnols d'entrer en Champagne et nous divertir de La Rochelle. Que cependant le Roi pourrait faire deux fortes dépêches, l'une à Rome, l'autre à Venise, pour faire savoir au Pape et à la République que s'ils voulaient se déclarer pour la protection de M. de Mantoue, le Roi ferait de même incontinent après la prise de La Rochelle qui arriverait bientôt, et enverroit lors une si puissante armée en Italie, que, pourvu que Casal tint encore, il serait impossible de le prendre. Quant à la permission du Roi aux parents de M. de Mantoue de le secourir, et de lever en son nom des troupes en France pour cet effet, lesquelles ils commençaient déjà de lever, il l'estimait inutile, pource que ce qui perdait le plus souvent les affaires était que l'on les prenait par les cheveux, et en parlait-on devant que les avoir bien examinées, d'où il arrivait que quelquefois on conseillait des choses impossibles parce qu'elles sont faciles en apparence, et qu'on en dissuadait d'autres parce qu'on les tenait très-difficiles, bien qu'on les pût faire réussir avec bonne conduite; que jusqu'à présent on avait parlé en cette sorte, à son avis, du secours de Mantoue. Devant que le résoudre, il fallait considérer si pour cela on avait tout ce qui était nécessaire; qu'il fallait au moins douze mille hommes de pied et deux mille chevaux; il fallait la solde de ces gens de guerre pour trois mois, autrement ils se débanderaient tous devant que d'être au lieu où ils devaient faire effet; qu'il fallait pourvoir à ce qu'ils ne pussent manquer de vivres en quelque part qu'ils allassent; qu'il fallait dix canons, quatre cents chevaux d'artillerie, et au moins pour tirer six mille coups; qu'il fallait voir quel chemin il faudrait tenir, si les passages étaient libres, et pourvoir à la sûreté du retour comme à celle du passage. Tout ce que dessous présupposé, on pouvait secourir M. de Mantoue par ce moyen.

Mais si les principales choses manquoient, il ne réussirait autre effet de cette entreprise, que la perte de ceux qu'on y enverrait, et une grande honte pour ceux qu'on penserait y avoir contribué; que le nombre des gens de guerre se pouvait trouver; ceux qui avaient été levés pour M. de Mantoue, et ceux que pouvait fournir M. de Créqui[58], feraient le nombre de douze mille hommes et douze cents chevaux; mais tant s'en faut qu'il y eût de l'argent pour les soudoyer et entretenir trois mois ni de la part du Roi, ni de M. de Mantoue, qu'il n'y avait pas de quoi faire la première montre; il n'y avait ni artillerie suffisante, ni munitions de guerre, ni provisions pour les vivres, ni assurance pour le passage et pour le retour. Qu'au reste on était bien averti que Casal ne se pouvait perdre que par manque de munitions de guerre et de vivres. Par le projet de ce secours on ne leur en portait point, partant, quand il passerait heureusement, allant en un pays nécessiteux, et où l'armée de don Gonzalez était presque affamée, ce secours ne ferait autre effet que de hâter la ruine de la place qu'on voulait secourir. On dirait : Il fera lever le siège; oui, mais d'où viendront les vivres? l'armée ne peut demeurer là longtemps, d'autant qu'elle aura don Gonzalez, qui se fortifie du côté d'Allemagne, et M. de Savoie, qui, outre la nécessité du pays, lui empêcherait les vivres; si elle en part sans que la place soit remunie de poudres et

58. Charles de Blanchefort de Créqui (1578-1638), maréchal de France en 1621, premier gentilhomme de la Chambre en 1532.

fournie de blés, son voyage sera inutile. Partant, que ce secours ne semblait pas pouvoir réussir si on n'y pourvoyait plus puissamment qu'on n'avait fait jusqu'alors ; et que, selon son avis, en l'état présent des affaires M. de Mantoue ne pouvait être secouru que par diversion, encore fallait-il bien penser si on le devait entreprendre, en cas que La Rochelle ne se rendit pas promptement ; avouant ingénument que, pour son particulier, La Rochelle n'étant pas rendue, il ne pouvait conseiller une affaire qui embarquât le Roi à se défendre en même temps des forces d'Angleterre, d'Espagne et de l'Empire tout ensemble.

Que si on demandait, que faut-il donc faire ? Il dirait franchement ce qui lui en semblait ; que les Espagnols voulaient avoir le Montferrat afin de se rendre maîtres de toute l'Italie, et en exclure tout passage aux Français. Et lui, qu'il voudrait faire une entreprise sûre qui lu conservât pour jamais un passage en Italie, passage dont la conquête et la conservation seraient d'autant plus faciles, qu'il serait contigu aux États du Roi ; que nous avions laissé la Valteline après l'avoir conquise, pource que nous ne la pouvions garder ; que les Espagnols en seraient toujours maîtres parce qu'ils en sont voisins ; que la même raison nous rendrait la conquête, en la conservation du passage qu'il prétendait, facile ; qu'il voudrait attaquer, ou Pignerol, ou le marquisat de Saluces [59], qu'on emporterait indubitablement pourvu qu'on y allât avec un préparatif raisonnable, qu'on eût de quoi faire subsister l'armée, et une bonne provision pour l'artillerie ; ce qui était aisé, vu que le marquisat est contigu au Dauphiné, d'où toutes provisions peuvent venir sans qu'on le puisse empêcher. Cette conquête étant faite, il voudrait s'y arrêter pour cette heure, l'occasion ne lui donnant ouvertement lieu de passer outre ; qu'il voudrait fortifier les places du marquisat, en sorte que toutes les forces de la terre ne l'en pussent faire démordre ; qu'il arriverait de là, indubitablement, ou que M. de Savoie, qui était déjà ébranlé, penserait à sa conscience et s'accorderait avec nous, de peur d'être comme un pou entre deux singes ; auquel cas, étant joint aux armes du Roi, nous pourrions faire quelque autre conquête, dont il se contenterait, en échange du marquisat, et lors nous serions en état de faire restituer Casal, et M. de

59. Pignerol est une place forte du Piémont de très grand enjeu. Elle se trouve à mi-distance entre Briançon et Turin. Henri III rend Pignerol à la Savoie ; Richelieu la reprend en 1630. Le marquisat de Saluces, dans le Piémont, fut conquis par la Savoie en 1601.

Savoie y contribuerait lui-même, puisque ce serait son intérêt ; ou, s'il demeurait en l'état qu'il était, on ne laisserait pas de le prendre à sa barbe, sans qu'il le prit empêcher ; qu'il n'y avait personne clairvoyant qui ne confessât que tout autre secours, supposé ce qui était dit ci-dessus, quoique plus apparent en vulgaire, ne pouvait avoir aucun succès, au lieu que l'effet de celui-ci était indubitable, bien qu'il parût moins spécieux pour M. de Mautoue de première face, en ce qu'il semblait qu'on se servit et des forces que le Roi lui avait permis de lever en France, et de celles de Sa Majesté, pour augmenter cet État plutôt que pour conserver les siens ; ce qui n'était pas en effet, puisqu'on n'attaquerait Pignerol, ou le marquisat de Saluces, que pour s'assurer un passage pour toujours en Italie, et se mettre en état de faire ensuite restituer Casal, et garantir pour jamais les princes d'Italie des invasions des Espagnols ; que c'était prévoyance de n'entreprendre que ce qu'on peut faire, et remettre chaque chose en son temps ; que qui en usait ainsi faisait réussir la plupart de ses desseins, et qui faisait autrement, précipitant ses entreprises, montrait avoir plus de cœur et d'ambition que de sagesse et de conduite ; que, pour parvenir à ses fins, il voudrait, plus que jamais, faire assurer les Espagnols que les préparatifs que nous faisions n'étaient point pour Casal, afin d'empêcher qu'ils ne fissent infidèlement la paix avec les Anglais, contre le traité qu'ils avaient fait avec nous.

Ensuite, il prendrait sujet pour attaquer M. de Savoie, non l'entreprise injuste qu'il avait tramée sur le Montferrat, mais les menées qu'il avait faites en ce royaume, l'intelligence qu'il avait avec M. de Rohan, dont il y avait des preuves toutes claires ; que, par ce moyen, l'Espagne ne se pourrait plaindre raisonnablement, et peut-être serait-elle bien aise de voir humilier M. de Savoie pendant qu'elle songerait à ses affaires ; par ce moyen encore, ou M. de Savoie reviendrait d'abord à son devoir, et se joindrait aux armes du Roi, ouvrant toutes sortes de passages (auquel cas Casal pouvait être secouru), ou, s'il ne le faisait, il perdrait indubitablement Pignerol, le marquisat de Saluces, par le moyen duquel on ferait, avec le temps, ce que raisonnablement on ne pouvait entreprendre lors par autre voie ; qu'il estimait qu'il fallait faire revenir M. le comte de Soissons, puisqu'il demandait son retour avec instance, de peur que le désespoir le portât à se mettre entre les mains des Espagnols, qui eussent été bien aises de s'en prévaloir pour nous nuire, quoique c'eût été par sa perte, que le Roi devait empêcher puisqu'il avait l'honneur d'être de son sang.

Quant aux brouilleries de France, il représenta que le meilleur expédient était de dissimuler jusques à la fin du siège de La Rochelle, afin de n'embrasser pas tant d'affaires à la fois. Et, d'autant que du succès de cette entreprise dépendait le bon événement qu'on pouvait désirer des autres, il fut d'avis qu'on tentât toutes sortes de voies pour presser la prise de cette place. Pour cet effet, il proposa de sommer la ville, y ayant apparence qu'étant étonnée de la venue du Roi, et abattue de la nécessité qui les pressait, le désir de sauver leurs biens, leur vie et leur liberté, leur ferait penser à leur conscience, et quitter leur rébellion. Il estima aussi qu'il fallait couper leurs eaux, et qu'il serait bon de se disposer à les attaquer de force, commençant des tranchées et des travaux si bien conduits, que, sans hasarder personne, si par malheur la place venoit à être secourue, on se trouvât en même temps sur la contrescarpe de la ville, prêt à passer leur fossé. Il représenta qu'il y avait des endroits très-avantageux pour faire des attaques, que la place n'avait point de dehors et peu de gens de guerre pour la défendre. L'attaque de force fut négligée, le retranchement des eaux abandonné après l'avoir commencé ; mais la sommation fut résolue sur-le-champ, étant jugé raisonnable de tous que Sa Majesté fit savoir son retour au siège de La Rochelle par un héraut. Cette sommation n'eut point d'effet, car elle fut refusée, non par ceux de la ville qui n'en surent rien, mais par le maire et les séditieux, qui cachèrent au peuple la venue dudit héraut, auquel ils avaient refusé les portes. Il ne se trouva point de roi d'armes ni de cottes-d'armes en l'armée pour lui donner, non plus que le roi Louis XI, comme Philippe de Commines [60] remarque, n'en trouva en la sienne pour revêtir celui qu'il voulait envoyer porter une parole de guerre aux Anglais. On en accommoda une en diligence, et prit-on un commis de l'épargne, nommé Boulanger, assisté de deux trompettes du Roi, pour les sommer de lui ouvrir les portes, auquel cas il userait de sa clémence en leur endroit, sinon qu'ils n'eussent plus rien à espérer de sa miséricorde, mais attendre de sa justice la rigueur de la punition que leur félonie méritait. Ils ne le voulurent point écouter, et le firent

60. Philippe de Commynes (1447-1511) a écrit des *Mémoires* sur les règnes de Louis XI et de Charles VIII.

retirer ; ce qui indigna bien fort le Roi, qui se résolut de les châtier comme ils méritaient.

Cependant le cardinal, voyant que la misère extrême en laquelle étaient les Rochelois ne les retirait pas encore de leur opiniâtreté, et qu'ils étaient résolus de mourir de faim les uns après les autres plutôt que de se rendre, trouva moyen de faire semer dans la ville plusieurs billets, par lesquels on leur représentait que la résolution qu'ils avaient prise était une tyrannie injuste d'un petit nombre des plus puissants d'entre eux, lesquels, ayant seuls du blé dont ils se sustentaient, voyaient à leur aise mourir de faim tous les jours les pauvres, et auraient seuls enfin tout l'avantage de la composition qu'ils feraient avec le Roi ; que, s'ils étaient bons citoyens, ils devaient prendre part à la misère commune, et distribuer de leur blé à tous les autres, et que, lorsque la nécessité serait égale, les conseils seraient désintéressés. Ces billets, qui furent lus de plusieurs, mirent entre eux quelque division ; ensuite ils envoyèrent des députés au cardinal pour parler de se rendre ; mais comme on était sur le point de traiter, et que les députés sortoient de la porte de Cogne pour faire le traité, il entra dans La Rochelle un habitant de la ville, qui avait passé à pied par la batterie de Sauvagère, et revenait d'Angleterre, ayant descendu en la rivière de Bordeaux, qui les assura qu'il avait vu l'armée prête à partir pour les secourir ou se perdre, et qu'elle devait arriver huit jours après : ce qui fit que les députés retournèrent dans la ville, et qu'on se prépara du côté du Roi à recevoir cette armée, qui partit de Plymouth le 17 de septembre, fut vue aux rades d'Olonne le 28, le 29 vint mouiller l'ancre à Saint-Martin-de-Ré, et le 30 arriva à Chef-de-Baye, composée de cent quarante voiles, trois vaisseaux murés, et d'autres pleins de fumier, où ils devaient mettre le feu pour empêcher, par la fumée, de voir les vaisseaux qu'ils enverraient à la suite de ceux-là pour quelques entreprises.

Ils portaient six mille hommes de guerre sans les matelots. Dès qu'ils parurent, le cardinal en envoya donner avis au Roi à Surgères, d'où il vint en diligence reconnaître l'ennemi à La Leu, et fit avertir les volontaires, qui, ne trouvant pas de chevaux à la poste, y allèrent à pied. Quand ils furent arrivés on avait peine à les retenir, tant ils se jetaient en foule dans les vaisseaux du Roi. Cette armée était tout l'effort d'Angleterre ; car le parlement qui tenoit lors avait accordé six millions de livres pour la dresser, afin de venger les affronts et ignominies que la nation anglaise avait reçus en l'île de Ré, et depuis par la retraite honteuse de leur armée au mois de mai. Mais elle arriva trop tard, la digue étant parachevée et deux ou trois rangs de machines fermant le canal, outre trente-six vaisseaux de guerre, les palissades flottantes et la petite armée de galères, galiotes, brigantins, barques, traversiers et chaloupes qui défendaient l'avenue, de sorte qu'il n'y avait nulle apparence que les Anglais y pussent faire aucun effet. Mais, afin d'en donner plus de connaissance, il est à propos de particulariser un peu ces choses.

La digue était divisée en deux : l'une commençait au rivage dévers Corrèle, l'autre au rivage vers Chef-de-Baye, et s'avançait de côté et d'autre jusques à cent toises, qui était ouverte au milieu pour le passage des marées ; elle était en telle distance de la ville que le canon n'y pouvait aller de point en blanc. Et pource que par l'ouverture le secours eût facilement pu entrer, on fit deux forts sur l'un et l'autre rivage où les deux digues commençaient, et deux autres encore aux deux têtes d'icelle, et on munit ces quatre forts de quantité de canons. Et, afin qu'aucun vaisseau du secours n'osât entreprendre d'y passer au hasard du canon, on fit un autre fort au milieu de ladite ouverture, un peu avancé dans la mer, nommé le fort d'Argencourt. Et pour fermer le passage à quelque petit vaisseau qui eût pu se couler, on y fit d'autres machines qui tenaient toute l'ouverture de la digue et beaucoup davantage, et étaient faites de grandes pièces de bois enfoncées et liées par-dessus avec de la charpente. On appela ces machines-là chandeliers ; on en fit d'autres encore au-devant dudit fort, de la même étendue que les chandeliers, et liées les unes aux autres avec du bois et du fer. Ces machines furent, du nom de celui qui les fit, appelées du Plessis-Besançon [61]. Bien que la mer semblât être par ce moyen surmontée et son passage fermé aux ennemis, de crainte, toutefois, que les ennemis vinssent de nuit à ces machines et les rendissent inutiles, on mit devant la première machine vingt-quatre vaisseaux, les deux premiers desquels étaient sur les deux extrémités d'icelle, et tous les autres, l'un après l'autre, aboutissoient en un angle, et au côté desdits vaisseaux dix chaloupes couvertes, cinq

61. Bernard du Plessis-Besançon (1600-1670), qui participa à de nombreux combats avant de devenir gouverneur d'Auxonne en 1644 puis à nouveau en 1661, après avoir été ambassadeur à Venise.

de chaque côté pleines de pétards, et au-devant de tout cela toute l'armée navale disposée en bon ordre. Et pour défendre du côté de La Rochelle, le cardinal avait fait mettre au-devant de l'ouverture de ladite digue, de leur côté, une palissade flottante composée de trente-sept grands vaisseaux de deux à trois cents tonneaux chacun, attachés les uns aux autres avec des câbles par les mâts, avec force canons et gens de guerre dessus, et après cette palissade il y avait cinquante-neuf navires enfoncés en une ligne droite, répondant à l'ouverture de la digue, qui est ce qu'on appelait estacade, et un fort de bois en triangle commencé par Pompée-Targon [62].

Toutes ces choses étant ainsi disposées, il est aisé à juger que le Roi était bien assuré contre tous les efforts qu'eussent pu faire les Anglais. Dès qu'on eut nouvelles d'eux, toute l'armée fut disposée pour les recevoir, et les petites galiotes du Roi les allaient provoquer au combat ; mais elles ne les pouvaient attirer : ils ne firent que tirer force canonnades aux vaisseaux de Sa Majesté, lesquels étaient à l'ancre à l'embouchure du canal, et ils leur répondaient de même, sans qu'ils se fissent grand dommage les uns aux autres. Les Anglais envoyèrent quelques pétards flottants sur l'eau, qui jouaient par le moyen de ressorts qui se lâchaient à la rencontre d'un vaisseau ; mais ils furent tous pris sans faire mal. Ils firent aussi quelque mine de mettre pied à terre, mais ils ne l'osèrent exécuter, voyant qu'on se disposait à les bien recevoir.

Enfin le mardi, sur les quatre heures du matin, ils vinrent avec vent et marée pour attaquer nos vaisseaux qui firent merveilles, et les étonnèrent tellement qu'ils n'en osèrent aborder aucun. Le Roi ne perdit en ce combat que vingt-huit hommes, les Anglais beaucoup davantage ; une de leurs roberges [63] fut démontée, laquelle ils furent contraints d'envoyer raccommoder en l'île de l'Oyc, deux de leurs barques perdues et un vaisseau. Cette honte les anima davantage, et les obligea à voir le lendemain s'ils pourraient entreprendre quelque chose qui leur fût plus avantageux ; ils envoyèrent neuf brûlots qu'ils firent suivre de vaisseaux qui venaient cachés à l'obscurité de leurs

62. Pompée Targon, ingénieur italien (1575-1630). Il avait tenté de fermer le port de La Rochelle par une estacade.

63. Ou *ramberges* (anglais *row-barge* : canot à rames).

fumées ; mais nos hirondelles [64], armées de soldats qui craignaient aussi peu le feu que l'eau, allèrent courageusement au devant et les détournèrent. Cependant la batterie de Chef-de-Baye, en laquelle était le Roi, endommageait de sorte leur flotte, qu'elle se retira et alla mouiller l'ancre vers l'île d'Aix, sans plus oser retourner faire effort. Le Roi, voulant donner avis aux Reines de la retraite des Anglais, fut contraint d'y envoyer un aumônier, n'ayant pu trouver aucun autre qui y voulût aller, pas un ne voulant partir tandis que les Anglais pouvaient encore attenter quelque chose : un chacun était ardent de s'y trouver, pour avoir part à la victoire de laquelle ils ne pouvaient douter.

Quand ils furent retirés vers l'île d'Aix, ils désirèrent faire une conférence avec quelques capitaines de l'armée navale du Roi, de chaloupe à chaloupe. On y envoya le sieur Treillebois, capitaine de la marine, huguenot, qui avait été, dès le commencement de la descente des Anglais en Ré, remis en l'obéissance du Roi par le cardinal, avec le sieur de L'Isle pour l'assister, et lui fut commandé de prendre des matelots basques, afin qu'ils ne pussent entendre ce qu'ils diraient, d'ôter toute espérance à ses patriotes que La Rochelle reçût jamais pardon du Roi par l'entremise des Anglais. Et si on demandait de le mener à l'amiral anglais, qu'il répondit n'avoir point cette permission-là ; mais que s'ils voulaient envoyer quelqu'un de qualité vers le Roi, ils le proposeraient au commandeur de Valençai, qui en parleroit au cardinal. Cette conférence ne produisit autre chose, sinon que le sieur de Montaigu [65], Anglais, obtiendrait permission de venir trouver le cardinal pour proposer quelque accommodement, ce qui fut fait ; et après avoir vu le cardinal, il retourna en Angleterre pour savoir la dernière volonté du Roi son maître. Il demanda pardon pour les Rochelois, liberté de conscience et quartier à la garnison anglaise de La Rochelle. On lui dit que les Rochelois étaient sujets du Roi, qui savait bien ce qu'il avait à faire avec eux, et que le Roi d'Angleterre ne s'en devait mêler. Quant aux Anglais, on leur ferait le même traitement que recevraient les Français qu'ils tenaient prisonniers.

64. Larges canots à rames.

65. Sorti de la Bastille depuis le 14 avril, il est sur un des navires anglais en ce début du mois d'octobre 1628.

Cependant on prenait tous les jours force espions qui passaient les vignes, et furent tous pendus. Enfin l'extrémité des Rochelois étant en son dernier point, n'ayant plus d'herbe à manger sur leurs contrescarpes, de cuirs de bœuf ni de cheval, de courroies, de bottes, de souliers, de ceintures, de pendants d'épée, de pochettes dont ils faisaient des gelées avec de la cassonade et des bouillies sucrées qu'ils mangeaient pour se nourrir, et les plus riches d'entre eux à qui, à la venue des Anglais, il restait encore quelque provision, sur l'espérance de l'effet de leur venue, la leur ayant vendue à haut prix, et se trouvant lors en égale nécessité que les autres, ils se résolurent d'envoyer tous demander miséricorde, et supplier le cardinal de faire agréer au Roi qu'ils lui envoyassent des députés pour se remettre à sa merci : ce qui leur ayant été accordé, ils les y envoyèrent le 27 octobre. Le jour de devant étaient arrivés aussi ceux des Rochelois qui étaient dans l'armée anglaise, sans qu'ils sussent rien les uns des autres. Le cardinal, pendant la conférence de ceux de La Rochelle avec lui, leur dit que leurs confrères qui étaient en l'armée anglaise avaient déjà obtenu grâce. Comme ils ne le voulaient pas croire, il leur fit venir Vincent et Gobert ; ils s'embrassèrent avec larmes, n'osant parler d'affaires, pource qu'il leur avait été défendu sur peine de la vie. Ce fait, ils s'en retournèrent en la ville, le cardinal leur ayant promis de faire, envers le Roi, en leur faveur tout ce qu'il pourrait.

L'audace qui accompagne toujours la rébellion était si profondément empreinte en l'esprit de ces misérables, que, quoiqu'ils ne fussent plus qu'ombres d'hommes vivans, et qu'il ne leur restât plus de vie qu'en la clémence du Roi dont ils étaient indignes, ils osèrent néanmoins bien encore proposer au cardinal qu'ils voulaient faire un traité général pour tous ceux de leur parti, et avoir la continuation de tous leurs anciens privilèges, franchises et immunités, fors ceux qui pouvaient donner ombrage de nouveaux troubles ; que madame de Rohan fût comprise au traité ; qu'elle fût remise en ses biens ; M. de Soubise, comme les ayant particulièrement assistés, y fût compris aussi ; qu'ils pussent donner part de ce qu'ils faisaient aux Anglais ; qu'ils ne missent aucune chose dans le traité qui donnât lieu au rasement de la ville, ni au changement de leur gouvernement ; que ce traité fût appelé traité de paix, et non pas un pardon et une grâce ; que le maire fût maintenu ; que les gens de guerre sortissent tambour battant, la mèche allumée. Le cardinal se moqua de leur impudence, leur dit qu'ils ne devaient rien espérer que simplement le pardon, lequel encore ne méritaient-ils pas. D'un côté il savait bien que dans dix ou douze jours on les aurait la corde au cou ; mais d'autre côté il considérait qu'il fallait se hâter, pour éviter plusieurs inconvénients, et pour que Montaigu trouvât la paix faite, que l'armée navale la vît faire sans son consentement, à sa vue, ce qui rendrait le reste des affaires du Roi plus facile, soit au regard de l'Angleterre, soit d'Espagne, soit au-dedans du royaume.

Le 28, le traité, ou plutôt la grâce fut signée, par laquelle le Roi donnait la vie et les biens à ceux des habitants de la ville qui lors y étaient, et l'exercice de la religion prétendue réformée en La Rochelle. Le 29, ils envoyèrent douze députés au Roi, lesquels le maréchal de Bassompierre [66] à cheval, lui et toute sa suite, mena à pied au logis de Sa Majesté, où le cardinal les reçut et les présenta à Sadite Majesté, à laquelle ayant avoué leurs crimes et leurs fréquentes rechutes en la rébellion, et protesté en avoir regret et horreur, ils demandèrent miséricorde ; témoignant ne la pas mériter, et ne l'oser espérer qu'en considération de leur véritable repentance, protestant une fidélité entière à l'avenir, et suppliant le Roi qu'il se souvint qu'autrefois ils avaient rendu quelques services au Roi son père. Sa Majesté leur répondit qu'il priait Dieu que ce fût de cœur qu'ils lui portassent honneur, et non pas par la nécessité où ils étaient ; qu'il savait bien qu'ils avaient toujours été malicieux, et qu'ils avaient fait tout ce qui leur avait été possible pour secouer le joug de son obéissance ; qu'il leur pardonnait leurs rébellions, et que s'ils lui étaient fidèles sujets il leur serait bon prince, et si leurs actions étaient conformes aux protestations qu'ils lui faisaient, il leur tiendrait ce qu'il leur avait promis. Le 30, on envoya des gens de guerre se saisir du fort de Tadon, et d'autres à La Rochelle pour se saisir des portes, des tours, des places de la ville, et de leurs canons et munitions, et faire sortir leurs gens de guerre, qui ne se trouvèrent de Français que soixante-quatre, et d'Anglais que quatre-vingt-dix, tout le reste étant mort de misère. Le cardinal y entra aussi, où le maire s'étant présenté avec six archers pour le sa-

66. François, marquis de Bassompierre (1579-1646), maréchal de France en 1622 ; il a le privilège de posséder, au siège de La Rochelle, son armée, distincte de celle du roi.

luer, il lui fit commandement de congédier ses archers, et défense de se plus qualifier maire, sur peine de la vie.

On trouva la ville toute pleine de morts, dans les chambres, dans les maisons, et dans les rues et places publiques, la foiblesse de ceux qui restaient étant venue à tel point, et le nombre de ceux qui mourraient étant si grand, qu'ils ne se pouvaient enterrer les uns les autres, et laissaient leurs morts gisant où ils avaient expiré, sans que pour cela l'infection en fût grande dans la ville, pource qu'ils étaient si atténués de jeûnes, qu'étant morts ils achevaient plutôt de se dessécher qu'ils ne pourrisaient.

Le premier novembre au matin, le cardinal y dit la sainte messe en l'église de Sainte-Marguerite, où sont les pères de l'Oratoire, et après midi le Roi y fit son entrée, armé et à cheval, après y avoir auparavant fait entrer toutes sortes de vivres. En quoi est à remarquer la grande clémence du Roi, qui ne se contenta pas de leur donner la vie par sa grâce, mais encore, par sa charité, leur envoya du pain en suffisance pour les nourrir dans l'extrême nécessité où ils étaient, sans quoi la plupart de ceux qui étaient restés en cette ville-là fussent morts de faim deux jours après. Le cardinal conseilla au Roi d'envoyer le maire hors de la ville, à cause de la grande inhumanité dont il avait usé envers ses citoyens, ayant mieux aimé les laisser misérablement périr de faim que d'avoir recours à la clémence du Roi pour mettre fin à leurs misères ; d'envoyer à Niort madame de Rohan la douairière [67], comme étant indigne que Sa Majesté la vit, pour avoir été le flambeau qui avait consumé ce peuple ; et de renvoyer dans les vaisseaux anglais les députés des Rochelois qui étaient en ladite armée, afin qu'ils dissent des nouvelles de ce qu'ils avaient vu. Sa Majesté aussi, après cela, commanda qu'on fît démolir les fortifications et les murailles de cette ville si insigne en sa rébellion. Le méchant naturel de ses habitants, nés et nourris dans l'anarchie, et le châtiment exemplaire que le service de l'État requéroit qui fût pris d'eux, y sembla obliger Sa Majesté, qui fit ensuite raser la citadelle de Saintes et les châteaux de Saint-Maixent, Chinon, Loudun, Mirebeau, et les nouvelles fortifications des tours qui n'étaient plus nécessaires, et principalement la citadelle de Saint-Martin-en-Ré, qui était la plus belle

67. Catherine de Parthenay, douairière de Rohan (1554-1631), connue pour son engagement auprès des huguenots ; elle fut l'un des fers de lance, avec ses enfants, de la résistance rochelaise.

fortification qui fût en France, et beaucoup plus forte que La Rochelle, et située en lieu bien plus dangereux et plus important, et la meilleure rade de toutes les côtes de France, où étant détachée de la terre ferme, elle se pouvait dire comme imprenable, et celui qui en serait gouverneur ne dépendroit pas davantage de la France que de l'Espagne ou de l'Angleterre ; de sorte que de la conserver ayant pris La Rochelle, n'eût été faire autre chose que remédier aux maux qui avaient pris naissance sous les Rois prédécesseurs de Sa Majesté, et laisser un levain pour d'autres à ses successeurs, auxquels ils ne pourraient apporter remède. Joint que pour conserver ladite place, de la grandeur dont elle était, il fallait au moins deux mille hommes, ce qui eût été une dépense insupportable pour conserver une île, laquelle s'était toujours maintenue sans garnison, et se pouvait garder avec cent hommes ; outre que les droits de Sa Majesté n'avaient pu être établis jusqu'alors dans cette île ; ce qui était de plus d'importance qu'on ne pouvait penser. Sa Majesté fit néanmoins conserver le petit fort de La Prée, afin d'avoir toujours une porte assurée pour faire, quand elle voudrait, descendre des troupes dans l'île de Ré, si des ennemis y étaient entrés. Toiras[68] s'y opposa tant qu'il put ; mais les raisons qui furent mises en avant pour montrer qu'on la devait raser étaient si évidentes, qu'il n'osa pas insister à y contredire : le Roi lui donna 100,000 écus de récompense. On eût pu accourcir le temps de la prise de cette ville si on leur eût coupé leurs eaux, ce qui était aisé ; si on eût fait un dégât fort exact des blés, légumes et vivres que les assiégés recueillirent sur le bord de leur contrescarpe, ce qui pouvait être empêché, et fit subsister deux mois cette malheureuse ville par sa propre confession ; si on eût commencé plus tôt à traiter avec rigueur ceux qui entraient ou sortoient de la ville, étant certain que l'exemple et le châtiment eussent arrêté ces misérables, qui, ne pouvant plus se sauver, et pâtissant tous dans la ville, eussent porté le gros à se rendre plus promptement ; et si, au retour du Roi, qui fut en avril, on l'eût attaquée par force, cette ville étant destituée de gens de guerre, pleine seulement d'habitans peu accoutumés aux fatigues, et incapables de supporter celle d'une garde extraordinaire avec la

68. Jean Caylar d'Anduze de Saint-Bonnet, seigneur de Toiras, maréchal de France (1585-1636). Il était alors gouverneur de l'île de Ré (et de ses deux forteresses), mais aussi du pays d'Aunis, de La Rochelle, et du Fort-Louis. Le démantèlement des fortifications de Saintes, de Niort et de quelques autres rendait son gouvernement mois important.

misère de la faim. On s'étonnera peut-être que le cardinal, ayant le crédit qu'il avait auprès du Roi, puisque ces choses pouvaient avancer le siège, ne les lui ait proposées et fait résoudre : à quoi il n'y a rien à répondre, sinon qu'il est fâcheux en un conseil d'emporter par autorité ce qu'on devrait céder à la raison, et se rendre garant d'un événement au mauvais succès duquel tout le monde contribue d'autant plus volontiers, que le conseil a été pris contre leur jugement. Voilà les fautes qui arrivèrent depuis que le Roi fut venu en personne au siège ; mais, auparavant, deux principales avaient été commises, bien plus notables que toutes les autres. Le duc d'Angoulême [69], que le Roi envoya, dès le commencement de sa maladie, pour s'opposer aux descentes que pourraient faire les Anglais, et favoriser le secours de Ré, ne fut pas plutôt arrivé, en juillet, devant La Rochelle, qu'on lui fit plusieurs dépêches pour empêcher que les Rochelois ne serrassent tous les blés qu'ils avaient dans leurs fermes et maisons des champs. Mais ce commandement, pour être réitéré plusieurs fois, n'en fut pas mieux exécuté, tous les habitants de la ville ayant serré leurs grains à leur aise, et un seul n'ayant reçu traverse en ce dessein, ce qui allongea le siège de plus de trois mois. L'autre fut d'avoir laissé fortifier Tadon, et n'en avoir pas pris l'éminence pour y faire un fort, au lieu de le faire à Coreille où il était inutile, étant certain que si on eût pris ce poste on eût pu ruiner les tours et l'entrée du port, qu'il commande tout à fait, battre la ville en ruine ; et au cas qu'on eût voulu attaquer la place de force, il était fort aisé, en conduisant une attaque à la porte Saint-Nicolas qui est tout contre, et qui ne pouvait faire aucune défense, supposé que Tadon fût pris. Pompée-Targon fut la principale cause de cette faute, préférant, par ses imaginations, le poste de Coreille inutile à celui-là, dont les ennemis connaissaient si bien l'importance qu'ils le fortifièrent, reconnaissant que de là dépendait leur salut ou leur perte.

Mais, en quelque temps que Dieu en ait donné la victoire au Roi, elle apporta un découragement universel à ses ennemis, comme au contraire une grande espérance à ses alliés, qui regardaient la prise de cette ville comme la délivrance d'Italie, et l'assujettissement de ses rebelles sous la légitime domination du Roi, comme l'affranchis-

69. Charles de Valois-Angoulême (1573-1650), fils naturel de Charles IX. Il fut général de l'armée durant le siège de La Rochelle.

sement général de toute l'Europe de dessous le joug injuste de la tyrannie de la maison d'Autriche [70]. Quand ils en eurent les nouvelles à Casal ils reçurent la vie. Bien qu'ils fussent à l'étroit de vivres et de toutes commodités, et qu'ils souffrissent toutes les extrémités d'une ville de longtemps assiégée par un puissant ennemi, et abandonnée du secours de son prince trop faible pour la défendre, non-seulement ils reprirent courage, mais ils ne sentirent plus rien de tous leurs maux, trouvant abondamment en cette seule nouvelle tout ce dont ils avaient besoin. Les dames mêmes, sachant qu'il n'y avait pas d'argent pour payer les soldats, apportèrent leurs bagues et leurs ornements les plus précieux, pour être employés à subvenir à leurs soldes, prêtes encore à donner leurs propres cheveux s'il en eût été de besoin, comme les Carthaginoises coupèrent les leurs pour faire des cordes aux arcs de leurs maris contre les Romains. Mais cette réjouissance ne fut pas seulement publique à Casal, elle le fut même à Rome, où le Pape alla faire chanter le *Te Deum* à Saint-Louis [71], en apparence pour le seul sujet de la religion rétablie en cette ville-là, qui était l'ancien repaire de l'hérésie en France, ou plutôt la racine d'où, après qu'à la Saint-Barthélemy [72] le tronc en fut coupé, elle repullula en ce royaume, et étendit ses branches infectes par toutes les provinces de cet État ; mais, en effet, non moins pour le recouvrement de la liberté du Saint-Siège, assiégé jusqu'alors de la puissance orgueilleuse d'Espagne, qui, par la rébellion de cette ville, qui divisait les forces du Roi, prévalait, mais maintenant, par sa prise, était remise en équilibre et hors d'état de pouvoir plus opprimer la liberté des moindres États. On ne craignait plus que par cette ville, comme par l'ouverture funeste d'un autre cheval de Troie, on pût faire entrer dans ce royaume des armées ennemies pour y mettre le feu, et y entretenir un long embrasement ; et on ne faisait point de doute que le parti huguenot ne fût ruiné, puisque la communication avec l'étranger lui était ôtée, et qu'il ne pouvait plus tirer de nourriture et de soutien de dehors.

---

70. Les Habsbourg : sur ordre de Philippe IV, qui veut que Mantoue soit donné au duc de Guastalla (parent au huitième degré du défunt duc de Mantoue alors que le duc de Nevers l'est au troisième), Spinola attaque Casal, avec l'appui des troupes espagnoles.

71. L'église Saint-Louis-des-Français.

72. Allusion aux massacres de la Saint-Barthélemy (24-29 août 1572).

Mais le malheur voulait que tout était plein de factions et de cabales dans la cour et dans l'État ; ils en voulaient tous à l'autorité royale, et ensuite au cardinal qui l'affermissait par ses conseils. Ils le haïssaient, premièrement pource qu'il était aimé de son maître, et que c'est chose ordinaire dans les cours des rois que, là où est l'amour et la confiance du prince, là soit aussi la haine des courtisans, en cela semblables aux démons, qui accourent et essaient de s'insinuer par leur malignité en l'âme en laquelle ils voient que Dieu habite par sa grâce. Ils le haïssaient par envie qu'ils portaient à sa gloire d'avoir si sagement prévu, si courageusement persévéré, si heureusement réussi en ses conseils contre leur intention et leur désir. Cette pensée leur ôtait le repos, non comme à Thémistocle, que les trophées de Miltiade [73] empêchaient de dormir, par émulation de l'imiter et égaler sa vertu, mais comme des âmes viles et basses, qui, à la vue de la vertu d'autrui, se sentent déchirer les entrailles du désir d'anéantir, s'ils pouvaient, celui qu'ils voient riche des biens et des vertus dont ils sont défectueux. Ils le haïssaient d'autant qu'il ne s'accommodait pas à leurs désirs, et qu'il ne regardait leurs intérêts que dans le service de son maître, pource qu'étant auprès de lui pour veiller sans cesse à la conservation de son État, il ne voulait pas que son cœur fût allumé d'autre affectation que de la sienne, comme le feu des Vestales, qui était conservé toujours ardent pour la garde de l'Empire, était un feu tiré des purs rayons du soleil seulement. Mais ils le haïssaient encore principalement, pource qu'abhorrant comme ils faisaient l'établissement et affermissement de l'autorité royale, ils ne pouvaient voir celui qui contribuait heureusement tout son soin et sa vie pour cela.

Et d'autant que les causes de leur haine étaient plus iniques, d'autant était-elle plus irréconciliable. Et il n'était pas en la puissance du cardinal d'y remédier ; au contraire, il était forcé de la faire accroître tous les jours, pource qu'elle procédait et se nourrissait de sa fidélité, étant en cela sa condition à plaindre, qu'au lieu qu'à la plupart des autres hommes les grandes actions et les heureux événements de leurs entreprises sont la fin de leurs travaux, à lui ses plus grands dangers naissaient et s'augmentaient de ses plus grands services, par

---

73. L'anecdote est rapportée par Plutarque (*Vie de Thémistocle*). L'exploit de Miltiade à Marathon, aurait, selon Plutarque, ôté le sommeil à Thémistocle, qui était épris de gloire et soucieux de la Grèce.

la malignité de ceux qui les eussent voulu détourner et portaient en vie à sa gloire. Ils avaient accoutumé, dès longtemps, de vivre dans la confusion ; ils ne pouvaient souffrir de se voir obligés à mener une autre vie ; ils ne savaient que c'était de la loi de Lycurgue [74], qui ne fit apprendre à ses citoyens autre science que d'obéir à leurs princes et commander à leurs ennemis. Ils ne reconnaissaient liberté qu'en la licence de commettre impunément toutes sortes de mauvaises actions ; il leur semblait qu'on les gênait de les retenir dans les équitables bornes de la justice et du devoir. Un d'entre eux eut bien la hardiesse de dire, voyant La Rochelle prise : « Nous pouvons bien dire que nous sommes tous perdus. » Voilà le principal sujet pour lequel ils pestaient et forcenaient contre le cardinal, qu'ils reconnaissaient pour le principal organe que Dieu avait donné au Roi pour moyenner un si grand bien ; ils le voulaient chasser à quelque prix que ce fût ; il n'y avait ruse qu'ils n'inventassent pour le mettre mal par calomnies et mensonges dans l'esprit de Sa Majesté, jusque-là même que, par tous moyens, ils essayaient de traverser la prospérité des affaires publiques, pour, le rendant garant des mauvais événements, les lui imputer, et prendre sujet de médire de lui et de sa conduite. Pour cela il n'y avait rien qu'ils ne fissent ; ils ne se contentaient pas de s'unir entre eux ; ils appelèrent les étrangers à être de la partie, et abusèrent même de la bonté de Monsieur [75], et, le trompant, l'y engagèrent, tant leur malice arriva jusqu'au dernier point.

Monsieur continuait ses plaintes, et ramenait en mémoire les vieux prétextes que les factieux lui avaient donnés pour feindre un mécontentement ; qu'il voyait bien qu'on le traitait en enfant, sans lui donner part des affaires ; qu'on l'avait premièrement contraint de se marier par l'emprisonnement du colonel ; qu'on lui avait depuis refusé Chaudebonne [76] lorsqu'il l'avait demandé, puis on lui avait donné la liberté sans lui en parler ; que, durant la maladie du Roi, on avait pourvu au secours de Ré sans lui en dire mot, et que c'était à lui à qui on en devait parler, le Roi étant malade ; que l'on avait traité avec

74. Fondateur, au IXe siècle av. J. C., de la législation de Sparte. Il est l'exemple du législateur inflexible et rigoureux.

75. *Monsieur* est le titre porté par le frère du roi, en l'occurrence Gaston d'Orléans (1608-1660). Il fomenta diverses conspirations contre Louis XIII.

76. Claude d'Urre du Puy-Saint-Martin, seigneur de Chaudebonne, mort en 1644. Il fut l'un des principaux officiers de Gaston d'Orléans.

Espagne sur l'occasion de Ré, dont il n'eût jamais été d'avis, chacun ayant vu qu'Espagne n'avait rien fait ; que le Roi avait gourmandé Desouches, l'étant allé trouver de sa part ; qu'à présent il n'était pas mieux traité, vu qu'on ne lui faisait part d'aucune chose ; qu'on avait fait revenir M. le comte sans lui en dire rien ; qu'il voyait bien que maintenant, après la prise de La Rochelle, lui et les siens seraient mal menés ; qu'il ne pouvait souffrir de voir que M. le prince eût un emploi, et qu'il n'en eût point, et que le cardinal témoignoit bien qu'il ne l'aimait pas. Le Coigneux [77] fut si osé que de dire au sieur Bouthillier [78], qu'il fallait ou que le cardinal quittât les affaires, ou qu'il fît mieux traiter Monsieur, ou que Monsieur se déclarât contre lui et procurât sa ruine ; et dit lui-même au cardinal que Monsieur avoir de la jalousie du Roi, et que, pour l'éviter, il avait bien fait de s'en aller de devant La Rochelle incontinent après que Sa Majesté y arriva.

On sème ces plaintes dans la cour ; on en parle au comte de La Rochefoucauld, à un nommé Coman. Nonobstant les promesses que Monsieur avait faites au Roi et à la Reine-mère de ne penser plus au mariage de la princesse Marie, il se fait plus de bruit et de menées de son consentement que jamais ; madame de Longueville [79] lui conseille de donner une promesse à la fille sans le su de la Reine ; il voit la fille en cachette, il y envoie souvent ; tous les jours il visite madame de Longueville, la Reine s'en plaint ; Monsieur nie avoir promis au Roi et à la Reine de n'y penser plus. Le Coigneux veut faire un voyage à la cour, et fait solliciter la Reine de conseiller à Monsieur de l'y envoyer ; il en faut passer par là. Il y vient, le Roi le traite fort bien, il en reçoit contentement ; il s'en retourne satisfait, remportant à la prière de la Reine le retardement du départ de mademoiselle de Nevers, à la charge que Monsieur promet de nouveau à la Reine de ne penser plus au mariage sans le consentement de Leurs Majestés. Au lieu de reconnaître cette grâce, M. de Bellegarde [80] dit

77. Jacques Le Coigneux (1589-1651), seigneur de Bachaumont, chancelier du duc d'Orléans, puis président à mortier au parlement de Paris (1630).

78. Claude Bouthillier (1581-1652), confident du cardinal, nommé en 1619, envoyé en Lorraine en décembre 1629 pour faire revenir Gaston d'Orléans, qui fomentait la révolte contre le cardinal.

79. Anne-Geneviève de Bourbon-Condé, duchesse de Longueville (1619-1679), qui fut, avant sa retraite à Port-Royal en 1668, une des grandes conspiratrices durant la période de la Fronde.

80. Roger de Saint-Lari et de Termes, duc et pair (en 1620), fut premier gentilhomme de la chambre de Gaston d'Orléans.

la Reine, de la part de Monsieur, qu'il voyait bien qu'elle ne l'aimait point, résistant à ce qu'il affectionnait le plus ; que sans elle il avait obtenu du Roi, par Le Coigneux, le retardement du voyage de cette fille, dont il n'avait point d'obligation à la Reine. Cette mauvaise harangue fut contredite par Le Coigneux à son arrivée devant M. de Bellegarde, reconnaissant que Monsieur n'avait obtenu cette faveur du Roi que par l'entremise de la Reine, et que le Roi avait une très grande aversion à ce mariage comme il avait témoigné.

On rapporte à la Reine-mère que Monsieur croyait que le Roi n'avait point d'aversion à ce mariage, parce que Campremy, étant à Paris, avait dit que le Roi ne s'en souciait pas : ce qui avait été confirmé par une des parentes de M. de Saint-Simon qui demeurait avec madame de Longueville. On ne vit jamais tant d'artifices. On crut que Le Coigneux, avant que de partir, avait laissé par conseil à Monsieur de faire force rodomontades en son absence, pour montrer qu'il n'en était pas cause. Plusieurs fois, devant et après le voyage dudit Coigneux, M. de Bellegarde avertit la Reine que Monsieur était sur le point de se retirer chez lui. M. de Bellegarde dit à la Reine que Monsieur lui avait dit que, quand il voudrait, il s'attacherait M. le prince, en lui baillant sa fille en mariage pour son fils. Gondy dit à la Reine qu'il savait de lieu très assuré que Mirabel, depuis cinq ou six mois, voyait non-seulement madame la comtesse, mais, qui plus est, qu'il encourageait La Longueville au mariage, en lui promettant que son maître accommoderait l'affaire de son frère ; qu'il savait de plus que le même disait que, par ce moyen, ou il empêcherait du tout Monsieur de se marier, par l'aversion de la Reine-mère, ou ferait qu'il se marierait avec La Nevers, qui serait toujours mal avec ladite Reine, et qui peut-être n'auroit jamais lignée. Il ajouta que ce qu'il en disait n'était que pour l'affection qu'il portait à la Reine, et qu'on ne pensait plus au mariage de Florence, au moins pour l'aînée, le duc de Parme ayant été mandé sur ce sujet.

On était averti que M. de Mantoue[81], sollicitant instamment le Roi de le secourir en son extrémité, et témoignant ne désirer pas le mariage de Monsieur contre la volonté du Roi, jouait dessous main le double. Senneterre aussi étant à la cour pour traiter le retour de M. le comte avec des civilités incroyables, on eut avis que madame la

81. Le duc de Nevers.

comtesse faisait de plus belles protestations à Monsieur que jamais, tâchoit d'aigrir son esprit et le jeter en cabale. Jamais on ne vit tant de cabales ; l'impunité en faisait renaître. M. le prince, qui agissait avec zèle, était sollicité par Le Caractère à n'avancer pas les affaires du Roi. Montmorency était en même pensée, et lui en donnait atteinte. Le Musque lui témoignoit crainte des desseins de la cour, lorsque les affaires seraient en grande prospérité. Le Chaudron travailloit sous main à ce que les bons succès ne vinssent pas en poste. Le Feu agissait si mal, qu'on connaissait ouvertement sa mauvaise affection envers l'État.

Mais ce qui était plus dangereux, était que les personnes les plus proches du Roi étaient infectées de ce venin. Toiras même, à qui le Roi témoignoit tant de bonne volonté, et lui en avait donné tant de preuves par les grands biens qu'il lui avait faits, était un des principaux factieux. Il se plaignait qu'on ne lui faisait pas bon traitement, et qu'on ne tenait compte de lui, comme si la citadelle de Ré qu'on lui avait confiée était peu de chose. Si est-ce que Cominges dit à Bautru, allant visiter ladite citadelle le 22 août, que l'ambassadeur d'Espagne étant dans Ré, après l'avoir vue et considérée, dit une chose remarquable : « Qu'on dise ce qu'on voudra de M. de Toiras, que tantôt il est bien, que tantôt il est mal avec son maître, après avoir vu cette place, on jugera bien qu'il n'y peut être mal, et qu'au contraire il a une intelligence secrète avec lui, inconnue à toute la France, puisque nul ne peut voir la raison de cette grande fortification. » Le même dit qu'on ne connaissait pas Toiras, qu'il se voulait faire mugueter [82] de l'Angleterre et de l'Espagne à cause de cette place. Sur le bruit que les Anglais devaient arriver vers le 15 août à La Rochelle, il fit demander permission au Roi par M. de Nîmes, qui donna en plein conseil un mémoire à cet effet par M. d'Herbaut, de traiter avec l'armée d'Angleterre avec courtoisie, les envoyant visiter, et en recevant quelques-uns à terre, sous prétexte de ceux qui avaient été prisonniers à l'autre fois. Le mémoire portait qu'il estimait par cette voie rendre meilleur service au Roi que par aucune autre. Le Roi fut étonné de cette demande, et tout son conseil comme lui, ajoutant à cela les négociations qui s'étaient faites pendant le siège de Ré avec Buckingham, le plus souvent par huguenots, et tout ce qu'on sut

82. Courtiser.

par l'abbé Scaglia [83] devant qu'il fût révolté tout à fait, par Gerbier, Launay-Razilly ; toutes ces choses faisaient un amas de circonstances très considérables. Quand le marquis de Mirabel et don Lorenzo de Ramirez, ambassadeur d'Espagne, furent visiter Ré, il avait préparé six haquenées d'importance à leur donner, dont il fut détourné, de bon foi, par la cardinal. On ne paya point de devoir du sel en tant qu'il y fut, il ne le voulut jamais souffrir. Le commerce était défendu pendant cette guerre d'Angleterre. Il trafiquait en Hollande de toute sorte de marchandises défendues sans passe-ports, et en faisait venir d'Angleterre comme bon lui semblait. Après la prise de Mervé, on ne peut rapporter ce qu'il dit de M. le prince, duquel il avait mangé le pain ; et cependant il est vrai qu'apparemment la place fut rendue par la lâcheté ou trahison de ceux qui étaient dedans, qui y avaient été mis par son frère. Ils avaient promis, par lettre écrites à M. d'Arpajoux, de tenir encore trois semaines ; ils avaient mandé à M. le prince qu'ils attendraient le secours au moins jusqu'au dimanche ; et cependant, quand ils surent sa venue, ils se rendirent quatre jours devant, ayant des vivres pour plus de quinze jours, et des soldats bons et frais qui n'avaient aucune nécessité. Les pénétrants estimèrent qu'ils avaient pris cette occasion de médire de M. le prince, et le brouiller avec lui pour s'accommoder avec Monsieur, par le moyen de M. de Bellegarde, vers lequel son frère fit un voyage exprès trois mois auparavant. Cette conjecture se trouva vraie.

Au lieu de reconnaître, quand il fut hors de Ré, ce que le cardinal avait contribué à son secours par le commandement du Roi, lui et ses affidés faisaient gloire d'en parler autrement ; ils ne tenaient rien, à les ouïr dire, que de Dieu et l'épée. Il disait qu'il connaissait mieux le Roi que personne du monde, qu'il savait bien comme il le fallait mener, qu'il ne fallait pas prendre garde à ses dégoûts, qu'il fallait toujours aller son chemin. Il avait une cabale puissante dans la maison du Roi, connue de Sa Majesté, mais subsistant en cachette. Il se plaignait qu'il n'était pas fait maréchal de France parce qu'il n'en avait pas voulu prier, mais qu'il aimerait mieux mourir que d'y venir par cette voie ; qu'il était bien assuré qu'il le serait sans cela ; ce qui montrait le dessein qu'il avait de se prévaloir de quelque occasion et

83. César-Alexandre Scaglia (1592-1641), serviteur de la maison de Savoie avant de se retirer à Bruxelles ; Van Dyck fit son portrait.

nécessité de l'État. Il voulait vendre Amboise, et tout ce qu'il avait dans le cœur du royaume, pour porter tout son bien dans l'île de Ré. Bassompierre dit au cardinal, le 15 septembre, qu'il lui avait dit que si le Roi donnait La Rochelle à raser à un autre qu'à lui, il ferait merveille, et ne reconnaissait point la Reine pour gouvernante de Ré. Environ ce même temps il envoya un homme à la dame du Vernet, qui le retint quelques jours, puis le lui renvoya. Campremy dit au cardinal, le 10 juillet, que le Clerc avait fait dire à M. le premier par Valins, que s'il voulait s'accorder avec Toiras, ils mettraient bas la première faveur, qu'il expliquait le cardinal, et feraient bien leurs affaires ; il lui dit que M. le premier avait rejeté cette proposition. Le lendemain 11, le Roi faisant l'honneur au cardinal de le venir voir, lui dit la même affaire que ledit sieur premier lui avait racontée, et remarqua qu'il avait dit audit sieur le premier que le même avait autrefois voulu en la même manière gagner Baradas pour ruiner le cardinal. Le 13 du mois, le cardinal reçut une lettre du sieur du Plessis, qui était au duc d'Epernon, qui lui mandoit qu'un confident de Toiras avait passé en Languedoc, qui avait dit qu'il avait été forcé de se jeter sous la protection de M. le premier, et que depuis peu de jours ils s'étaient promis de se bien défendre de leur ennemi commun, et qu'à Tonnay-Charente ils avaient commencé à sonder le gué.

Ledit Toiras envoya son frère à Paris, après que le duc de Bellegarde se fut retiré mal content, pour assurer Monsieur, par Bellegarde, de son service et se lier à lui. Ce qu'il avait fait par le passé avec M. le prince, et depuis avec la Reine-mère, le justifiait. Pource qu'il lui semblait qu'en la relation qui avait été faire de l'île de Ré, on ne donnait pas à lui seul toute la gloire, mais à la vigilance et résolution du Roi de faire secourir cette place, il s'emporta à dire qu'il eût bien voulu savoir qui était la bête et l'isolent qui avait fait ce livre. Cependant il savait fort bien que ç'avait été la garde des sceaux. Il eut une querelle avec un des gens du prince de Condé, pour se lier de plus en plus avec Monsieur, lui témoignant qu'il se détachait dudit sieur prince qui ne l'aimait pas. Le Roi dit au cardinal que Toiras lui avait dit que le cardinal l'avait voulu corrompre par argent, pour lui découvrir tout ce qu'il faisait. Au demeurant, il disait que le Roi écoutait tout ; partant qu'en déguisant bien les matières, on faisait autant d'effet contre les innocents que contre les coupables. Qu'au reste, il ne se fallait pas enquérir de ce que l'on pouvait dire, mais de ce que le Roi pouvait croire ; qui avait plus de rapporteurs avait plus d'avantage.

Les artifices jouaient de toutes parts. On jeta sur le lit du Roi à Surgères un papier mal fait en effet, mais dont le dessein et la substance étaient diaboliques, et Préaux avertit le cardinal que le bruit commun de la cour et de toute l'armée était que la cabale de Toiras y avait fait jeter ce papier. Lorsque, par la confession de toute la France, le cardinal faisait le mieux, il l'accusait d'être perturbateur du repos public, lui imputait les divertissements du Roi, comme s'il était bien aise qu'il ne vaquât pas assidûment à ses affaires pour en être davantage maître. Ledit Préaux lui donna encore avis que Toiras publiait ouvertement qu'on ne prendrait point La Rochelle, et qu'on avait pénétré par ceux de la chambre du Roi qui lui étaient attachés, qu'il continuait toujours à vouloirs gagner Saint-Simon contre lui, prétendoit qu'on lui dût donner le rasement de La Rochelle à faire, et qu'après il ôteroit le régiment de Champagne du fort de Ré, et y en mettrait un autre à sa dévotion. Ledit de Châteauneuf lui dit que tout le monde s'étonnait des desseins de ce personnage, de son orgueil fondé sur la grande fortification de sa place, qui ferait un jour grande peine à la France. Ce gouvernement lui valait 200,000 francs ; car, en considération de ce qu'il ne souffrait point qu'on payât les droits du Roi, il prenait de tous les tonneaux de vin qui se rendaient en l'île un écu, et autant de chaque muid de sel ; et dès que la récolte des grains était faite en Ré, il les achetait de tous ceux qui voulaient vendre, les gardait six mois jusques au temps que la cherté vint, puis les vendait bien cher, les ayant payés à bon prix. D'autre part, Ambleville dit au cardinal que tous les amis de M. le premier étaient contre lui, et Préaux rapporta au père Joseph [84] que Anery lui avait dit que le cardinal ne favorisait point la maison dudit sieur le premier, laquelle le craignoit grandement, et croyait que sans lui ils s'avanceraient bien fort ; et que Leiches avait dit au duc d'Elbeuf qu'il se ressentirait de ce que ledit cardinal n'avait pas été pour lui en l'affaire de la compagnie des Roche-Baritaut ; et que Campremy avait dit à Mus que

84. François-Joseph Le Clerc du Tremblay (1577-1638), capucin, éminence grise du cardinal, prépara le règlement de la succession de Mantoue au profit de Charles de Nevers.

Montallet et Bautru l'avaient voulu ruiner à Surgères ; que c'était le cardinal qui en était cause, mais qu'il le lui rendrait.

Ainsi les voix publiques louaient le cardinal, les particuliers tâchaient à le déchirer, les provinces entières le bénissaient, les factieux conjuraient contre lui. Les passagers qui sont en un même navire, ayant chacun leur intérêt à part, et leurs intentions différentes, ne communiquent ensemble qu'en la tourmente, en laquelle le soin du salut commun les réunit, et les fait conspirer à une même fin. Mais ceux-ci, nés en un même royaume, sujets d'un même roi, intéressés en sa gloire et en la grandeur de son État, au milieu des orages et des guerres qui l'assaillaient de tous côtés, non-seulement se divisent et se séparent de celui qui gouverne comme premier ministre, mais augmentent et fomentent la tempête, et en empêchent les remèdes, ne se souciant pas de périr, pourvu qu'ils causent la ruine de celui contre lequel ils sont injustement acharnés. Le cardinal, au lieu de s'en plaindre se tait, se souvenant que le sage politique, législateur romain, estimait cette qualité la première pour le gouvernement, et fit une loi entre les Romains, d'adorer, entre les déités, principalement celle du silence. Et, non-seulement il se tait, mais, en soi-même, il tire vanité de leur haine ; étant bien aise qu'en tout temps les ennemis du Roi le persécutent, les vraies louanges du ministre d'État étant les plaintes que les méchants font de lui.

Néanmoins, tant de factions et de monopoles ne laissent pas de le tenir en quelque anxiété du conseil qu'il avait lors à donner au Roi. Quand tous conspirent au service du maître, il y a plus de facilité de le faire réussir ; mais quand les uns abattent ce que les autres édifient, il y a difficulté de recevoir honneur de ce que l'on entreprend. Davantage, qui peut être garant de tous les événements ? Quand on s'embarque en temps favorable, et avec vent et marée, on a sujet d'espérer bon voyage ; néanmoins, bien souvent les tempêtes s'élèvent et trompent notre espoir. À combien plus forte raison doit-on avoir crainte, la mer émue et les mariniers n'étant pas bien d'accord pour le service du vaisseau ? Le cardinal voit bien qu'on le veut rendre responsable de tout, qu'on n'a dessein que de le perdre. Mais, après avoir longtemps discouru en son esprit et consulté avec Dieu, il prit résolution de mépriser tout ce qui le regardait, et s'abandonner à toute sorte de périls pour le service du Roi, reconnaissant que le fait d'un homme de courage n'est pas d'avoir recours à la pauvreté pour se défendre contre la crainte de la perte de ses biens, ni à la faute d'affection contre le hasard de perdre ses amis, ni à l'abandon des entreprises glorieuses au service de son maître contre ses malveillans, mais qu'il se faut pourvoir de la raison, et d'une humble soumission à la providence de Dieu contre tous accidents. Il conseilla donc au Roi de penser aux affaires d'Italie. Il l'en avait auparavant diverti, estimant peu judicieux ceux qui croyaient qu'il le dût faire pendant qu'il avait une si grande affaire sur les bras. La seule cause qui faisait peine en cette occasion était le peu de temps que Casal pouvait tenir, selon les avis qui en venaient. Ce qui pouvait divertir la France du secours d'Italie, était que la saison n'y était pas propre ; que Casal était si pressé qu'il ne pourrait attendre ; qu'on s'attirerait une guerre d'Espagne en France par la Picardie et la Champagne ; que les armes de France étaient harassées du siège de La Rochelle ; que ses finances y avaient été épuisées ; que les alliés de la France promettraient beaucoup et ne tiendraient rien. Mais, au contraire, aussi il y avait à considérer que, si on laissait perdre l'Italie, l'Espagnol serait si puissant qu'il nous attaquerait après comme il voudrait ; que le péril était moindre maintenant qu'il ne serait lors, si on se pouvait bien ajuster avec les princes d'Italie, l'Angleterre et la Hollande.

Le Roi se résolut de partir deux jours après, et, pour satisfaire à la supplication que le cardinal lui avait faite de lui donner une heure où il lui pût parler en particulier, il lui commanda de le venir trouver le soir, ce qu'il fit ; et lors, en la présence de la Reine sa mère et du père Suffren, il lui lut quelques mémoires qu'il avait faits à ce sujet, lui faisant particulièrement entendre la conséquence de chaque article. Il représenta à Sa Majesté que, maintenant que La Rochelle était prise, si elle voulait se rendre le plus puissant monarque du monde, et le prince le plus estimé, elle devait considérer devant Dieu et examiner soigneusement et secrètement, avec ses fidèles créatures, ce qui était à désirer en sa personne, et ce qu'il y avait à réformer en son État ; que l'action de grâces qui était due à la bonté de Dieu pour un tel succès, ne le conviait pas seulement, mais le contraignait à faire cette proposition à Sa Majesté, et, à son avis, elle obligeait Sadite Majesté à l'embrasser et à la suivre ;

Que les intérêts de son État étaient divisés en deux chefs : l'un qui concernait le dedans, et l'autre le dehors ; qu'en ce qui touchait le premier, il fallait sur toutes choses achever de détruire la rébellion de l'hérésie, prendre Castres, Nîmes, Montauban, et tout le reste des places de Languedoc, Rouergue et Guienne, puis entrer dans Sedan et s'assurer d'argent ; qu'il fallait raser toutes les places qui n'étaient pas frontières, ne tenant point les passages des rivières, ou ne servant point de bride aux grandes villes mutines et fâcheuses ; parfaitement fortifier celles qui étaient frontières, et particulièrement une place à Commercy ; qu'il fallait acquérir, décharger le peuple, ne rétablir plus la paulette [85] quand elle serait expirée dans un an, abaisser et modérer les compagnies qui, par une prétendue souveraineté, s'opposaient tous les jours au bien du royaume ; faire que Sa Majesté fût absolument obéie des grands et des petits ; remplir les évêchés de personnes choisies, sages et capables ; racheter le domaine du royaume, et augmenter son revenu de la moitié, comme il se pouvait par moyens innocents ; qu'il resterait encore, outre cela, d'autres désordres à régler, mais que c'était assez, pour la première fois, de remédier aux principaux ;

Que, pour le dehors, il fallait avoir un dessein perpétuel d'arrêter le cours du progrès d'Espagne ; et, au lieu que cette nation avait pour but d'augmenter sa domination et étendre ses limites, la France ne devait penser qu'à se fortifier en elle-même, et bâtir et s'ouvrir des portes pour entrer dans tous les États de ses voisins, et les pouvoir garantir de l'oppression d'Espagne, quand les occasions s'en présenteraient ; que, pour cet effet, la première chose qu'il fallait faire, c'était de se rendre puissant sur la mer, qui donne entrée à tous les États du monde ; qu'ensuite il fallait penser à se fortifier à Metz, et s'avancer jusqu'à Strasbourg, s'il était possible, pour acquérir une entrée dans l'Allemagne ; ce qu'il fallait faire avec beaucoup de temps, grande discrétion, et une douce et couverte conduite ; qu'il fallait faire une grande citadelle à Versoix pour se rendre considérable aux Suisses, y avoir une porte ouverte, et mettre Genève en état d'être un des dehors de la France ; qu'on pourrait aussi penser à acquérir de M. de Longueville la souveraineté de Neufchâtel, qui, étant dans la Suisse, y donne plus de pied et plus de lieu d'y être considéré par des gens

85. La paulette, ainsi baptisée du nom de l'un de ses instigateurs, Charles Paulet, est un droit dont s'acquitte chaque année le titulaire d'une charge et en échange duquel il peut transmettre sa charge à l'héritier de son choix. Le projet avait été défendu par Sully contre Bellièvre.

grossiers, qui ne voient rien mieux que ce qui est proche de leurs yeux ; et n'y avait personne, bien sensé et affectionné à la France, qui n'estimât que ces étrangers étaient ceux dont Sa Majesté devait conserver plus soigneusement l'alliance, tout parce qu'ils séparent l'Allemagne de l'Italie, que parce que, faisant profession de la guerre, ce n'est pas peu de les acquérir et en priver ses ennemis ; qu'il fallait penser au marquisat de Saluces, soit par accommodement avec M. de Savoie, si son humeur changeante le faisait revenir au service de Sa Majesté, en lui donnant quelques plus grandes conquêtes en Italie, soit en profitant de la mauvaise intelligence qui était entre les sujets dudit marquisat et lui, et le reconquérant ; ce qu'il ne pouvait empêcher quand on le voudrait entreprendre puissamment, non plus que de garder cette conquête, qui, étant contiguë à nos États, se conserverait facilement en y faisant une grande et forte place au lieu qui serait estimé le plus propre à cet effet ; que, pour se mettre encore plus en état d'être considéré par force en Italie, il était besoin d'entretenir trente galères, et les faire commander par commission, changeant tous les trois ans ceux qui en auraient la charge, afin que chacun eût passion à signaler son emploi, et non pas à demeurer dans les ports pour profiter, à la honte de la France, de leur séjour, comme on avait fait jusqu'alors ; qu'on pourrait encore penser à la Navarre et à la Franche-Comté comme nous appartenant, étant contiguës à la France, et faciles à conquérir toutes fois et quantes que nous n'aurions autre chose à faire ; mais qu'il n'en parlait point, d'autant que ce serait imprudence d'y penser si premièrement ce qui était ci-dessus n'avait réussi, parce, en outre, qu'on ne le pouvait faire sans allumer une guerre ouverte avec Espagne, ce qu'il fallait éviter autant qu'on pourrait.

Quant à la personne du Roi, il avait tant de bonnes qualités, que difficilement en trouverait-on quelqu'une à redire ; mais d'autant que les péchés des rois consistent principalement en omissions, ce ne serait pas merveille s'il y avait quelque chose à remarquer en ce genre, non par manque des parties nécessaires à un prince, mais par faute de les mettre en exercice ; qu'un prince devait donner permission à ses familiers de l'avertir de ses défauts ; qu'au temps de Tibère on tenait le doigt à la bouche ; mais Auguste permettoit qu'on lui dît ses défauts, et remerciait ceux qui les faisaient entendre, témoignant que ce lui était chose très agréable, puisqu'il leur faisait du bien ; que Sa Majesté était très bon, vertueux, secret, courageux et amateur de gloire ; mais qu'on pouvait dire avec vérité qu'il était extrêmement prompt, soupçonneux, jaloux, quelquefois susceptible de diverses aversions passagères, et des premières impressions au préjudice du tiers et du quart, enfin sujet à quelque variété d'humeurs et diverses inclinations, dont il lui serait plus aisé de se corriger qu'il ne lui serait facile de les rapporter, étant si accoutumé à publier ses vertus à tout le monde, qu'à peine pourrait ledit cardinal remarquer ses défauts, bien que ce ne fût qu'à lui-même ; que le jugement de Sa Majesté est tel, qu'il s'apercevrait fort bien, sans l'aide de ses serviteurs, de ce qui pouvait être désiré en sa personne par ceux qui étaient du tout attachés à son service, et les plus passionnés pour sa grandeur et pour sa gloire ; que tel est prompt de sa nature, que le temps et l'expérience rendent fort modéré ; que le changement qui était à désirer en Sa Majesté sur ce sujet était aisé à faire, et qu'il pouvait dire avec vérité qu'il y avait grand lieu de l'attendre. Quant aux soupçons auxquels elle était sujette, il était vrai qu'ils étaient quelquefois tels, que, si deux personnes parlaient ensemble, il en entroit en ombrage ; ce qui ne compatit pas avec l'emploi des affaires, qui requiert que l'on puisse parler et faire caresses à tout le monde, pour pénétrer et découvrir ce qu'on estime nécessaire au service de son maître, et par une bonne chère [86] arrêter le cours de beaucoup de mécontentemens que la cour produit tous les jours, et auxquels les hommes se portent ordinairement quand on ne les paie ni d'effets ni de bonne mine ; qu'il pouvait aussi arriver beaucoup d'inconvénients de la jalousie de Sa Majesté, qui devait tenir pour assuré que, si elle ne prenait résolution de la perdre au respect de Monsieur, son frère, en sorte qu'elle se résolût de lui donner toute sorte de contentement ès choses qui n'intéressaient point son État, il était impossible, quoique La Rochelle fût prise et que le parti de huguenots n'eût plus de lieu, qu'enfin le peu d'intelligence entre Sa Majesté et lui ne causât quelque désordre dans le royaume ; que, pour éviter ces maux, Sa Majesté devait trouver bon que ceux qui le serviraient dans ses conseils, le fissent souvenir en toutes occasions de ce qui pouvait tenir l'esprit de Monsieur content, sans prendre ombrage de ceux

86. En montrant un visage avenant.

qui lui en donneraient avis ; autrement nul ne l'oserait faire, et une omission en chose qui ne préjudiciait point à Sa Majesté pouvait porter ce prince au désespoir ; que, contenter Monsieur en tout ce qui n'était point préjudiciable à l'État, et lui résister en ce qui pourrait donner atteinte à l'autorité de Sa Majesté, étaient les deux maximes qu'il fallait pratiquer avec ce prince, qui, étant traité honorablement, n'entreprendrait jamais rien contre le repos du royaume, mais demeurerait dans les termes de son devoir, et dans les vrais intérêts de l'État, qu'il affectionnait si naturellement, que, lors même qu'il avait eu du mécontentement, le cardinal lui avait toujours vu prendre les plus saines résolutions pour le bien public ; que Sa Majesté, ayant les avantages que la nature lui avait donnés sur Monsieur, son frère, lui devait, en cette considération, servir de père, et compatir aux défauts de son âge, les couvrant et les cachant à tout le monde. En ce faisant, il ne ferait pas peu pour lui, étant vrai qu'il arrive beaucoup de mal aux princes qui se plaisent à relever les défauts des grands, en ce que plusieurs pour leur plaire les exagèrent autant qu'il leur est possible, et, par après, pour éviter le mal qu'il leur pourrait arriver du crime de leur langue, par une insigne trahison, ils avertissent ceux qu'ils ont intéressés en leurs médisances, et les imputent tout entières à leur maître ; d'où naissent tant de mauvaises rencontres, qu'on peut dire à bon droit que la langue des princes leur fait souvent plus de mal que l'épée de leurs ennemis ; que, pource aussi que les jeunes princes sont souvent plutôt touchés par les satisfactions ou mécontentemens de ceux qui sont près d'eux que par les leurs propres, il serait de la prudence de Sa Majesté de s'abstenir de dire aucune chose de ceux qui étaient auprès de Monsieur, son frère, qui leur pût être rapportée en mauvaise part, l'expérience ayant déjà fait connaître plusieurs fois en ce même sujet que telles rencontres sont capables de produire de grands inconvénients ; que, si Sa Majesté, passant plus outre, voulait fermer la bouche à tous ceux qui voudraient parler en sa présence au désavantage de telles gens (ce qui d'ordinaire ne se faisait à autre fin que pour tirer quelque parole d'elle qui pût piquer les autres), elle en recevrait un grand profit, et non-seulement cette conduite lui serait-elle décente, honorable et utile en cette occasion, mais en toute autre semblable qui se pourrait présenter, l'histoire et l'expérience du temps faisant dire, avec vérité, que beaucoup de troubles avaient tiré leur être de ce principe ; que rien n'était plus séant à un prince que de parler avec retenue, et imiter le roi des abeilles, qui ne porte point d'aiguillon pour ne piquer personne, et que c'était un grand secret à un prince d'avoir auprès des grands quelque personne puissante sur leur esprit, qui empêchât qu'ils ne sortissent de leur devoir, et qu'il ne devait point plaindre le bien qu'il faisait à telles gens pour une si bonne fin ; le feu comte de Vérue, grand homme d'État, disait qu'il était aisé de servir les princes, mais qu'il était quelquefois très difficile de les persuader de se laisser servir comme il faut ;

Que Sa Majesté devait encore éviter comme la mort une certaine jalousie qui portait souvent les princes à ne pouvoir souffrir que leurs serviteurs fissent pour eux certaines choses qui leur étaient du tout nécessaires, et qu'ils ne voulaient et ne pouvaient pas faire eux-mêmes ; que, autrement, il n'y avait personne, pour affectionné qu'il fût, qui osât travailler selon l'étendue de sa puissance, ce qui est dangereux, vu qu'il y a beaucoup d'occasions où, bien qu'il soit impossible de remédier aux maux par des voies retenues et tempérées, il est aisé de le faire par des moyens forts et puissants que l'appréhension empêche de tenter, y ayant peu de gens qui veulent se mettre au hasard d'encourir l'indignation de leur maître pour l'avoir trop bien servi ; qu'à ce propos il dirait franchement qu'il fallait, ou que Sa Majesté se résolût de vaquer à ses affaires avec assiduité et autorité tout ensemble, ou qu'elle autorisât puissamment quelqu'un qui les fît avec ses deux qualités ; autrement elle ne serait jamais servie, et ses affaires périraient ; que plusieurs exemples lui faisaient croire que ce dernier genre de jalousie pouvoir faire perdre beaucoup de bonnes occasions, ayant remarqué Sa Majesté capable d'entrer non-seulement en ombrage de ceux qui lui en pouvaient donner comme approchant plus de sa qualité, mais, en outre, de ses propres créatures, qui ne pouvaient penser qu'à le servir, et qu'il connaissait par expérience n'avoir jamais eu autre dessein ; et qu'en cela il semblait que Sa Majesté fût à son préjudice jaloux de son ombre, puisque, comme les astres n'ont autre lumière que celle qu'ils tirent du soleil, c'était elle seule qui donnait force à ses créatures, qui, en effet, n'avaient éclat que par sa lumière, et n'étaient considérées que pour l'amour de l'affection qu'il leur portait et des signalés services qu'ils lui rendoient ; qu'il se condamnerait lui-même s'il ne considérait que ceux en qui il avait plus de confiance avaient autant d'intérêt à sa conservation que lui-même, vu que leur subsistance en dépendait absolument, n'y ayant personne qui ne reconnût que, si le bonheur de Sa Majesté changeait, le leur ne pourrait continuer, et que, si Dieu le tirait du monde, ils seraient exposés aux haines qu'ils avaient acquises pour le bien servir, et à l'ambition de plusieurs, qui, aux grands changements, ne perdent jamais l'occasion de s'élever et de faire leur fortune par la ruine d'autrui ; qu'il y avait quelquefois des princes sous le règne desquels on courait plus de fortune de se perdre pour trop bien faire que pour ne pas faire ce à quoi on était obligé, et que cela arrivait d'ordinaire quand ceux à qui l'on avait affaire étaient jaloux de leur nature, vu que la réputation de celui qui faisait fort bien émouvait quelquefois le sentiment de leur jalousie, au lieu que celui qui ne s'acquittait pas de son devoir ne préjudiciait qu'à l'intérêt public, auquel souvent ils n'étaient pas si sensibles qu'à leurs propres passions ;

Que Sa Majesté était aussi sujette à prendre des aversions de diverses personnes, qui lui pouvaient causer beaucoup de mal, et que, si elle n'y prenait garde, elle en aurait souvent ; la malice de la cour étant telle qu'un chacun fomentait les passions de son prince, quoiqu'elles lui fussent préjudiciables ce qui faisait qu'il ne saurait témoigner si peu d'aversion contre quelqu'un, que, dans quatre jours, elle ne fût beaucoup plus grande par l'art que chacun apportait à l'augmenter ; que ces aversions pouvaient monter jusqu'à tel point, que, par ce moyen, Sa Majesté se procurerait plus de mal que personne ne lui en saurait faire ; ce qui arriverait indubitablement si Sa Majesté en concevait des principaux et plus puissants de son État ; étant certain qu'entre les personnes de cette qualité, il y en avait qui n'en auraient pas plutôt connaissance qu'ils ne cherchassent parti, et tâchassent, en troublant le repos du royaume, de se venger de leur mauvaise fortune aux dépens du public ; que, de longtemps, on avait remarqué qu'il n'y avait rien dont un sensible dépit ne fût capable, et que tout prince qui n'avait point d'enfant pour héritier, mais voyait un successeur qui lui marchoit sur les talons, devait avoir grand soin de ne mépriser et mécontenter personne sans sujet ;

Qu'il était de la prudence de Sa Majesté de se contraindre à faire bonne chère aux grands, et, bien que ce lui fût une gêne, il la devait supporter avec patience, se représentant que, comme c'était une charge, c'était aussi prérogative de la royauté d'avoir des personnes de cette qualité sous lui ; que si ceux de ce royaume s'étaient attachés à d'autres princes qu'à leur roi, c'avait été, à leur compte, pour n'avoir pas été bien vus de sa personne ; qu'il fallait donc ci-après en faire plus d'état, et, si on ne pouvait satisfaire à leurs appétits déréglés, les payer au moins d'un bon visage, les inconvénients passés enseignant les précautions qu'il fallait prendre à l'avenir ; qu'il était dangereux d'oublier le péril et un mal passé quand l'on en était sorti, vu qu'on ne pouvait en perdre la mémoire sans se mettre au hasard de retomber en quelque autre semblable, dont il serait d'autant moins aisé de se tirer, que la malice des hommes est ingénieuse, et s'étudie aussi bien tous les jours à trouver des moyens de ne succomber pas en leurs mauvais desseins, comme les gens de bien s'efforcent d'apprendre à se maintenir en ceux qui leur sont suggérés par la raison. En un siècle faible ou corrompu, un homme de bien, vertueux et fort, aura plus de peine à subsister qu'un méchant et artificieux.

Quant aux impressions dont les rois se rendent quelquefois trop facilement susceptibles, que la conséquence n'en était pas peu importante, principalement s'ils l'étaient jusqu'à ce point qu'on estimât qu'il se trouvait en eux peu de différence entre écouter et être persuadé, lorsqu'il était question de quelque calomnie, vu que, par ce moyen, la ruine du plus homme de bien dépendroit de la malice ou de l'artifice de quelque rusé courtisan, qui ne craindrait point de se hasarder pour perdre le plus assuré serviteur de Sa Majesté ; que les princes qui veulent être bien servis, doivent choisir des ministres qui ne connaissent que la raison et n'épargnent personne ; mais que telles gens sont en un état bien périlleux, parce que tel est impuissant à faire bien qui est très puissant à mal faire, et que beaucoup de princes, quoique forts en eux-mêmes, ne le sont pas à se garantir des impressions qu'on leur donne contre ceux qui les servent le mieux et à qui ils doivent plus de protection ; que les rois peuvent tout écouter si bon leur semble, mais ensuite ils doivent examiner à loisir, avec des gens de bien, ce qu'on leur a dit, et châtier sévèrement les calomniateurs lorsqu'ils sont avérés tels ; que cependant il y a des personnes dont la fidélité est si éprouvée, et les services si signalés, que ceux qui voudraient parler à leur désavantage ne doivent rien trouver d'ouvert en leur maître, que leur bouche pour les menacer d'un tel châtiment qu'ils n'osent plus retourner une seconde fois à semblable malice ;

que les diverses impressions pourraient même faire craindre que Sa Majesté se pût dégoûter aisément de ceux qui la serviraient le mieux ; ce qu'elle devait éviter avec soin, comme aussi s'étudier à faire perdre l'opinion que beaucoup avaient qu'un service rendu à Sa Majesté était tellement perdu en sa mémoire, qu'elle ne s'en souvenait plus trois jours après, attendu qu'il y avait peu de gens qui voulussent travailler la plus grande partie de leur vie, pour qu'on leur en sût gré si peu de temps ; que perdre bientôt le mémoire d'un bienfait était le vice des Français, que César avait écrit ne se souvenir des grâces ni des injures ; ce que les Italiens nous imputaient à un grand défaut ; que cette nation avait beaucoup de défauts selon Dieu, mais que, selon le monde, ils étaient si grands politiques, qu'ils aimaient mieux conserver la mémoire des injures, ce que la loi chrétienne leur défend, que de perdre celle des bienfaits, ce que la raison et la prudence ne leur pouvaient permettre ; qu'en cette considération Sa Majesté prendrait soin, s'il lui plaisait, de faire à l'avenir grand état de ceux qui faisaient bien, et ne se laisser pas aller à beaucoup de gens qui quelquefois la portaient insensiblement à blâmer quelque circonstance d'une action dont l'effet méritait grande louange : la suppliant, en cette occasion, de se ressouvenir que les hommes font plus de cas de l'estime que de tous les biens du monde ; ce qui fait qu'une mauvaise parole de son maître dégoûte et refroidit plus un bon courage, que tous les bienfaits qu'il lui saurait faire ne sauroient l'échauffer à le servir ; qu'un sujet s'estime être en fort mauvais état quand il croit que son honneur n'a point de prix en la bouche de son prince ; qu'il pense que son maître se plaît beaucoup plus à trouver à redire qu'à bien dire de sa personne ; et, qu'au lieu qu'un chef doit toujours excuser les défauts de ceux qui sont sous sa charge, il les relève et ravale les bonnes actions qu'il devroit faire valoir ; que Sa Majesté prendrait, s'il lui plaisait, garde à ce défaut, capable de lui faire perdre autant de cœurs que la fécondité de son royaume lui en saurait faire naître ;

Que beaucoup pensent, et non sans sujet, que Sa Majesté, de son naturel, ne s'appliquait pas volontiers aux affaires, et qu'elle se dégoûtait aisément de celles qui étaient de longue haleine, quoiqu'elles fussent de très grand fruit ; que si cela était, Sa Majesté devait résister aux aversions qui lui pouvaient arriver en pareilles occasions ; étant vrai qu'il n'y avait homme assez hardi pour entreprendre de servir un prince en quelque grand dessein, s'il avait sujet de craindre qu'il s'en dégoûtât avant que d'en être au milieu, et qu'on lui en imputerait l'événement, si le succès en était mauvais faute de le bien poursuivre, bien que le conseil en eût été bon et nécessaire ; qu'il était impossible d'entreprendre de grandes affaires sans être assuré, non-seulement d'y être supporté, mais qu'on en saurait le gré qu'on en devait justement espérer ;

Qu'il y avait plus : que Sa Majesté donnait si peu d'attention à ses affaires, et improuvait[87] si facilement les expédients qu'on lui proposait pour faire réussir celles qu'il entreprenait, qu'il était à craindre qu'à l'avenir il y eût bien de la difficulté à le servir, le respect qu'on lui portait et la crainte que l'on avait de choquer ses sens, étouffant les meilleurs desseins dans l'esprit et le cœur de ceux qui étaient les plus capables ; qu'ainsi on ne pouvait rien entreprendre en sa présence, et à peine un homme sage le devait-il faire en son absence, puisqu'il fallait répondre des mauvais événements comme si on en eût été coupable ; qu'il s'était quelquefois trouvé des princes qui voulaient les fins et non les moyens, c'est-à-dire qui désiraient que leurs affaires allassent bien, sans vouloir faire ce qui était nécessaire à cet effet ; mais que, suivant ce principe, les bons succès ne pouvaient arriver que par hasard ; qu'il y en avait d'autres encore qui étaient de cette nature, que, quand leurs affaires allaient mal, ils en avaient beaucoup de déplaisir, faisant grand cas de ceux qui pouvaient y apporter remède, et se proposoient de se gouverner comme il fallait à cette fin ; mais, le péril étant passé, ils ne se souvenaient plus des bonnes résolutions qu'ils avaient prises ; et lorsqu'ils avaient de la prospérité ils n'en recevaient pas de satisfaction, et ne savaient pas assez de gré à ceux qui en étaient cause. Il semble qu'ils estimaient que ce qui était arrivé par bonne conduite fût survenu par hasard, et ainsi ne croient pas être redevables du bon succès dont ils jouissaient, ni à leur prudence, ni à celle de leurs serviteurs : ce qui faisait que les meilleurs événements leur étaient indifférents ; que tel défaut n'était pas de petite importance, et, par conséquent, Sa Majesté s'empêcherait, s'il lui plaisait, d'y tomber ; qu'il est si dangereux en un État d'agir avec indifférence en l'exécution des lois, qu'il ne pouvait qu'il ne remarquât qu'il semblait que Sa Majesté n'avait pas assez de chaleur et de fer-

87. Attaquer, combattre.

meté pour l'observation des siennes, particulièrement de l'édit des duels[88] ; qu'on pouvait dire avec vérité que Sa Majesté et son conseil répondraient de toutes les âmes qui se perdraient par cette vole diabolique, s'ils avaient pu les empêcher par la rigueur de peines dues à tel crime ;

Qu'il n'y avait rien si ordinaire que de commettre une faute en matière d'État, que de désobéir à un commandement de Sa Majesté, que de traverser l'exécution de ses édits, de ses ordonnances et des arrêts de sa justice ; que, jusqu'alors, tels désordres avaient été commis impunément, et que cependant les manquements de cette nature étaient de telle conséquence, par l'exemple et la suite qu'ils tiraient après eux, que si l'on n'était extraordinairement sévère à les châtier, les États ne pouvaient subsister ;

Qu'autres sont les péchés des rois, et autres les fautes qu'ils commettent comme simples hommes ; ils sont sujets, comme hommes, à tout ce à quoi Dieu a voulu assujettir les humains ; comme rois, ils sont obligés d'user soigneusement de leur puissance aux fins auxquelles ils l'ont reçue du Ciel, et, qui plus est, de n'en abuser pas, étendant l'exercice de leur royauté au-delà des bornes qui leur sont prescrites ; que les rois qui se servent de leur autorité pour dépouiller ou opprimer ceux qui leur sont inférieurs en force, sans autre droit que celui de leurs armes, se perdent par abus et excessive étendue de leur puissance ; ceux qui négligent de se servir de leur autorité pour contenir leurs États en la règle où ils doivent être, sont aussi bien coupables devant Dieu par omission de ce qu'ils doivent, comme les autres par commission de ce qu'ils ne peuvent pas légitimement ; que si un roi souffre qu'entre ses sujets le fort opprime impunément le faible par exactions ou violences, et qu'on trouble le repos de ses États, qu'il est obligé de conserver autant qu'il peut, il se perd assurément, et qu'ainsi tel paraîtra saint comme homme, qui ne laissera pas de se damner comme roi ; qu'en Espagne l'orgueil et la fierté de la nation étaient cause que les rois étaient souvent sujets à ce premier genre de faute ; en France, l'indulgence et la facilité qui nous est naturelle, faisait que les nôtres se laissaient d'ordinaire aller au second ; que c'était à quoi il plairait à Sa Majesté de prendre garde, particu-

88. Édit paru en 1626 à l'initiative de Richelieu : il prévoyait la peine de mort pour ceux qui passeraient outre à l'interdiction du duel.

lièrement à ne manquer pas de punir les crimes dont la suite était de conséquence. Par exemple, il pouvait pardonner à quelqu'un une pensée passagère de troubler l'État, s'il en était vraiment repentant, et qu'il y eût apparence qu'il ne dût pas retomber en cette faute ; mais où il connaissait qu'il continuât en ce mauvais dessein, il était obligé en conscience de le châtier, et ne pouvait ne le faire pas sans péché ; qu'il pouvait remettre une désobéissance d'un de ses sujets ; mais si, par raison, on prévoyait qu'abusant de ce pardon il mépriserait à l'avenir plus hardiment ses commandemens ; si on avait lieu d'appréhender que l'oubli de cette faute donnât lieu à d'autres de désobéir, à son exemple, au préjudice du repos de l'État, il était obligé de punir ce crime, et ne pouvait s'en exempter sans en commettre un plus grand ;

Que Sa Majesté, appliquant ces principes généraux aux occasions particulières qui se présenteraient, se garantirait de plusieurs inconvénients, qui apporteraient grand préjudice à son État et à sa conscience ; qu'un chrétien ne saurait trop tôt oublier une injure et pardonner une offense, ni un roi, un gouverneur et magistrat, trop tôt les châtier, quand les fautes sont d'État ; que cette différence était grande, mais la raison en était prompte, et avait son fondement en un même principe ; pource que Dieu n'a pas voulu laisser la vengeance ès mains des particuliers, à cause que, sous ce prétexte, chacun eût exercé ses passions et eût troublé la paix publique ; mais, d'autre part, il l'a mise ès mains des rois et magistrats selon les règles qu'il en a prescrites, parce que, sans l'exemple et le châtiment, il n'y a point d'injustice et de violence qui ne se commît impunément au préjudice du repos public ; que le salut des hommes s'opère définitivement en l'autre monde, et partant ce n'est point merveille si Dieu veut que les particuliers lui remettent la vengeance des injures, qu'il châtie par ses jugements en l'éternité ; mais les États n'ont point de subsistance après ce monde, leur salut est présent ou nul ; et partant les châtiments nécessaires à leur subsistance ne peuvent être remis, mais ils doivent être présents. Plutarque [89] compare ceux qui n'agissent bien qu'en tant qu'ils y sont portés par passion, à l'encens qui ne sent bon que lorsqu'il est dans le feu.

89. Philosophe et historien grec (50-125) auteur des *Vies parallèles* et des *Œuvres morales*, dont l'influence fut considérable dans la seconde moitié du XVIe siècle et tout au long du XVIIe.

Qu'au reste, il fallait faire la justice sans passion, et qu'il était vrai qu'un prince qui la ferait exercer avec acception de personnes, poursuivant chaudement ceux qui lui seraient désagréables, et excusant et exemptant ceux qui seraient si heureux que d'avoir ses bonnes grâces, en devroit compte au tribunal de la justice divine, qui est par dessus le sien ; qu'il fallait se munir soigneusement contre ce défaut, qui rendrait la justice injuste et criminelle pour les souverains, qui sont obligés de la rendre en tout temps avec égalité, à l'égard de quelque personne que ce puisse être ;

Que les rois étant les vraies images de Dieu, en ce que toutes sortes de bienfaits doivent sortir de leurs mains, ils ne sauraient être trop soigneux d'acquérir par bons effets la réputation d'être libéraux ; que c'était le vrai moyen de gagner les cœurs ; mais qu'il le fallait être, non par faveur, mais par la considération du mérite et des services des personnes, étant certain qu'il y a fort peu de gens qui aiment la vertu toute nue, c'est-à-dire qui s'étudient à bien faire s'ils n'espèrent quelque récompense, et que c'est une maxime des grands princes, de faire bien à ceux qui servent dignement dans les États ; que c'est mettre son argent à intérêt à plus de mille pour cent, en ce que le fruit du service de telles gens, comme fait au public, est ressenti de tout le monde, au lieu que le bien qu'ils reçoivent de leurs maîtres n'étant perçu que d'eux est particulier ; que M. de Luynes [90] avait souvent dit qu'il avait remarqué que Sa Majesté, de son inclination naturelle, se portait plus volontiers aux sévérités qu'aux grâces, et qu'il avait plus d'aversion de faire du bien que du mal ; qu'il n'avait jamais fait cette remarque, mais le mal était que beaucoup avaient cette croyance ; ce qui obligeait les serviteurs de Sa Majesté de l'en avertir, afin qu'elle pût faire perdre cette mauvaise opinion qui en effet n'avait pas de fondement ; que les rois devaient être sévères et exacts à faire punir ceux qui troublaient la police et violaient les lois de leurs royaumes, mais qu'il ne fallait pas y prendre plaisir ; qu'ils devaient être réglés et retenus aux grâces et aux bienfaits qu'ils départaient, mais qu'ils s'y doivent gouverner en sorte que, quand ils dénient quelques grâces, on juge que leur cœur est bien fâché de ce que la raison ne leur peut permettre de passer par-dessus les bornes

90. Charles, marquis d'Albert, duc de Luynes (1578-1621), favori de Louis XIII, connétable de France.

que le bien public leur a prescrites. Le grand-duc Ferdinand[91] disait qu'il aimait mieux un homme corrompu que non pas un qui était facile en toutes choses, parce, disait-il, que le corrompu n'est sujet à être attaqué et vaincu que par ses intérêts qui ne se rencontrent pas toujours, là où le facile est attaqué de tout le monde qui l'entreprend, d'autant plus volontiers que chacun sait qu'il ne peut résister.

Que Sa Majesté devait aussi prendre soin de se fortifier contre une certaine honte, en vertu de laquelle beaucoup de princes ne peuvent dénier une chose, quoique mauvaise, lorsqu'on la leur demande en face, et évitent à prononcer de leur bouche ce qu'ils croient devoir déplaire à quelqu'un, quoique sans raison, et que la chose soit nécessaire pour le public ; que, du premier point, il arrivait que beaucoup de gens ne se tenaient pas éconduits de leurs prétentions injustes, quand même on les avait refusés, parce qu'ils estimaient pouvoir emporter par importunité, en s'adressant à Sa Majesté, ce que la raison leur déniait ; que, du second, on voyait souvent que ceux qui ne connaissaient pas le naturel de Sa Majesté attribuaient à foiblesse ce qui provenait d'une pure bonté, et faisaient moins d'état des choses qui leur étaient défendues, parce qu'ils ne croient pas que Sa Majesté eût fermeté et résolution à les maintenir si on l'inquiétait pour la faire changer ;

Qu'il fallait être fort par raison et non par passion ; que cependant beaucoup étaient comme ceux qui avaient la fièvre chaude ; tandis que la chaleur de leur mal agitait et échauffait leur tête, ils se portaient avec violence à tout ce que leur cerveau leur suggérait ; mais la chaleur de la fièvre n'était pas plutôt passée, qu'ils demeuraient faibles, languissants, sans parole et sans action. Qu'ainsi plusieurs, animés de passion, parlaient et agissoient avec vigueur et rigueur tout ensemble ; mais, s'ils étaient dépouillés du feu qui les animait, ils laissaient aller toutes choses à l'abandon, et ne parlaient et n'agissoient point ; qu'en leur passion, ils passaient les bornes de la justice, faisant souvent plus qu'elle ne permettait, et lorsqu'ils étaient privés de ce feu qui les mouvait, ils faisaient beaucoup moins que ce à quoi elle les obligeait ; ce qui faisait que la force et la faiblesse étaient également vicieuses en tels esprits, en qui elle ne paraissait jamais qu'à contre-temps, étant animés de passion : ils devraient être retenus, et,

91. Ferdinand Ier de Médicis (1549-1609), grand duc de Toscane de 1587 à 1609.

ne l'étant point, ils devraient être forts et vigoureux, ce qui n'était pas ; que Sa Majesté auroit soin, s'il lui plaisait, de se garantir de ce genre de défauts, qui serait non-seulement préjudiciable au bien de ses affaires, mais à sa conscience ; qu'en un mot, ceux qui agissent plus par leurs mouvemens et impétuosités naturelles que par la raison, sont sujets à faire de grandes fautes, qui souvent ne peuvent être réparées, ni par le temps, ni par prudence ni par aucun art. Au bout du compte, si les princes ont créance à quelqu'un, on impute souvent à conseil ce qui n'est dû qu'au mouvement de leurs maîtres, qui ensuite ont quelquefois bien de la peine à maintenir un serviteur contre les ennemis qu'il acquiert par ce moyen, sans le mériter.

Qu'une des choses qui préjudiciaient autant au règne de Sa Majesté, était qu'on pensait qu'elle n'agissait pas d'elle-même, qu'elle s'attachait plus volontiers aux choses petites qu'aux grandes et importantes, et que le gouvernement de l'État lui était indifférent ; que, pour faire perdre cette opinion, il était nécessaire, lorsqu'il arrivait quelque chose qui intéressait son autorité, qu'elle en témoignât grand ressentiment devant qu'aucun de ses serviteurs l'eût abordée ; que, lorsqu'on lui rendait quelques services, elle exaltât l'action, et témoignât en vouloir faire la reconnoissance, sans qu'on pensât que ce fût par l'avis de son conseil. Enfin qu'elle parlât souvent de ses affaires avec le tiers et le quart, et fît reconnaître, en diverses occasions, qu'elle affectionnait celles qui seraient sur le tapis importantes à l'État ;

Que ce qui était à noter, était qu'il fallait témoigner ces sentimens par une suite d'actions et occasions qui le requerraient : en quoi il était à craindre que, puisque les inclinations prévalaient d'ordinaire aux résolutions qui se prenaient par raison et persuasion, Sa Majesté oubliât dans peu de jours ce qu'elle se promettrait à elle-même, et retomberait, par ce moyen, dans ses premières habitudes ; qu'il était d'autant plus à craindre, que, bien qu'il fût aisé de porter quelqu'un à faire une action contre son sens, il n'en était pas de même d'une conduite, qui, requérant une suite continue, semblait aussi, pour n'être point interrompue, requérir le genre de celui qui la conseillait ; mais que ce qui était difficile n'était pas impossible ; que si Sa Majesté le trouve bon, on l'avertirait si dextrement sous main, qu'il semblerait que tout fût de son mouvement ; qu'il pouvait arriver un grand bien de la franchise dont la conscience du cardinal et la passion qu'il avait pour le service de Sa Majesté le faisaient user, en l'avertissant fidèlement de ce qui était à souhaiter en sa conduite pour le rendre le plus grand prince du monde ; mais il se peut faire aussi qu'il n'en réussirait que du mal ; ce qui arriverait indubitablement si Sa Majesté tenoit à l'avenir, à raison de cet avis, ses sentiments cachés et couverts à ses créatures ; qu'en ce cas ils rougeraient son esprit, lui causeraient mille chagrins, dont il ne pouvait être déchargé qu'en ouvrant son cœur, et disant toutes les pensées qui lui feraient peine ; que Sa Majesté remarquerait, s'il lui plaisait, que pour marque et peine du péché du premier homme, nul de ceux qui viendraient de lui ne pouvait être parfait. Elle se représenterait aussi qu'il y avait peu de personnes qui n'eussent autant de vices qu'il se remarquait de légers défauts en la sienne ; enfin qu'il était des défauts de l'homme comme des plaies du corps, qui ne guérissent jamais si elles ne sont ouvertes.

Après cela il supplia Sa Majesté de lui dire ce dont il voulait qu'il se corrigeât, afin qu'il pût être plus à son gré ; que la raison qui l'avait convié de l'avertir de ce que dessus, l'obligeait à s'examiner soi-même et se corriger de ses défauts, qu'il y était très résolu, et pensait savoir à peu près ce dont il avait à se châtier devant Dieu ; mais il ne pouvait apprendre que de Sa Majesté ce qu'il avait à changer pour être plus à son goût, ce qu'il désiroit avec passion ; que, s'il lui était aussi aisé de remédier aux défauts de son corps, comme il pouvait corriger ceux de son esprit, ce lui serait une extrême consolation, puisqu'il ne serait contraint de supplier Sa Majesté de considérer la débilité [92] de sa personne, dont les forces usées diminuaient tous les jours de telle sorte, qu'elles ne lui permettaient plus de pouvoir supporter les incroyables peines que requerraient les entreprises qu'il fallait faire pour la conservation d'un grand État, particulièrement quand il arrivait que ces peines corporelles étaient accompagnées de grands travaux, de grandes inquiétudes et de grandes afflictions d'esprit ; que les grands travaux d'esprit accompagnaient toujours les corporels qu'il fallait prendre au service de l'État, puisqu'il était impossible que le corps travaillât que par la conduite de l'esprit, qui, par conséquent, devait agir fortement pour mener les affaires au but qu'on

92. Faiblesse physique.

se proposait ; quant aux grandes inquiétudes et afflictions d'esprit, elles n'étaient pas nécessairement conjointes aux peines qu'il fallait prendre pour la conduite d'un État ; mais il semblait qu'elles fussent inséparables de la direction de celui-ci, pour les raisons qu'il avait ci-dessus touchées ; qu'au moins avait-il toujours été si malheureux que d'en rencontrer depuis qu'il y avait quelque emploi ; tantôt il était bien avec la Reine, tantôt mal, tantôt d'extrêmes satisfactions de lui, tantôt il prenait quelque dégoût ; que cela affligeait tellement un esprit sincère et ardent aux choses qu'il entreprenait pour le service de ses maîtres, qu'il n'y avait force au monde qui pût résister à la douleur que l'on concevait par de tels sujets de déplaisir, et qu'outre le mal qu'il recevoit, il en arrivait cet inconvénient, que cela l'empêchait de pouvoir s'appliquer tout entier, comme il pourrait faire, aux affaires dont il était chargé ; que les changements de la Reine venaient de son naturel, à son avis, qui de soi-même était ombrageux, et qui, ferme et résolu aux grandes affaires, se blessaient aisément pour peu de chose ; ce qu'on ne pouvait éviter, parce qu'il était impossible de prévoir ses désirs, joint que souvent les considérations d'État requièrent qu'on passe par dessus la passion des princes ; que les dégoûts du Roi pouvaient provenir de diverses causes, et du même naturel soupçonneux et ombrageux de la Reine, de qui, par raison naturelle, il devait tenir, et de ce que ceux qui sont en quelque considération dans le monde, ont toujours force gens qui, directement ou indirectement, par moyens cachés et couverts, les chargent et tâchent d'en faire concevoir du dégoût, et particulièrement que Sa Majesté, de son inclination, s'ennuyait si promptement d'une grande affaire, que quelque fruit qu'il en pût recueillir ne pouvait empêcher qu'il n'en fût dégoûté avant que d'en être au milieu ; qu'il était impossible que la première cause le mît mal avec le Roi, n'étant pas croyable qu'il pût entrer en soupçon et ombrage d'une personne qui l'avait servi fort utilement, et qui n'avait point craint de choquer beaucoup de grands, ni d'acquérir pour son seul respect force ennemis, qui tôt ou tard voulaient trouver l'occasion de le ruiner. Mais que les deux dernières étaient cause de son mal, quand il lui en arrivait.

Par exemple, les bons offices du commandeur de Souvré[93], qui vo-

93. Gilles de Souvré, marquis de Courtenvaux (1540-1626), fut l'un des favoris du roi Henri III. Précepteur de Louis XIII, il fut fait maréchal de France en récompense de ses services.

lontiers, par la conduite de Toiras, chargeait ouvertement le marquis de Brézé[94], pour que le contre-coup vînt sur lui, aidaient à le mettre mal à La Rochelle ; et le dégoût que le Roi prenait en la longueur de ce siège achevoit tout à fait ; étant vrai que, parce que le cardinal craignoit que l'absence de Sa Majesté perdit cette entreprise, sans le bon succès de laquelle le Roi n'était point roi, ledit cardinal était criminel jusque-là, que qui l'eût lors soufflé l'eût peut-être jeté par terre, et cependant qu'il contribuait tout ce qu'il lui était possible au plus signalé service que serviteur pût rendre à maître. Voyant que le Roi s'en voulait aller, il jugea unanimement avec tout le monde, que le seul moyen d'empêcher que l'absence de Sa Majesté ne ruinât son premier dessein, était qu'il demeurât. Il n'estimait pas en son particulier valoir plus que les autres ; il se fondait sur l'opinion qu'on avait prise qu'il ne s'attachait pas aisément à des desseins qui ne pouvaient réussir, et sur ce qu'étant auprès du Roi comme on estimait qu'il fût, on ne jugeait pas qu'il voulût abandonner cette entreprise en l'y laissant pour la conduire ; qu'il savait bien qu'en se tenant absent de Sa Majesté il s'exposait ouvertement à sa perte, connaissant assez les offices qu'on peut rendre aux absents : cependant cette considération de son intérêt ne l'empêcha point de choisir le parti le plus utile à Sa Majesté ; que ce remède unique, comme l'événement l'avait fait paroître, lui avait été un nouveau crime, le Roi en oyant parler, l'ayant improuvé tout à fait, et s'étant laissé aller jusque-là que de dire que son armée ne le respecterait non plus qu'un marmiton ; que cependant il était vrai qu'elle n'avait jamais tant considéré personne subalterne ; que ce dégoût avait donné lieu au Roi de se décharger tout à fait contre lui, et qu'à cause de la charge de capitaine des gardes qu'il avait donnée au marquis de Brézé, il s'était relâché à dire que ledit cardinal était trop intéressé pour les siens ; ce qui lui fut un déplaisir sensible de voir que la passion de Sa Majesté contre lui fût telle, qu'elle l'eût portée à dire une chose que sa bonté avouerait bien en un autre temps n'avoir pas de fondement ; qu'il n'eût jamais estimé que, pour accepter cette charge que le Roi ne pouvait garder, qu'il ne pouvait vendre par raison, puisque le soin de sa personne y est attaché, et qu'il devait mettre entre les mains de personnes confidentes, il eût pu avoir la réputation d'être intéressé ; que jamais il ne

94. Urbain de Maillé (1597-1650), marquis de Brézé, maréchal de France, beau-frère du cardinal.

l'avait demandée ; au contraire, lui faisant savoir par un tiers que si Sa Majesté avait la volonté d'en gratifier son beau-frère, comme on disait, il s'en sentirait fort obligé, il lui avait fait connaître au même temps que, si Sa Majesté avait quelque autre pensée, il la suppliait de la suivre ; que toutes ces considérations le purgeaient, à son avis, du soupçon de cette tache ; mais, quoiqu'il fût innocent, il avait contre lui l'humeur du Roi, qui le portait à aimer mieux faire du bien à des personnes presque inconnues qu'à des proches, alliés ou amis de ceux qui avaient l'honneur de le servir auprès de sa personne.

Qu'on ne l'estimerait pas à son avis intéressé, si on considérait qu'il avait refusé cent mille pistoles des financiers qui les lui offroient, sans diminution d'un sou du traité qu'ils faisaient avec Sa Majesté, grâces que le feu Roi avait souvent accordées en occasions semblables, prenant le temps à faire du bien à ses serviteurs sans qu'il lui en coutât rien ; qu'il pria même la Reine de ne prendre point ce qu'ils lui voulaient donner, de peur qu'on pensât qu'à l'ombre de sa bonté il y eût part ; qu'il avait refusé vingt mille écus de pension extraordinaire qu'il avait plu au Roi lui offrir, quoiqu'il dépensât grandement, et ne subsistât que par les libéralités de la Reine sa mère ; qu'au lieu de prendre une abbaye qu'il lui avait plu lui donner, il l'avait laissée au chancelier qui ne servait pas mieux que lui, et en avait donné une autre pour contenter le président Séguier, qui prétendoit avoir cette première abbaye ; que si c'était être intéressé de n'avoir rien pris, pour la considération du Roi, du débris des caraques dont il lui appartenait plus de cent mille écus, et dont on lui offrait deux cent mille livres comptant, d'avoir renoncé aux gages de l'amirauté, qui valaient plus de quarante mille livres, avoir emprunté plus d'un million de livres pour faciliter le secours de Ré et le dessein de La Rochelle, il avouait qu'il l'était ; que Sa Majesté lui avait donné Le Havre, mais il s'assurait qu'elle savait bien qu'il ne valait pas un sou de revenu, et il laissait à juger à tout le monde s'il y avait intérêt à se mettre mal avec tous les grands, et Monsieur particulièrement, qui pouvait être son maître par le malheur de la France, pour après être réduit à s'enfermer dans une place de sûreté contre un souverain contre lequel on n'en peut trouver : aussi, dit lors très sagement le président de Bellièvre en plein parlement, que peu de personnes eussent voulu l'avoir acquis à ce prix-là ; qu'il avait conseillé au Roi d'ôter Brouage des mains du sieur de Saint-Luc [95], qui était au hasard de se perdre, mais qu'on ne dirait pas que ce fût pour son intérêt, puisque la prise de La Rochelle, qui était une des fins de ce changement, s'en était ensuivie, et que, par ce moyen, le Roi était près d'augmenter son revenu de 4,000,000, sans nouvelle imposition sur ses sujets ; qu'on lui ferait plaisir de l'estimer intéressé à cause de cette affaire, puisqu'on ne le pouvait sans reconnaître que ses seuls intérêts étaient ceux du public. Quant à la charge de la mer, il protestait devant Dieu n'en avoir jusques alors touché un seul sou, quoique, légitimement, il en eût pu avoir plus de 100,000 écus ; qu'à l'avenir, le commerce étant bien établi, elle ne serait pas infructueuse. Qu'il pouvait dire qu'il paraissait comme il était intéressé, en ce qu'il avait entretenu trente gardes à ses dépens depuis deux ans, pour se garantir de la haine de beaucoup d'ennemis que la seule considération de l'État lui avait mis sur les bras ; qu'il pouvait encore dire avec vérité que, depuis qu'il était appelé aux affaires, il dépensait quatre fois autant qu'il faisait auparavant, sans avoir beaucoup augmenté de revenu ; qu'il pouvait dire aussi qu'il avait servi dans l'armée en qualité de général, sans en prendre les appointements ordinaires ; et il n'y avait personne dans le conseil, au-dessous de lui, qui ne tirât de Sa Majesté trois fois plus d'appointements qu'il ne faisait ; que c'était, d'ordinaire, la grandeur et le bien même des grands princes, que ceux qui avaient les premières charges de leurs États, et le plus de part en leur confiance, fissent une honnête fortune, et laissassent après eux des marques de la magnificence de leurs maîtres, et de la reconnoissance de leurs services ; qu'en cette considération l'empereur Charles-Quint avait recommandé, par testament, à son fils de se rendre soigneux de faire les affaires de ceux qui feraient bien les siennes ; que le Roi, par sa bonté, lui avait fait plus de bien qu'il ne valait, depuis qu'il avait eu l'honneur de le servir. Il lui avait donné six abbayes : lorsqu'il était venu au service de la Reine sa mère, il n'avait que 25,000 livres de rente en bénéfices, et, par le malheur de sa maison, il lui en était resté autant en fonds de terre. Tout ce qu'il avait de plus, qui n'était pas peu, il le tenait des libéralités et des grâces de Leurs Majestés, desquelles, devant Dieu, il était extraordinairement content, comme il avait tout sujet de l'être.

---

95. Henri III avait désigné François d'Espinay Saint-Luc comme premier gouverneur de Brouage. En 1627, Richelieu se fait nommer lui-même gouverneur de Brouage.

Qu'il y avait quelque temps que le sentiment de ces disgrâces qui lui étaient arrivées lui eussent fait souhaiter sa retraite, mais que lors il en était tellement guéri, qu'il n'y avait que sa mauvaise santé qui le contraignit de les supplier qu'en demeurant toujours attaché auprès de leurs personnes, dont jamais il ne s'éloignerait, il fût déchargé du faix des affaires ; que, le Roi lui accordant cette grâce, il auroit l'esprit en repos, et s'aiderait mieux de sa foiblesse ; il serait en état de se conserver plus longtemps pour mettre sa vie en quelque bonne occasion pour son service ; au lieu que, faisant autrement, il ne ferait rien qui leur fût avantageux, et se perdrait très assurément ; qu'il avait dit en général tout ce qu'il estimait qu'il fallait faire : ceux qui resteraient après lui se serviraient de ses conseils comme ils l'estimeraient à propos ; qu'il savait bien que dans l'exécution des grandes entreprises il arrivait beaucoup d'inconvénients où il fallait et tête et cœur pour n'estimer pas que tout fût perdu et ne perdre pas courage, où il fallait lumière et pénétration pour trouver les remèdes, adresse et dextérité pour en savoir user ; qu'il savait encore qu'il y avait peu de gens capables de desseins plus relevés, parce qu'il n'y en avait point qui n'eussent beaucoup de difficulté, et qu'à beaucoup d'esprits ce qui était difficile paraissait impossible ; mais, en ce cas, outre qu'il lui serait mal séant d'avoir meilleure opinion de soi que de beaucoup d'autres, il voulait croire que Dieu donnerait à ceux qu'il plairait au Roi commettre le soin de ses affaires, la lumière et les moyens de les conduire ; qu'il savait bien que l'opinion qu'un malade avait d'un médecin ne servait pas peu à sa guérison ; qu'il avouait que l'honneur qu'il avait plu au Roi lui faire en l'employant, lui avait fait acquérir cette réputation dans le monde, que les grands, les parlements, les communautés, les peuples et les étrangers, l'avaient en quelque considération, ou d'amour, ou d'estime ; qu'il savait, de plus, qu'il importait grandement au prince qui voulait être aimé et estimé de ses sujets, de donner les principales charges de son État à des personnes qui fussent aimées, et dans le mérite desquelles on pût trouver la cause de leur élévation ; mais, nul n'étant tenu à l'impossible, c'était avec grand déplaisir qu'il ne prévoyait pas pouvoir continuer à la charge qu'il avait ; qu'il n'avait jamais été au milieu des grandes entreprises qu'il avait fallu faire pour l'État, qu'il ne se fût senti comme à la mort, témoin quand le légat était auprès du Roi ; qu'il y avait encore à considérer que Monsieur, en l'estimant plus qu'il ne valait, le haïssoit extraordinairement, et que souvent on lui donnait des conseils violents contre lui, qui enfin pouvaient avoir leur effet, puisqu'il n'y a rien d'assuré en un jeune prince à qui l'impétuosité de l'âge ne permet pas de se proposer la raison pour règle, ni d'être détourné d'un mauvais conseil par la considération de la conscience ; qu'il fallait aussi mettre en ligne de compte qu'il était difficile que les choses demeurassent toujours en France en même état, et qu'y ayant longtemps qu'il avait l'honneur d'être bien auprès de Leurs Majestés, il devait, par la raison générale de la vicissitude des choses, appréhender d'y tomber mal tout à fait ; ce qui serait une mauvaise récompense finale ; que beaucoup estimaient que l'humeur particulière de Sa Majesté lui faisait quelquefois aimer le changement, mais qu'il ne voyait pas que sa ruine pût être fondée en ce principe, les passions, comme excessives et violentes, n'étant pas, de leur nature, de longue durée ; et, comme elles n'ont pas de fondement, n'étant aussi pas solides, que, dès leur naissance, elles sont aveugles, et par conséquent chancelantes et non fermes, et que c'était en ce genre d'affection que le Roi avait quelquefois changé ; ce qui lui faisait croire être exempt de ce péril, vu que la bienveillance dont il plaisait au Roi l'honorer était d'une autre nature, en tant qu'elle était fondée en raison et en la connaissance que Sa Majesté avait de sa fidélité et de son service ; ce qui faisait que, ce fondement étant d'éternelle durée, la bienveillance de Sa Majesté ne fluirait point, à son avis, de son mouvement ; qu'il avait bien plus à craindre diverses cabales, qui n'avaient autre but que sa perte, celle des étrangers, celle des femmes, celle des grands du royaume, celle de Toiras, dont le Roi avait particulière connaissance, et qui avaient eu de si mauvais desseins contre lui, que par raison on en devait appréhender quelque mauvais événement à l'avenir ; qu'il savait bien que la fermeté du Roi lui serait un remède assuré contre telles entreprises, s'il était assez heureux pour ne vivre pas plus que lui ; mais qu'il n'y avait personne qui n'avouât que, bien qu'un bon courage pensât être aimé à l'épreuve, il ne laissait pas d'avoir quelque émotion d'esprit capable de le troubler, lorsqu'en une occasion il voyait quantité de mousquetaires expressément affûtés pour le tirer ; qu'il était très satisfait et de la bonté du Roi et de celle de la Reine ; (*mais*) que Sa Majesté n'ayant point d'enfants, il lui restait encore des maux à prévoir et appréhender, dont sa bonté et sa fermeté ne pouvaient le garantir s'ils arrivaient ; la seule voie de son salut serait, en cela, que Dieu l'appelât du monde, mais que la mort, qui ne vient pas toujours à souhait, pour n'être pas en la disposition des chrétiens, ne pourrait le servir à coup près ; que, partant, il n'y avait que sa retraite qui le pût mettre à couvert, encore la fallait-il faire à temps, tels maux pouvant bien être prévenus, mais non pas guéris quand ils étaient nés, à cause de leur violence ; que la Reine avait douze ans d'expérience pour connaître sa fidélité ; le Roi en avait autant, puisque servir la mère était servir le fils, et particulièrement cinq ans qu'il y avait qu'il le servait dans ses conseils. Jamais il ne s'était trouvé de plus grandes affaires qu'en ce temps ; qu'elles avaient toutes succédé heureusement, et contre la créance de tout le monde ; et ce qui était à considérer, était que le Roi se souviendrait que, devant que les entreprendre, il lui en avait prédit le succès, témoin la prise de La Rochelle, lors même qu'on tenoit Ré désespéré ; qu'il ne pouvait prendre un meilleur temps de retraite que celui-ci, auquel Leurs Majestés lui savaient gré de ses services ; ce qui lui donnait lieu d'espérer la conservation de leurs bonnes grâces ; qu'aussi bien à l'avenir craindrait-il ne valoir pas la moitié de ce qu'il avait fait ci-devant ; car, bien qu'il voulût croire que ce qui était passé l'était tellement qu'il ne pouvait plus arriver chose pareille, il lui serait toutefois difficile de n'appréhender pas d'être encore si malheureux que de déplaire à des personnes dont il désiroit le contentement et la prospérité plus que sa propre vie, ce qui lui ôteroit la liberté d'agir comme il fallait ; qu'il lui serait impossible de prendre la hardiesse de dire ingénument ses avis ; il appréhenderait toujours avec raison de tomber en quelque soupçon du Roi ou de la Reine, de choquer quelqu'une de leurs passions ; et cependant, en matière d'État, il fallait que les princes trouvassent bon qu'on passât souvent par-dessus, et qu'ils postposassent leurs sentimens à leurs intérêts, et qu'en effet on ne pouvait si peu se détourner de son chemin qu'enfin on ne se trouvât bien loin du lieu où on voulait aller ; que les succès des conseils étant d'ordinaire si incertains que les anges mêmes n'en sauroient répondre, il craindrait de n'y être pas toujours heureux ; qu'il auroit toujours devant les yeux que s'il en donnait quelqu'un, quoique nécessaire, qui ne réussit pas, non par sa faute, mais parce que les moyens qu'il auroit proposés à cette fin ne seraient pas suivis, il perdrait peut-être les bonnes grâces de Leurs Majestés, qu'il voulait conserver plus que sa vie ; que d'autre part, il devait considérer que si l'on n'est hardi à dire ses pensées pour étouffer les maux avant qu'ils soient nés, on perd l'occasion de rendre de très grands services, et que telles omissions attirent de mauvaises suites ; qu'il n'y a rien si caché que les effets de la prudence, vu qu'ils consistent principalement à éviter les maux en les prévenant, et que quand ils n'arrivent pas pour avoir été prévenus, peu de gens peuvent connaître qu'ils fussent arrivés ; ce qui fait que souvent on n'estime pas beaucoup les services de ce genre, lesquels néanmoins sont les plus grands qui se puissent rendre, étant clair qu'ainsi que le médecin oblige plus en prévenant une maladie qu'en la guérissant, ainsi les ministres d'un État méritent davantage s'ils empêchent les troubles et soulèvements, qu'en les détruisant lorsqu'ils sont arrivés ; qu'il craindrait que le Roi s'embarquât en de grands desseins auxquels, de son naturel, il ne se plaisait pas, et pendant lesquels il était toujours chagrin contre ceux qui l'y servaient, comme si c'étaient eux et non la nécessité de ses affaires qui n'y eussent engagé ; et cependant toutes celles qui restaient lors à vider étaient de cette nature ; qu'en vérité toutes ces considérations rendraient un autre, quoique de moindre force, égal à lui, et peut (*qu'il*) réussiroit mieux, en ce que, n'étant pas prévenu de ces craintes, il dirait librement ses pensées et agirait avec hardiesse ; qu'au reste, quand le Roi serait accoutumé à celui qu'il choisirait pour mettre en sa place, l'habitude avait tant de pouvoir sur les princes, qu'il penserait plutôt avoir gagné que perdu au change.

Après tout cela, quand même il pourrait passer par-dessus toutes ces considérations, Dieu savait que sa santé ne lui permettoit pas d'entreprendre un travail qui n'avait point de proportion avec ses forces ; que s'étant donné au Roi et à la Reine, ils pouvaient disposer de lui comme il leur plairait, mais il auraient agréable de se souvenir que quand ils lui imposeraient plus de charge qu'il n'en pourrait porter. Il périrait pour leur complaire, avec cette consolation toutefois qu'il n'irait pas à la mort comme à la peine de ses fautes, mais bien du mérite que Leurs Majestés avaient pensé qui fût en lui.

Après que le Roi eut tout entendu avec autant de patience que l'humeur de la plus grande part des grands en donne aux plus importantes affaires, il dit au cardinal qu'il était résolu d'en faire profit, mais qu'il ne fallait point parler de sa retraite.

En ce temps Charnacé[96] reçut réponse de Sa Majesté sur les difficultés qui s'étaient rencontrées en sa négociation d'alliance avec ledit roi de Suède. Elle lui manda, de Savoie où elle était, qu'il fit une instance pressante pour la conservation de la religion catholique dans les lieux que le roi de Suède occuperait en Allemagne, et que ledit Roi non-seulement s'obligeât à la neutralité vers la ligue catholique, mais qu'en outre il donnât une assurance par écrit qu'il n'entreprendrait rien contre le duc de Bavière et les alliés de ladite ligue, et qu'il représentât audit Roi que cela lui était avantageux, d'autant que par ce moyen on ôteroit tout sujet à ladite ligue de se joindre avec l'Empereur contre lui, et partant qu'il était nécessaire qu'il envoyât au plus tôt au Roi ladite déclaration pour la faire voir audit duc de Bavière, auquel néanmoins ledit Charnacé promettrait par écrit audit Roi de ne la remettre entre les mains, qu'il n'eût aussi reçu dudit duc une pareille déclaration, pour la mettre entre les mains dudit Roi au même temps que ledit duc recevrait la sienne. Cette négociation ne réussit pas encore ; et ce prince, élevé par ce commencement de prospérité, forma des difficultés nouvelles.

Cependant le roi de Suède reçut à Stettin la réponse des électeurs à ses dernières lettres, par laquelle ils le conviaient de traiter amiablement les différends qu'il avait avec l'Empereur, lui déconseillaient la guerre, s'excusaient de ne lui avoir pas donné les titres qu'il désirait, pource que ce n'était pas leur coutume d'en user ainsi, et répondaient par le menu à tous les sujets de plaintes qu'il prétendait avoir. L'Empereur lui écrivit aussi et lui commandoit, comme s'il eût été sujet de l'Empire, de mettre les armes bas, de sorte que le feu s'allumait de jour à autre, le roi de Suède ajoutant une nouvelle plainte de ce qu'on lui commandait comme à un sujet, et qu'il n'avait pas un pouce de terre relevant de l'Empire. Il obtient de la ville de Stettin une contribution de cinquante mille risdales et autant du pays, puis il part de Stettin, laisse la Poméranie, entre dans le Meckelbourg, pour réduire cette province en son obéissance, prend Damgarten et Rebnis, qui étaient sur le chemin dudit Meckelbourg, fait publier partout que les habitants eussent à venir à lui pour assister le parti de

96. Hercule de Charnacé (1588-1636) diplomate français, confident de Richelieu. Il fut ambassadeur de Louis XIII près des rois de Pologne et de Suède et près des Provinces-Unies. Il négocia le traité de Barwald (l'alliance militaire, commerciale et politique) entre le roi Gustave-Adolphe de Suède et Louis XIII en 1631.

leurs princes, lesquels il venait remettre en possession. Walstein [97] fut en ce temps-là déposé de la charge de général des armées impériales, une partie desquelles fut lors licenciée et jointe pour la plupart au parti du roi de Suède, ce qui lui facilita le moyen de faire de grands progrès dans la province de Meckelbourg. Cependant, il pressait fort les électeurs de Saxe et de Brandebourg de se déclarer pour ou contre lui ; lesdits électeurs étaient irrésolus et n'osaient prendre parti. Charnacé les alla trouver pour les inciter à députer ouvertement au roi de Suède sur le sujet de sa venue en Allemagne, et de l'assurer secrètement de leurs bonnes intentions, qu'ils lui témoigneraient lorsqu'il en serait temps, et qu'il serait utile à lui et au public, pourvu qu'il ne les pressât point hors de saison, comme il faisait, de se déclarer, et ne tournât ses armes vers leur pays ni vers ceux mêmes de la ligue catholique, mais plutôt vers la Silésie et les provinces héréditaires de la maison d'Autriche, ce qui seul pouvait forcer l'Empereur à consentir à des conditions raisonnables de paix. Il les conviait aussi à lever des troupes, sous prétexte de se défendre des Suédois, qui étaient proche d'eux, dont l'Empereur ne se pourrait offenser, et néanmoins en recevrait quelque crainte et en viendroit plus facilement à la raison ; et que, lorsqu'ils auraient levé des troupes suffisantes, ils demandassent la paix à l'Empereur et lui fissent connaître, sans le dire, que, s'il ne la faisait, ils l'y contraindraient, ce qu'ils ne devaient jamais espérer d'obtenir, s'ils laissaient ruiner ou maltraiter le roi de Suède et passer l'occasion des offres du Roi, et les diverses rencontres présentes qui étaient toutes à leur avantage ; et enfin il les convia fort de s'unir tout de bon avec les princes et États catholiques pour obtenir la paix, qui était également importante aux uns et aux autres, et à toute la chrétienté. Brandebourg entra d'abord dans ces pensées, qu'il trouvait justes et utiles ; Saxe y eut plus de peine, et remit à exécuter toutes ces choses après qu'il aurait tenu une diète avec tous les princes protestants et villes hanséatiques, pour les faire résoudre au même dessein ; ce qui était un peu long, ladite diète ne se pouvant tenir que l'année suivante. Aussi Brandebourg n'attendit-il pas ce temps-là, mais se déclara pour les Suédois dès cette année incontinent après.

---

97. Albert, duc de Frydlant, comte de Wallenstein (1579-1634), dont l'armée est licenciée en 1630 par l'empereur Ferdinand II, sous la pression des Électeurs du Saint-Empire, poussés par Richelieu et le père Joseph.

En même temps, la paix fut arrêtée par nos ambassadeurs avec l'Empereur, à des conditions bien éloignées du pouvoir que le Roi leur avait donné, ce qui fit concevoir audit Roi et aux princes qui se voulaient allier avec lui un soupçon que Sa Majesté les voulût abandonner, pource que le sieur Léon, son ambassadeur, et le père Joseph, épouvantés de la nouvelle qu'ils avaient reçue de l'extrémité de la maladie du Roi, avaient accordé au premier article que Sa Majesté n'assisterait de secours, de conseil, d'argent, d'armes, de munitions, et en quelque autre manière que ce fût, ceux qui étaient lors ou qui à l'avenir seraient déclarés ennemis de l'Empereur et de l'Empire. Cet article et quelques autres furent dès lors soigneusement envoyés par les Espagnols par toute l'Allemagne, pour à quoi remédier Sa Majesté écrivit de Roanne à Charnacé, le 22 octobre, qu'il témoignât de sa part au roi de Suède et à tous les autres princes ses alliés, qu'il ne les voulait point abandonner, mais qu'au contraire son intention était de les assister plus que jamais, et observer religieusement ses anciennes alliances, et particulièrement celle qu'il avait faite avec le roi de Suède, à laquelle il n'y aurait jamais aucun manquement de la part de Sa Majesté, d'autant plus qu'elle le jugeait absolument nécessaire pour empêcher les desseins de ceux qui n'avaient pour but que leur accroissement au préjudice de tous les autres princes de l'Europe. Ces ombrages étant levés, Charnacé arrêta, à la fin de l'année, le traité avec le roi de Suède, auquel le Roi donna, pour le reste de cette année, 300,000 livres seulement et 1,000,000 de livres pour chacune des autres, outre les 400,000 livres que les Vénitiens lui fournissaient tous les ans ; il donna aussi la déclaration de la neutralité qu'il voulait observer avec le duc de Bavière et la ligue catholique, pourvu qu'ils fissent envers lui le semblable de leur part.

Retournons en France pour finir cette année par la plus étrange révolution qui fût jamais, et la moins espérée, non-seulement comme n'ayant aucun fondement, mais même étant toutes les raisons au contraire. Le Roi avait, avec une générosité, non de ce temps, mais des siècles anciens, entrepris avec justice la défense d'un prince né son sujet, contre la finesse infidèle d'Espagne et les forces de l'Empire qu'elle y employa, trompant la sincérité de l'Empereur. Dieu lui en donne un si heureux succès, qu'en toutes les rencontres son armée est victorieuse. Il fait lever le siège de Casal, rendre Mantoue, protège si glorieusement et puissamment son sujet, qu'il lui conserve la vie, les biens et l'honneur, mais avec une manière si adroite et pleine d'honneur, que les Espagnols, qui ont commencé la noise, espérant s'en avantager et prendre quelque part aux dépouilles du duc de Mantoue, n'en reçoivent aucun profit, mais au contraire ont le déplaisir de voir que le duc de Savoie reçoit le partage que le Roi lui a promis dès le commencement ; et eux seuls, qui se pensaient servir comme d'un manteau des prétentions du duc de Savoie, pour usurper tous ses États, sont les seuls de tous les prétendants qui n'y profitent de rien. Non-seulement l'Italie, mais toute la chrétienté, ravie d'une action si magnanime, reconnaît le Roi pour restaurateur de la liberté commune, et le puissant protecteur des princes faibles contre la violence des plus puissants. Le cardinal est celui dont Dieu se sert pour donner ses conseils à Sa Majesté, auxquels ses ennemis mêmes ne s'osent pas opposer publiquement. Ils s'y opposent en secret par cabales traîtresses. Il faut avec une dextérité merveilleuse démêler toutes ces fusées ; le cardinal est seul à y coopérer avec le Roi ; il y expose sa vie, et, par des soins continuels, y consomme sa santé, méprisant son propre bien et toutes les choses du monde, pourvu qu'il fasse sortir glorieusement son maître de cette entreprise, comme Dieu enfin lui donna la grâce de faire.

Après tout cela, la Reine-mère, à laquelle ses services étaient communément rendus avec le Roi, l'éloigne de sa bonne grâce, et, au lieu de la reconnoissance qui lui en était due, le paie d'une ingratitude inouïe. Bien qu'elle ait part à la gloire qu'il a procurée au Roi, elle n'en prend pas au ressentiment, mais au contraire le traite comme s'il l'eût desservie, et s'il méritait autant de punition d'avoir bien servi qu'il en mérite de récompense ; et le traitement que les ennemis lui eussent pu faire, il le reçoit de la mère même de Sa Majesté.

Nous avons raconté ci-devant que, pour plusieurs raisons, desquelles la principale était pour remédier aux soupçons que l'envie et la malice des hommes jetaient dans l'esprit de la Reine, il avait été obligé de partir, peu après le Roi, de Saint-Jean-de-Maurienne, pour aller trouver Leurs Majestés à Lyon, où il arriva le 22 août. À son arrivée, il trouva que le temps que sa fidélité, son courage et sa vertu, lui avaient fait employer si heureusement à la gloire de son maitre, l'envie, la jalousie et la malignité de ses ennemis, l'avaient employé à le détruire dans l'esprit de la Reine, pour lui ravir tout l'espoir de son travail. Il la trouva changée et en ignore la cause, parce qu'il est témoin à lui-même de sa sincérité, sait comme les choses se sont passées, et ne peut assurément reconnaître duquel des détours infinis de la droiture de la vérité ses ennemis se sont servis pour s'emparer de l'esprit de la Reine à son préjudice. Il en soupçonne quelques-uns, il en découvre quelques autres, il essaie de remédier à tout par bonnes et solides raisons, et apporte enfin tant de lumière à tous les nuages dont ces esprits de ténèbres avaient offusqué l'esprit de la Reine, qu'il les dissipe et convainc son entendement ; mais il ne peut persuader sa volonté, tant ils l'avaient aliénée de lui, que l'aveuglement était de l'entendement passé en elle, et ainsi était incapable de pouvoir plus recevoir de guérison. Néanmoins elle feint être satisfaite, soit de honte de ne pouvoir contredire aux raisons convaincantes qui lui sont apportées, soit que, par ce déguisement, elle espère de pouvoir plus certainement venir à bout de sa volonté, et opprimer avec tant plus de facilité son serviteur, que moins il s'en donnera de garde ; elle le regarde de bon œil, reçoit ses devoirs et ses respects à l'ordinaire, lui témoigne autant de bienveillance qu'elle fit jamais, lui parle avec autant d'apparence de confiance comme si elle l'y avait entière.

Elle part de Lyon, il l'accompagne en son voyage jusqu'à Paris ; il n'y a honneur qu'il ne rende à sa personne, ni soin qu'il ne contribue à ce que tous les siens, chacun selon sa condition, soient logés et traités selon qu'ils le peuvent désirer ; mais à son arrivée à Paris sa dissimulation ne peut durer davantage, l'apostume crève, sa mauvaise volonté paraît, et à peine a-t-elle loisir de voir le Roi qu'elle lui déclare, le 10 novembre (qui depuis a été appelé *la journée des dupes*), qu'elle ne veut plus aimer le cardinal, ni le voir en sa maison, ni aucun de ses parents ou amis, auxquels elle donne incontinent congé, et non-seulement à eux, mais jusqu'au moindre de ses officiers qui lui avaient été donnés de sa main. Elle passe outre, elle refuse au Roi de se trouver dans ses conseils tandis que le cardinal y assistera, et nulle prière du Roi ne la peut détourner de cette volonté. Le cardinal de Bagny y est employé, mais en vain ; des promesses lui sont faites de sa part par quelques-uns des siens, mais elles furent sans effet. Le père Suffren, son confesseur, n'y fit pas davantage que les autres. Elle crut que le Roi l'abandonnerait, et que son autorité particulière de mère, et la piété et l'honneur que le Roi lui rendait comme son fils, prévaudraient au soin public que, comme roi, il doit avoir de son État et de son peuple. Les esprits trompeurs qui l'avaient déçue le lui persuadaient ; mais Dieu, qui tient en sa main le cœur de ce prince, en disposa autrement : Sa Majesté, voyant qu'à quelque prix que ce fût elle voulait le priver d'un serviteur qu'il avait éprouvé si utile, se résolut de le défendre contre la malice de ceux qui la portaient à ce mauvais dessein, prend congé d'elle, va à Versailles, commande au cardinal de le suivre, quelque instance qu'il lui fît de lui permettre de se retirer pour ne point déplaire à la Reine sa mère, et mande au garde des sceaux de Marillac de le venir trouver. Le garde des sceaux, qui, sur le bruit du grand éclat qu'avait fait la Reine, et la créance qu'il avait que le cardinal eût obtenu son congé et s'en allait coucher à Pontoise, pensait avoir gagné la partie, s'en alla, dès le jour même, à Glatigny, proche de Versailles ; le soir, à son coucher, il reçut la désagréable nouvelle que le cardinal était auprès du Roi, qui non-seulement lui avait fait bonne chère, mais l'avait logé en une chambre au-dessous de la sienne, et le matin à son réveil en reçut une qui lui fut d'autant plus fâcheuse qu'elle était plus éloignée de son espérance, qui fut que Sa Majesté lui envoya faire commandement de lui renvoyer les sceaux, et lui donna des gardes pour s'assurer de sa personne.

Et parce que la cabale qui troublait l'État était tramée par lui et le maréchal son frère, et que ce n'était rien d'arrêter l'un si l'autre demeurait libre, principalement ayant en main les forces du Roi en Italie, Sa Majesté envoya au maréchal de Schomberg un ordre exprès pour se saisir de sa personne ; ce qu'il fit avec beaucoup de dextérité et non moins de surprise de la part dudit Marillac, qui, le soir précédent, avait reçu une dépêche de son frère qui lui donnait avis de la disgrâce du cardinal. Sa Majesté, sans attendre davantage, donna aussi, dès le même jour, la charge de garde des sceaux au sieur de Châteauneuf, et remplit de la personne du sieur Le Jay celle de premier président du parlement de Paris, qui vaquait depuis longtemps par la mort du sieur de Champigny.

Monsieur, à la première nouvelle qu'il eut de ce qui se passa, entre le Roi et la Reine-mère, à l'hôtel du Luxembourg sur le sujet du cardinal, alla trouver la Reine sa mère pour l'assurer de son service.

Mais quand il vit les changements si prompts que cet éclat produisit, et que le Roi prenait en main la cause du cardinal comme la sienne propre, s'estimant plus offensé en la personne du cardinal que lui-même, il changea de pensée et alla trouver le Roi, désapprouva le procédé de la Reine sa mère, et protesta de ne se départir jamais des intérêts et des volontés de Sa Majesté, qui seraient toujours la règle des siennes. Il promit aussi au cardinal de l'aimer et le défendre contre tous ceux qui, au préjudice de l'autorité royale, voudraient l'offenser ; ce qui n'apporta pas peu de contentement à Sa Majesté, qui, pour le confirmer en cette résolution, sachant le pouvoir qu'avaient près de lui Puylaurens et Le Coigneux, et que la Reine sa mère les sollicitait par promesse pour les gagner et attirer leur maître à son parti, donna au premier une somme notable pour acheter le duché d'Anville, et au second une charge de président à mortier, avec promesse de la faire promouvoir au cardinalat à la première occasion.

La Reine, bien qu'étonnée, et des changements faits dans les charges, et de la volonté de Monsieur, qui demeurait dans le service du Roi, au lieu qu'elle avait espéré qu'il serait de son parti, et bien qu'elle vit que le Roi entreprenait absolument la protection du cardinal, ne voulut toutefois se laisser vaincre en la résolution déterminée qu'elle avait prise contre lui, quelques sollicitations que le Roi lui pût faire au contraire. Toute la cour fait cabale, l'Espagnol s'en prévaut, les affaires d'Italie en reçoivent dommage, rien ne la peut émouvoir. Et cette année, qui avait commencé avec une conspiration si sainte de toutes les forces du royaume pour la gloire du Roi, finit par une division déplorable en la maison royale même, par l'ambition démesurée de deux frères qui avaient partagé en espérance le gouvernement de cet État, au préjudice de l'autorité royale, qu'ils mettaient sous le pied pour leur injuste et imaginaire agrandissement.

Lettres, instructions diplomatiques et papiers d'État du cardinal de Richelieu

Richelieu entend relier la production de documents administratifs et le témoignage historique. Les documents d'archives provenant de son cabinet sont en effet la base de ses ouvrages historico-politiques. Aujourd'hui conservés pour l'essentiel aux archives des Affaires étrangères, les papiers de Richelieu ont fait l'objet de plusieurs éditions. C'est en 1853 que parut le premier volume de l'édition des Lettres, instructions diplomatiques et papiers d'État du cardinal de Richelieu, *due à Louis-Martial Avenel (1783-1875,* Collection de documents inédits sur l'histoire de France*). Plus d'un siècle après, une nouvelle édition fut entreprise, à l'initiative de la Commission internationale pour l'édition des sources de l'histoire européenne ; elle est toujours en cours.*

Parmi ces documents figurent les mémoires dressés par le cabinet Richelieu et qui fournissaient au roi des éléments de réflexion politique. L'un des plus célèbres et des plus stratégiques est celui qui suit la prise de La Rochelle et entend réorienter la politique française vers l'intervention en Europe et indiquer à Louis XIII les failles de sa personnalité. On en retrouve des passages et dans les Mémoires *et dans le* Testament politique.

Maintenant que La Rochelle est prise, si le Roy veult se rendre le plus puissant monarque du monde et le prince le plus estimé, il doit considérer devant Dieu, et examiner soigneusement et secrètement, avec ses fidèles créatures, ce qui est à désirer en sa personne et ce qu'il y a à réformer en son État.

L'action de grâces qui est due à la bonté de Dieu pour un tel succès ne me convie pas seulement, mais me contraint, à faire cette proposition à Sa Majesté ; et, à mon avis, elle l'oblige à l'embrasser et à la suivre.

Pour l'État, divisant ses intérêts en deux chefs : l'un qui concerne le dedans et l'autre le dehors.

En ce qui touche le premier, il faut sur toutes choses achever de détruire la rébellion de l'hérésie, prendre Castres, Nismes, Montauban et tout le reste des places de Languedoc, Rouergue et Guyenne.

Faut entrer en danse, et s'asseurer des Citrons.

Il faut raser toutes les places qui ne sont point frontières, ne tiennent point les passages des rivières, ou ne servent point de bride aux grandes villes mutines et fascheuses ; il faut parfaitement fortifier celles qui sont frontières, et particulièrement une place à Commercy qu'il faut acquérir, décharger le peuple, ne rétablir plus la paulette quand elle sera expirée dans un an, abaisser et modérer les compagnies qui par une prétendue souveraineté s'opposent tous les jours au bien du royaume.

Faire que le roy soit absolument obéi des grands et des petits, remplir les éveschez de personnes choisies sages et capables ; racheter le domaine du royaume et augmenter son revenu de la moitié, comme il se peult, par moyens innocents.

Il restera encore d'autres désordres à régler, mais c'est assez pour la première fois de remédier aux principaux.

Pour le dehors, il faut avoir en dessein perpétuel d'arrêter le cours des progrès d'Espagne, et au lieu que cette nation a pour but d'augmenter sa domination et étendre ses limites, la France ne doit penser qu'à se fortifier en elle-même, et bâtir, et s'ouvrir des portes pour entrer dans tous les États de ses voisins, et les pouvoir garantir des oppressions d'Espagne quand les occasions s'en présenteront.

Pour cet effet, la première chose qu'il faut faire est de se rendre puissant sur la mer, qui donne entrée à tous les États du monde.

Ensuite, il faut penser à se fortifier à Metz, et s'avancer jusques à Strasbourg, s'il est possible, pour acquérir une entrée dans l'Allemagne : ce qu'il faut faire avec beaucoup de temps, grande discrétion, et une douce et couverte conduite.

Il faut faire une grande citadelle à Versoy, pour se rendre considérable aux Suisses, y avoir une porte ouverte, et mettre Genève en état d'être un des dehors de la France.

On pourrait aussy penser à acquérir de M. de Longueville la souveraineté de Neufchastel, qui étant dans la Suisse y donne plus de pied et plus de lieu d'y être considéré par ces gens grossiers qui ne voyent rien mieux que ce qui est proche de leurs yeux. Et il n'y a personne bien sensé et affectionné à la France qui n'estime que ces estrangers sont ceux dont le roy doit conserver plus soigneusement l'alliance, tant parce qu'ils séparent l'Allemagne de l'Italie que parce que, faisant profession de la guerre, ce n'est pas peu de les acquérir et en priver ses ennemis.

Il faut penser au marquis de Saluces, soit par accommodement avec M. de Savoye, si son humeur changeante le fait revenir au service du roy, en luy donnant quelque plus grande conquête en l'Italie ; soit en profitant de la mauvaise intelligence qu'on a avec luy en le reconquérant, ce qu'il ne peut empêcher quand on le voudra entreprendre puissamment, non plus que de garder cette conquête, qui étant contiguë à nos États se conservera facilement en y faisant une grande et forte place au lieu qui sera estimé le plus propre à cet effet.

Pour se mettre encore plus en état d'être considéré par force en Italie, il est besoin d'entretenir trente galères, et les faire commander par commission, changeant tous les trois ans ceux qui en auront la charge, affin que chacun ait passion à signaler son employ, et non pas à demeurer dans les ports pour profiter, à la honte de la France, de leur séjour, comme on a fait jusques à présent.

On pourrait encore penser à la Navarre et à la Franche-Comté comme nous appartenans, étant contiguës à la France, et faciles à conquérir toutes fois quantes que nous n'aurons autre chose à faire ; mais je n'en parle point, d'autant que ce serait imprudence d'y penser, si premièrement ce qui est cy-dessus n'a réussi, parce en outre qu'on ne le peut faire sans allumer une guerre ouverte avec Espagne, ce qu'il faut éviter autant qu'on pourra.

Pour la personne du roy, il a tant de bonnes qualités que difficilement en trouvera-on quelqu'une à redire. Mais d'autant que les péchez des roys consistent principalement en omissions, ce ne sera pas merveille s'il y a quelque chose à remarquer en ce genre, non par manque des parties nécessaires à un prince, mais par faute de les mettre en exercice.

Un prince doit donner permission à ses familiers de l'avertir de ses défauts. Au temps de Tybère[98] on tenait les doigts à la bouche ; mais Auguste permettoit qu'on luy dît ses défauts et remerciait ceux qui les luy faisaient entendre, témoignant que ce luy était chose très agréable, puisqu'il leur faisait du bien.

Le roy est bon, vertueux, secret, courageux et amateur de gloire, mais on peut dire avec vérité qu'il est extrêmement prompt, soupçonneux, jaloux, quelquefois susceptible de diverses aversions passagères, et des premières impressions au préjudice du tiers et du quart ; enfin, sujet à quelque variété d'humeurs et diverses inclinations dont il luy sera plus aisé de se corriger qu'il ne me serait facile de les rapporter, étant si accoustumé à publier ses vertus à tout le monde, qu'à peine pourrais-je remarquer ses défauts, bien que ce ne soit qu'à luy-même.

Le jugement de Sa Majesté est tel qu'elle s'apercevra fort bien, sans l'ayde de ses serviteurs, de ce qui peult être désiré en sa personne par ceux qui sont du tout attachez à son service, et les plus passionnez pour sa grandeur et pour sa gloire.

PROMPTITUDE. — Tel est prompt de sa nature que le temps et l'expérience rendent fort modéré. Le changement qui est à désirer en Sa Majesté sur ce sujet est aisé à faire ; et je puis dire avec vérité qu'il y a grand lieu de l'attendre.

SOUBÇONS. — Quant aux soubçons auxquels elle est subjecte, il est vray qu'ils sont quelquefois tels que si deux personnes parlent ensemble il en entre en ombrage, ce qui ne compatit pas avec l'employ des affaires, qui requiert que l'on puisse parler et faire caresse à tout le monde pour pénétrer et descouvrir ce qu'on estime nécessaire au service de son maistre, et par une bonne chère arrester le cours de beaucoup de mescontentemens que la cour produit tous les jours, et auxquels les hommes se portent ordinairement, quand on ne les paye ny d'effets, ny de bonne mine.

JALOUSIE. — Il peult aussy arriver beaucoup d'inconvénients de la jalousie de Sa Majesté, qui doit tenir pour asseuré que si elle ne prend résolution de la perdre au respect de monsieur son frère, en sorte qu'elle se résolve de luy donner toute sorte de contentement ès

98. Les renseignements sur l'empereur Auguste (63 av.-14 apr. J. C.) et son successeur Tibère (42 av.-37 apr. J. C.) viennent principalement de l'historien latin Suétone (69-126).

choses qui n'intéressent point son État, il est impossible, quoyque La Rochelle soit prise et que le party des huguenots n'ayt plus de lieu, qu'enfin le peu d'intelligence entre le roy et luy ne cause quelque désordre dans le royaume.

Pour éviter ces maux, le roy doit trouver bon que ceux qui le serviront dans ses conseils le facent souvenir, en toutes occasions, de ce qui peult tenir l'esprit de Monsieur content, sans prendre ombrage de ceux qui luy en donneront avis, autrement nul ne l'osera faire, et une obmission en chose qui ne préjudicie point au roy peult porter ce prince au désespoir.

Contenter Monsieur en tout ce qui n'est point préjudiciable à l'État, et luy résister en ce qui pourrait donner atteinte à l'authorité du roy, sont les deux maximes qu'il faut pratiquer avec ce prince, qui, étant traicté honorablement, n'entreprendra jamais rien contre le repos du royaulme, mais demeurera dans les termes de son devoir et les vrays intérêts de l'État, qu'il affectionne si naturellement que, lors mesme qu'il a eu des mescontentemens, je luy ay toujours veu prendre les opinions les plus saines pour le bien public.

Le roy ayant les advantages que la nature luy a donnés sur monsieur son frère luy doit, en ceste considération, servir de père et compatir aux défauts de son aage, les couvrant et les cachant à tout le monde. En ce faisant, il ne fera pas peu pour luy; étant vray qu'il arrive beaucoup de mal aux princes qui se plaisent à relever les défauts des grands, en ce que plusieurs, pour leur plaire, les exagèrent autant qu'il leur est possible, et par après, pour esviter le mal qui leur pourrait arriver du crime de leur langue, par une insigne trahison, ils advertissent ceux qu'ils ont intéressez en leurs médisances, et les imputent toutes entières à leur maistre. D'où naissent tant de mauvais rencontres qu'on peut dire à bon droit que la langue des princes leur fait souvent plus de mal que l'espée de leurs ennemis.

Or, parce que les jeunes princes sont souvent plustost touchez par les satisfactions ou mescontentemens de ceux qui sont près d'eux que par les leurs propres, il sera de la prudence du roy de s'abstenir de dire aucune chose de ceux qui sont auprès de Monsieur son frère qui leur puisse être rapportée en mauvaise part, l'expérience m'ayant déjà fait cognoistre plusieurs fois en ce mesme sujet que tels rencontres sont capables de produire de grands inconvénients.

Si Sa Majesté passant plus outre veult fermer la bouche à tous ceux qui voudraient parler en sa présence au désavantage de telles gens, ce qui d'ordinaire ne se fait à autre fin que pour tirer quelque parole d'elle qui puisse piquer les autres, elle en recevra un grand proffit, et non-seulement cette conduite luy sera-t-elle décente, honorable et utile en cette occasion, mais en toute autre semblable qui se pourra présenter. L'histoire et l'expérience de ce temps me faisant dire avec vérité que beaucoup de troubles ont tiré leur être de ce principe.

Rien n'est plus séant à un prince que de parler avec retenue, et imiter le roy des abeilles, qui ne porte point d'aiguillon pour ne piquer personne.

C'est un grand secret à un prince d'avoir auprès des grands quelque personne puissante sur leur esprit qui empesche qu'ils ne sortent de leur devoir, et ils ne doivent point plaindre le bien qu'ils font à telles gens pour une si bonne fin.

Sa Majesté doit encore esviter comme la mort une certaine jalousie qui porte souvent les princes à ne pouvoir souffrir que leurs serviteurs facent pour eux certaines choses qui leur sont du tout nécessaires, et qu'ils ne veulent et ne peuvent pas faire eux-mesmes ; autrement il n'y a personne, pour affectionné qu'il soit, qui ose travailler selon l'estendue de sa puissance, ce qui est dangereux, veu qu'il y a beaucoup d'occasions où, bien qu'il soit impossible de remédier aux maux par des voies retenues et tempérées, il est aisé de le faire par des moyens forts et puissants que l'appréhension empesche de tenter, y ayant peu de gens qui veulent se mettre au hasard d'encourir l'indignation de son maistre pour l'avoir trop bien servi.

A ce propos, je diray franchement qu'il faut ou que Sa Majesté se résolve de vacquer à ses affaires avec assiduité et authorité tout ensemble, ou qu'elle authorise puissamment quelqu'un qui les face avec les deux qualités, autrement elle ne sera jamais servie et ses affaires périront.

Plusieurs exemples me font croire que ce dernier genre de jalousie peult faire perdre beaucoup de bonnes occasions, ayant remarqué Sa Majesté capable d'entrer non seulement en ombrage de ceux qui luy en peuvent donner comme approchans plus de sa qualité, mais, en outre, de ses propres créatures, qui ne peuvent penser qu'à le servir, et qu'il cognoist par expérience n'avoir jamais eu d'autre dessein.

Et en cela il semble que Sa Majesté soit, à son préjudice, jaloux de son ombre, puisque, comme les astres n'ont autre lumière que celle qu'ils tirent du soleil, c'est elle seule qui donne force à ses créatures, qui en effet n'ont esclat que par sa lumière et ne sont considérez (*sic*) que pour l'amour de l'affection qu'il leur porte et des signalez services qu'ils luy rendent.

Il se condamnera luy-même, je m'asseure, s'il considère que ceux en qui il a plus de confiance ont autant d'intérest à sa conservation que luy-même, veu que leur subsistence en dépend absolument, n'y ayant personne qui ne recognoisse que si le bonheur de Sa Majesté changeait, le leur ne pourrait continuer, et que, si Dieu le tirait du monde, ils seraient exposez aux haines qu'ils ont acquises pour le bien servir, et à l'ambition de plusieurs qui aux grands changements ne perdent jamais l'occasion de s'élever et de faire leur fortune par la ruine d'autruy.

Il y a quelquefois des princes soubs le règne desquels on court plus de fortune de se perdre pour trop bien faire que pour ne pas faire ce à quoy on est obligé, et cela arrive d'ordinaire quand ceux à qui l'on a affaire sont jaloux de leur nature, veu que la réputation de celuy qui fait fort bien esmeut quelquefois le sentiment de leur jalousie, au lieu que celuy qui ne s'acquitte pas de son devoir ne préjudicie qu'à l'intérest public, auquel souvent ils ne sont pas si sensibles qu'à leurs propres passions.

AVERSIONS. — Le roy est aussy sujet à prendre des aversions de diverses personnes qui luy peuvent causer beaucoup de mal, et si Sa Majesté n'y prend garde elle en aura souvent, la malice de la cour étant telle qu'un chacun fomente les passions de son prince, quoyqu'elles luy soient préjudiciables, ce qui fait qu'il ne saurait tesmoigner si peu d'adversion contre quelqu'un que dans quatre jours elle soit beaucoup plus grande par l'art que chacun apporte à l'augmenter.

Ces aversions peuvent monter jusques à tel point que par ce moyen le roy se procurerait plus de mal que personne ne luy en saurait faire, ce qui arriverait indubitablement si Sa Majesté en concevait des principaux et plus puissants de son État, étant certain qu'entre les personnes de cette qualité il y en a qui n'en auraient pas plus tost cognoissance qu'ils ne cherchassent party, et taschassent, en troublant le repos du royaume, de se venger de leur mauvaise fortune aux despens du public.

De longtemps on a remarqué qu'il n'y a rien dont un sensible despit ne soit capable, et tout prince qui n'a point d'enfant pour héritier, mais voit un successeur qui luy marche sur les talons, doit avoir grand soin de ne mespriser et mescontenter personne sans sujet.

Bonne chère aux grands. — Il est de la prudence du roy de se contraindre à faire bonne chère aux grands, et bien que ce luy soit une gesne, il la doit supporter avec patience, se représentant que comme c'est une charge, c'est aussy une prérogative de la royauté d'avoir des personnes de cette qualité soubs luy. Si ceux de ce royaume se sont attachez à d'autres princes qu'à leur roy, ç'a esté à leur compte pour n'avoir pas esté bien veus de sa personne.

Il faut donc cy-après en faire plus d'estat, et si on ne peult satisfaire à leurs appétits déréglez, les payer au moins d'un bon visage. Les inconvénients passez enseignent les précautions qu'il faut prendre à l'avenir.

Il est dangereux d'oublier le péril d'un mal passé quand l'on en est sorti, veu qu'on ne peult en perdre la mémoire sans se mettre au hasard de retomber en quelque autre semblable, dont il serait d'autant moins aisé de se tirer que la malice des hommes est ingénieuse, et s'estudie aussy bien tous les jours à trouver des moyens de ne succomber pas en leurs mauvais desseins, comme les gens de bien s'efforcent d'apprendre à se maintenir en ceux qui leur sont suggérez par la raison.

Impressions. — Quant aux impressions dont les roys se rendent quelquefois trop facilement susceptibles, la conséquence n'en est pas peu importante, principalement s'ils le sont jusques à ce point qu'on estime qu'il se trouve entre eux peu de différence entre escouter et être persuadez, lorsqu'il est question de quelque calomnie, veu que par ce moien la ruine du plus homme de bien dépendroit de la malice ou de l'artifice de quelque rusé courtisan qui ne craindra point de se hasarder pour perdre le plus asseuré serviteur du roy.

Les princes qui veulent être bien servis doivent choisir des ministres qui ne cognoissent que la raison et n'espargent personne ; mais telles gens sont en un état bien périlleux, parce que tel est impuissant à faire bien qui est très puissant à mal faire, et que beaucoup de princes, quoyque forts en eux-mêmes, ne le sont pas à se garantir des impressions qu'on leur donne contre ceux qui les servent le mieux, et à qui ils doivent plus de protection.

Les roys peuvent tout escouter si bon leur semble ; mais ensuite ils doivent examiner à loisir, avec des gens de bien, ce qu'on leur a dit, et chastier sévèrement les calomniateurs lorsqu'ils sont avérez tels. Cependant il y a des personnes dont la fidélité est si esprouvée, et les services si signalez, que ceux qui voudraient parler à leur désavantage ne doivent rien trouver d'ouvert en leurs maistres que leur bouche pour les menacer d'un tel chastiment qu'ils n'osent plus retourner une seconde fois à semblable malice.

CHANGEMENS. — OUBLY DES SERVICES. — Les diverses impressions pourraient mesme faire craindre que Sa Majesté se peust dégouster aisément de ceux qui la servent le myeux, ce qu'elle doit esviter avec soin. Comme aussy s'estudier à faire perdre l'opinion que beaucoup ont qu'un service rendu à Sa Majesté est tellement perdu en sa mémoire qu'elle ne s'en souvient plus trois jours après ; attendu qu'il y a peu de gens qui veulent travailler la plus grande partie de leur vie pour qu'on leur en sache gré si peu de temps.

Perdre bientost la mémoire d'un bienfait est le vice des François : aussy sont-ils en cette considération communément appelez *beneficiorum et injuriarum immemores*, principalement par les Italiens, qui leur imputent ce défaut à grand injure.

Cette nation a beaucoup de défauts selon Dieu, mais selon le monde ils sont si grands politiques qu'ils aiment myeux conserver la mémoire des injures (ce que la loy chrestienne leur défend) que de perdre celle des bienfaits, ce que la raison et la prudence ne leur peult permettre.

FACILITÉ A BLASMER CEUX QUI SERVENT. — En cette considération Sa Majesté prendra soin, s'il luy plaît, de faire à l'advenir grand état de ceux qui font bien, et ne se laisser pas aller à beaucoup de gens qui quelquefois la portent insensiblement à blasmer quelque circonstance d'une action dont l'effet mérite grande louange. La suppliant, en cette occasion, de se ressouvenir que les hommes font plus de cas de l'estime que de tous les biens du monde, ce qui fait qu'une mauvaise parole de son maistre dégouste et refroidit plus un bon courage que tous les bienfaits qu'il luy saurait faire ne sçauroient l'eschaufer à le servir.

Un sujet estime être en très mauvais état quand il croit que son honneur n'a point de prix en la bouche de son prince, qu'il pense que son maistre se plaist beaucoup plus à trouver à redire qu'à bien dire de sa personne ; et qu'au lieu qu'un chef doit tousjours excuser les défauts de ceux qui sont soubs sa charge, il les relève et ravale les bonnes actions qu'il devroit faire valoir. Sa Majesté prendra, s'il luy plaist, garde à ce défaut, capable de luy faire perdre autant de cœurs que la fécondité de son royaume luy en saurait faire naistre.

Peu d'application aux choses grandes. — Beaucoup pensent, et non sans sujet, que Sa Majesté de son naturel ne s'applique pas volontiers aux affaires, et qu'elle se dégouste aisément de celles qui sont de longue haleine, quoyqu'elles soient de très grand fruit. Si cela est. Sa Majesté doit résister aux aversions qui luy peuvent arriver en pareilles occasions, étant vray qu'il n'y a homme assez hardy pour entreprendre de servir un prince en quelque grand dessein, s'il a sujet de craindre qu'il s'en dégouste avant que d'en être au millieu, et qu'on luy en impute l'événement si le succès en est mauvais, faute de le bien poursuivre, bien que le conseil en ait esté bon et nécessaire.

Il est impossible d'entreprendre de grandes affaires sans être asseuré, non seulement d'y être supporté, mais qu'on en saura le gré qu'on en doit justement espérer.

Il y a plus, le roy donne si peu d'attention à ses affaires et improuve si facilement les expédients qu'on luy propose pour faire réussir celles qu'il entreprend, qu'il est à craindre qu'à l'advenir il y ait bien de la difficulté à le servir. Le respect qu'on luy porte et la crainte que l'on a de choquer ses sens estoufent les meilleurs desseins dans l'esprit et le cœur de ceux qui sont les plus capables.

Ainsy on ne peult rien entreprendre en sa présence, et à peine un homme sage le doit-il faire en son absence, puisqu'il faut respondre des mauvais événements comme si on était coulpable.

Il s'est quelquefois trouvé des princes qui voulaient les fins et non les moiens, c'est-à-dire qui désiraient que leurs affaires allassent bien sans vouloir faire ce qui est nécessaire à cet effet. Mais suivant ce principe les bons succès ne peuvent arriver que par hasard.

Il y en a d'autres encore qui sont de cette nature, que, quand leurs affaires vont mal, ils en ont beaucoup de desplaisir, font grand cas de ceux qui peuvent y apporter remède, et se proposent de se gouverner comme il faut à cette fin. Mais le péril étant passé, ils ne se souviennent plus des bonnes résolutions qu'ils avaient prises.

Et lorsqu'ils ont de la prospérité ils n'en reçoivent pas assez de satisfaction et n'en savent pas assez de gré à ceux qui en sont cause. Il semble qu'ils estiment que ce qui est arrivé par bonne conduite soit survenu par hasard, et ainsy ne croient pas être redevables du bon succès dont ils jouissent, ny à leur prudence, ny à celle de leurs serviteurs, ce qui fait que les meilleurs événements leur sont indifférents.

Tel défaut n'est pas de petite importance, et par conséquent Sa Majesté s'empêchera, s'il luy plaît, d'y tomber.

INEXÉQUUTION DES LOIX. — Il est si dangereux en un État d'agir avec indifférence en l'exécution des loix, que je ne puis que je ne remarque qu'il semble que Sa Majesté n'ait pas assez de chaleur et de fermeté pour l'observation des siennes, particulièrement de l'édit des duels.

On peut dire avec vérité que Sa Majesté et son conseil respondront de toutes les âmes qui se perdront par ceste voye diabolique, s'ils ont peu les empêcher par la rigueur des peines deues à tel crime.

Il n'y a rien si ordinaire que de commettre une faute en matière d'État, que de désobéir à un commandement du roy, que de traverser l'exécution de ses édits, de ses ordonnances et des arrests de sa justice. Jusques icy tels désordres ont esté commis impunément, et cependant les manquements de cette nature sont de telle conséquence par l'exemple et la suite qu'ils tirent après eux que si l'on n'est extraordinairement sévère à les chastier, les États ne peuvent subsister.

Autres sont les péchez des roys comme roys, et autres les fautes qu'ils commettont comme simples hommes. Ils sont subjets, comme hommes, à tout ce à quoy Dieu a voulu assujettir les humains ; comme roys, ils sont obligez d'user soigneusement de leur puissance aux fins auxquelles ils l'ont receue du ciel, et qui plus est de n'en abuser pas, estendant l'exercice de leur royauté au delà des bornes qui leur sont prescrites.

Les roys qui ne servent de leur authorité pour despouiller ou opprimer ceux qui leur sont inférieurs en force, sans autre droit que celuy de leurs armes, se perdent par abus et excessive estendue de leur puissance.

Ceux qui négligent de se servir de leur authorité pour contenir leurs États en la règle où ils doivent être sont aussy bien coulpables devant Dieu, par omission de ce qu'ils doivent, comme les autres par commission de ce qu'ils ne peuvent pas légitimement.

Si un roy souffre qu'entre ses subjets le fort opprime impunément le faible par exactions ou violences, qu'on trouble le repos de ses États, qu'il est obligé de conserver autant qu'il peult, il se perd asseurément ; et ainsy tel paroistra sainct comme homme, qui ne lairra pas de se damner comme roy.

En Espagne, l'orgueil et la fierté de la nation sont cause que les roys sont souvent subjets à ce premier genre de faute.

En France, l'indulgence et la facilité qui nous est (*sic*) naturelle fait que les nostres se laissent d'ordinaire aller au second.

C'est à quoy il plaira à Sa Majesté de prendre garde, particulièrement à ne manquer pas de punir les crimes dont la suite est de conséquence.

Par exemple, il peult pardonner à quelqu'un une pensée passagère de troubler l'État, s'il en est vrayment repentant, et qu'il y ait apparence qu'il ne doive pas retomber en cette faute. Mais s'il cognoist qu'il continue en ce mauvais dessein, il est obligé en conscience de le chastier, et ne peult ne le faire pas sans péché.

Il peult remettre une désobéissance d'un de ses subjets, mais si par raison on prévoit qu'abusant de ce pardon il mesprisera à l'avenir plus hardiment ses commandemens, si l'on a lieu d'appréhender que l'oubly de cette faute donne lieu à d'autres de désobéir, à son exemple, au préjudice du repos de l'État, il est obligé de punir ce crime, et ne peult s'en exempter sans en commettre un plus grand.

Le roy, appliquant ces principes généraux aux occasions particulières qui se présenteront, se garantira de plusieurs inconvénients qui apporteraient grand préjudice à son État et à sa conscience.

Un chrestien ne saurait trop tost oublier une injure et pardonner une offense, ny un roy, un gouverneur et magistrat trop tost les chastier quand les fautes sont d'État. Cette différence est grande, mais la raison en est prompte, et a son fondement en un mesme principe.

Dieu n'a pas voulu laisser la vengeance ès mains des particuliers, parce que soubs ce prétexte chacun eust exercé ses passions et eust troublé la paix publique.

D'autre part, il l'a mise ès mains des roys et magistrats, selon les règles qu'il en a prescrites, parce que sans l'exemple et le chastiment il n'y a point d'injustice et de violence qui ne se commist impunément au préjudice du repos public.

Le salut des hommes s'opère définitivement en l'autre monde, et partant ce n'est point merveilles si Dieu veult que les particuliers luy remettent la vengeance des injures qu'il chastie par ses jugements en l'éternité.

Les États n'ont point de substance après ce monde, leur salut est présent ou nul, et, partant, les chastimens nécessaires à leur subsistance ne peuvent être remis ; mais ils doivent être présents.

Au reste, il faut faire la justice sans passion, et il est vray qu'un prince qui la ferait exercer avec acception de personnes, poursuivant chaudement ceux qui luy sont désagréables, et excusant et exemptant ceux qui sont si heureux que d'avoir ses bonnes grâces, en devroit compte au tribunal de la justice divine, qui est pardessus le sien.

Il faut se munir soigneusement contre ce deffault, qui rendrait la justice injuste et criminelle pour les souverains, qui sont obligez de la rendre en tout temps avec esgalité à l'esgard de quelque personne que ce puisse être.

Libéralité. — Les roys étant les vrais (*sic*) images de Dieu, en ce que toute sorte de bienfaits doivent sortir de leurs mains, ils ne sçauroient être trop soigneux d'acquérir par bons effets la réputation d'être libéraux ; c'est le vray moyen de gagner les cœurs ; mais il le faut être non par faveur, mais par la considération du mérite et des services des personnes, étant certain qu'il y a fort peu de gens qui aiment la vertu toute nue, c'est-à-dire qui s'estudient à bien faire, s'ils n'espèrent quelque récompense ; et c'est une maxime des grands princes de faire bien à ceux qui servent dignement dans les États ; c'est mettre son argent à intérest à plus de mil pour cent, en ce que le fruit du service de telles gens, comme fait au public, est ressenty de tout le monde, au lieu que le bien qu'ils reçoivent de leurs maistres n'estant perceu que d'eux est particulier.

M. de Luynes a souvent dit qu'il avait remarqué que le roy, de son inclination naturelle, se portait plus volontiers aux sévérités qu'aux grâces, et qu'il avait plus d'aversion de faire du bien que du mal.

Pour moy, je n'ay jamais fait cette remarque, mais le mal est que beaucoup ont cette croyance, ce qui oblige les serviteurs de Sa Majesté de l'en avertir, affin qu'elle puisse faire perdre cette mauvaise opinion qui, en effet, n'a pas de fondement.

Les roys doivent être sévères et exacts à faire punir ceux qui troublent la police et violent les loix de leurs royaumes, mais il ne faut pas y prendre plaisir.

Ils doivent être réglez et retenus aux grâces et aux bienfaits qu'ils départent, mais ils s'y doivent gouverner en sorte que quand ils dénient quelque grâce, on juge que leur cœur est bien fasché de ce que la raison ne leur peult permettre de passer pardessus les bornes que le bien public leur a prescrites.

Mauvaise honte. — Sa Majesté doit aussi prendre soin de se fortifier contre une certaine bonté en vertu de laquelle beaucoup de princes ne peuvent dénier une chose quoyque mauvaise, lorsqu'on la leur demande en face, et esvitent à prononcer de leurs bouches ce qu'ils croient devoir déplaire à quelqu'un quoyque sans raison, et que la chose soit nécessaire pour le public.

Du premier point il arrive que beaucoup de gens ne se tiennent pas esconduits de leurs prétentions injustes, quand mesmes on les a refusez, parce qu'ils estiment pouvoir emporter par importunité en s'addressant au roy ce que la raison leur dénie.

Du second on voit souvent que ceux qui ne cognoissent pas le naturel du roy attribuent à foiblesse ce qui provient d'une pure bonté, et font moins d'estat des choses qui leur sont défendues, parce qu'ils ne croyent pas que Sa Majesté ait fermeté et résolution à les maintenir, si on l'inquiète pour la faire changer.

Il faut être fort par raison et non par passion. Cependant beaucoup sont comme ceux qui ont la fièvre chaude, tandis que la chaleur de leur mal agite et eschaufe leur teste, ils se portent avec violence à tout ce que leur cerveau leur suggère, mais la chaleur de la fièvre n'est pas plus tost passée qu'ils demeurent faibles, languissans, sans parole et sans action.

Ainsy plusieurs animez de passion parlent et agissent avec vigueur et rigueur tout ensemble, mais s'ils sont despouillez du feu qui les animait, ils laissent aller toutes choses à l'abandon, et ne parlent et n'agissent point.

En leur passion, ils passent les bornes de la justice, faisant souvent plus qu'elle ne permet, et lorsqu'ils sont privez de ce feu qui les meut, ils font beaucoup moins que ce à quoy elle les oblige. Ce qui fait que la force et la foiblesse sont esgalement vicieuses en tels esprits, en qui elles ne paraissent jamais qu'à contre-temps, étant animez de passion, ils devraient être retenus, et ne l'estant point, ils devraient être forts et vigoureux, ce qui n'est pas.

Le roy aura soin, s'il luy plaît, de se garantir de ce genre de défauts qui serait non-seulement préjudiciable au bien de ses affaires, mais à sa conscience.

En un mot, ceux qui agissent plus par leurs mouvemens et impétuosités naturelles que par la raison sont subjets à faire de grandes fautes, qui souvent ne peuvent être réparées ny par le temps, ny par prudence, ny par aucun art.

Au bout du compte, si les princes ont créance à quelqu'un, on impute souvent à son conseil ce qui n'est deu qu'au mouvement de leurs maistres, qui ensuite ont quelquefois bien de la peine à maintenir un serviteur contre les ennemis qu'il acquiert par ce moyen sans le mériter.

Mespris des affaires. — Une des choses qui préjudicie autant au règne de Sa Majesté est qu'on pense qu'elle n'agit pas d'elle-mesme, qu'elle s'attache plus volontiers aux choses petites qu'aux grandes et importantes, et que le gouvernement de l'État luy est indifférent.

Pour faire perdre cette opinion, il est nécessaire, lorsqu'il arrive quelque chose qui intéresse son authorité, qu'elle en tesmoigne grand ressentiment devant qu'aucun de ses serviteurs l'ait abordée ;

Que lorsqu'on luy rend quelque service elle exalte l'action, et tesmoigne en vouloir faire la recognoissance, sans qu'on pense que ce soit par l'advis de son conseil ;

Enfin, qu'elle parle souvent de ses affaires avec le tiers et le quart, et face recognoistre, en diverses occasions, qu'elle affectionne celles qui seront sur le tapis importantes à l'État.

Ce qui est à noter est qu'il faut tesmoigner ses sentimens par une suite d'actions ès occasions qui le requièrent, en quoy il est à craindre que puisque les inclinations prévalent d'ordinaire aux résolutions qui se prennent par raison et persuasion, Sa Majesté oublie dans peu de jours ce qu'elle se promettra à elle-mesme, et retombe par ce moyen dans ses premières habitudes.

Il est d'autant plus à craindre que, bien qu'il soit aisé de porter quel qu'un à faire une action contre son sens, il n'en est pas de mesme d'une conduite qui, requérant une suite continue, semble aussy, pour n'être point interrompue, requérir le génie de celuy qui la conseille.

Mais ce qui est difficile n'est pas impossible. Si Sa Majesté le trouve bon on l'advertira si dextrement soubs mains qu'il semblera que tout soit de son mouvement.

Il peult arriver un grand bien de la franchise dont ma conscience et la passion que j'ay pour le service du roy me font user, en l'advertissant fidèlement de ce qui est à souhaitter en sa conduitte, pour le rendre le plus grand prince du monde ; mais il se peult faire aussy qu'il n'en réussiroit que du mal, ce qui arriverait indubitablement si

Sa Majesté tenoit à l'advenir, à raison de cet avis, ses sentimens cachez et couverts à ses créatures. En ce cas, ils rongeroient son esprit, luy causeraient mille chagrins, dont il ne peult être deschargé qu'en ouvrant son cœur, et disant toutes les pensées qui luy feront peine.

Sa Majesté remarquera, s'il luy plaît, que pour marque et peine du péché du premier homme, nul de ceux qui viendront de luy ne peult être parfait ; elle se représentera aussy qu'il y a peu de personnes qui n'ayent autant de vices qu'il se remarque de légers défauts en la sienne ; enfin, qu'il est des défauts de l'homme, comme des playes du corps, qui ne guérissent jamais si elles ne sont ouvertes.

Après cela je supplie Sa Majesté de me dire ce dont il veult que je me corrige, affin que je puisse être plus à son gré.

La raison qui m'a convié de l'avertir de ce que dessus m'oblige à m'examiner moy-mesme et me corriger de mes défauts ; j'y suis très résolu et pense sçavoir à peu près ce dont j'ay à me chastier devant Dieu. Mais je ne puis apprendre que de Sa Majesté ce que j'ay à changer pour être plus à son goust, ce que je désire avec passion.

S'il m'estoit aussy aisé de remédier aux défauts de mon corps comme je puis corriger ceux de mon esprit, ce me serait une extrême consolation, puisque je ne serois pas contraint de supplier leurs Majestés de considérer la débilité de ma personne, dont les forces usées diminuent tous les jours de telle sorte qu'elles ne me permettent plus de pouvoir supporter les incroyables peines que requièrent les entreprises qu'il faut faire pour la conservation d'un grand État, particulièrement quand il arrive que ces peines corporelles sont accompagnées de grands travaux, de grandes inquiétudes et de grandes afflictions d'esprit.

Les grands travaux d'esprit accompagnent tousjours les corporels qu'il faut prendre au service de l'État, puisqu'il est impossible que le corps travaille que par la conduite de l'esprit, qui par conséquent doit agir fortement pour mener les affaires au but qu'on se propose.

Quant aux grandes inquiétudes et afflictions d'esprit, elles ne sont pas nécessairement conjointes aux peines qu'il faut prendre pour la conduite d'un État, mais il semble qu'elles soient inséparables de la direction de celuy-cy, pour les raisons que j'ay cy-dessus touchées.

Au moins ay-je tousjours esté si malheureux que d'en rencontrer depuis que j'y ay quelque employ. Tantost je suis bien avec la reyne, tantost mal ; tantost le roy a d'extremes satisfactions de moy, tantost il en prend quelque dégoust.

Cela afflige tellement un esprit sincère et ardent aux choses qu'il entreprend pour le service de ses maistres qu'il n'y a force au monde qui puisse résister à la douleur que l'on conçoit par tels subjets de déplaisir, et, outre le mal qu'il reçoit, il en arrive cet inconvénient que cela l'empesche de pouvoir s'appliquer tout entier, comme il pourrait faire, aux affaires dont il est chargé.

Les changements de la reyne viennent de son naturel, à mon avis, qui de soy-mesme est ombrageux, et qui, ferme et résolu aux grandes affaires, se blesse aisément pour peu de chose, ce qu'on ne peult esviter, parce qu'il est impossible de prévoir ses désirs ; joint que souvent les considérations d'État requièrent qu'on passe par-dessus la passion des princes.

Les dégousts du roy peuvent provenir de diverses causes et du mesme naturel soupçonneux et ombrageux de la reyne, de qui par raison naturelle il doit tenir, et de ce que ceux qui sont en quelque considération dans le monde ont tousjours force gens qui directement ou indirectement, par moyens cachez et couverts, les chargent et taschent d'en faire concevoir du dégoust, et particulièrement de l'inclination de Sa Majesté ; il luy ennuye si promptement d'une grande affaire, qui, quelque fruit qu'il en puisse recueillir, ne peult empêcher qu'il n'en soit desgousté avant que d'en être au milieu.

Il est impossible que la première cause me mette mal avec le roy, n'estant pas croiable qu'il puisse entrer en soubsçon et ombrage d'une personne qui l'a servi fort utilement, et qui n'a point craint de choquer beaucoup de grands, ny d'acquérir pour son seul respect force ennemis, qui, tost ou tard, veulent trouver l'occasion de me ruiner.

Mais les deux dernières sont causes de mon mal quand il m'en arrive ; par exemple, les bons offices du commandeur de Souvré, qui volontiers par la conduite de Rasto chargeait ouvertement sur (*sic*) le marquis de Brezé, pour que le contrecoup vinst sur moy, aidoit à me mettre mal à La Rochelle.

Et le dégoust que le roy prenait en la longueur de ce siège achevoit tout à fait ; étant vray que parce que je craignois que l'absence du roy perdist cette entreprise, sans le bon succès de laquelle le roy n'estoit point roy, j'estois criminel jusques-là que qui m'eust lors soufflé m'eust peult-être jetté par terre, et cependant que je contribuois tout ce qui m'estoit possible au plus signalé service que serviteur puisse rendre à m^e^ (*maître*).

Voyant que le roy s'en voulait aller, je jugeay unanimement avec tout le monde que le seul moyen d'empescher que l'absence du roy ne ruinast son premier dessein était que je demeurasse. Je n'estimois pas en mon particulier valoir plus que les autres ; mais je me fondois sur l'opinion qu'on a prise que je ne m'attache pas aisément à des desseins qui ne peuvent réussir, et sur ce qu'estant auprès du roy comme on estimait que je fusse, on ne jugeait pas qu'il voulust abandonner cette entreprise en m'y laissant pour la conduire.

Je sçavois bien qu'en me tenant absent du roy, je m'exposois ouvertement à ma perte, cognoissant assez les offices qu'on peult rendre aux absents. Cependant cette considération de mon intérest ne m'empescha point de choisir le party le plus utile à Sa Majesté.

Ce remède unique, comme l'événement l'a fait paroistre, me fut un nouveau crime ; le roy en oiant parler l'improuva tout à fait, et se laissa aller jusques-là que de dire une armée ne me respecterait non plus qu'un marmiton ; cependant il est vray qu'elle n'a jamais tant considéré personne subalterne.

Ce dégoust donnait lieu au roy de se décharger tout à fait contre moy, et à cause de la charge de capitaine des gardes qu'il avait donnée au marquis de Brezé, il se relascha à dire que j'estois trop intéressé pour les miens, ce qui me fut un déplaisir sensible de voir que la passion de Sa Majesté contre moy fust telle qu'elle l'eust porté à dire une chose que sa bonté avouera bien, en un autre temps, n'avoir pas de fondement. Je n'eusse jamais estimé que pour accepter ceste charge que le roy ne pouvait garder, qu'il ne peut vendre par raison, puisque le soin de sa personne y est attaché, et qu'il dot mettre entre les mains de personnes confidentes, j'eusse peu avoir la réputation d'être intéressé. Jamais je ne la demanday, au contraire, luy faisant sçavoir par un tiers que s'il avait la volonté d'en gratifier mon beau-frère, comme on disait, je m'en sentirois fort obligé. Je luy fis cognoistre au mesme temps que, s'il avait quelque autre pensée, je le supliois de la suivre. Toutes ces considérations me purgent, à mon avis, du soubçon de ceste tache. Mais quoyque je fusse innocent, j'avois contre moy l'humeur du roy, qui le porte à aimer mieux faire du bien à des personnes presque incogneues qu'à des proches, alliez ou amis de ceux qui ont l'honneur de le servir auprès de sa personne.

On ne m'estimera pas, à mon avis, intéressé si on considère que j'ay refusé cent mil pistoles des financiers qui me les offroient, sans diminution d'un sol du traicté qu'ils faisaient avec Sa Majesté, grâces que le feu roy a souvent accordées en occasions semblables, prenant le temps à faire du bien à ses serviteurs sans qu'il luy en coustatst rien. Que je priay mesme la reyne de ne prendre point ce qu'ils luy voulaient donner, de peur qu'on pensast qu'à l'ombre de sa bonté j'y eusse part.

Que j'ay refusé vingt mil escus de pension extraordinaire qu'il pleust au roy m'offrir, quoyque je despense grandement et ne subsiste que par les libéralités de la reyne sa mère.

Qu'au lieu de prendre une abbaye qu'il luy avait pleu me donner, je la laissay au chancelier, qui ne servait pas mieux que moy, et en donnay une autre pour contenter le président Séguier [99], qui prétendoit avoir cette première abbaye.

Si c'est être intéressé de n'avoir rien pris, pour la considération du roy, du débris des caraques dont il m'appartenoit plus de cent mil escus, et dont on m'offrait deux cents mil livres comptant ;

Que d'avoir renoncé aux gages de l'amiraulté, qui valaient plus de quarante mil livres ;

Que d'avoir emprunté plus d'un million de livres pour faciliter le secours de Ré et le dessein de La Rochelle, j'avoue que je le suis.

Le roy m'a donné le Havre, mais Sa Majesté sçait bien, je m'asseure, qu'il ne vault pas un sol de revenu, et je laisse à juger à tout le monde s'il y a intérest à se mettre mal avec tous les grands, et Monsieur particulièrement, qui peut être mon maistre par le malheur de la

99. Pierre Séguier (1588-1672), chancelier de France.

France, pour, par après, être réduit à s'enfermer dans une place de seureté contre un souverain contre lequel on n'en peutlt trouver.

J'ay conseillé au roy d'oster Brouage des mains de M. de Saint-Luc, qui était au hasard de le perdre, pour le mettre en celles de la reyne, mais on ne dira pas que ce soit pour l'intérest de Sa Majesté, ou pour le mien soubs son auctorité, puisque la prise de La Rochelle, qui était une des fins de ce changement, s'en est ensuivie, et que par ce moyen le roy est prest d'augmenter son revenu de quatre millions sans nouvelle imposition sur ses subjets.

On me ferait plaisir de m'estimer intéressé à cause de ceste affaire, puisqu'on ne le peult sans recognoistre que mes seuls intérêts sont ceux du public.

Quant à la charge de la mer, je proteste devant Dieu n'en avoir jusques à présent touché un seul sol, quoyque légitimement j'en aye peu avoir plus de cent mil escus. À l'avenir, le commerce étant bien estably, elle ne sera pas infructueuse.

Je puis dire qu'il paroist comme je suis intéressé, en ce que j'ay entretenu trente gardes à mes despens, depuis deux ans, pour me garantir de la haine de beaucoup d'ennemis que la seule considération de l'État m'a mis sur les bras.

Je puis encore dire avec vérité que depuis que je suis appelé aux affaires, je despense quatre fois autant que je faisois auparavant, sans avoir beaucoup augmenté de revenu.

Je puis dire aussy que j'ay servy dans l'armée en qualité de général sans en prendre les appointements ordinaires, et il n'y a personne dans le conseil au dessous de moy qui ne tire de Sa Majesté trois fois plus d'appointements que je ne fais.

C'est l'ordinaire (*sic*), la grandeur et le bien mesme des grands princes que ceux qui ont les premières charges de leurs États et le plus de part en leur confiance facent une honneste fortune, et laissent après eux des marques et de la magnificence de leurs maistres et de la recognoissance de leurs services.

En cette considération, l'empereur Charles le Quint[100] recommanda par testament à son fils de se rendre soigneux de faire les affaires de ceux qui feraient bien les siennes.

Le roy par sa bonté m'a fait plus de bien que je ne vaux ; depuis que j'ay eu l'honneur de le servir, il m'a donné six abbayes qui valent...

Lorsque je suis venu au service de la reyne sa mère, je n'avois que vingt-cinq mil livres de rente en bénéfices ; et, par le malheur de [ma] maison, il m'en est resté autant en fonds de terre. Tout ce que j'ay de plus, qui n'est pas peu, je le tiens des libéralités et des grâces de Leurs Majestés, desquelles, devant Dieu, je suis extraordinairement content, comme j'ay tout sujet de l'être.

Il y a quelque temps que le sentiment de ces disgrâces qui me sont arrivées m'eust fait souhaitter ma retraite, mais maintenant j'en suis tellement guary qu'il n'y a que ma mauvaise santé qui me contraigne de les suplier qu'en demeurant tousjours attaché auprès de leurs personnes, dont jamais je ne m'esloigneray, je sois deschargé du faix des affaires.

Le roy m'accordant cette grâce, j'auray l'esprit en repos, et m'aideray mieux de ma foiblesse, je seray en état de me conserver plus longtemps pour mettre ma vie en quelque bonne occasion pour son service.

Au lieu que, faisant autrement, je ne feray rien qui leur soit avantageux, et me perdray très asseurément.

J'ay dit, en général, tout ce que j'estime qu'il faut faire ; ceux qui resteront après moy se serviront de mes conseils comme ils l'estimeront à propos.

Je sçay bien que dans l'exécution des grandes entreprises il arrive beaucoup d'inconvénients où il faut et teste et cœur pour n'estimer pas que tout soit perdu, et ne perdre pas courage, où il faut lumière et pénétration pour trouver les remèdes, adresse et dextérité pour en sçavoir user.

Je sçay encore qu'il y a peu de gens capables des desseins les plus relevés, parce qu'il n'y en a point qui n'ayent beaucoup de difficultés, et qu'à beaucoup d'esprits ce qui est difficile paroist impossible.

100. Charles Quint (1500-1558), empereur d'Allemagne et roi d'Espagne.

Mais en ce cas, outre qu'il me siéroit mal d'avoir meilleure opinion de moy que de beaucoup d'autres, je veux croire que Dieu donnera à ceux qu'il plaira au roy commettre le soin de ses affaires, la lumière et les moyens de les conduire.

Je sçay bien que l'opinon qu'un malade a d'un médecin ne sert pas peu à sa guérison ; j'avoue que l'honneur qu'il a pleu au roy me faire, en m'emploiant, m'a fait acquérir cette réputation dans le monde, que les grands, les parlements, les communautés, les peuples et les estrangers m'ont en quelque considération ou d'amour, ou d'estime.

Je sçay de plus qu'il importe grandement au prince qui veult être aimé et estimé de ses subjets de donner les principales charges de son État à des personnes qui soient aimées, et dans le mérite desquelles on puisse trouver la cause de leur élévation.

Mais nul n'estant tenu à l'impossible, c'est avec grand déplaisir que je ne prévoy pas pouvoir continuer en la charge que j'ay.

Je n'ay jamais esté au milieu des grandes entreprises qu'il a falu faire pour l'État, que je ne me sois senty comme à la mort, tesmoing quand le légat était icy.

Il y a encore à considérer que Monsieur, en m'estimant plus que je ne vaux, me hait extraordinairement, et que souvent on luy donne des conseils violents contre moy, qui enfin peuvent avoir leur effet, puisqu'il n'y a rien d'asseuré en un jeune prince, à qui l'impétuosité de l'aage ne permet pas encore de se proposer la raison pour règle, ny d'être destourné d'un mauvais conseil par la considération de la conscience.

Il faut aussy mettre en ligne de compte qu'il est difficile que les choses demeurent tousjours en France en mesme état, et qu'y ayant longtemps que j'ay l'honneur d'être bien auprès de Leurs Majestés, je doibs, par la raison générale de la vicissitude des choses, appréhender d'y tomber mal tout à fait, ce qui serait une mauvaise récompense finale.

Beaucoup estiment que l'humeur particulière de Sa Majesté luy fait quelquefois aimer le changement, mais je ne vois pas que ma ruine puisse être fondée en ce principe. Les passions comme excessives et violentes ne sont pas de leur nature de longue durée ; comme elles n'ont pas de fondement, elles ne sont pas solides ; dès leur naissance elles sont aveugles et par conséquent chancelantes et non fermes ; et c'est en ce genre d'affection que le roy a quelquefois changé, ce qui me fait croire être exempt de ce péril, veu que la bienveillance dont il plaît au roy m'honorer est d'une autre nature, en tant qu'elle est fondée en raison et en la cognoissance que Sa Majesté a de ma fidélité et de mon service, ce qui fait que ce fondement étant d'éternelle durée, la bienveillance de Sa Majesté ne finira point, à mon avis, de son mouvement.

J'ai bien plus à craindre diverses cabales qui n'ont autre but que ma perte.

Celle des estrangers, celle des femmes, celle des grands du royaume, celle de Rasto, dont le roy a particulière cognoissance, et qui ont eu de si mauvais desseins contre moy que, par raison, on en doit appréhender quelque mauvais événement à l'advenir.

Je sçay bien que la fermeté du roy me sera un remède asseuré contre telles entreprises si je suis assez heureux pour ne vivre pas plus que lui ; mais il n'y a personne qui n'avoue que bien qu'un bon courage pense être armé à l'espreuve, il ne laisse pas d'avoir quelque émotion d'esprit capable de le troubler, lorsqu'en une occasion il voit quantité de mousquetaires expressément affustez pour le tirer.

Sa Majesté n'ayant point d'enfants, il me reste encore des maux à prévoir et apréhender, dont sa bonté et sa fermeté ne sçauroient me garantir ; s'ils arrivaient, la seule voye de mon salut serait en ce cas que Dieu m'appelast du monde ; mais la mort, qui ne vient pas tousjours à souhait, pour n'être pas à la disposition des chrestiens, ne saurait me servir à coup prés.

Partant, il n'y a que ma retraite qui me puisse mettre à couvert ; encore la faut-il faire à temps ; tels maux pouvant bien être prévenus, mais non pas guéris, quand ils sont nez, à cause de leur violence.

Je suis très satisfait et de la bonté du roy et de celle de la reyne.

La reyne a douze ans d'expérience pour cognoistre ma fidélité. Le roy en a autant, puisque servir la mère est servir le fils, et particulièrement cinq ans qu'il y a que je le sers dans ses conseils. Jamais il ne s'est trouvé de plus grandes affaires qu'en ce temps ; elles ont toutes succédé heureusement, et contre la créance de tout le monde. Et ce qui est à considérer est que le roy se souviendra que, devant que les entreprendre, je luy en ay prédit le succès, tesmoing la prise de La Rochelle, lors mesme qu'on tenoit Ré désespéré.

Je ne sçaurois prendre un meilleur temps de retraite que celui-cy, auquel Leurs Majestés me savent gré de mes services, ce qui me donne lieu d'espérer la conservation de leurs bonnes grâces.

Aussy bien à l'advenir craindrois-je ne valoir pas la moitié de ce que j'ay fait cy-devant, car bien que je veuille croire que ce qui est passé l'est tellement qu'il ne puisse plus arriver chose pareille, il me sera tousjours difficile de n'appréhender pas d'être encore si malheureux que de déplaire à des personnes dont je désire le contentement et la prospérité plus que ma propre vie, ce qui m'osteroit la liberté d'agir comme il faut.

Il me sera impossible de prendre la hardiesse de dire ingénuement mes avis ; j'appréhenderay toujours avec raison de tomber en quelque soubsçon du roy ou de la reyne, de chocquer quelqu'une de leurs passions ; et cependant, en matière d'État, il faut que les princes trouvent bon qu'on passe souvent par dessus, et qu'ils postposent leurs sentimens à leurs intérêts ; et, en effet, on ne saurait si peu se destourner de son chemin qu'enfin on ne se trouve bien loing du lieu où on veult aller.

Les succès des conseils estants d'ordinaire si incertains que les anges mesmes n'en sauroient respondre, je craindray de n'y être pas tousjours heureux. J'auray tousjours devant les yeux que si j'en donne quelqu'un, quoyque nécessaire, qui ne réussisse pas, non par ma faute, mais parce que les moyens que j'auray proposés à ceste fin ne seront pas suivis, je perdray peut-être les bonnes grâces de Leurs Majestés, que je veux conserver plus que ma vie.

D'autre part, je doy considérer que si l'on n'est hardy à dire ses pensées pour estouffer les maux avant qu'ils soient nez, on perd l'occasion de rendre de très grands services, et telles omissions attirent de mauvaises suites.

Il n'y a rien si caché que les effets de la prudence, veu qu'ils consistent principalement à éviter les maux en les prévenant, et que quand ils n'arrivent pas pour avoir esté prévenus, peu de gens peuvent cognoistre qu'ils fussent arrivez. Ce qui fait que souvent on n'estime pas beaucoup les services de ce genre ; lesquels néantmoins sont les plus grands qui se puissent rendre. Estant clair qu'ainsy que le médecin oblige plus, prévenant une maladie qu'en la guérissant, ainsy les ministres d'un État méritent davantage s'ils empeschent les troubles et soulèvements, qu'en les détruisant lorsqu'ils sont arrivez.

Je craindray que le roy s'embarque en de grands desseins, auxquels de son naturel il ne se plaît pas, et pendant lesquels il est tousjours chagrin contre ceux qui l'y servent, comme si c'estoit eux, et non la nécessité de ses affaires qui l'y eussent engagé. Et cependant toutes celles qui restent maintenant à vuider sont de cette nature.

En vérité, toutes ces considérations rendront un autre, quoyque de moindre force, esgal à moy, et peut-être réussira-t-il mieux, en ce que n'estant pas prévenu de ces craintes il dira librement ses pensées et agira avec hardiesse. Au reste, quand le roy sera accoustumé à celuy qu'il choisira pour mettre en ma place, l'habitude a tant de pouvoir sur les princes qu'il pensera plustost avoir gaigné que perdu au change. Après tout cela, quand mesme je pourrois passer par dessus toutes ces considérations, Dieu sçait que ma santé ne me permet pas d'entreprendre un travail qui n'a point de proportion avec mes forces.

M'estant donné au roy et à la reine, ils peuvent disposer de moy comme il leur plaira ; mais ils auront agréable de se souvenir que quand ils m'imposeront plus de charge que je n'en pourray porter, je périray pour leur complaire, avec cette consolation toutesfois que je n'iray pas à la mort comme à la peine de mes fautes, mais bien du mérite que Leurs Majestés auront pensé qui soit en moy.

Richelieu

Témoignages

Notice

Aux textes produits par le cardinal dans le cadre de son cabinet, on peut adjoindre ceux illustrant la fortune posthume de Richelieu.

En premier lieu, évoquons les réactions contemporaines à partir desquelles s'est forgée la légende dorée et noire du cardinal :

– l'historiographe Antoine Aubery pour la première ;

– le pamphlétaire Mathieu de Morgues et le mémorialiste Pierre de La Porte pour la seconde ;

– enfin le classique portrait de Tallemant des Réaux.

Antoine Aubery (1616-1695), avocat au parlement, fut l'un des écrivains et apologistes de la cour de France au XVIIe siècle. Il est notamment l'auteur d'une Histoire générale des cardinaux *(1642) ainsi que de* Mémoires pour servir à l'histoire du cardinal duc de Richelieu *(1660) où, le premier, il publie de nombreux documents provenant des papiers de Richelieu, suivis d'une* Vie du cardinal duc de Richelieu, *entrepris sur l'ordre de la duchesse d'Aiguillon, nièce du cardinal désireuse de glorifier la mémoire de son oncle.*

Le changement de politique imposé par Richelieu en 1629 qui eut pour conséquence, deux ans après, l'exil de Marie de Médicis, fut le point de départ de virulents conflits de plume pour ou contre le cardinal. Ce fut pour Mathieu de Morgues, surnommé aussi l'abbé de Saint-Germain (de son lieu de naissance, Saint-Germain-Laprade) l'occasion de changer de parti. Avant la journée des Dupes, de tendance « bon Français » au service de Richelieu, il devient alors la « bête noire » du cardinal et « bon catholique ». Inlassablement il se livre à une critique virulente de la politique de Richelieu, réprouvant le bannissement de la reine mère, pour laquelle il écrit plus de vingt-trois libelles entre 1631-1643. À la mort de Richelieu il reviendra à Paris et sera alors protégé par la reine régente et par Mazarin.

Pierre de La Porte (1603-1680) fut portemanteau ordinaire de la reine Anne d'Autriche. Compromis dans l'intrigue de la reine avec Buckingham, il fut exilé de la cour. De retour en 1631, il devient l'agent chargé de la correspondance secrète de la reine avec la cour d'Espagne ; arrêté et embastillé en 1637, il fut ensuite exilé à Saumur. Son inaltérable fidélité à Anne d'Autriche fut récompensée lors de la régence de cette dernière : il fut nommé valet de chambre du roi, mais il devint rapidement adversaire de Mazarin, ce qui causa à nouveau sa disgrâce. Ses mémoires s'attachent à justifier sa conduite et à discréditer ses adversaires, comme il le fait pour Richelieu dans l'épisode qui suit.

Gédéon Tallemant (1619-1692), dit « des Réaux » du nom d'une petite propriété acquise en 1650, appartient à une famille de banquiers protestants de La Rochelle. Conseiller au parlement, il n'exerce pas sa charge et se consacre à la littérature et à la fréquentation de l'hôtel de Rambouillet, dont il fait un impitoyable observatoire social. Ses Historiettes, *écrites dans les années 1857-1859, demeurées en manuscrit jusqu'à leur publication (largement expurgées) en 1834, sont une galerie de portraits d'écrivains et de personnalités mondaines et politiques de son temps. Richelieu est le personnage le plus mentionné et le plus souvent sans grande bienveillance ; cette omniprésence contribue à forger le personnage d'autant plus que Tallemant a été une source majeure de la production littéraire portant sur le cardinal.*

Antoine Aubery, *Histoire du cardinal duc de Richelieu*

LA MALADIE DU ROI A LYON.

CHAPITRE VI.

CEPENDANT, la Cour étant toujours à Lyon, le Roi tomba malade au mois de Septembre, & le fut si périlleusement, que les Médecins désespérèrent quelque temps de sa vie. Ce qui était capable d'étonner, & même d'abattre, un courage moins ferme, que celui du CARDINAL : lequel se voyait à la veille, non seulement de perdre un si bon Maître, & pour qui il avait de si grands ressentiments d'amour & de reconnaissance ; mais encore de déchoir tout à coup d'un si haut degré de fortune, où il était élevé, & d'être réduit à la nécessité de chercher quelque retraite ; laquelle on tient qu'il avait résolu de prendre une seconde fois en Avignon.

Ce n'est pas que sa Majesté, au plus fort de sa maladie, n'eut eu soin de rendre un dernier témoignage à la fidélité & à l'expérience de SON PREMIER MINISTRE, & de recommander avec beaucoup d'empressement à Monsieur son Frère & son Héritier présomptif, qu'il lui continuât ses emplois en la conduite de l'État, ou plutôt les moyens de signaler de plus en plus la passion qu'il avait toujours eue au service de son Prince & de sa patrie.

Enfin, la santé ayant été rendue, comme par miracle, à sa Majesté, la Cour quitta incontinent le séjour de Lyon, qui avait presque été funeste à toute la France, & où d'ordinaire l'Automne est assez fâcheux à cause des brouillards. Sur le chemin, le Roi découvrit au CARDINAL, à Auxerre, les dernières & les plus sinistres impressions qu'on avait essayé de lui donner de sa conduite, & qu'il avait toujours cru éloignées, non seulement de vérité, mais aussi de vraisemblance. Et quoi que cela ne surprit par LE CARDINAL, cela ne laissa pas de l'affliger ; prévoyant bien que la nuée était preste à crever, & que dans peu il lui faudrait soutenir un dernier & furieux effort.

LE RETOUR DE LA COUR A PARIS. LA JOURNEE DES DUPES.

CHAPITRE VII.

LA Cour ne fut pas plutôt arrivée à Paris, que l'un des derniers jours du mois d'Octobre, la Reine Mère prit son temps, que le Roi était chez elle, pour lui déclarer la résolution qu'elle avait prise, de pousser à bout le CARDINAL. Lequel en ayant eu avis, se mit en devoir de lui justifier son innocence, & de l'apaiser ; étant très constant qu'il n'y a point de soumissions imaginables, qu'il n'ait essayées tant à Paris qu'à Lyon, pour fléchir l'esprit de la Reine, jusqu'à se mettre à genoux devant elle en présence du Roi, & lui demander pardon la larme à l'œil, d'avoir été si malheureux que de lui déplaire, quoi qu'il n'en eut jamais eu le moindre dessein, mais au contraire, de lui rendre tous les respects & toutes les reconnaissances, à quoi sa naissance, & les bienfaits, qu'il avait reçus de sa Majesté, le pouvaient obliger.

Néanmoins, comme l'inclination naturelle des personnes de cette qualité les porte assez volontiers à maintenir leur parole, & vouloir qu'à l'exemple des Décrets de Dieu, leurs résolutions & leurs desseins soient immuables ; la Reine ne laissa pas de travailler avec autant de passion que jamais à l'éloignement DU CARDINAL. De sorte qu'ayant fait un dernier effort l'onzième de Novembre, en son Palais de Luxembourg, où se devait tenir un grand Conseil, elle tira enfin promesse du Roi, d'éloigner de ses Conseils, & de la Cour, celui qui lui faisait ombre, & qu'elle n'y pouvait plus souffrir.

Ce n'est pas sans sujet que ce jour fut depuis nommé *la Journée des Dupes* ; d'autant qu'il y eut plusieurs de la Cour, qui se déclarèrent trop tôt, & qui témoignèrent inconsidérément la joie, qu'ils avaient de l'éloignement du CARDINAL. Lequel en fut averti à l'heure même, s'étant rencontré à Luxembourg avec les autres Ministres qui avaient entré au Conseil, & fut aussitôt trouver sa Majesté, pour lui demander instamment son congé, & la supplier qu'il lui voulut nommer quelque lieu de retraite ; où, ne la pouvant plus aider de ses Conseils, il pût au moins contribuer de ses vœux pour la prospérité de ses armes, & pour la tranquillité de son État. Mais le Roi, qui ne l'avait éconduit jusque-là d'aucune chose, lui refusa absolument cette grâce qu'il lui demandait ; sa Majesté n'ayant garde de se priver volontairement d'un MINISTRE SI ECLAIRÉ, & dont les sages & des intéressés conseils l'avaient fait triompher en tant de rencontres de la rébellion de ses Sujets, & de l'orgueil des Étrangers.

Il y en a qui ont écrit que ce refus ne fâcha guère moins LE CARDINAL, que ses ennemis mêmes, & que nonobstant les ordres très exprès de sa Majesté, qui lui commanda de la servir comme auparavant dans ses Conseils, il avait résolu de sortir de la Cour, & de céder à la passion de la Reine Mère : mais qu'il en fut détourné par le Cardinal de la Valette, qui lui représenta que dans cette conjoncture une retraite volontaire serait non seulement imputée à lâcheté, mais encore exposée à mil sortes d'insultes ; & que d'ailleurs il ne pourrait pas s'exempter de reproche, ni même de crime, d'avoir si mal reconnu l'extrême confiance, dont le Roi l'avait toujours honoré. Il ne faut point douter que cette dernière considération ne le toucha plus que toutes les autres, & ne le fit résoudre de soutenir courageusement le plus rude assaut qu'il pouvait attendre de sa mauvaise fortune. Car il prévit bien qu'il aurait à se défendre, non seulement contre la Reine Mère, qui néanmoins toute seule était à redouter ; mais encore contre Monsieur, Frère du Roi & Héritier présomptif de la Couronne, à qui sa piété naturelle ne manquerait pas de faire prendre partie avec la Reine, sa Mère ; contre la Reine Régnante, qui ne supporterait pas volontiers la disgrâce de Madame du Fargis, sa Confidente ; & contre Monsieur le Comte, que l'on savait être d'humeur à préférer toujours l'amitié de Monsieur, à celle d'un PREMIER MINISTRE. Il fallait certes avoir un courage plus qu'Héroïque, pour attendre avec fermeté cet orage, après l'avoir prévu.

LA REINE-MERE ELOIGNE D'AUPRES D'ELLE LES PARENTS DU CARDINAL.

CHAPITRE VIII.

DANS la crainte qu'eut le Roi, que le Parti contraire ne continuât de l'importuner de ses plaintes contre LE CARDINAL, il partit ce jour-là même de Paris pour Versailles ; où la Cour sembla changer de face, & où éclata la disgrâce du Garde des Seaux de Marillac ; à qui l'on ôta ce sacré Dépôt de l'autorité Royale, pour le confier au Marquis de Châteauneuf.

Ce changement ayant été reçu de la Reine Mère, comme un nouvel affront, & l'injure la plus sensible qui lui eut été faite, elle témoigna aussi une plus grande aversion que jamais contre le CARDINAL ; & ne se contentant pas d'éloigner d'auprès d'elle Madame de Combalet, qui était sa Dame d'atour, & Monsieur de la Melleraye, qui était son Capitaine des Gardes, elle protesta de plus, qu'elle ne se trouverait jamais en lieu, où le CARDINAL serait, & qu'il fallait nécessairement qu'elle, ou lui, sortît de la Cour, & quittât le timon des affaires.

En effet, la Reine Mère étant allée voir le Roi le dix neuvième du même mois de Novembre ; sur l'instante prière, que sa Majesté lui fit de se résoudre de voir MONSIEUR LE CARDINAL dans ses Conseils, comme auparavant, elle répondit qu'elle ne le voulait jamais voir, & qu'elle mourrait plutôt. Si bien que le Roi fut contraint de lui déclarer qu'il l'honorerait & la servirait toujours comme il devait ; mais qu'il était obligé de maintenir MONSIEUR LE CARDINAL tant qu'il vivrait.

L'on ne saurait s'imaginer les cuisants déplaisirs, que causait au CARDINAL cette aversion, & cette haine implacable de la Reine, à laquelle il ne croyait pas en avoir donné le moindre sujet. De sorte qu'il desséchait à vue d'œil, & s'abandonna si fort au chagrin, qu'il n'était tantôt plus reconnaissable ; le premier Président entre autres ayant témoigné à la Reine, qu'il l'avait vu pleurer cinq fois, au sujet de sa disgrâce, & de sa séparation d'avec elle. Mais ceux qui avaient dessein de profiter de cette division, faisaient accroire à cette Princesse, que la douleur du CARDINAL était artificielle, & que ses larmes ressemblaient à celles du Crocodile, qui ne pleure que pour tromper.

Et néanmoins, il est certain qu'il était véritablement touché, & qu'il a toujours eu un si grand soin, que l'on ne lui pût pas reprocher avec raison, d'avoir été infidèle ou ingrat envers sa Bienfaitrice ; que même par son testament, & lors que la pensée de la mort prochaine fait tomber le masque aux plus dissimulés, il a voulu expressément protester, *Qu'il n'avait jamais manqué à ce qu'il avait dû à la Reine*

Mère, quelques calomnies qu'on lui ait voulu imposer sur ce sujet. Ce qu'il avait défi suffisamment justifié par tous les devoirs où il s'était mis, pour tâcher de se conserver les bonnes grâces de cette Princesse, & par les diverses instances qu'il lui avait fait faire de lui pardonner un crime, dont il ne se sentait point coupable.

SON EXPERIENCE AU MANIMENT DES AFFAIRES.

CHAPITRE IV.

Il est indubitable qu'il n'avait point de plus forte passion, que de faire la paix générale, aux conditions les plus honorables & plus glorieuses pour la France, ayant dit plusieurs fois qu'il ne mourrait jamais content, qu'il ne l'eut signée.

Et certes il semblait qu'il n'y eut que cet avantage là seul qui lui manquait, pour couronner dignement tant de belles actions, après avoir dompté la Rébellion & l'Envie, rangé les Ennemis du dedans & du dehors au devoir, reculé de tous côtés les anciennes limites du Royaume, & rendu le Roi Maître des plus importantes & plus fortes places de l'Europe, par la prise de La Rochelle, de Cazal, de Nancy, de Brisac, d'Arras & de Perpignan. Tellement que si autrefois les Romains, pour moins que cela, lui eussent consacré des autels, ou au moins érigé des statues, il n'y avait pas lieu de lui envier la haute estime, & la réputation extraordinaire, qu'il s'était très légitimement acquise.

Feu Monsieur le Prince, doué d'un très grand jugement, ne pouvoir se lasser de louer ni d'admirer sa conduite, & lui rendait effectivement des honneurs & des déférences, qu'il n'eut pas voulu rendre à un autre de pareille qualité, & de moindre mérite.

Le Duc Bernard de Weimar, dont l'humeur fière & Martialle l'éloignait entièrement du soupçon de complaisance ou de flatterie, était à peu près dans les mêmes sentiments, & a dit plusieurs fois, *que* le Cardinal de Richelieu *était le premier Ministre d'État qui eut jamais été au monde.*

Le Grand Gustave, Roi de Suède, avait aussi un particulier respect pour son mérite, & lors qu'il l'honorait de ses Lettres, il lui écrivait d'un style singulier & d'une manière sans comparaison plus obligeante, qu'il ne faisait aux premiers & plus redoutables Souverains de l'Europe.

En un mot, tous nos Alliés ne s'intéressaient pas moins que nous dans sa conservation. De sorte que dans les dernières brouilleries de la Cour, les factieux ayant fait courir le bruit que Cinq-Mars devait prendre la place DU CARDINAL, le Prince d'Orange en prit l'alarme, & fit remontrer au Roi, que si la conduite ou l'administration publique passait de la personne de SON PREMIER MINISTRE à celle de son Favori, Messieurs les États songeraient infailliblement à leurs affaires, & ne voyant plus d'apparence de continuer avec succès la Confédération qu'ils avaient avec sa Majesté, ils pourvoiraient par d'autres moyens à leur propre sûreté, & embrasseraient indubitablement le Parti que l'occasion ou la prudence leur suggérerait.

Les Espagnols mêmes, qui n'ont pas toujours toute l'estime qu'il faut des vertus étrangères, faisaient particulièrement cas de son génie. Ce qui est si vrai, que Monsieur de Bautru [1] se plaignant un jour au Comte Duc d'Olivares, que les Imprimeries de Flandres semblaient ne servir qu'aux Libelles diffamatoires, qui se faisaient contre le Roi & contre son Conseil, le Comte Duc lui dit, qu'il ferait tout ce qu'il pourrait pour empêcher ce désordre, y étant lui-même intéressé en qualité de Ministre : mais que pour ce qui regardait la conduite DU CARDINAL, il avait souvent déclaré dans les Conseils de sa Majesté Catholique, que son plus grand malheur était d'avoir rencontré dans les affaires de France LE PREMIER MINISTRE qui eut paru depuis mil ans dans la Chrétienté, & qu'il souhaiterait de bon cœur que les affaires du Roi son Maître allassent aussi bien que celles de sa Majesté Très Chrétienne, & qu'on fit imprimer tous les jours des Bibliothèques entières contre lui.

Et ainsi il ne faut pas s'étonner s'il ne fut pas plutôt entré dans le Conseil, que l'on y remarqua un notable changement, & beaucoup plus de vigueur & de constance dans les résolutions, qui furent aussi tenues plus sécrètes & plus promptement exécutées.

1. Guillaume II Bautru (1588-1665), comte de Serrant, conseiller d'État, introducteur des ambassadeurs puis ambassadeur en Flandres auprès de l'archiduchesse. Il avait une réputation bien établie de bel esprit.

Les Espagnols y avaient auparavant trop de part, & en pénétraient sans beaucoup de peine les plus importantes résolutions. Ce qui provenait de ce que le Conseil était composé de trop de personnes, & que l'on en réduisait les résultats sur un registre, y ayant même un Secrétaire député pour cet effet, comme au Conseil des Parties & aux autres Juridictions.

A quoi ne s'étant pas contenté de remédier, il essaya encore de rendre la pareille aux Espagnols, & se mit en devoir de pénétrer à son tour ce qu'ils tâchaient de tenir plus secret. Et en effet il fut si heureux, ou au moins il fut si bien servi, qu'il ne se passait rien d'important dans le Conseil du Roi d'Espagne, qu'il n'en fut ponctuellement informé neuf ou dix jours après.

QUELQUES-UNES DE SES MAXIMES POLITIQUES.

CHAPITRE IV.

Il tenait pour une maxime constante, avec tous les Politiques, que le secret est l'âme des affaires & le principe le plus essentiel par lequel elles peuvent réussir. C'est pourquoi il était d'avis que l'on ne devait pas faire part des plus importants secrets ou mystères d'État, aux Princes ou aux Grands du Royaume, parce que, comme leur naissance ou leur qualité semblait les dispenser plus de la révérence & de la crainte des Lois, il y avait à appréhender, qu'au premier refus ou dégoût qu'ils recevraient, ils ne se laissassent emporter aveuglément au dépit & à la colère, & ne fussent ainsi tentés de révéler tout ce qu'ils sauraient, & de causer par ce moyen le dernier désordre dans la conduite des affaires.

Il était encore d'opinion, lors que ce malheur arrivait, & que quelque Prince mécontent formait un Parti dans l'État, qu'il fallait beaucoup moins considérer la faute du Chef, que celle des autres qui grossissaient de Parti, & le rendaient formidable. Il savait qu'ordinairement les Princes ne prenaient pas ces mauvais conseils d'eux-mêmes, mais par la suggestion de ceux, qui ne trouvant pas leur compte dans le repos & dans l'état présent des affaires, croyaient avoir besoin nécessairement de nouveautés & de troubles pour se faire jour à quelque meilleure fortune. De sorte que ne pouvant souffrir, comme il disait souvent, *que contre toute bonne Politique l'on augmentât les grâces à proportion de l'augmentation des fautes*, il empêchait avec grand soin, que les coupables ne profitassent de leur propre crime, & faisant tomber le plus fort du châtiment sur les principaux Auteurs du désordre, il espérait de désarmer les autres mal intentionnés par cet exemple, & de contenir un chacun dans le devoir par la considération même de l'intérêt, qui est le plus puissant, ou au moins, le plus ordinaire motif.

N'ignorant pas que pour maintenir l'ordre, la punition du mal n'est pas moins nécessaire que la récompense du bien, il était persuadé qu'en France la clémence l'emporte toujours sur la sévérité, ou plutôt que l'indulgence, qui est le vice des bons naturels, y entretient ordinairement le désordre, & empêche l'effet des meilleures & plus louables résolutions. C'est pourquoi il ne recommandait rien tant aux Généraux d'armées que la sévérité ou la justice ; laquelle il ne croyait guère capables d'excès. Je vous promets, *écrit-il dans quelqu'une de ses dépêches au Cardinal de la Valette*, que je n'oublierai rien de ce qui dépendra de moi, pour faire que sous votre administration les armées du Roi perdent leurs mauvaises habitudes, & acquièrent les bonnes qu'elles doivent avoir. Pour cet effet il faut une grande vigueur de votre part, état impossible sans cela de mettre les affaires au point, auquel vous & moi Je désirais pour le service du Roy. Vous verrez par la punition exemplaire que sa Majesté fait de cent cinquante Officiers, absents de l'armée qui est en Lorraine, comme c'est tout de bon qu'on veut remédier aux désordres. Cette sévérité continuera assurément, & sans cela tout serait perdu. Au nom de Dieu, ne pardonnez point à vos déserteurs, & faites quelque exemple notable. Un seul vous rendra autorisé toute votre vie, & en état d'être estimé clément par après. *Et dans une autre au même*, Je vous conjure de faire continuer le châtiment de ceux qui manqueront à faire leur devoir, voyant clair comme le jour, qu'en l'état auquel sont les choses, il n'y a rien qui puisse autoriser un Général, & faire servir le Roi, que la sévérité. Je vous puis assurer que sa Majesté n'épargnera pas les plus huppés ; mais il faut que ceux qui commandent ses armées fassent le même.

Il estimait aussi qu'aux affaires importantes à la sûreté publique, il ne fallait pas laisser les soupçons mêmes du crime impunis : Que l'on ne pouvait pas avoir toujours des démonstrations & des preuves Mathématiques des Cabales & des Conspirations contre l'État. Qu'elles ne se découvraient le plus souvent que par le succès, lors qu'elles n'étaient plus capables de remèdes. Qu'ainsi le plus sûr était de les prévoir autant qu'il se pouvait par de fortes conjectures, & de les prévenir en même temps par de prompts remèdes : & qu'en telles occasions il fallait se défier de tout, & se représenter que les remèdes de prévention étaient toujours bénins ; au respect de ceux dont l'on était contraint de se servir, lors que les désordres & les maux étaient arrivés, joint qu'il y en avait beaucoup en matière d'État, qui n'étaient pas plutôt nés, qu'ils étaient incurables.

Il y en a qui ont cru que c'était son tempérament & son inclination naturelle, qui le rendait ainsi sévère & inflexible. Mais il n'y a aucune apparence, étant constant qu'il pleurait aisément, & qu'il lui eut été difficile de retenir ses larmes dans les occasions ; ce qui marquait une tendresse de cœur & une compassion naturelle. De sorte que vrai semblablement il ne prenait le parti de la sévérité ou de la justice, que par raison, & dans la pensée que c'était le parti le plus sûr.

En effet, il était persuadé qu'on ne pouvait jamais aller trop sûrement en matière d'État : qu'il fallait toujours s'il se pouvait, avoir deux cordes à son arc : que pour bien réussir il ne fallait jamais prendre ses mesures trop justes, mais que pour faire beaucoup, il fallait se préparer à faire encore davantage : qu'en un mot, dans toutes les grandes affaires, si l'on ne prenait ses mesures trop longues en apparence, on les trouvait toujours trop courtes en effet.

Comme il ne s'assurait jamais trop des entreprises qui semblaient les plus faciles, il ne désespérait presque jamais d'aucun dessein, pour difficile qu'il parût.

Il mettait tout en œuvre pour venir à bout de ce qu'il désirait, & ne croyait pas qu'il y eût rien à négliger dans la conduite de l'État, où la moindre étincelle cause souvent les plus grands incendies. C'est pourquoi il ne dédaignait pas d'envoyer lui-même à Renaudot [2] des Mémoires ou des Relations particulières pour insérer dans la Gazette,

2. Théophraste Renaudot (1586-1653), fondateur de *La Gazette*, non pas la première publication périodique française, mais la plus novatrice (concision, rapidité de l'information, diversité).

& ne souffrait pas que d'autres que lui débitassent les nouvelles publiques, afin d'empêcher par ce moyen le cours ou l'effet des mauvais bruits, lesquels semblables à un air contagieux qu'on respire, corrompent d'ordinaire par leurs fausses impressions les Esprits les plus sincères & les mieux intentionnés.

Quoiqu'il fût capable de tout, & qu'il fût un génie universel, néanmoins il était persuadé, que, pour se décharger d'une partie de l'envie, & n'être point responsable des désordres de la Justice & des Finances, il fallait qu'un premier Ministre laissât au Chancelier & Surintendant leurs fonctions entièrement libres. De sorte qu'ayant été obligé par quelque rencontre en l'année mil six cent vingt-sept, de déclarer ses sentiments sur les divers emplois des Ministres, il fit trouver bon à sa Majesté, qu'elle lui laissât pour sa part le soin de ce qui regardait particulièrement l'administration générale ; & qu'ayant confié les Seaux à Monsieur de Marillac, qui était un homme actif, plein de feu & intelligent, elle se reposât entièrement sur lui de la Justice ; aussi bien que des Finances sur le Marquis d'Effiat, qu'elle avait honoré de la Surintendance ; & qu'ainsi il pourrait appliquer plus utilement tous ses soins à la conduite de l'État, & à travailler avec plus de succès à tout ce qu'il plairait à sa Majesté de lui commander.

Il ne laissait pas dans les occasions d'étendre ses soins sur tout ce qui avait besoin de reforme, & souhaitait fort de régler jusqu'aux moindres charges, sur le modèle des premières & plus éminentes, qui ne tombaient point dans le commerce, & ne se donnaient qu'au mérite, afin de pouvoir bannir la vénalité des Offices, qu'il croyait être la peste ou la ruine d'un État. C'est pourquoi il sut si vivement représenter l'importance & la nécessité de ce dessein, qu'il fit prendre la résolution d'abolir le Droit Annuel, à l'égard des Officiers de Judicature, dont les fonctions sont beaucoup plus relevées que celles des autres, afin de supprimer peu à peu la plupart des Offices, lors qu'ils viendraient à vaquer, & en ôter ainsi peu à peu la vénalité, sans même que les Officiers en reçussent un dommage considérable, d'autant que l'on faisait état de donner des survivances à ceux qui avaient vieilli avec honneur dans les charges ; ou s'ils étaient prévenus de la mort, d'accorder leurs mêmes charges à celui de leurs enfants qui s'en trouverait capable ; ou s'ils n'en laissaient point qui eussent les qualités nécessaires pour cela, de leur faire donner par ceux qui en seraient pourvus, quelque récompense. Mais les Officiers firent tant d'instance auprès de sa Majesté, pour la continuation du Droit annuel, qui leur conservait avec leurs charges le plus liquide de leur bien, qu'elle fut obligée de la leur accorder encore pour neuf ans, & néanmoins à des conditions si fâcheuses, qu'ils eussent de la peine à s'y soumettre, & perdissent une autre fois l'ennuie de demander la continuation d'une grâce si chargeante.

Il croyait qu'il n'y avait rien de plus contraire à la bonne conduite, que l'irrésolution, & le manque de parole ; & autorisait sa pensée par l'exemple infaillible du souverain modèle, qui est Dieu même, que l'on sait être immuable en ses décrets & en ses promesses. Et il se peut dire, que la réputation singulière que ces deux qualités lui acquirent, ne lui furent pas inutiles en diverses rencontres pour le service de sa Majesté ; étant indubitable qu'il n'eut jamais eu si bon marché qu'il eut de ceux de Montauban, si l'opinion qu'ils avaient qu'il était ferme en ses résolutions & constant en ses promesses, n'eut touché les esprits les plus opiniâtres, & ne les eut fait consentir à le recevoir avec une partie de l'armée dans leur ville, & se fier entièrement à sa parole, laquelle ils savaient n'avoir jamais trompé personne.

Mais sur tout, il approuvait fort le sentiment de Philippe de Commines ; lors qu'il dit, *Je ne connus une bonne issue d'homme, qui ait voulu épouvanter son Maître & le tenir en suspicion, ou un grand Prince de qui on a affaire ;* & était tout à fait persuadé, qu'il n'y avait point de moyen plus honnête ni plus sûr à un Sujet, pour se rendre agréable, & même nécessaire à son Prince, que de bien servir, & travailler avec succès à l'agrandissement & à la réputation de l'État.

SA CONDUITE ENVERS LE ROI.

CHAPITRE V.

Sachant que la principale fonction ou le devoir d'un Ministre était, de donner de sages conseils, & non pas de vaines flatteries, à son Prince, il inspirait à sa Majesté des Maximes vraiment Royales, & lui représentait dans les occasions, que la réputation & l'honneur était le vrai Patrimoine des Souverains, & qu'il n'y avait pas d'apparence qu'un Prince put prétendre en même temps à une grande réputation & à un profond repos. Ce qui ne se peut mieux concevoir que par son propre discours, & par les raisons mêmes qu'il allégua au Roi pour le faire résoudre au siège de Nancy.

Il est à considérer qu'en matière d'État & de grand Prince, supporter une injure sans en tirer raison, c'est en attirer une autre.

Que la réputation est ce qui maintient le plus les Princes, & que qui déchoit une fois en ce genre, fait comme ceux qui ayant bronché par mégarde au haut d'un degré, tombent par nécessité jusqu'en bas.

Que l'argent est inutile aux Rois, s'ils ne s'en servent aux occasions nécessaires & à leur réputation & à leur grandeur ; & que fermer les yeux à la dépense en certaines occasions, est le meilleur ménage que l'on puisse faire à leur avantage.

Qu'il n'y a point de grandes entreprises qui n'ayant ses difficultés ; mais qu'il n'y en a point de la nature de celle qui se prépare, qui en ait si peu.

Que les Princes ne sont pas responsables des événements, mais qu'ils sont obligés à ne rien faire qui ne soit digne d'eux : & partant que, quand même le succès d'un tel dessein ne devrait pas être tel qu'on le peut désirer, le Roi ne saurait être blâmé de l'entreprendre, ainsi il devrait l'être de ne le faire pas, puisque son honneur & les considérations de son État l'y obligent.

Pour conclusion, après avoir balancé de part & d'autre, j'estime que le Roi est contraint de tirer raison des offenses qu'il a reçues de Monsieur de Lorraine : que s'il ne le fait, il décherra de sa réputation, & sera bien moins redouté de ses Ennemis, & bien moins considéré de ses Amis.

Mais il est certain que tous ces bons avis eussent été infructueux, si ce GRAND MINISTRE n'est rencontré un grand Prince, naturellement porté au bien, & toujours prêt d'entreprendre les plus pénibles voyages & d'essuyer toutes sortes de fatigues, lors qu'il fallait acquérir de la réputation & de l'honneur ; comme en effet il en a acquis beaucoup, & laissé de grands exemples aux autres Souverains.

L'Infante D. Isabelle, Archiduchesse des Pays-Bas, s'entretenant avec Monsieur de Bautru pendant qu'il était en Flandres, sur le voyage d'Italie que le Roi allait entreprendre par le conseil de SON PREMIER MINISTRE, lui avoua qu'elle estimait heureux le Prince qui avait UN SI FIDELE ET SI INTELLIGENT MINISTRE, & ne pût s'empêcher de déplorer la condition des Souverains, qui avaient des peines incroyables à rencontrer des Sujets dignes de l'honneur de leur confiance, & de la conduite de leurs affaires.

Et le Cardinal de la Cueva [3], premier Ministre de sa Majesté Catholique auprès de l'Infante, dit encore à Monsieur de Bautru au sujet du même voyage, que le Roi allait faire le seul & véritable métier de Roi, qui était de commander en personne ses armées : Que les Rois, qui faisaient autrement, devaient passer plutôt pour des Baillifs ou Sénéchaux qui étaient commis pour rendre la Justice aux peuples, à l'abri des injures de l'air & des saisons, que non pas pour de vrais Souverains ou Lieutenants de Dieu, qui étaient obligés d'agir pour le repos de leurs Sujets : Qu'anciennement les Rois Catholiques s'étaient tellement signalés par dessus les autres, en faisant comme faisait le Roi, qu'il ne se trouvait point dans le cours de deux ou trois siècles, qu'aucuns vassaux, non pas même les Infants d'Espagne, eussent la qualité de Généraux d'armée : Et qu'il ne fallait pas s'étonner, que les Ministres, qui ne pouvaient pas persuader leurs Maîtres de faire leur charge, ne pussent pas obliger les Vassaux de faire leur devoir.

Mais les Étrangers eussent encore plus admiré l'ardeur & le zèle du Roi, s'ils eussent su particulièrement tout ce qui en était, & qu'ils eussent pu être témoins des louables inquiétudes ou impatiences, que témoignait sa Majesté, lors que les affaires n'avaient pas tout à fait le succès qu'elle espérait de ses applications & de ses soins. De sorte que NOTRE CARDINAL était assez souvent obligé dans ses billets ou ses Lettres, de conjurer sa Majesté de ne s'affliger point des mauvais succès, mais de considérer que si les Rois faisaient toujours tout ce qu'ils désirent, ils seraient plus qu'hommes & égaux à Dieu, qui avait voulu se réserver à lui seul cette prérogative.

Il y avait de ses malveillants & ennuyeux, qui tâchaient de se prévaloir des impatiences & des chagrins du Roi, pour lui faire perdre

3. Alphonse de La Cueva (1568-1655), ambassadeur du roi d'Espagne Philippe III à Venise, cardinal en 1622, et gouverneur des Pays-Bas.

la confiance de son Maître, & qui épiant toutes les occasions de lui nuire, essayaient d'émouvoir sa Majesté par la considération de son propre intérêt & de son honneur ; comme si elle est fait brèche à sa réputation & à son autorité absolue, de dépendre en quel que façon des volontés d'autrui, & de se conformer entièrement, comme elle faisait, aux sentiments & avis de SON PREMIER MINISTRE. Tellement qu'on ne saurait s'empêcher de louer encore ici le jugement & le zèle de sa Majesté, d'avoir connu quels avantages la conduite de NOTRE CARDINAL pouvait apporter à l'État, & d'avoir maintenu contre tous les efforts & les bourrasques UN MINISTRE, qu'elle n'ait su abandonner sans préjudicier notablement à la sûreté & au bien de ses affaires.

Ce n'est pas que les inquiétudes du Roi ne lui en causassent aussi de très cuisantes, & ne ruinassent beaucoup plus sa santé, que ne pouvait faire le plus long & plus pénible travail dans le calme. C'est pourquoi il avoua souvent, qu'il ne trouvait rien de plus fâcheux & de plus insupportable dans l'administration, que les continuelles intrigues de la Cour, *& que six pieds de terre*, entendant parler du Cabinet du Roi, *lui donnaient plus de peine que tout le reste de l'Europe.*

Et ces intrigues semblaient lui devoir être d'autant plus fatales, qu'il semblait trop les mépriser ; allant plus au solide qu'à l'apparence, & ne craignant point de s'éloigner d'auprès du Roi, au hasard même de sa fortune, pourvu que ce fût pour le service & l'avantage de l'État. Je sais, *dit-il*, que les plus raffinés Courtisans ont pour « maxime, d'être le moins qu'ils peuvent absent de leurs Maîtres, & jugent que les Grands sont Esprits d'habitude, auprès desquels la présence fait beaucoup. Mais puis qu'un Serviteur n'est pas tel qu'il doit, s'il ne sacrifie tous ses intérêts pour ceux de son Maître, lors que l'occasion le requiert, toutes ces considérations ne m'empêcheront point de marcher, & m'exposer à tous périls, pour garantir le Roi des moindres qui lui pourraient arriver ».

Néanmoins, pour tacher de suppléer à ce défaut, & remédier à ce désordre, il ne se contentait pas d'avoir toujours auprès du Roi de ses Créatures, qui lui rendaient tous les bons offices imaginables, mais avait encore soin de faire lire à sa Majesté ses raisons, & lui envoyait ordinairement des Mémoires particuliers, par lesquels il lui représentait, que puis qu'il plaisait à sa Majesté se servir de lui dans ses affaires, elle jugerait sans doute raisonnable, de n'ajouter aucune foi à tout ce qui lui pourrait être dit à son préjudice par ses ennemis déclarés ; auxquels même la raison voulait qu'elle fermât la bouche, & qu'elle ne leur ouvrit ses oreilles. Que n'ayant rien à craindre que les soupçons qui pouvaient naître dans l'esprit de sa Majesté, & les fausses impressions qu'on lui pouvait donner de sa conduite, elle ne trouverait pas mauvais qu'il y chercha le remède. Que les soupçons ne deviendraient jamais considérables, si l'on avait soin de les découvrir dès leur naissance, & de s'en éclaircir avant qu'ils eussent pris racine : & qu'il y avait aussi deux moyens pour empêcher le mal que pouvaient faire les faux avis, qui ne sont que trop fréquents dans les Cours des Princes. Que le premier était, d'y fermer entièrement l'oreille ; ce qu'il ne demandait pas, quand les personnes qui voudraient parler à son désavantage, ne seraient pas ouvertement ses ennemis, de peur qu'il ne semblât fermer toutes sortes de voies & d'accès à la vérité. Et que l'autre consistait, à ce qu'il pleut à sa Majesté ne recevoir point aucun avis, dont elle ne le fît aussitôt avertir, pour en éclaircir la vérité, à la charge que ceux qui lui auraient découvert des vérités importantes à l'État, seraient récompensés selon qu'ils le mériteraient, & que les autres qui auraient controuvé des faussetés pour l'inquiéter, ou pour se rendre considérables, seraient traités à la rigueur & punis exemplairement de leurs calomnies. Qu'elle était obligée en conscience d'en user ainsi ; parce qu'autrement il serait impossible de la servir en la conduite de ses affaires ; dans laquelle ceux qui avaient l'honneur d'être employés, se faisaient tant d'ennemis en faisant leur devoir, que si l'on souffrait des médisances sécrètes contre eux, & qu'il fût permis de les calomnier impunément, la malice & les artifices de la Cour sont tels, qu'un Ange même n'y pourrait pas subsister six mois. Qu'elle y était d'autant plus obligée, qu'il se soumettait à tel châtiment qu'il lui plairait, si lors qu'il aurait agréable de lui découvrir quelqu'un qui aurait eu dessein de lui nuire & de le décrier par ses impostures, il en avait d'autre ressentiment que celui qu'elle voudrait, & lui prescrirait elle-même. Que si elle voulait maintenir son autorité, il fallait qu'elle ait l'œil perpétuellement ouvert, & qu'elle ne perdît pas un moment de temps à faire les choses nécessaires pour cela. Qu'il était des désordres d'État comme des grandes maladies, qu'une seule médecine ne pouvait emporter, & qui ne se pouvaient guérir que par des remèdes violent, & souvent réitérés. Qu'il s'était perdu chez la Reine-Mère, pour n'avoir pas pu défaire les cabales dans leur naissance, & que pour se sauver il fallait nécessairement prendre le contre-pied. Qu'il valait mieux dans ces rencontres faire trop que trop peu, pourvu que le trop n'allât pas à plus qu'à éloigner de la Cour ceux qui y pouvant faire du mal, donneraient lieu de croire qu'ils en eussent la volonté. Et qu'enfin, outre que par le trop peu l'on se mettait au hasard de se perdre, il était très certain que faisant quelque chose de trop, pourvu qu'il ne blessât pas la conscience, il n'en pouvait arriver aucun inconvénient ; & néanmoins l'on pourvoyait entièrement à sa sûreté, n'y ayant rien qui dissipe tant les cabales que la terreur & le châtiment, ni au contraire qui les entretienne davantage, que l'impunité & l'exemple de quelqu'une qui a réussi.

Comme il ne doutait pas de dire librement ses avis au Roi dans les occasions importantes, il ne manquait pas en d'autres d'avoir toute la complaisance qui se pouvait, ni de s'accommoder entièrement à l'humeur de sa Majesté, qui était née pour commander, & ne pouvait souffrir aucune contradiction ou résistance à ses volontés. De sorte que pour ne lui donner point de jalousie, il se donnait bien de garde de rien faire que par ses ordres, ou au moins qu'avec sa participation, ni d'attribuer à d'autres qu'à elle-même toute la gloire des bons succès, comme il savait effectivement qu'il y était obligé. De quoi nous avons déjà vu un exemple assez remarquable dans la Relation qu'il fit imprimer du siège & de la prise d'Arras, où il conserve soigneusement au Roi la grande part qu'y avait eu sa Majesté, & ne parle non plus de lui même, que s'il est été entièrement éloigné des Affaires, & qu'il n'y est absolument rien contribué.

Sa modestie se faisait encore remarquer, en ce qu'il réservait pareillement au Roi toute la gratitude des bienfaits, qu'il procurait aux autres, de l'Épargne, ou qu'il leur faisait même du sien ; ne manquant jamais de leur dire, que sa Majesté avait considéré les services qu'ils lui avaient rendus dans les occasions, & les gratifiait par avance de cette somme pour marque de sa reconnaissance, & de l'estime qu'elle faisait de leur mérite, en attendant qu'elle pût faire quelque autre chose plus considérable pour eux.

Il n'en faisait pas de même aux matières odieuses, & lors qu'il était question de faire quelque exemple de sévérité ou de justice, il en déchargeait autant qu'il pouvait sa Majesté, & en rejetait toute la haine sur le Conseil, qu'il disait être résolu de ne plus souffrir les crimes d'État impunis.

Tellement qu'il avait grande raison d'écrire au Roi, comme il faisait souvent par ses Lettres : Je souhaite votre gloire plus que jamais Serviteur qui ait été, n'a jamais fait celle de son Maître, & je n'oublierai jamais rien de ce que j'y pourrai contribuer. Pour moi, je n'aurai jamais de contentement, qu'en faisant connaître de plus en plus à Vôtre Majesté, que je suis la plus fidèle Créature, le plus passionné Sujet, & le plus zélé Serviteur, que jamais Roi & Maître ait eu au monde. Je vivrai & finirai en cet état, comme étant cent fois plus à Vôtre Majesté qu'à moi-même.

Et pour dernière marque de sa reconnaissance & de son zèle envers son Prince, il a bien voulu déclarer par un article exprès de son Testament, que s'il avait fidèlement servi le Roi, sa Majesté avait su par une vertu toute Royale l'aimer & le combler de ses bienfaits ; ayant ainsi plu à Dieu de bénir ses travaux, & les faire considérer par le Roi, son bon Maître, qui les avait par sa munificence Royale, récompensés au dessus de ce qu'il pouvait espérer. C'est pourquoi il y recommande absolument à ses plus proches héritiers, & à ceux qui jouiraient après eux des Duchés & Patries de RICHELIEU & de Fronsac, & des autres biens qu'il leur substituait, de ne se départir jamais de l'obéissance qu'ils devaient au Roi & à ses Successeurs, quelque prétexte qu'ils pussent prendre de mécontentement pour un si mauvais sujet : & proteste en sincérité de conscience, que s'il prévoyait qu'aucun d'eux dût tomber dans cette faute, il ne lui laisserait aucune part en sa succession.

Mathieu de Morgues, *Observations sur la conduite du cardinal de Richelieu*

Toute la France, & ses bons Alliés disent, que la cause de toutes les guerres qui affligent la Chrétienté, est la trop grande autorité du Cardinal de Richelieu ; c'est-à-dire, d'un homme, lequel ayant élevé ses bâtiments superbes par dessus les Royaux, a porté ses desseins à la Royauté. Ses paroles sont de Souverain, ses actions & ses usurpations de celui qui le veut être.

Il fait tout ce qu'il peut : il peut plus qu'on ne lui devrait permettre ; & désire plus qu'on ne saurait dire. Encore qu'il n'achève rien de ce qu'il entreprend, ses entreprises sont toujours infinies.

Il ne s'arrête point à ce qu'il possède, parce qu'il court à ce qu'il n'a pas. Après qu'il a fait une grande affaire pour son avancement, il en médite une plus avantageuse ; & dans une vie bornée, il entasse les desseins qui n'ont point de fin.

Le feu de son ambition, cherche toujours quelque nouvelle matière ; celui de son ingratitude, consume tout ce qu'on y jette, & c'est un abîme dans lequel toutes les libéralités se perdent.

Il ne demande plus, mais il prend : il croit que tout ce qu'il peut attraper, n'est qu'une partie de la récompense des services qu'il a rendus ; & il s'imagine, qu'il oblige beaucoup son Maître de l'appauvrir pour s'enrichir.

Il a non seulement abandonné, mais mal traité sa Bienfaitrice & Maîtresse, pour n'en connaître point d'autre que la fortune qui le flatte, qui vide la bourse du Roi dans la sienne : abaisse l'autorité de sa Majesté, pour relever l'orgueil de son ministre : en sorte qu'on ne parle plus dedans & dehors la France, que de ce grand Cardinal. Le bruit de son crédit & de sa puissance, fait qu'on désire plus son amitié, que la bienveillance de son Roi.

Ce Prince très bon, très pieux & très généreux, a confié entre les mains de son conseiller ses finances, ses armes, son État, & mêmes sa vie. Le serviteur a pris toutes les sûretés de la Couronne de son Maître, avec toutes les clefs de son Royaume ; & semble qu'il ne lui veut laisser que celle du trésor de la sainte Chapelle de Paris.

Le Roi est en état de dépendre plus du Cardinal, que le Cardinal du Roi : son Maître l'ayant fait ce qu'il est, il a le moyen de se faire ce qu'est son Maître. Il fait semblant de l'aimer pour son profit : mais il n'y a personne qui ne l'aime davantage, parce qu'il est très digne d'amour, sans que cette affection soit si chère.

Si les malheurs, que le Cardinal recherche, avaient ruiné les affaires de sa Majesté, il se retirerait avec les dernières pièces du débris ; & ayant ébranlé cet Empire avec l'autorité du Souverain, il le renverserait entièrement avec la sienne.

Il n'y a rien de plus certain, que s'il se fortifie davantage, le Roi, qui lui en a donné les moyens, aura plus de sujet d'appréhender sa puissance, que celui qui les a reçus n'aura occasion de craindre sa justice : & il fera voir au Prince, qui croit qu'il ne se peut passer de son ministre, que son ministre est en état de se passer de lui.

Le Cardinal efface les traits de l'image de Dieu qui sont en la Royauté, lors qu'il se rend plus fort que celui qui l'a fait ; puis que Dieu ne serait point Dieu, s'il avait tiré du néant une créature, qui lui peut donner de la peine pour la défaire.

On peut juger par ces vérités, quel notable intérêt a le Roi d'arrêter cette prodigieuse insolence de son ministre ; auquel quelques témérités heureuses ont persuadé, que c'est sa prudence qui a surmonté les difficultés, & c'est ce qui l'a rendu si hardi à entreprendre, & si audacieux en ses discours, qu'en disant & écrivant qu'il est l'âme & l'esprit de l'État, il ne fait passer le Roi que pour le corps.

S'il plaisait à sa Majesté d'éprouver la fidélité de celui qui veut être estimé le seul fidèle serviteur, elle la connaîtrait en demandant ses places : s'il les rend, il acquerra la réputation d'homme de bien ; & le Roi en les retirant, confirmera la croyance qu'on a de lui, qu'il est sage Prince.

Il amuse la France par des conquêtes, qui sont plutôt des fardeaux nouveaux que des nouvelles forces, qui nous affaiblissent en nous dilatant, & qui nous peuvent obliger à rendre ou à perdre avec honte, ce que nous avons pris avec facilité.

Il a mis la pauvreté dans la France, pour entretenir les Suédois. Il a fait alliance avec les Goths, que nous ne connaissions pas devant son crédit. Il a ruiné d'honnêtes gens, pour enrichir des barbares. Il n'a intelligence qu'avec des Turcs & des Hérétiques : il anime ceux-là contre les Chrétiens, & soldait ceux-ci contre les Catholiques.

Il est plus entreprenant que courageux, & plus téméraire que sage : le bonheur a plus fait pour lui, que lui pour nous acquérir le bonheur ; & les Parques ont plus travaillé pour faire réussir ses desseins, que sa bonne conduite.

Il a fait paraître son esprit tyrannique, en désirant de tous les hommes l'affection qu'il n'a pour personne. Il veut vendre chèrement ses assistances, & veut avoir à bon marché les services. Il a provoqué la vengeance par les injures, & l'envie par le faste.

Il a été plus soigneux de nous faire voir ses palais magnifiques, ses riches ameublements, & ses grandes terres, que ses rares vertus. Il a fait enfermer dans Paris un faubourg fort étendu : a mis des impositions extraordinaires sur le peuple, & l'a obligé à une dépense de deux millions, pour ajouter un jardin à sa maison.

Il ne voit pas qu'une puissance, qui n'est pas appuyée sur ses racines, est facilement renversée : que les Rois se dégoûtent après avoir beaucoup donné ; qu'ils sont bien aises de trouver tout leur bien en un lieu, pour le reprendre plus aisément. La plus grande marque de la Souveraineté, est d'abaisser le favori qui se veut enlever par-dessus son Maître : & les jeunes Princes sont aussi jaloux de leur autorité, que les vieux maris de la beauté d'une jeune femme.

Il est ennemi des sages & des généreux : il craint que ceux-là ne le découvrent, & que ceux-ci ne le détruisent. Il veut l'obéissance aveugle, & déteste la vérité courageuse.

Il faut être son ennemi, ou son esclave : les réconciliations qu'on fait avec lui, sont des victoires pour lui ; & les défaites de ceux qui se sont opposés à sa puissance : il ne leur arrache les armes des mains, que pour les charger de menottes.

Ceux qui connaissent son esprit chagrin, n'estiment pas sa félicité par sa puissance, par ses dignités, par ses biens & par sa suite : ils le jugent malheureux dans sa tête, & dans son cœur. Pour être heureux, il faut être dans la possession d'un bien assuré, & en jouir avec plaisir. Pour être malheureux, il ne faut que le croire ; ce qui peut arriver dans l'abondance des honneurs & des biens, parce qu'il manque toujours quelque chose à celui qui espère plus qu'il ne mérite.

Il entreprend tous les ans quelque nouvelle guerre : il n'en a point eu que d'offensives ; & d'une il en fait naître deux, sans considérer si elles sont justes & nécessaires, ni s'il faut émouvoir un vieil État qui est en paix, non plus que le corps d'un vieillard qui se porte bien.

On verra après sa mort, ou sa disgrâce, non seulement en France, mais en Piedmont, en Allemagne, aux Pays-Bas, & en Lorraine, les ruines du passage de sa fortune : on ne demandera que des rétablissements des bannis, des réparations d'honneur, des élargissements de prisonniers, des restaurations de maisons, des restitutions de biens ; & on n'entendra que des plaintes, pour le sang injustement répandu.

L'ingratitude, l'avarice, l'ambition, & la cruauté sont les quatre vices qui déshonorent sa vie, & les bourreaux qui tourmentent son âme. Tous les maux qu'il a fait aux hommes, ne sont que les effets de sa peur. Il ne croit pas être méchant & infâme, en faisant les violences qui servent à sa conservation ; parce que la présomption lui fait croire, qu'elle est nécessaire à la France.

Il se fortifie de places, d'hommes & d'argent ; & il ne voit pas, que ceux de sa condition ne sont jamais ruinés par leur faiblesse, mais toujours par leur imprudence : la sienne est grande en ce qu'il a tenté la fortune, étant au plus haut de la félicité.

Ce qui fait voir la bassesse de son courage, est, qu'il ne veut point négliger les petites vengeances : il ne reconnaît pas, que parmi les peuples les choses de peu d'importance sont plutôt remarquées que les grandes ; & nous pouvons dire, qu'à Paris on a trouvé plus étrange, qu'il ait ôté les pensions à quelques femmes qui avaient eu soin de la personne du Roi en son enfance, qu'on n'a fait des injustices de plus grande conséquence.

Il ne connaît pas dans ses maladies horribles, que le Ciel n'est pas toujours favorable à ceux auxquels la terre donne trop de prospérités. On peut dire de lui, ce qu'on a dit de Pisistrate & de Minos, qu'il est malheureux dans son bonheur par la seule colère de Dieu, qui lui envoie la punition des Philistins ; parce qu'il détient avec injustice la vérité prisonnière.

Il ne conserve point les anciennes alliances pour la sûreté de l'État, mais il en cherche des nouvelles pour la sienne : & il ne voit pas qu'elles lui manqueront, & seront contre nous, lors qu'on ne les pourra plus acheter ; & que les Allemands, qui ne combattent que pour le pillage, chercheront celui de la France, après qu'ils auront ravagé leur pays.

Il n'a pas voulu acquérir l'amour & la crainte, qui viennent du respect, & qui n'ont point d'autre source que l'opinion de probité & de sagesse. Il s'imagine qu'il est homme de bien, en ne faisant pas tout le mal qu'il peut faire : qu'il est sage, en entreprenant beaucoup ; & courageux, en hasardant toutes choses.

On s'étonne, de ce qu'un corps & un esprit malades tyrannisent tant de personnes saines en l'un & en l'autre. Le Cardinal croit que son industrie donne la terreur à tout le monde ; mais il faut avouer, que le nom du Roi fait qu'un grand nombre de Noblesse généreuse craint un signalé poltron. Il est haï, & doit être méprisé : c'est ce qui donnerait la hardiesse d'entreprendre sur lui, si son habit n'était plus respecté que sa personne ; & si on ne craignait davantage la force de ses gardes, que la justice de Dieu.

Ayant entrepris des méchantes choses, il croit que l'opiniâtreté lui sera plus honorable que la repentance ; & que se laisser vaincre par la raison, est confesser une faute. Au lieu d'examiner la nuit les mauvaises actions qu'il a fait le jour auparavant, il en médite de plus méchantes pour le lendemain.

Ayant disposé des biens de la Reine & de ses bons serviteurs, il a envoyé des malédictions aux pauvres qu'il a fait. Il a suscité des trahisons au Roi d'Espagne, qui les nourrit & garde d'oppression. Il veut persuader, que ce grand Prince, qui leur fait du bien par générosité, est un marchand qui veut acheter quelque avantage, qui sera préjudiciable à la Couronne de France.

Il fait tout ce que la colère lui conseille ; & la colère lui conseille tout ce que sa fortune peut. Sa haine s'exerce davantage contre ceux qu'il a offensés, parce qu'il en a plus d'appréhension. Son ingratitude chasse ses bienfaiteurs ; & il s'imagine que leur présence est un reproche, qui l'oblige à les honorer & servir.

Il a fait mourir trois Maréchaux de France ; il en tient un prisonnier, & un autre éloigné, qui étaient très capables de servir le Roi & l'État. Il a retiré dans ses garnisons douze ou quinze mille des meilleurs soldats du Royaume, qui sont à charge au public. Il a caché dans ses places la plus grande partie des finances de France : il tire le dernier écu du peuple ; crée des rentes sur le Roi, & affaiblit le Royaume d'hommes & d'argent : c'est-à-dire, il lui coupe les deux bras ; il le veut laisser comme le fantôme qui se présenta à Valens Empereur gisant sur le chemin d'Antioche, couvert de plaies, & ne montrant point de vie, que dans les yeux ouverts & pleurants. Pour faire voir que nous sommes fidèles à notre patrie, nous avertissons que les étrangers attendent la défaillance, en laquelle nous jette celui qui épuise toutes les veines de l'État.

Le Cardinal déshonore la France en ce qu'il ne se sert que des armes des faibles, qui sont les tromperies & corruptions. Il fait voir aussi, qu'il n'a ni sagesse ni générosité, n'ayant jamais employé ces deux belles vertus ni dans les affaires qu'il a entrepris, ni dans les traités qu'il a fait. Nous ne voyons par tout que finesse & infidélité, qui sont les deux vices qui viennent d'imprudence & lâcheté. Les stratagèmes sont permis en guerre ; mais c'est une façon de combattre, indigne d'un grand Ministre, & sur tout d'un Cardinal, de surprendre les bons par des faux serments, & d'employer l'argent pour les rendre méchants ; de n'attaquer jamais les courageux & les fidèles, & de s'adresser toujours aux poltrons & aux traîtres. S'il était vertueux, il serait plus marri de voir que semblables entreprises lui réussissent, que de s'en réjouir avec insolence, comme il fait.

Il a converti les plus grands biens de la France en ses plus grands maux. Il a tiré de la prise de La Rochelle l'orgueil insupportable, qui lui a fait attaquer la Reine Mère du Roi, Monsieur, & tous les Grands du Royaume, fouler les peuples sous les pieds, mépriser les Alliés, & irriter les voisins.

Cet homme qui nous promettait un siècle d'or, ne nous a fait voir jusqu'à présent que celui de fer & de plomb. Il a tantôt fait du plus riche pays du monde, un hôpital de pauvres & de malades ; & il s'imagine qu'il l'est encore de fols, lors qu'il nous veut persuader dans les écrits de ses flatteurs, qu'il est sage tout seul.

Il fait voir clairement, qu'il s'aime plus que le public, en ce qu'il ne fait point de difficulté de le troubler, pour venger ses injures particulières. Son intérêt est aujourd'hui la règle des affaires d'État, & la France est réduite à un tel point, que si elle était de verre, une des colères du Cardinal la casserait ; ou si elle était un diamant, & qu'il trouva un marchant, il la vendrait pour acheter son salut, ou la donnerait pour une grande alliance ; c'est-à-dire, pour une vanité.

Il ne juge pas, que le favori qui diffère sa ruine par les supplices & par les guerres, c'est-à-dire, par le massacre des hommes, avance son malheur ; & que celui qui exerce sa puissance en faisant du mal à plusieurs, & donnant la crainte à tous, ne saurait se maintenir longuement. La cruauté se peut défaire de quelques hommes, mais la bonté les gagne tous.

La liberté de lui dire les choses comme elles sont étant éteinte, & la fidélité changée en flatterie, il ne croit pas être trompé, parce qu'il l'est avec douceur & respect. Il perd la connaissance de sa faiblesse, en lui persuadant qu'il est aussi fort comme on lui veut faire croire ; & que c'est être vaincu, de céder à la raison, aux affaires & au temps.

Il s'imagine, que tout ce qui le conduit à la félicité, va au point de sa fermeté ; & il ne sait pas, que les choses qui sont grandes par excès & fragiles de leur nature, doivent être maniées avec beaucoup d'artifice, de patience, de peine, & de péril. Une fortune démesurée doit être soutenue par plusieurs mains fortes, sages & fidèles ; elle a besoin d'un grand nombre d'amis, qui ne sont pas ceux qui se pressent pour entrer dans le cabinet d'un favori : un siècle ne les produit pas à la foule, la providence de Dieu en crée peu dans cent ans, & la Cour n'en fait jamais.

Lorsque le Cardinal vient du Louvre, qu'il trouve toute la rue de saint Honoré embarrassée par les carrosses de ceux qui l'attendent chez lui ; qu'il voit sa Cour, son escalier, sa sale & son antichambre chargés de Courtisans, d'Officiers & Députés, ne considère-t-il point que sa maison est remplie de ses ennemis ? qu'il n'a ses gardes que contre ceux qui le visitent ? qu'il craint les mains de ceux qui fléchissent le genou devant lui ? & qu'il est dans la presse des hommes sans toucher jamais un ami ?

Il fait tout ce qu'il peut, il écrit tout ce qu'il veut contre ceux qu'il désire de perdre, & envoie en même temps des personnes pour les empêcher de faire & écrire, ce qui lui peut déplaire. Ses agents font espérer ses bonnes grâces, pourvu qu'on dissimule ses injures. Ce qui est plus merveilleux, est, qu'en trompant ouvertement & également ses ennemis & ses amis, il veut que les uns & les autres l'estiment homme de bien : & est si heureux, qu'il trouve tous les jours des personnes qui se confient en lui.

Une de ses plus grandes passions est contre la maison de Lorraine. Il coupe la racine, pour faire sécher les branches qui sont en France. Il chasse hors du Royaume Madame de Guise & M^rs^ ses Enfants ; il ne considère pas, que M^r^ son mari n'ayant plus de sujets de crainte, n'aura point de considération qui arrête les effets de ses ressentiments, ou plutôt les efforts de son désespoir.

Il a tenu Monsieur éloigné, jusqu'à ce qu'il a cru mieux trouver son compte avec lui qu'avec Monsieur le Prince. Il a appelé Monsieur le Prince, lorsque la générosité de Monsieur le Conte a rejeté le mariage de Madame de Combalet : mais il sacrifierait le Roi, & tout ce qui est entre sa Majesté & Monsieur le Conte, pour avoir son alliance ; & la dot serait le Royaume, duquel il tient la plus grande partie.

Il a montré qu'il était par dessus le Roi, en faisant révoquer les dons & les grâces de sa Majesté : qu'il voulait avoir plus de puissance que le saint Père, s'efforçant de rompre quatre grands mariages. Les affaires qui sont survenues contre ses intentions, ne lui ont pas permis de toucher à trois : mais il a fait ouvertement tout ce qu'il a peu contre le quatrième ; la justice de sa Sainteté & la vertu de Monsieur ont arrêté ses poursuites.

Il a fait dans un jour les mariages de trois Cousines secondes, pour s'acquérir deux Provinces avec deux des plus fortes places du Royaume. Il a mis dans ses intérêts, celui qui a la principale confiance de Monsieur ; & parmi les grandes affaires du Roi & misère du public, il a donné des sommes immenses, & fait des magnificences incroyables.

Il a voulu faire tomber toute l'Allemagne, qui est la pépinière des soldats, armes & chevaux, entre les mains d'un Prince protestant, & les dix-sept Provinces des Pays-Bas dans un État populaire & Huguenot. Il a entrepris d'unir toutes les forces qui ont dissipé autrefois l'Empire Romain, & qui eussent dévoré en peu de temps l'Italie & la France. Il a tâché en même temps de mettre à la porte de cette vieille Monarchie Catholique, une République jeune & hérétique. Les sages politiques jugeront, si cela était balancer les puissances de l'Europe ; & si en pensant abaisser la Maison d'Autriche, on ne l'a point mise au plus haut point qu'elle ait jamais été.

La prise de Philisbourg mal gardé, qui est la meilleure & la plus importante place d'Allemagne, la perte du magasin, de l'arsenic, & des finances des François, la ruine par la faim, par le froid, & par les coups des meilleures troupes du Roi, tout cela par la faute du Cardinal, doivent donner un juste sujet de douter non seulement de sa prudence, mais de sa fidélité. Il est assuré, qu'il aura les meilleures pièces de notre débris ; qu'il a les plus fortes citadelles, les trésors, les vaisseaux, & ce qui restera de bons soldats. Il laisse perdre ce qui n'est point à lui, pour ne trouver point de résistance au cantonnement qu'il veut faire dans la déroute générale, qu'il attire tant qu'il peut.

Ceux qui sont dans ses intérêts, publient hautement, qu'il se faut moquer de ceux qui avertissent de ce danger. Mais son dessein est semblable à la fièvre hectique : il est difficile à connaître au commencement, mal aisé à guérir en son progrès, & incurable quand il sera formé.

Pour faire semblant, qu'il veut remédier aux maux qui nous menacent après la bataille de Nortlinguen, la prise de Philisbourg, & autre avantage que l'Empereur a eu, il prend des moyens impies : n'ayant su faire ruiner le Roi de Pologne par le Moscovite & le Turc, il tâche de le retirer de l'assistance qu'il doit à l'Empereur son Oncle : n'ayant pu rendre pauvre ce Prince invincible, il voudrait le rendre perfide, en lui promettant l'Empire qu'il devrait conserver pour son Maître, s'il était en sa disposition.

Il a envoyé au Turc une grande somme de deniers, pour faire descendre en Italie la flotte qu'il a sur mer. Il veut faire piller par les infidèles le patrimoine de saint Pierre : ce qui mettrait en danger sa Sainteté & tous les siens du soufflement des peuples, qui diraient qu'elle n'a point réprimé l'audace du Cardinal de Richelieu, & qu'elle a employé en France des hommes qui se sont laissés tromper ou corrompre ; encore qu'il soit vrai, que le saint Père fait tout ce qu'il peut, pour moyenner une bonne paix entre les Princes Chrétiens, & que pour ce sujet il ait envoyé en France des ministres très sages & très adroits.

Au même temps que le Cardinal traite ces choses avec le Turc, & qu'il est excommunié par la Bulle in Cœna Domini, il envoie des Ambassadeurs en Angleterre, en Danemark, en Hollande, & à Strasbourg, pour faire des nouvelles ligues contre la Religion ; & en propose une au saint Père toute contraire, pour exterminer les hérétiques, qu'il dit avoir affaibli en les engageant par des petites assistances à des grandes entreprises, & ayant retiré beaucoup de places de leurs mains. Qui peut juger à quoi se résoudra cet homme, qui d'un côté ruine l'Église, & la menace de son désespoir, & de l'autre lui donne des espérances qu'il la rendra plus florissante qu'elle n'a jamais été, pourvu qu'on ne touche point à son autorité, de laquelle il usera selon qu'il trouvera son avantage, après qu'il aura conjuré la tempête.

Il a fait entendre par plusieurs personnes, qu'il désirait avec passion le retour de la Reine, pourvu qu'elle oublia les affaires passées. Lors qu'elle en a donné les assurances, il a demandé des choses non seulement injustes, mais impossibles, que sa Majesté mît entre les mains des bourreaux ses fidèles serviteurs, pour être immolés à la passion de celui qui l'a trahie.

Nous avons su, qu'il ne s'est saisi de Madame de Lorraine, qu'avec dessein de se servir de son autorité & de son nom, pour faire trancher la tête au Duc son mari, au Duc François, à Madame sa femme, & à la Princesse de Phalsbourg leur sœur, comme criminels de lèse-Majesté, pour avoir entrepris de lui ôter ses États. Ces Princes & Princesses s'étant échappés, le Cardinal a traité Madame de Lorraine comme inutile, l'a méprisée jusqu'au dernier point, & l'a laissée dans les incommodités que la ville de Paris ne peut voir sans déplorer sa misérable condition.

L'histoire de ce qui s'est passé entre le Cardinal & Puylaurens, pourrait remplir un grand livre ; il se faut contenter de dire, que jamais un esprit subtil ne trouva une plus franche dupe qu'en ce pauvre malheureux ; qui s'était imaginé, que le Cardinal souffrirait un autre favori, & qu'il préférerait le mariage d'une petite cousine, à la sûreté de sa grande fortune. Il fera périr ce Duc & ce cousin, pour s'acquitter du serment qu'il avait fait de le perdre, lors qu'il disait, qu'avec le temps il aurait de l'âge, qui pensait être plus fin que lui. Ce qui a un peu avancé sa ruine, est l'avis des mémoires qu'il avait écrit de sa main, pour soutenir le Mariage de Monsieur. Le Cardinal est si juste, qu'il veut faire trancher la tête à Puylaurens, pour la seule action de probité qu'il a fait en sa vie, au lieu de le châtier pour avoir été insolent contre la Reine Mère de son Roi, & de son Maître : mais ce crime était plutôt une recommandation auprès du Cardinal.

Il a pour son principal Conseiller un homme, qui sous un saint habit cache un corps puant & une âme méchante ; qui est déguisé en Religieux bien reformé, pour vivre en mauvais Chrétien. Cet hypocrite s'imagine, que Dieu ne le connaîtra pas, lorsque les plus grossiers de tous les hommes l'ont déjà découvert : son esprit fait tant de chemin, qu'il n'est pas de merveille s'il parle toujours en homme échauffé, ni s'il a souvent soif. Il est plus propre à trouver des sujets de rigueur & de cruauté, que de douceur & bonté ; comme la corruption des meilleures & plus délicates viandes est toujours la pire. Il faut dire (par la confession même du sieur Hay) qu'il n'y a rien de plus méchant qu'un Religieux débauché. Celui que nous désignons, est grand inquisiteur de l'État ; interroge les prétendus criminels, fait mettre les hommes en prison sans information, empêche que leur justification ne soit écoutée, & par des terreurs paniques il tire les déclarations qui servent pour couvrir l'injustice du Cardinal. Il montre qu'il est bien prévoyant en composant des chimères, & fournissant des expédients pour les combattre. Pour être estimé un excellent pilote, il fait croire à notre Amiral, qui est assez appréhensif, que chaque vapeur doit produire une tempête. Il fait indignement servir le Ciel à la terre, le nom de Dieu aux tromperies, & la Religion aux ruses de l'État. Ce qui est plus déplorable, est, que ce méchant moine ayant obtenu une commission pour employer cent Religieux à la propagation de la foi, il les envoie déguiser en Turquie, Perse, Fez, Moscovie, Allemagne, & Hollande, pour détruire l'Église. Ils portent plus sûrement, & à moindres frais, des paroles & des paquets, & se rendent solliciteurs pour faire une chose qui n'est pas mal aisée ; assavoir, de rendre tous les ennemis de la Foi Catholique ennemis de la Maison d'Autriche. Les Princes voisins se voyant déchus des espérances que le Cardinal leur avait fait concevoir, il envoie les émissaires de cet apostat, pour tromper les plus éloignés. Ils sont déjà arrivés en Tartarie, & en Perse ; ils promettent une inondation de ces peuples sur les États de l'Empereur, & font espérer sans doute un secours de Chinois, ou de faire venir une armée de ces dragons volants, qui sont au-delà du fleuve Hydaspe, & qui enlèvent les hommes armés de toutes pièces. Les visions du Père Joseph vont jusque-là, depuis qu'il a voulu ruiner le grand Turc avec cent hommes, & sept vaisseaux.

Nous ferions un volume de vérités aussi gros comme est celui des mensonges compilées depuis peu par le sieur du Châtelet, si nous voulions être aussi longs en nos Observations, comme il a été dans les siennes : il se faut contenter, pour conclusion, de faire ce jugement de la vie, mœurs & conduite du Cardinal de Richelieu, que c'est un homme, que l'ambition, l'avarice, la vengeance & la félicité ont porté si avant, & conduisent avec tant de vitesse, qu'il lui est impossible ni de reculer ni de s'arrêter : encore que la hauteur où il est l'étonne, & que le précipice qu'il voit lui face tourner la tête ; il tient son sommet embrassé, & ne veut tomber qu'avec lui. Il aime mieux rompre ce qui reste d'entier dans le monde, que de rhabiller ce qu'il a déchiré. Il ne juge pas qu'il est plus expédient de faire doucement la retraite, que d'être contraint de prendre la fuite ; & qu'il vaut beaucoup mieux obéir à sa raison, qu'à la force d'autrui. Ce qui le retient, est, qu'il ne peut emporter tout son bon bagage ; & qu'il fait plus d'état des biens qu'il acquiert tous les jours pour lui ou pour les siens, que de la tranquillité de sa vie. Je le juge plus digne de compassion que d'envie, en ce que je sais bien qu'il a plus d'appréhension que de plaisir, qu'il se défie plus de ses amis que de ses ennemis ; qu'il est plus tourmenté dans son lit & dans sa litière, qu'un homme constant ne serait sur un chevalet, ou sur une roue. Il n'est jamais plus malheureux, que lors qu'il est seul ; par ce qu'il n'est jamais plus méchant : ses mouvements dans sa solitude déploient ce que la honte & la crainte cachent au public : en cette retraite il aiguise sa colère, & effarouche son audace ; & c'est le lieu où il sent la charge de son méchant esprit, qui est pesant aux autres dans ses actions, & à lui même dans ses méditations. Si le sieur de la Folaine, qui a charge de renvoyer ceux que le Cardinal ne veut pas voir, pouvait aussi bien donner l'exclusion aux mauvaises nouvelles, aux alarmes, & aux désespoirs ; il gagnerait bien les grands appointements qu'on lui donne. Ce qui doit consoler ceux qui sont exclus, est, qu'ils sont plus heureux que ceux qui entrent ; parce qu'être méprisé est un moindre mal qu'être trompé. Enfin, jugez misérable celui qui nous montre des grands biens qu'il ne goûte pas : qui se repend sur plusieurs affaires, & ne revient jamais à soi : qui a pris une très grande circonférence d'emploi, mais qui ne trouve jamais de repos dans son centre. Il est miré sans cesse par le changement, suivi par la repentance, attaqué par la maladie, assuré de la mort ; & il se représente toujours la dernière heure de sa puissance & de sa vie, qui rend toutes les autres malheureuses.

Quelle infamie pour lui, & en quel désordre doit être son âme, lors qu'il voit que toute la Chrétienté se prépare pour le défaire, si ce n'est qu'il tire de la vanité de ce qu'il met tant de personnes en peine ? Au commencement de sa fortune, ceux qui le connaissaient en avaient peur comme d'un petit serpent ; mais lorsque sa puissance a fait sentir ses entreprises aux quatre parties de l'Europe, elles se vont unir pour le poursuivre comme un dragon qui empoisonne l'air & les fontaines. Nous croyons, que les Grands & le peuple de France les préviendront, & qu'ils ôteront aux étrangers la gloire de l'avoir défait, si la justice du Roi ne la veut avoir tout entière. Nous la lui désirons, & le supplions très humblement de ne souffrir pas qu'on mette le feu dans sa Maison, pour en chasser un homme qui a la peste. Nous éperons que sa Majesté, comme très pieuse, aura soin de l'Église de Dieu, & désirera de remettre en sa place la Reine sa Mère. Sa Majesté comme très bonne, aura compassion de son pauvre peuple ; & comme très juste, fera justice à ceux qui ont abusé de l'honneur de ses bonnes grâces, & de son autorité.

Nous pourrions faire des grandes Observations sur la vie du sieur Hay, mais nous avons peur d'offenser le Cardinal en l'accouplant avec lui. Il suffira de dire en passant, qu'un ingrat défend l'autre, & que tous deux doivent être des scélérats ; puis que saint Paul, dans les marques des derniers temps joint les ingrats avec les scélérats. Hay offense la Reine Mère du Roi, qui lui a fait du bien, & déchire la réputation du Garde des seaux de Marillac, qui lui a sauvé la sienne avec la vie. Pour montrer que nous savons de ses nouvelles, voici deux ou trois véritables histoires. L'an 1626. le Duc de la Trimoüille incommodé par la mauvaise conduite du père du sieur Hay, qui était Intendant de sa maison, vendit les terres de Guel & de Becquerel, mouvantes de la Conté de Nantes, qui appartient à la Reine. Le sieur Hay s'adressa au Cardinal de Bérulle [4], pour obtenir par son moyen les droits qui étaient acquis à sa Majesté : elle lui en fit don, qui lui a valu huit ou neuf mille livres ; ainsi qu'on peut prouver par sa quittance. Environ ce même temps, le sieur Hay étant Commissaire d'un nommé Lopez, marchand Portugais, & prisonnier à la Bastille pour crime d'État ; le sieur Hay le fit trouver innocent, après avait reçu de lui un diamant de quinze mille livres : ce qui vint à la connaissance du Garde des seaux de Marillac, qui pour ce sujet chassa du conseil le sieur Hay, sans le vouloir scandaliser, ni châtier plus rigoureusement, comme il méritait. Le même Garde des seaux peu auparavant avait retenu un Prince, qui voulait faire rouer à coups de bastons le sieur Hay, pour avoir fait une satire à sa mode contre lui. La Reine lui a donné le bien, le Cardinal de Bérulle l'a obtenu pour lui, le Garde des seaux de Marillac lui a sauvé deux fois l'honneur & la vie : il a fait contre la Reine deux libelles infâmes, une prose impie contre le Cardinal de Bérulle, & les Observations contre les Marillacs. Jugez, si les bienfaiteurs doivent être payés de cette monnaie, & quel supplice mérite celui qui convertit des obligations sensibles en injures atroces.

Il se faut contenter pour ce coup de ces deux Observations sur la vie du sieur Hay, & tirer cette conséquence de celles du Cardinal ; que tous les siècles passés n'ont point vu de favori insolent, cruel & ingrat comme lui. Maximin le Thracien, qui fit mourir la sage Mammea sa bienfaitrice, & se défit de l'Empereur Sévère son fils, qui lui confiait ses secrets & la conduite de son armée, Berengarius, qui réduisit à une extrême pauvreté la veuve de Lothaire, Anno Archevêque de Cologne, qui fit emprisonner la veuve de Henry III. Empereurs, n'ont

4. Pierre de Bérulle (1575-1629), cardinal, fondateur de l'Oratoire, et utilisé par Richelieu pour ses talents de négociateur.

rien fait qui approcha des violences du Cardinal. Il nous fait chanter dans tous les écrits qui blâment la Reine, les services qu'il a rendus au Roi & à l'État : en attendant que sa fin découvre s'il a été bon ou mauvais homme, sage ou fol conseiller, disons que le Royaume de France ne lui aura jamais tant d'obligation, que l'Empire d'Orient avait à Eutrope ; c'est ce grand Capitaine tant estimé par les Orateurs & Poètes de son temps. Les prospérités, les grandes charges, & la faveur, le portèrent à telle insolence, qu'il méprisa Eudoxia, veuve de Théodose & mère des Empereurs Arcadius & Honorius. Cette Princesse ne pouvant souffrir cet imprudent, porta ses enfants à le châtier : se voyant pourvu par les gardes d'Arcadius, il se jeta dans la principale Église de Constantinople, qui était un asile inviolable, & s'attacha à l'autel, S. Jean Chrysostome, ayant plus d'égard à la raison qu'au mauvais traitement qu'il avait reçu autrefois de l'Impératrice, montant au jubé, cria au peuple qui voulait combattre pour le privilège du temple, qu'on laissa faire justice. Eutrope fut donc arraché de l'autel qu'il embrassait ; il fut envoyé en exil, on ôta son nom des fastes, on brisa ses statues, & en fin il eut la tête tranchée. Que dirait ce bon Saint s'il vivait en cette saison, qui a vu un serviteur, qui a emprisonné, dépouillé de ses biens, & injurié publiquement la plus grande Reine du monde, sa Bienfaitrice & la Mère de son Maistre ? Voilà un exemple fort propre pour le Cardinal : en voici un autre pour le sieur Hay. Un nommé Gneuossius, ayant calomnié Hedwige femme de Ladislas Roi de Pologne, l'imposteur fut condamné par tous les Grands du pays, de se dédire de son accusation, en aboyant comme un chien sous la table de cette Princesse. Si le sieur Hay, qui a un nez troussé en chien d'Artois, en est quitte à si bon marché ; on lui fera une belle grâce, qu'il se souvienne d'avoir écrit, que la corruption de notre siècle à besoin de grands exemples : il doit craindre, que la punition d'une effrénée licence que le temps a donné d'écrire contre la Reine Mère du Roi, ne se prenne sur un homme de trois lettres, qui est convaincu d'avoir composé trois médisances, & pourrait bien être étranglé en un lit composé de trois pièces par les mains d'un Officier, qui a trois syllabes en son nom Latin. Nous aimons mieux qu'il se convertisse, & l'en prions. Si le désespoir lui fait continuer son péché, & qu'il se mêle encore de parler insolemment, il doit avoir appréhension, qu'en soutenant la réputation d'une Princesse, qui tient sa grandeur de Dieu & de la nature, on ne respecte point une qualité achetée. Si M[r] le Cardinal fournit une autrefois des mémoires pour blâmer sa Bienfaitrice, il trouvera plus de résistance à ce dessein qu'à Pignerol & à Nancy.

Pierre de La Porte, *Mémoires*

Lorsqu'il fut pris, le Roi partit pour Lyon ; et cependant la Reine m'envoya de Nevers à Bourges trouver madame la princesse sa sœur, pour lui témoigner la part qu'elle prenait à son affliction. Je rejoignis la cour à La Palisse, où je m'aperçus bien que mon voyage n'avait pas plu au Roi. Un peu après que nous fûmes arrivés à Lyon, la Reine apprit la mort de l'infant don Carlos, son frère ; ce qui mit toute la cour en deuil, et ce chagrin fut encore augmenté par la petite vérole qu'eut madame de Hautefort, qui l'empêcha de faire le voyage.

On fit mourir M. le comte de L'Estrange au Pont-Saint-Esprit, M. des Hayes à Béziers, et M. de Montmorency à Toulouse, tous trois presque pour le même sujet. M. de Montmorency fut décapité dans l'hôtel de ville, les portes fermées ; et dès que l'exécution fut faite, on ouvrit les portes. J'y vis entrer le peuple en grande foule, ramasser tout son sang dans leurs mouchoirs, et emporter les ais de l'échafaud où il en était encore resté, tant il était aimé des peuples de son gouvernement ; et la présence du Roi à Toulouse n'empêcha point le peuple de cette ville de lui rendre ce témoignage d'affection. Mais ce que j'admirai davantage fut le procédé de M. de Chevreuse, lequel passait pour son ennemi, tant pour les anciennes jalousies de leurs maisons, que pour le démêlé dont je viens de parler, et qui fut néanmoins le seul avec Monsieur qui sollicitait ouvertement pour lui sauver la vie ; à quoi n'ayant pu réussir, il en eut tant de regret, que je l'en ai vu moi-même pleurer très amèrement : et ce fut de cette mort que Monsieur prit prétexte de faire son second voyage en Lorraine et en Flandre.

Après l'exécution de M. de Montmorency, le Roi s'en revint à Versailles en toute diligence par le Limousin. M. le cardinal vint avec la Reine, et prit la route de Guienne et de Poitou, dans le dessein de lui faire une magnifique réception à La Rochelle ; mais Son Excellence se trouva mal en chemin d'une rétention d'urine. Cependant nous arrivâmes à Cadillac, où M. d'Éperon traita la Reine et toute la cour trois jours de suite avec une grande magnificence. M. le cardinal, dont le mal augmenta, n'osa s'y arrêter qu'une nuit, de crainte que M. d'Éperon, qui n'était pas son ami, ne lui jouât un mauvais tour : il crut y avoir donné bon ordre, car il se fit accompagner en ce voyage par ses gendarmes, chevau-légers et gardes de son corps, et de plus encore par douze cents chevaux de l'armée du Roi. Étant arrivés à Cadillac, M. d'Éperon fit loger toute cette escorte de l'autre côté de la rivière, hormis les gardes du corps et les domestiques, qui ne trouvèrent point de logis pour eux ; et M. d'Éperon disait en raillant à La Flèche, maréchal des logis de Son Éminence : « Logez bien les gens de M. le cardinal, mais ne logez pas les miens. » En effet il avait donné de si bons ordres pour que les gens de M. le cardinal ne fussent point logés, que M. de Cahusat était logé chez le maréchal-ferrant : ainsi tous ses gens logèrent dans sa chambre et dans son antichambre. Il délogea dès le grand matin, sans avoir rien pris qu'un bouillon, qui n'était pas de la cuisine de M. d'Éperon. Le prétexte de cette diligence fut la crainte de la marée ; mais la vérité était que M. le cardinal ne se croyait pas en sûreté où M. d'Éperon était le plus fort. Étant arrivé à Bordeaux, il y demeura malade tout à fait.

La marée suivante, la Reine partit pour Bordeaux ; mais comme elle ne se hâtait pas, M. d'Éperon vint le matin lui faire ce compliment : « Madame, je ne vous veux pas faire peur, ni vous chasser de chez moi, mais je vous avertis que la marée va partir ; et puisqu'elle n'a pas attendu Son Éminence, je ne crois pas que Votre Majesté doive espérer qu'elle l'attende. » La Reine vint donc à Bordeaux, où elle ne demeura qu'un jour ; et elle en partit pour Blaye. Aussitôt après M. d'Éperon vint à Bordeaux, où il trouva Son Éminence fort malade ; il l'alla voir soigneusement tous les matins, avec deux cents gardes qui l'accompagnaient jusqu'à la porte de sa chambre, où s'asseyant sur un fauteuil à côté de son lit, il lui disait : « Je ne viens point pour vous incommoder, mais pour savoir l'état de votre santé. » Ce qui ne guérissait pas la fièvre de Son Éminence, qui craignait qu'il ne saisît de sa personne et ne le mît au château Trompette ; ce qu'on prétend qu'il eût fait, sans la croyance qu'il avait qu'il ne réchapperait pas de cette maladie, et qu'il en seroit défait sans user de violence : mais s'il eut ce dessein (ce que je ne veux pas croire), il fut fort trompé dans la suite.

La Reine étant allée de Blaye à Paris, me renvoya à Bordeaux savoir des nouvelles de la santé de M. le cardinal, curieuse de savoir s'il était si mal qu'on le disait : elle et madame de Chevreuse lui écrivirent. Je le trouvai entre deux petits lits sur une chaise, où on lui pansait le derrière, et l'on me donna le bougeoir pour lui éclairer à lire les lettres que je lui avais apportées ; ensuite il m'interrogea fort sur ce que faisait la Reine, si M. de Châteauneuf allait souvent chez elle, s'il y était tard, et s'il n'allait pas ordinairement chez madame de Chevreuse : à quoi je répondis en homme qui n'avait connaissance que des choses que tout le monde savoit.

Après qu'il eut bien finassé avec moi, et que j'eus fait l'ignorant autant qu'il me fut possible, il m'envoya dîner ; mais j'allai voir auparavant M. le maréchal de Schomberg qui était malade, ayant à lui donner une lettre de madame de Liancourt sa fille. Je le trouvai en assez bonne santé, à ce qu'il croyait ; et il me dit même qu'il allait se lever pour dîner avec M. l'évêque d'Agen, son neveu, qui a été depuis archevêque d'Alby ; que je pouvais assurer sa fille qu'il était guéri et qu'il avait bon appétit ; qu'après qu'il aurait dîné, il me donnerait sa réponse. Je fus pour la quérir, mais je le trouvai mort : un abcès ayant crevé à la fin de son repas l'avait étouffé.

Je retournai chez M. le cardinal, qui m'avait envoyé chercher pour me donner sa réponse ; il savait déjà cette mort, dont je le trouvai fort touché et fort alarmé, soit pour la perte d'un homme qu'il croyait tout à lui, soit parce qu'il en appréhendait autant, n'étant pas guéri, ni en état de l'être sitôt : il me chargea de dire à la Reine, à madame de Chevreuse et à M. de Châteauneuf qu'il les priait de faire en sorte que cette mort fût si secrète que madame de Liancourt ne la sût point, parce qu'elle apporterait du trouble à la fête qu'il voulait donner à la Reine et à toute sa cour à La Rochelle, où il avait envoyé M. le maréchal de La Meilleraye et M. le commandeur de La Porte, ses parents, pour la recevoir. J'avais aussi été voir M. d'Éperon, à qui la Reine m'avait commandé d'aller faire un compliment de sa part, lequel me fit donner une haquenée et un laquais pour faire une commission dans Bordeaux, car j'avais laissé mes chevaux de poste à Blaye : il fit ce qu'il put pour me faire accepter cette haquenée, mais je m'en défendis, et je tins bon jusqu'à la fin, n'ayant jamais aimé à recevoir que de ma maîtresse.

Comme j'eus repris mes chevaux à Blaye, je n'eus pas fait deux postes que je trouvai un courrier de la part de M. le garde-des-sceaux de

Châteauneuf, nommé Lange, qu'il m'envoyait pour me hâter ; car il était en grande impatience de savoir si Son Éminence mourrait de cette maladie.

Je trouvai la Reine à Surgères ; mais comme il était trop matin pour lui parler, j'allai descendre chez M. de Châteauneuf, auquel je dis d'abord que Son Éminence se portait mieux ; qu'un chirurgien, nommé Mingelousaux, l'avait fait uriner, et que toutes les opérations qu'on avait faites depuis ce temps-là avaient bien réussi. Je m'aperçus bien que ce récit ne lui plaisait pas ; et après lui avoir dit la mort de M. le maréchal de Schomberg, il me parut surpris et touché : ce qui me fit croire qu'ils étaient amis, et qu'il y avait intelligence entre eux. J'allai de là chez madame de Chevreuse, où il se rendit aussitôt ; et peu de temps après on les vint avertir que la Reine était éveillée. J'y allai avec eux ; et après avoir rendu compte à Sa Majesté de tout mon voyage, lui avoir dit la supplication que lui faisait M. le cardinal de tenir la mort de M. de Schomberg secrète, et lui avoir rendu mes dépêches, je les laissai en conseil, où je crois qu'il n'y eut rien de résolu que de faire bonne mine, et de montrer sur le visage plus de joie qu'ils n'en avoient dans le cœur ; car leur ayant dit les interrogations que M. le cardinal m'avait faites, ils durent croire qu'il soupçonnait leur intrigue. De Surgères nous allâmes à La Rochelle, où la Reine, toute sa maison et toute sa cour furent traitées trois jours de suite avec toute la pompe imaginable ; il y eut toute sorte de plaisirs et de divertissements, un combat naval, feux d'artifice, bals, comédies, musique de toute espèce. L'entrée fut admirable, et la harangue que le lieutenant criminel fit à la Reine fut trouvée par Sa Majesté la plus belle qu'elle eût entendue depuis qu'elle était en France. De La Rochelle la Reine s'en alla à Poitiers, d'où elle m'envoya à Saujon, où Son Éminence s'était fait porter après la mort de M. de Schomberg, ne croyant pas pouvoir demeurer à Bordeaux en sûreté, M. d'Éperon y étant le maître et la cour éloignée : aussi en était-il parti à son insu, accompagné du cardinal de La Valette, son fils, qui s'était entièrement attaché à Son Éminence au préjudice de son père, au moins en apparence ; et cette évasion, que j'ai sue de M. de La Houdinière, capitaine des gardes de Son Éminence, qui y était, fait bien voir la fausseté de ce qui est rapporté à ce sujet dans l'histoire de M. d'Éperon, où il est dit qu'il accompagna le cardinal jusqu'au bateau.

Tallemant des Réaux, *Historiettes*

Quelques jours après, la Reine régnante étant demeurée à Amiens, soit qu'elle se trouvât mal, soit qu'elle ne fût pas nécessaire pour accompagner la reine d'Angleterre à la mer, car cela n'eût fait que de l'embarras, Buckingham, qui avait pris congé de la Reine comme les autres, retourna quand il eut fait trois lieues ; et comme la Reine ne songeait à rien, elle le voit à genoux au chevet de son lit. Il y fut quelque temps, baise le bout des draps, et s'en va.

Le cardinal prit soupçon de toutes les galanteries de Buckingham, et empêcha qu'il ne revînt en France ambassadeur extraordinaire, comme c'était son dessein ; ne pouvant faire mieux, il y vint avec une armée navale attaquer l'île de Ré. À son arrivée, il prit un gentilhomme de Saintonge, nommé Saint-Surin, homme adroit et intelligent, et qui savait fort bien la cour. Il lui fit mille civilités ; et lui ayant découvert son amour, il le mena dans la plus belle chambre de son vaisseau. Cette chambre était fort dorée ; le plancher était couvert de tapis de Perse, et il y avait comme une espèce d'autel où était le portrait de la Reine avec plusieurs flambeaux allumés. Après, il lui donna la liberté, à condition d'aller dire à M. le cardinal qu'il se retirerait, et livrerait La Rochelle, en un mot, qu'il offrait la carte blanche, pourvu qu'on lui permît de le recevoir comme ambassadeur en France. Il lui donna aussi ordre de parler à la Reine de sa part. Saint-Surin vint à Paris, et fit ce qu'il avait promis. Il parla au cardinal, qui le menaça de lui couper le cou s'il en parlait davantage. Depuis, quand la Reine apprit la mort de Buckingham, elle en fut sensiblement touchée. Au commencement elle n'en voulait rien croire, et disait : « Je viens de recevoir de ses lettres. »

Le cardinal apparemment avait déjà en tête ce que je vais rapporter. Au voyage de Lyon, où le Roi fut si mal, la Reine-mère demanda en grâce au Roi qu'il chassât le cardinal. Il lui promit de le chasser dès que la paix d'Allemagne seroit faite, mais qu'il avait affaire de lui jusque-là. Le Roi, étant guéri, part et va à Rouane. La Reine-mère était demeurée à Lyon, à cause qu'elle avait mal à un pied. De Rouane, le Roi lui écrivit qu'elle se guérît, qu'il lui donnerait bientôt contentement, que la paix d'Allemagne était faite, et qu'il en envoyait la ratification.

La Reine-mère fut si aise de cette nouvelle, qu'à la chaude elle fit brûler quelques fagots comme pour faire une espèce de feu de joie. Le cardinal sut qu'elle avait fait ce feu, et il se douta de quelque chose. Il presse le Roi. Le Roi lui confesse tout ; la Reine-mère vient à Rouane. Le cardinal, comme elle communiait à l'église, s'approcha d'elle, et fit signe à Saint-Germain qui, comme aumônier, était auprès d'elle, de se retirer. Il la conjura de lui pardonner : elle le rebuta : « Madame, lui dit-il, j'en ferai bien périr avec moi. » C'est de là qu'est venue la rupture sans rime ni raison de la paix de Ratisbonne. À Lyon, tout le monde, c'est-à-dire toutes les cabales, étaient contre le cardinal. Au retour, il fit arrêter le maréchal de Marillac, et le garde-des-sceaux fut mené à Angoulême, et M. de Châteauneuf eut les sceaux. Cela irrita furieusement la Reine-mère. Le cardinal lui fit parler plusieurs fois, et comme le premier président de Verdun lui eut dit que Son Éminence en avait pleuré cinq fois différentes : « Je ne m'en étonne pas, dit-elle, il pleure quand il veut. » Bonneuil, introducteur des ambassadeurs, homme dévot, mais qui était toujours dans l'adoration du ministère, et qu'on appelait vulgairement *le dévot de la cour,* dit aussi à la Reine-mère qu'il avait vu le cardinal si abattu et si changé, qu'on ne le connaissait plus. Elle dit qu'il se changeait comme il voulait, et qu'après avoir paru gai, en un instant il paraissait demi-mort. Il y eut pourtant je ne sais quelle réconciliation. Peu de temps après se fit la grande cabale des deux reines, de Monsieur et de toute la maison de Guise. Le cardinal, désespéré, se voulait retirer, mais le cardinal de La Valette lui remit le cœur au ventre. M. de Rambouillet gagna Monsieur, et comme on croyait le cardinal perdu, le Roi se déclara pour lui. C'est ce qu'on a appelé la *Journée des dupes*. Ce fut à la Saint-Martin, au retour de La Rochelle.

Madame Du Fargis fut chassée à cause de ses cabales, et non à cause de ses galanteries. Elle s'était jointe à Vaultier et à Beringhen, aujourd'hui premier écuyer de la petite écurie. Elle fut quelque temps cachée aux environs de Paris, mais on la découvrit bientôt, et il fallut aller plus loin.

Richelieu

Destin littéraire

Notice

Finissons par la postérité littéraire de Richelieu :

– d'abord avec les romantiques Vigny et Hugo, qui reprennent l'image malfaisante des pamphlets de Morgue ;

– Dumas qui synthétise tous les traits littéraires et historiques pour reforger la statue du cardinal éternel ;

– et Michelet, l'historien inspiré.

Classique de la représentation romantique de Richelieu, le roman d'Alfred de Vigny Cinq-Mars, ou une conjuration sous Louis XIII, *publié en 1826, montre la noblesse d'épée jetant ses derniers feux. Il fait à un cardinal malfaisant et omniprésent le procès d'avoir permis la Révolution : en brisant ces garde-fous de la monarchie et gardiens des valeurs de l'ancienne France qu'étaient les nobles représentés par Cinq-Mars et en assurant la promotion des forces populaires et mercantiles. Le chapitre VII, « Le cabinet », est un condensé de la légende noire de l'homme rouge.*

D'abord intitulée Un duel sous Richelieu, Marion Delorme, *le drame en cinq actes que Hugo compose en 1829 connaît bien des mésaventures avec la censure pour l'image qu'elle donne du roi soumis au pouvoir d'un prêtre : elle n'est créée qu'en 1831 après les Trois Glorieuses. Richelieu, dont l'ombre plane en permanence sur la scène et dont tous parlent, s'y révèle tout aussi noir que chez Vigny, mais n'est présent que par son absence et le couperet de sa phrase finale.*

En 1844, Alexandre Dumas prétend avoir déniché à la bibliothèque de Marseille un exemplaire des Mémoires de d'Artagnan *de Courtilz de Sandras et en fait un feuilleton dans* Le Siècle *; en fait* Les Trois Mousquetaires *sont une œuvre originale réalisée avec la collaboration d'Auguste Maquet, utilisant les mémorialistes et Tallemant pour ce qui sera la première partie d'un cycle des mousquetaires (*Vingt Ans après,

Le Vicomte de Bragelonne, Le Comte de Moret*). Dumas réussit à recréer de Richelieu une image fédératrice où adulation et réprobation se conjuguent pour bâtir la statue de l'homme d'État, du héros national dont le cinéma s'emparera.*

La lecture-mise en scène du personnage de Michelet, historien romantique, se relie directement au genre dramatique. Très sensible aux échecs, à l'inutile subtilité des combinaisons échafaudées par Richelieu, il tend à évoquer au tome 11 de son Histoire de France, *paru en 1858, l'action du ministre comme une sorte de supercherie par laquelle, à force d'intrigues, il se serait bâti un rôle démesuré à l'aune des résultats obtenus (seule la chute de La Rochelle semble un résultat dont on pourrait le créditer, mais, pour l'historien protestant qu'est Michelet, les conséquences en sont négatives).*

Alfred de Vigny, *Cinq-Mars, ou une conjuration sous Louis XIII*

CHAPITRE VII.

LE CABINET.

« Les hommes ont rarement le courage d'être tout à fait bons ou tout à fait méchants. » MACHIAVEL

« Ne cherchez point ailleurs un arbitre suprême. » G. DE PONS

Laissons notre jeune voyageur endormi. Bientôt il va suivre en paix une grande et belle route. Puisque nous avons la liberté de promener nos yeux sur tous les points de la carte, arrêtons-les sur la ville de Narbonne.

Voyez la Méditerranée, qui étend, non loin de là, ses flots bleuâtres sur des rives sablonneuses. Pénétrez dans cette cité semblable à celle d'Athènes ; mais pour trouver celui qui y règne, suivez cette rue inégale et obscure, montez les degrés du vieux archevêché, et entrons dans la première et la plus grande de ses salles.

Elle était fort longue, mais éclairée par une suite de hautes fenêtres en ogive, dont la partie supérieure seulement avait conservé des vitraux bleus, jaunes et rouges, qui répandaient une lueur mystérieuse dans l'appartement. Une table ronde, énorme, la remplissait dans toute sa largeur, du côté de la grande cheminée ; autour de cette table, couverte d'un tapis bariolé et chargée de papiers et de portefeuilles, étaient assis et courbés sur leurs plumes huit secrétaires occupés à copier des lettres qu'on leur passait d'une table plus petite. D'autres hommes debout rangeaient les papiers dans les rayons d'une bibliothèque, que des livres reliés en noir ne remplissaient pas tout entière, et ils marchaient avec précaution sur le tapis dont la salle était garnie.

Malgré cette quantité de personnes réunies, on eût entendu les ailes d'une mouche. Le seul bruit qui s'élevât était celui des plumes qui couraient rapidement sur le papier, et une voix grêle qui dictait, en s'interrompant pour tousser. Elle sortait d'un immense fauteuil à grands bras, placé au coin du feu, allumé en dépit des chaleurs de la saison et du pays. C'était un de ces fauteuils qu'on voit encore dans quelques vieux châteaux, et qui semblent faits pour s'endormir en lisant, sur eux, quelque livre que ce soit, tant chaque compartiment est soigné : un croissant de plumes y soutient les reins ; si la tête se penche, elle trouve ses joues reçues par des oreillers couverts de soie, et le coussin du siège déborde tellement les coudes, qu'il est permis de croire que les prévoyants tapissiers de nos pères avaient pour but d'éviter que le livre ne fît du bruit et ne les réveillât en tombant.

Mais quittons cette digression pour parler de l'homme qui s'y trouvait et qui n'y dormait pas. Il avait le front large et quelques cheveux fort blancs, des yeux grands et doux, une figure pâle et effilée à laquelle une petite barbe blanche et pointue donnait cet air de finesse que l'on remarque dans tous les portraits du siècle de Louis XIII. Une bouche presque sans lèvres, et nous sommes forcés d'avouer que Lavater regarde ce signe comme indiquant la méchanceté à n'en pouvoir douter ; une bouche pincée, disons-nous, était encadrée par deux petites moustaches grises et une *royale*, ornement alors à la mode, et qui ressemble assez à une virgule par sa forme. Ce vieillard avait sur la tête une calotte rouge et était enveloppé dans une vaste robe de chambre, et portait des bas de soie pourprée, et n'était rien moins qu'Armand Duplessis, cardinal de Richelieu.

Il avait très-près de lui, autour de la plus petite table dont il a été question, quatre jeunes gens de quinze à vingt ans : ils étaient pages ou domestiques, selon l'expression du temps, qui signifiait alors familier, ami de la maison. Cet usage était un reste de patronage féodal demeuré dans nos mœurs. Les cadets gentilshommes des plus hautes familles recevaient des *gages* des grands seigneurs, et leur étaient dévoués en toutes circonstances, allant appeler en duel le premier venu, au moindre désir de leur patron. Les pages dont nous parlons rédigeaient des lettres dont le cardinal leur avait dit la substance ; et après un coup d'œil du maître, ils les passaient aux secrétaires qui les mettaient au net. Le vieux duc, de son côté, écrivait sur son genou des notes secrètes sur de petits papiers qu'il glissait dans presque tous les paquets avant de les fermer de sa propre main.

Il y avait quelques instants qu'il écrivait, lorsqu'il aperçut, dans une glace placée en face de lui, le plus jeune de ses pages traçant quelques lignes interrompues sur une feuille d'une taille fort inférieure à celle du papier ministériel ; il se hâtait d'y mettre quelques mots, puis la glissait rapidement sous la grande feuille qu'il était chargé de remplir à son grand regret ; mais, placé derrière le cardinal, il espérait que sa difficulté à se retourner l'empêcherait de s'apercevoir du petit manège qu'il semblait exercer avec assez d'habitude. Tout à coup Richelieu, lui adressant la parole sèchement, lui dit : — Venez ici, monsieur Olivier.

Ces deux mots furent comme un coup de foudre pour ce pauvre enfant, qui paraissait n'avoir pas seize ans. Il se leva pourtant très-vite, et vint se placer debout devant le ministre, les bras pendants et la tête baissée.

Les autres pages et les secrétaires ne remuèrent pas plus que des soldats lorsque l'un d'eux tombe frappé d'une balle, tant ils étaient accoutumés à ces sortes d'appels. Celui-ci pourtant s'annonçait d'une manière plus vive que les autres.

— Qu'écrivez-vous là ?

— Monseigneur.... ce que Votre Éminence me dicte.

— Quoi !

— Monseigneur... la lettre à don Juan de Bragance.

— Point de détours, monsieur, vous faites autre chose.

— Monseigneur, dit alors le page, les larmes aux yeux, c'était un billet à une de mes cousines.

— Voyons-le.

Alors un tremblement universel l'agita, et il fut obligé de s'appuyer sur la cheminée, en disant à demi-voix : — C'est impossible.

— Monsieur le vicomte Olivier d'Entraigues, dit le ministre sans marquer la moindre émotion, vous n'êtes plus à mon service. Et le page sortit ; il savait qu'il n'y avait pas à répliquer ; il glissa son billet dans sa poche, et, ouvrant la porte à deux battants, justement assez pour qu'il y eût place pour lui, il s'y glissa comme un oiseau qui s'échappe de sa cage.

Le ministre continua les notes qu'il traçait sur son genou.

Les secrétaires redoublaient de silence et d'ardeur, lorsque la porte s'ouvrant rapidement de chaque côté, on vit paraître debout, entre les deux battants, un capucin qui, s'inclinant les bras croisés sur la poitrine, semblait attendre l'aumône ou l'ordre de se retirer. Il avait un teint rembruni, profondément sillonné par la petite-vérole, des yeux assez doux, mais un peu louches et toujours couverts par des sourcils qui se joignaient au milieu du front ; une bouche dont le sourire était rusé, malfaisant et sinistre ; une barbe plate et rousse à l'extrémité, et le costume de l'ordre de Saint-François dans toute son horreur, avec des sandales et des pieds nus qui paraissaient fort indignes de s'essuyer sur un tapis.

Tel qu'il était, ce personnage parut faire une grande sensation dans toute la salle ; car, sans achever la phrase, la ligne ou le mot commencé, chaque écrivain se leva et sortit par la porte où il se tenait toujours debout, les uns le saluant en passant, les autres détournant la tête ; les jeunes pages se bouchant le nez, mais par-derrière lui, car ils paraissaient en avoir peur en secret. Lorsque tout le monde eut défilé, il entra enfin, faisant une profonde révérence, parce que la porte était encore ouverte ; mais sitôt qu'elle fut fermée, marchant sans cérémonie, il vint s'asseoir auprès du cardinal, qui, l'ayant reconnu au mouvement qui se faisait, lui fit une inclination de tête sèche et silencieuse, le regardant fixement comme pour attendre une nouvelle, et ne pouvant s'empêcher de froncer le sourcil, comme à l'aspect d'une araignée ou de quelque autre animal désagréable.

Le cardinal n'avait pu résister à ce mouvement de déplaisir, parce qu'il se sentait obligé, par la présence de son agent, à rentrer dans ces conversations profondes et pénibles dont il s'était reposé pendant quelques jours dans un pays dont l'air pur lui était favorable, et dont le calme avait un peu ralenti les douleurs de sa maladie ; elle s'était changée en une fièvre lente ; mais ses intervalles étaient assez longs pour qu'il pût oublier, pendant son absence, qu'elle devait revenir. Donnant donc un peu de repos à son imagination jusqu'alors infatigable, il attendait sans impatience, pour la première fois de ses jours, peut-être, le retour des courriers qu'il avait fait partir dans toutes les directions, comme les rayons d'un soleil qui donnait seul la vie et le mouvement à la France. Il ne s'attendait pas à la visite qu'il recevait alors, et la vue d'un de ces hommes qu'il *trempait dans le crime*, selon sa propre expression, lui rendit toutes les inquiétudes habituelles de sa vie plus présentes, sans dissiper entièrement le nuage de mélancolie qui venait d'obscurcir ses pensées.

Le commencement de sa conversation fut empreint de la couleur sombre de ses dernières rêveries ; mais bientôt il en sortit plus vif et plus fort que jamais, quand la vigueur de son esprit rentra forcément dans le monde réel.

Son confident, voyant qu'il devait rompre le silence le premier, le fit ainsi assez brusquement.

— Eh bien ! monseigneur, à quoi pensez-vous ?

— Hélas ! Joseph, à quoi devons-nous penser tous tant que nous sommes, sinon à notre bonheur futur dans une vie meilleure que celle-ci ? Je songe, depuis plusieurs jours, que les intérêts humains m'ont trop détourné de cette unique pensée ; et je me repens d'avoir employé quelques instants de loisir à des ouvrages profanes, tels que mes tragédies d'*Europe* et de *Mirame*, malgré la gloire que j'en ai tirée déjà parmi nos plus beaux esprits, gloire qui se répandra dans l'avenir.

Le P. Joseph, plein des choses qu'il avait à dire, fut d'abord surpris de ce début ; mais il connaissait trop son maître pour en rien témoigner, et sachant bien par où il le ramènerait à d'autres idées, il entra dans les siennes sans hésiter.

— Le mérite en est pourtant bien grand, dit-il, avec un air de regret, et la France gémira de ce que ces œuvres immortelles ne sont pas suivies de productions semblables.

— Oui, mon cher Joseph, c'est en vain que des hommes tels que Boisrobert, Claveret, Colletet, Corneille, et surtout le célèbre Mairet, ont proclamé ces tragédies les plus belles de toutes celles que les temps présents et passés ont vu représenter ; je me les reproche, je vous jure, comme un vrai péché mortel, et je ne m'occupe, dans mes heures de repos, que de ma *Méthode des controverses*, et du livre sur la *Perfection du chrétien*. Je songe que j'ai cinquante-six ans et une maladie qui ne pardonne guère.

— Ce sont des calculs que vos ennemis font aussi exactement que Votre Éminence, dit le père, à qui cette conversation commençait à donner de l'humeur, et qui voulait en sortir au plus vite.

Le rouge monta au visage du cardinal.

— Je le sais, je le sais bien, dit-il, je connais toute leur noirceur, et je m'attends à tout. Mais qu'y a-t-il donc de nouveau ?

— Nous étions convenus déjà, monseigneur, de remplacer mademoiselle d'Hautefort ; nous l'avons éloignée comme mademoiselle de La Fayette, c'est fort bien ; mais sa place n'est pas remplie, et le roi....

— Eh bien ?

— Le roi a des idées, qu'il n'avait pas eues encore.

— Vraiment ? et qui ne viennent pas de moi ? Voilà qui va bien, dit le ministre avec ironie.

— Aussi, monseigneur, pourquoi laisser six jours entiers la place de favori vacante ? Ce n'est pas prudent, permettez que je le dise.

— Il a des idées, des idées, répétait Richelieu avec une sorte d'effroi ; et lesquelles ?

— Il a parlé de rappeler la reine-mère, dit le capucin à voix basse, de la rappeler de Cologne.

— Marie de Médicis ! s'écria le cardinal en frappant sur les bras de son fauteuil avec ses deux mains. Non, par le Dieu vivant ! Elle ne rentrera pas sur le sol de France, d'où je l'ai chassée pied par pied ! L'Angleterre n'a pas osé la garder exilée par moi ; la Hollande a craint de crouler sous elle, et mon royaume la recevrait ! Non, non, cette idée n'a pu lui venir par lui-même. Rappeler mon ennemie, rappeler sa mère, quelle perfidie ! non, il n'aurait jamais osé y penser...

Puis, après avoir rêvé un instant, il ajouta, en fixant un regard pénétrant et encore plein du feu de sa colère sur le P. Joseph.

— Mais... dans quels termes a-t-il exprimé ce désir ? Dites-moi les mots précis.

— Il a dit assez publiquement, et en présence de Monsieur : Je sens bien que l'un des premiers devoirs d'un chrétien est d'être bon fils, et je ne résisterai pas longtemps aux murmures de ma conscience.

— Chrétien ! conscience ! ce ne sont pas ses expressions ; c'est le P. Caussin, c'est son confesseur qui me trahit, s'écria le cardinal. Perfide jésuite ! je t'ai pardonné ton intrigue de La Fayette ; mais je ne te passerai pas tes conseils secrets. Je ferai chasser ce confesseur, Joseph, il est ennemi de l'État, je le vois bien. Mais aussi, j'ai agi avec négligence depuis quelques jours ; je n'ai pas assez hâté l'arrivée de ce petit d'Effiat, qui réussira, sans doute : il est bien fait et spirituel, dit-on. Ah ! quelle faute ! je méritais une bonne disgrâce moi-même. Laisser près du roi ce renard de jésuite, sans lui avoir donné mes instructions secrètes, sans avoir un otage, un gage de sa fidélité à mes ordres ! quel oubli ! Joseph, prenez une plume, et écrivez vite ceci pour l'autre confesseur, que nous choisirons mieux. Je pense au P. Sirmond.....

Le P. Joseph se mit devant la grande table, prêt à écrire, et le cardinal lui dicta ces devoirs de nouvelle nature, que peu de temps après, il osa faire remettre au roi, qui les reçut, les respecta, et les apprit par cœur comme les commandements de l'Église. Ils nous sont demeurés comme un monument effrayant de l'empire qu'un homme peut arracher à force de temps, d'intrigues et d'audace.

I. Un prince doit avoir un premier ministre, et ce premier ministre trois qualités : 1° qu'il n'ait pas d'autre passion que son prince ; 2° qu'il soit habile et fidèle ; 3° qu'il soit ecclésiastique.

II. Un prince doit parfaitement aimer son premier ministre.

III. Ne doit jamais changer son premier ministre.

IV. Doit lui dire toutes choses.

V. Lui donner libre accès près de sa personne.

VI. Lui donner une souveraine autorité sur le peuple.

VII De grands honneurs et de grands biens.

VIII. Un prince n'a pas de plus riche trésor que son premier ministre.

IX. Un prince ne doit pas ajouter foi à ce qu'on dit contre son premier ministre, ni se plaire à en entendre médire.

X. Un prince doit révéler à son premier ministre tout ce qu'on a dit contre lui, *quand même on aurait exigé du prince qu'il garderait le secret.*

XI. Un prince doit non-seulement préférer le bien de son État, mais son premier ministre à tous ses parents.

Tels étaient les commandements du dieu de la France, moins étonnants encore que la terrible naïveté qui lui fait léguer lui-même ces ordres à la postérité, comme si elle aussi devait croire en lui.

Tandis qu'il dictait son instruction, en la lisant sur un petit papier écrit de sa main, une tristesse profonde paraissait s'emparer de lui à chaque mot, et lorsqu'il fut au bout, il tomba au fond de son fauteuil, les bras croisés et la tête penchée sur son estomac.

Le P. Joseph, interrompant son écriture, se leva, et allait lui demander s'il se trouvait mal, lorsqu'il entendit sortir du fond de sa poitrine ces paroles lugubres et mémorables :

— Quel ennui profond ! quelles interminables inquiétudes ! Si l'ambitieux me voyait, il fuirait dans un désert. Qu'est-ce que ma puissance ? un misérable reflet du pouvoir royal ; et que de travaux pour fixer sur mon étoile ce rayon qui flotte sans cesse ! Depuis vingt ans je le tente inutilement. Je ne comprends rien à cet homme ! il n'ose pas me fuir ; mais on me l'enlève : il me glisse entre les doigts..... Que de choses j'aurais pu faire avec ses droits héréditaires, si je les avais eus. Mais employer tant de calculs à se tenir en équilibre ! que reste-t-il de génie pour les entreprises ? J'ai l'Europe dans ma main, et je suis suspendu à un cheveu qui tremble. Qu'ai-je à faire de porter mes regards sur les cartes du monde, si tous mes intérêts sont renfermés dans son étroit cabinet ? Ses six pieds d'espace me donnent plus de peine à gouverner que toute la terre. Voilà donc ce qu'est un premier ministre ! Enviez-moi mes gardes à présent.

Ses traits étaient décomposés de manière à faire craindre quelque accident, et il lui prit une toux violente et longue, qui finit par un léger crachement de sang. Il vit que le P. Joseph, effrayé, allait saisir une clochette d'or posée sur la table, et, se levant tout à coup avec la vivacité d'un jeune homme, il l'arrêta, et lui dit :

— Ce n'est rien, Joseph, je me laisse quelquefois aller au découragement ; mais ces moments sont courts, et j'en sors plus fort qu'avant. Pour ma santé, je sais parfaitement où j'en suis ; mais il ne s'agit pas de cela. Qu'avez-vous fait à Paris ? Je suis content de voir le roi arrivé dans le Béarn comme je le voulais : nous le veillerons mieux. Que lui avez-vous montré pour le faire partir ?

— Une bataille à Perpignan.

— Allons, ce n'est pas mal. Eh bien ! nous pouvons la lui arranger ; autant vaut cette occupation qu'une autre à présent. Mais la jeune reine, la jeune reine, que dit-elle ?

— Elle est encore furieuse contre vous. Sa correspondance découverte, l'interrogatoire que vous lui fîtes subir.....

— Bah ! un madrigal et un moment de soumission lui feront oublier que je l'ai séparée de sa maison d'Autriche et du pays de son Buckingham. Mais que fait-elle ?

— D'autres intrigues avec Monsieur. Mais comme toutes ses confidences sont à nous, en voici les rapports jour par jour.

— Je ne me donnerai pas la peine de les lire : tant que le duc de Bouillon sera en Italie, je ne crains rien de là ; elle peut rêver de petites conjurations avec Gaston au coin du feu ; il s'en tient toujours aux aimables intentions qu'il a quelquefois, et n'exécute bien que ses sorties du royaume ; il en est à la troisième. Je lui procurerai la quatrième quand il voudra ; il ne vaut pas le coup de pistolet que tu fis donner au comte de Soissons. Ce pauvre comte n'avait cependant guère plus d'énergie.

Ici le cardinal, se rasseyant dans son fauteuil, se mit à rire assez gaîment pour un homme d'État.

— Je rirai toute ma vie de leur expédition d'Amiens. Ils me tenaient là tous les deux. Chacun avait bien cinq cents gentilshommes autour de lui, armés jusqu'aux dents, et tout prêts à m'expédier comme Concini ; mais le grand Vitry n'était pas là ; ils m'ont laissé parler une heure fort tranquillement avec eux de la chasse et de la Fête-Dieu, et ni l'un ni l'autre n'a osé faire un signe à tous ces coupe-jarrets. Nous avons su depuis par Chavigny qu'ils attendaient depuis deux mois cet heureux moment. Pour moi, en vérité, je ne remarquai rien du tout, si ce n'est ce petit brigand d'abbé de Gondi qui rôdait autour de moi, et avait l'air de cacher quelque chose dans sa manche, ce fut ce qui me fit monter en carrosse.

— À propos, monseigneur, la reine le veut faire coadjuteur absolument.

— Elle est folle ! il la perdra si elle s'y attache : c'est un mousquetaire manqué, un diable en soutane ; lisez son *Histoire de Fiesque*, vous l'y verrez lui-même ; il ne sera rien tant que je vivrai.

— Eh quoi ! vous juges si bien, et vous faites venir un autre ambitieux de son âge ?

— Quelle différence ! Ce sera une poupée, mon ami, une vraie poupée que ce jeune Cinq-Mars ; il ne pensera qu'à sa fraise et à ses aiguillettes ; sa jolie tournure m'en répond, et je sais qu'il est doux et faible ; je l'ai préféré pour cela à son frère aîné ; il fera ce que nous voudrons.

— Ah ! monseigneur, dit le père d'un air de doute, je ne me suis jamais fié aux gens dont les formes sont si calmes, la flamme intérieure en est plus dangereuse. Souvenez-vous du maréchal d'Effiat son père.

— Mais encore une fois, c'est un enfant, et je l'élèverai ; au lieu que le Gondi est déjà un factieux accompli, un audacieux que rien n'arrête ; il a osé me disputer madame de la Meilleraie, concevez-vous cela ? est-ce croyable ? à moi ? un petit prestolet, qui n'a d'autre mérite qu'un mince babil assez vif et un air cavalier. Heureusement que le mari a pris soin lui-même de l'éloigner.

Le P. Joseph, qui n'aimait pas mieux son maître lorsqu'il parlait de ses bonnes fortunes que de ses vers, fit une grimace qu'il voulait rendre fine, et qui ne fut que laide et gauche ; il s'imagina que l'expression de sa bouche, tordue comme celle d'un singe, voulait dire : *Ah ! qui peut résister à monseigneur !* mais monseigneur y lut : *Je suis un cuistre qui ne sais rien du grand monde*, et sans transition, il dit tout à coup, en prenant sur la table une lettre de dépêches :

— Le duc de Rohan est mort ; c'est une bonne nouvelle ; voilà les huguenots perdus. Il a eu bien du bonheur, je l'avais fait condamner par le parlement de Toulouse à être tiré à quatre chevaux, et il meurt tranquillement sur le champ de bataille de Rhinfeld. Mais qu'importe ? le résultat est le même. Voilà encore une grande tête par terre ! Comme elles sont tombées depuis celle de Montmorency ! Je n'en vois plus guère qui ne s'inclinent devant moi. Nous avons déjà à peu près puni toutes nos dupes de Versailles ; certes, on n'a rien à me reprocher ; j'exerce contre eux la loi du talion, et je les traite comme ils ont voulu me faire traiter au conseil de la reine-mère. Le vieux radoteur de Bassompierre en sera quitte pour la prison perpétuelle, ainsi que l'assassin maréchal de Vitry, car ils n'avaient voté que cette peine pour moi. Quant au Marillac, qui conseilla la mort, je la lui réserve au premier faux pas, et te recommande, Joseph, de me le rappeler ; il faut être juste avec tout le monde. Reste donc encore debout ce duc de Bouillon, à qui son Sédan donne de l'orgueil ; mais je le lui ferai bien rendre. C'est une chose merveilleuse que leur aveuglement ! ils se croient tous libres de conspirer, et ne voient pas qu'ils ne font que voltiger au bout des fils que je tiens d'une main, et que j'allonge quelquefois pour leur donner de l'air et de l'espace. Et pour la mort de leur cher duc, les huguenots ont-ils bien crié comme un seul homme ?

— Moins que pour l'affaire de Loudun, qui s'est pourtant terminée heureusement.

— Quoi ! *heureusement ?* J'espère que Grandier est mort ?

— Oui ; c'est ce que je voulais dire : Votre Éminence doit être satisfaite ; tout a été fini dans les vingt-quatre heures ; on n'y pense plus. Seulement Laubardemont a fait une petite étourderie, qui était de rendre la séance publique, ce qui a causé un peu de tumulte ; mais nous avons les signalements des perturbateurs, que l'on suit.

— C'est bien, c'est très-bien. Urbain était un homme trop supérieur pour le laisser là ; il tournait au protestantisme ; je parierais qu'il aurait fini par abjurer ; son ouvrage contre le célibat des prêtres me l'a fait conjecturer ; et, dans le doute, retiens ceci, Joseph, il vaut toujours mieux couper l'arbre avant que le fruit ne soit poussé. Ces huguenots, vois-tu, sont une vraie république dans l'État : si une fois ils avaient la majorité en France, la monarchie serait perdue ; ils établiraient quelque gouvernement populaire qui pourrait être durable.

— Et quelles peines profondes ils causent tous les jours à notre saint-père le pape ! dit Joseph.

Ah! interrompit le cardinal, je te vois venir; tu veux me rappeler son entêtement à ne pas te donner le chapeau. Sois tranquille, j'en parlerai aujourd'hui au nouvel ambassadeur que nous envoyons. Le maréchal d'Estrées obtiendra en arrivant ce qui traîne depuis deux ans, que nous t'avons nommé au cardinalat; je commence aussi à trouver que la pourpre t'irait bien, car les taches de sang ne s'y voient pas.

Et tous deux se mirent à rire, l'un comme un maître qui accable de tout son mépris le sicaire qu'il paie; l'autre comme un esclave résigné à toutes les humiliations par lesquelles on s'élève.

Le rire qu'avait excité la sanglante plaisanterie du vieux ministre durait encore, lorsque la porte du cabinet s'ouvrit, et un page annonça plusieurs courriers qui arrivaient à la fois de divers points; le P. Joseph se leva, et se plaçant debout, le dos appuyé contre le mur, comme une momie égyptienne, ne laissa plus paraître sur son visage qu'une stupide contemplation. Douze messagers entrèrent successivement, revêtus de déguisements divers : l'un semblait un soldat suisse, un autre un vivandier, un troisième un maître-maçon; on les faisait entrer dans le palais par un escalier et un corridor secrets, et ils sortaient du cabinet par une porte opposée à celle qui les introduisait, sans pouvoir se rencontrer et se communiquer rien de leurs dépêches. Chacun d'eux déposait un paquet de papiers roulés ou pliés sur la grande table, parlait un instant au cardinal dans l'embrasure d'une croisée, et partait. Richelieu s'était levé brusquement dès l'entrée du premier messager, et, attentif à tout faire par lui-même, il les reçut tous, les écouta, et referma de sa main sur eux la porte de sortie. Il fit signe au P. Joseph, quand le dernier fut parti, et, sans parler, tous deux ouvrirent ou plutôt arrachèrent les paquets de dépêches, et se dirent, en deux mots, le sujet des lettres.

— Le duc de Weimar poursuit ses avantages; le duc Charles est battu; l'esprit de notre général est assez bon; voici de bons propos qu'il a tenus à dîner. Je suis content.

— Monseigneur le vicomte de Turenne a repris les places de Lorraine; voici ses conversations particulières...

— Ah! passez, passez cela; elles ne peuvent pas être dangereuses. Ce sera toujours un bon et honnête homme, ne se mêlant point de politique ; pourvu qu'on lui donne une petite armée à disposer comme une partie d'échecs, n'importe contre qui, il est content ; nous serons toujours fort bons amis.

— Voici le long-parlement qui dure encore en Angleterre. Les communes poursuivent leur projet ; voici des massacres en Irlande.... Le comte de Strafford est condamné à mort.

— A mort ! quelle horreur !

— Je lis : Sa Majesté Charles Ier n'a pas eu le courage de signer l'arrêt, mais elle a désigné quatre commissaires...

— Roi faible, je t'abandonne. Tu n'auras plus notre argent. Tombe, puisque tu es ingrat !... O malheureux Wentworth !

Et une larme parut aux yeux de Richelieu ; ce même homme qui venait de jouer avec la vie de tant d'autres, pleura un ministre abandonné de son prince. Le rapport de cette situation à la sienne l'avait frappé, et c'était lui-même qu'il pleurait dans cet étranger. Il cessa de lire à haute voix les dépêches qu'il ouvrait, et son confident l'imita. Il parcourut avec une scrupuleuse attention tous les rapports détaillés des actions les plus minutieuses et les plus secrètes de tout personnage un peu important ; rapports qu'il faisait toujours joindre à ses nouvelles par ses habiles espions. On les attachait aux dépêches du roi, qui devaient toutes lui passer par les mains, et être soigneusement repliées pour arriver au prince, épurées et telles qu'il voulait les lui faire lire. Les notes particulières furent toutes brûlées avec soin par le père, quand le cardinal en eut pris connaissance, et celui-ci cependant ne paraissait point satisfait ; il se promenait fort vite en long et en large dans l'appartement avec des gestes d'inquiétude, lorsque la porte s'ouvrit, et un treizième courrier entra. Celui-ci avait l'air d'un enfant de quatorze ans à peine ; il tenait sous le bras un paquet cacheté de noir pour le roi, et ne donna au cardinal qu'un petit billet sur lequel un regard dérobé de Joseph ne put entrevoir que quatre mots. Le duc tressaillit, le déchira en mille pièces, et se courbant à l'oreille de l'enfant, lui parla assez longtemps sans réponse ; tout ce que Joseph entendit fut, lorsque le cardinal le fit sortir de la salle : *Fais-y bien attention, pas avant douze heures d'ici.*

Pendant cet *aparté* du cardinal, Joseph s'était occupé à soustraire de sa vue un nombre infini de libelles qui venaient de Flandre et d'Allemagne, et que le ministre voulait voir, quelques amers qu'ils fussent pour lui. Il affectait à cet égard une philosophie qu'il était loin d'avoir ; et pour faire illusion à ceux qui l'entouraient, il feignait quelquefois de trouver que ses ennemis n'avaient pas tout à fait tort, et de rire de leurs plaisanteries ; cependant ceux qui avaient une connaissance plus approfondie de son caractère démêlaient une rage profonde sous cette apparente modération, et savaient qu'il n'était satisfait que lorsqu'il avait fait condamner par le parlement le livre ennemi à être brûlé en place de Grève, comme *injurieux au roi en la personne de son ministre l'illustrissime cardinal*, comme on le voit dans les arrêts du temps, et que son seul regret était que l'auteur ne fût pas à la place de l'ouvrage : satisfaction qu'il se donnait quand il le pouvait, comme il fit pour Urbain Grandier.

C'était son orgueil colossal qu'il vengeait ainsi sans se l'avouer à lui-même, et travaillant longtemps, un an quelquefois, à se persuader que l'intérêt de l'État y était engagé. Ingénieux à rattacher ses affaires particulières à celles de la France, il s'était convaincu lui-même qu'elle saignait des blessures qu'il recevait. Joseph, très-attentif à ne pas provoquer sa mauvaise humeur dans ce moment, mit à part et déroba un livre intitulé : *Mystères politiques du cardinal de La Rochelle ;* un autre, attribué à un moine de Munich, dont le titre était : *Questions quolibétiques, ajustées au temps présent, et Impiété sanglante du dieu Mars*. L'honnête avocat Aubery, qui nous a transmis une des plus fidèles histoires de l'*éminentissime* cardinal, est transporté de fureur au seul titre du premier de ces livres, et s'écrie, que le *grand ministre eut bien sujet de se glorifier que ses ennemis, inspirés contre leur gré du même enthousiasme qui a fait rendre des oracles à l'ânesse de Balaam, à Caïphe et autres qui semblaient plus indignes du don de la prophétie, l'appelaient à bon titre cardinal de La Rochelle, puisqu'il avait, trois ans après leurs écrits, réduit cette ville ; de même que Scipion a été nommé l'Africain pour avoir subjugué cette* PROVINCE. Peu s'en fallut que le P. Joseph, qui était nécessairement dans les mêmes idées, n'exprimât dans les mêmes termes son indignation ; car il se rappelait avec douleur la part de ridicule qu'il avait prise dans le siège de La Rochelle, qui, tout en n'étant pas une *province* comme l'Afrique, s'était permis de résister à l'*éminentissime* cardinal, quoique le P. Joseph eût voulu faire passer les troupes par un égoût, se piquant d'être assez habile dans l'art des sièges. Cependant il se contint, et eut encore le temps de cacher le libelle moqueur dans la poche de sa robe brune, avant que le ministre eût congédié son jeune courrier, et fût revenu de la porte à la table.

— Le départ, Joseph, le départ ! dit-il. Ouvre les portes à toute cette cour qui m'assiège, et allons trouver le roi, qui m'attend à Perpignan, je le tiens cette fois pour toujours.

Le capucin se retira, et bientôt les pages, ouvrant les doubles portes dorées, annoncèrent successivement les plus grands seigneurs de cette époque, qui avaient obtenu du roi la permission de le quitter pour venir saluer le ministre ; quelques-uns même, sous prétexte de maladie ou d'affaire de service, étaient partis à la dérobée pour ne pas être les derniers dans son antichambre, et le triste monarque s'était trouvé presque tout seul, comme les autres rois ne se voient d'ordinaire qu'à leur lit de mort ; mais il semblait que le trône fût sa couche funèbre aux yeux de la cour, son règne une continuelle agonie, et son ministre un successeur menaçant.

Deux pages des meilleures maisons de France se tenaient près de la porte où des huissiers annonçaient chaque personnage qui, dans le salon précédent, avait trouvé le P. Joseph. Le cardinal, toujours assis dans son grand fauteuil, restait immobile pour le commun des courtisans, faisait une inclination de tête aux plus distingués, et pour les princes seulement s'aidait de ses deux bras pour se soulever légèrement ; chaque courtisan allait le saluer profondément, et, se tenant debout devant lui près de la cheminée, attendait qu'il lui adressât la parole ; ensuite, selon le signe du cardinal, il continuait à faire le tour du salon pour sortir par la même porte par où l'on entrait, restait un moment à saluer le P. Joseph qui singeait son maître, et que l'on avait pour cela nommé l'éminence grise, et sortait enfin du palais, ou bien se rangeait debout derrière le fauteuil, si le ministre l'y engageait, ce qui était une marque de la plus grande faveur.

Il laissa passer d'abord quelques personnages insignifiants et beaucoup de mérites inutiles, et n'arrêta cette procession qu'au maréchal d'Estrées, qui, partant pour l'ambassade de Rome, venait lui faire ses adieux : tout ce qui suivait cessa d'avancer. Ce mouvement avertit dans le salon précédent qu'une conversation plus longue s'engageait, et le P. Joseph paraissant, échangea avec le cardinal un regard qui voulait dire d'une part : Souvenez-vous de la promesse que vous venez de me faire ; de l'autre : soyez tranquille. En même temps l'adroit capucin fit voir à son maître qu'il tenait sous le bras une de ses victimes qu'il préparait à être un docile instrument ; c'était un jeune gentilhomme qui portait un manteau vert très-court, et une veste de même couleur, un pantalon rouge, fort serré, avec de brillantes jarretières d'or, dessous, habit des pages de Monsieur. Le P. Joseph lui parlait bien en secret, mais point dans le sens du cardinal ; il ne pensait qu'à être son égal, et se préparait d'autres intelligences en cas de défection de la part du premier ministre.

— Dites à Monsieur qu'il ne se fie pas aux apparences, et qu'il n'a point de plus fidèle serviteur que moi. Le cardinal commence à baisser ; et je crois de ma conscience d'avertir de ses fautes celui qui pourrait hériter du pouvoir royal pendant la minorité. Pour donner à votre grand prince une preuve de ma bonne foi, dites-lui qu'on veut faire arrêter Puy-Laurens qui est à lui, et qu'il le fasse cacher, ou bien le cardinal le mettra aussi à la Bastille. Tandis que le serviteur trahissait ainsi son maître, le maître ne restait pas en arrière, et trahissait le serviteur. Son amour-propre et un reste de respect pour les choses de l'Église le faisaient souffrir à l'idée de voir le méprisable agent couvert du même chapeau qui était une couronne pour lui, et assis aussi haut que lui-même, à cela près de l'emploi passager de ministre. Parlant donc à demi-voix au maréchal d'Estrées :

— Il n'est pas nécessaire, lui dit-il, de persécuter plus longtemps Urbain VIII en faveur de ce capucin, que vous voyez là-bas ; c'est bien assez que sa majesté aît daigné le nommer au cardinalat ; nous concevons les répugnances de sa sainteté à couvrir ce mendiant de la pourpre romaine.

Puis, passant de cette idée aux choses générales :

— Je ne sais vraiment pas ce qui peut refroidir le saint-père à notre égard ; qu'avons nous fait qui ne fût pour la gloire de notre sainte mère l'Église catholique ? J'ai dit moi-même la première messe à La Rochelle, et vous le voyez par vos yeux, monsieur le maréchal, notre habit est partout, et même dans vos armées ; le cardinal de la Vallette vient de commander glorieusement dans le Palatinat.

— Et vient de faire une très-belle retraite, dit le maréchal, appuyant légèrement sur le mot de *retraite*.

Le ministre continua, sans faire attention à ce petit mot de jalousie de métier, et en élevant la voix :

— Dieu a montré qu'il ne dédaignait pas d'envoyer l'esprit de victoire à ses lévites, car le duc de Weimar n'aida pas plus puissamment à la conquête de la Lorraine que ce pieux cardinal ; et jamais une armée navale ne fut mieux commandée que par notre archevêque de Bordeaux à La Rochelle.

On savait que dans ce moment le ministre était assez aigri contre ce prélat, dont la hauteur était telle et les impertinences si fréquentes, qu'il avait eu deux affaires assez désagréables dans Bordeaux. Il y avait quatre ans, le duc d'Épernon, alors gouverneur de la Guyenne, suivi de tous ses gentilshommes et de ses troupes, le rencontrant au milieu de son clergé dans une procession, l'appela insolent, et lui donna deux coups de canne très-vigoureux, sur quoi l'archevêque l'excommunia ; et tout récemment encore, malgré cette leçon, il avait eu une querelle avec le maréchal de Vitry, dont il avait reçu *vingt coupes de canne ou de bâton, comme il vous plaira*, écrivait le cardinal-duc au cardinal de la Vallette, *et je crois qu'il veut remplir la France d'excommuniés*. En effet, il excommunia encore le bâton du maréchal, se souvenant qu'autrefois le pape avait forcé le duc d'Épernon à lui demander pardon ; mais Vitry, qui avait fait assassiner le maréchal d'Ancre, était trop bien en cour pour cela, et l'archevêque fut battu, et de plus grondé par le ministre.

M. d'Estrées pensa donc avec assez de tact qu'il pouvait y avoir un peu d'ironie dans la manière dont le cardinal vantait les talents guerriers et maritimes de l'archevêque, et lui répondit avec un sang-froid inaltérable :

— En effet, monseigneur, personne ne peut dire que ce soit sur mer qu'il ait été battu.

Son éminence ne put s'empêcher de sourire ; mais, voyant que l'impression électrique de ce sourire en avait fait naître d'autres dans la salle, et des chuchotements et des conjectures, il reprit toute sa gravité sur-le-champ, et prenant le bras familièrement au maréchal :

— Allons, allons, monsieur l'ambassadeur, dit-il, vous avez la repartie bonne. Avec vous je ne craindrais pas le cardinal Albornos, ni tous les Borgia du monde, ni tous les efforts de leur Espagne près du saint-père.

Puis élevant la voix, et regardant tout autour de lui comme pour s'adresser au salon silencieux et captivé :

— J'espère, continua-t-il, qu'on ne nous persécutera plus comme l'on fit autrefois pour avoir fait une juste alliance avec l'un des plus grands hommes de nos temps ; mais Gustave-Adolphe est mort, le roi catholique n'aura plus de prétexte pour solliciter l'excommunication du roi très-chrétien. N'êtes-vous pas de mon avis, mon cher seigneur ? dit-il, en s'adressant au cardinal de la Vallette qui s'approchait, et n'avait heureusement rien entendu sur son compte. Monsieur d'Estrées, restez près de notre fauteuil, nous avons encore bien des choses à vous dire, et vous n'êtes pas de trop dans toutes nos conversations, car nous n'avons point de secrets : notre politique est franche et tout au grand jour : l'intérêt de sa majesté et de l'État, voilà tout.

Le maréchal fit un profond salut, se rangea derrière le siège du ministre, et laissa sa place au cardinal de la Vallette, qui, ne cessant de se prosterner, et de flatter et de jurer dévouement et totale obéissance au cardinal, comme pour expier la raideur de son père le duc d'Épernon, n'eut aussi de lui que quelques mots vagues et une conversation distraite et sans intérêt, pendant laquelle il ne cessait de regarder à la porte quelle personne lui succédait. Il eut même le chagrin de se voir interrompu brusquement par le ministre, qui s'écria au moment le plus flatteur de ses discours mielleux :

— Ah ! c'est donc vous enfin, mon cher Fabert ! qu'il me tardait de vous voir pour vous parler du siège ! Le général salua d'un air brusque et assez gauchement le cardinal-généralissime, et lui présenta les officiers venus du camp avec lui ; il parla quelque temps des opérations du siège, et le cardinal semblait lui faire, en quelque sorte, la cour pour le préparer à recevoir plus tard ses ordres sur le champ de bataille même ; il parla aux officiers qui le suivaient, les appelant par leurs noms, et leur faisant des questions sur le camp.

Ils se rangèrent tous pour laisser approcher le duc d'Angoulême ; ce Valois, après avoir lutté contre Henri IV, se prosternait devant Richelieu. Il sollicitait un commandement qu'il n'avait eu qu'en troisième au siège de La Rochelle. À sa suite parut le jeune Mazarin, toujours souple et insinuant, mais déjà confiant dans sa fortune.

Le duc d'Halluin vint après eux : le cardinal interrompit les compliments qu'il leur adressait, pour lui dire à haute voix : — Monsieur le duc, je vous annonce avec plaisir que le roi a créé en votre faveur un office de maréchal de France ; vous signerez Schomberg, n'est-il pas vrai ? à Leucate, délivrée par vous, on le pense ainsi. Mais pardon, voici M. de Montauron qui a sans doute quelque chose d'important à me dire.

— O mon Dieu non ! monseigneur, je voulais seulement vous dire que ce pauvre jeune homme, que vous avez daigné regarder comme à votre service, meurt de faim.

— Ah ! comment dans ce moment-ci me parlez-vous de choses semblables ! Votre petit Corneille ne veut rien faire de bon ; nous n'avons vu que *le Cid* et *les Horaces* encore ; qu'il travaille, qu'il travaille ; on sait qu'il est à moi, c'est désagréable pour moi-même. Cependant, puisque vous vous y intéressez, je lui ferai une pension de cinq cents écus sur ma cassette.

Et le trésorier de l'épargne se retira, charmé de la libéralité du ministre, et fut chez lui recevoir, avec assez de bonté, la dédicace de *Cinna*, où le grand Corneille compare son âme à celle d'Auguste, et le remercie d'avoir fait l'aumône à *quelques Muses*.

Le Cardinal, troublé par cette importunité, se leva en disant que la matinée s'avançait, et qu'il était temps de partir pour aller trouver le roi.

En cet instant même, et comme les plus grands seigneurs s'approchaient pour l'aider à marcher, un homme en robe de maître des requêtes s'avança vers lui, en saluant avec un sourire avantageux et confiant, qui étonna tous les gens habitués au grand monde ; il semblait dire : *Nous avons des affaires secrètes ensemble ; vous allez voir comme il sera bien pour moi ; je suis chez moi dans son cabinet ;* sa manière lourde et gauche trahissait pourtant un être très-inférieur : c'était Laubardemont.

Richelieu fronça le sourcil en le voyant en face de lui, et lança un regard de feu à Joseph ; puis, se tournant vers ceux qui l'entouraient, il dit avec un rire amer :

— Est-ce qu'il y a quelque criminel autour de nous ?

Puis lui tournant le dos, le cardinal le laissa plus rouge que sa robe ; et, précédé de la foule des personnages qui devaient l'escorter en voiture ou à cheval, il descendit le grand escalier de l'archevêché.

Tout le peuple de Narbonne et ses autorités regardèrent avec stupéfaction ce départ royal.

Le cardinal seul entra dans une ample et spacieuse litière de forme carrée, dans laquelle il devait voyager jusqu'à Perpignan, ses infirmités ne lui permettant ni d'aller en voiture, ni de faire toute cette route à cheval. Cette sorte de chambre nomade renfermait un lit, une table, et une petite chaise pour un page qui devait écrire ou lui faire la lecture. Cette machine, couverte de damas couleur de pourpre, fut portée par dix-huit hommes qui, de lieue en lieue, se relevaient ; ils étaient choisis dans ses gardes, et ne faisaient ce service d'honneur que la tête nue, quelle que fût la chaleur ou la pluie. Le duc d'Angoulême, les maréchaux de Schomberg et d'Estrées, Fabert et d'autres dignitaires étaient à cheval aux portières ; on distinguait le cardinal de la Vallette et Mazarin parmi les plus empressés, ainsi que Chavigny et le maréchal de Vitry, qui cherchait à éviter la Bastille dont il était menacé, disait-on.

Deux carrosses suivaient pour les secrétaires du cardinal, ses médecins et son confesseur ; huit voitures à quatre chevaux pour ses gentilshommes, et vingt-quatre mulets pour ses bagages ; deux cents mousquetaires à pied l'escortaient de très-près ; sa compagnie de gens d'armes de la garde et ses chevau-légers, tous gentilshommes, marchaient devant et derrière ce cortège sur de magnifiques chevaux.

Ce fut dans cet équipage que le premier ministre se rendit en peu de jours à Perpignan ; la dimension de la litière obligea plusieurs fois de faire élargir des chemins et abattre les murailles de quelques *villes et villages* où elle ne pouvait entrer ; en sorte, disent les auteurs des manuscrits du temps, tous pleins d'une sincère admiration pour ce luxe, *en sorte qu'il semblait un conquérant qui entre par la brèche*. Nous avons cherché en vain avec beaucoup de soin quelque manuscrit des propriétaires ou habitants des maisons qui s'ouvraient à son passage, où la même admiration fut témoignée, et nous avouons ne l'avoir pu trouver.

Victor Hugo, *Marion Delorme*

ACTE CINQUIÈME.

Le donjon de Beaugency. — Un préau. — Au fond le donjon ; tout à l'entour, un grand mur. — A gauche, une haute porte en ogive. À droite, une petite porte surbaissée dans le mur. Près de la porte de droite, une table de pierre, un banc de pierre.

SCÈNE I.

DES OUVRIERS.

Ils travaillent à démolir l'angle du mur du fond à gauche. La brèche est déjà assez avancée.

PREMIER OUVRIER, *piochant* – Hum ! c'est dur !
DEUXIEME OUVRIER, *piochant* – Peste soit du gros mur qu'il nous faut Jeter par terre !
TROISIÈME OUVRIER, *piochant* – Pierre, as-tu vu l'échafaud ?
PREMIER OUVRIER – Oui.
Il va à la porte et la mesure.
La porte est étroite, et jamais la litière
Du seigneur cardinal n'y passerait entière.
TROISIÈME OUVRIER – C'est donc une maison ?
PREMIER OUVRIER, *avec un geste affirmatif* –
Avec de grands rideaux.
Vingt-quatre hommes à pied la portent sur leur dos.
DEUXIÈME OUVRIER –
Moi, j'ai vu la machine, un soir, par un temps sombre,
Qui marchait... On eût dit Léviathan dans l'ombre.
TROISIÈME OUVRIER – Que vient-il faire ici avec tant de sergents ?
PREMIER OUVRIER –
Voir l'exécution de ces deux jeunes gens.
Il est malade, il a besoin de se distraire.
DEUXIÈME OUVRIER – Finissons !
Ils se remettent au travail. Le mur est presque démoli.

TROISIÈME OUVRIER –
As-tu vu l'échafaud noir, mon frère ?
Ce que c'est qu'être noble !
PREMIER OUVRIER – Ils ont tout !
DEUXIÈME OUVRIER –
Il faut voir
Si l'on ferait pour nous un bel échafaud noir !
PREMIER OUVRIER –
Qu'ont donc fait ces seigneurs, qu'on les tue ? Hein, Maurice,
Comprends-tu cela, toi ?
TROISIÈME OUVRIER – Non, c'est de la justice.

Ils continuent de démolir le mur. Entre Laffemas. Les ouvriers se taisent. Il arrive par le fond du théâtre, comme s'il venait d'une cour intérieure de la prison. Il s'arrête devant les ouvriers et paraît examiner la brèche et leur donner quelques ordres. La brèche finie, il leur fait tendre d'un côté à l'autre un grand drap noir qui la cache entièrement, puis il les congédie. Presque en même temps paraît Marion, en blanc, voilée. Elle entre par la grande porte, traverse rapidement le théâtre, et court frapper au guichet de la petite porte. Laffemas se dirige du même côté à pas lents. Le guichet s'ouvre. Paraît le guichetier.

SCÈNE II. — MARION, LAFFEMAS.

MARION, *montrant un parchemin au guichetier* – Ordre du roi.
LE GUICHETIER – Madame, on n'entre pas.
MARION – Comment ?
LAFFEMAS, *présentant un papier au guichetier* – Signé du cardinal.
LE GUICHETIER – Entrez.

Laffemas, au moment d'entrer, se retourne, considère en entrant Marion, et revient vers elle. Le guichetier referme la porte.

LAFFEMAS, *à Marion* –
Mais quoi, vraiment,
C'est encor vous ! ici ! — L'endroit est équivoque.
MARION – Oui.
Avec triomphe et montrant le parchemin.
J'ai la grâce !
LAFFEMAS, *montrant le sien* – Et moi l'ordre qui la révoque.
MARION, *avec un cri d'effroi* – L'ordre est d'hier matin !
LAFFEMAS – Le mien de cette nuit.

MARION, *les mains sur ses yeux* – Oh ! plus d'espoir !
LAFFEMAS –
L'espoir n'est qu'un éclair qui luit.
La clémence des rois est chose bien fragile !
Elle vient à pas lents et fuit d'un pied agile.
MARION – Pourtant le roi lui-même à les sauver s'émeut !...
LAFFEMAS – Est-ce que le roi peut quand le cardinal veut ?
MARION – O Didier ! la dernière espérance est éteinte !
LAFFEMAS, *bas* – Pas la dernière.
MARION, *à part* – Ciel !
LAFFEMAS, *se rapprochant d'elle. — Bas* –
Il est dans cette enceinte —
Un homme... — qu'un seul mot de vous — peut faire ici
Plus heureux qu'un roi même, — et plus puissant aussi !
MARION – Oh ! va-t'en !
LAFFEMAS – Est-ce là le dernier mot ?
MARION, *avec hauteur* – De grâce !
LAFFEMAS –
Qu'un caprice de femme est chose qui me passe !
Vous étiez autrefois tendre facilement,
Aujourd'hui, — qu'il s'agit de sauver votre amant... —
MARION, *l'interrompant* –
Il faut que vous soyez un homme bien infâme,
Bien vil, — décidément ! — pour croire qu'une femme,
— Oui ! Marion de Lorme, — après avoir aimé
Un homme, le plus pur que le ciel ait formé,
Après s'être épurée à cette chaste flamme,
Après s'être refait une âme avec cette âme,
Du haut de cet amour, si sublime et si doux,
Peut retomber si bas qu'elle aille jusqu'à vous !
LAFFEMAS – Aimez-le donc !
MARION –
Le monstre ! il va du crime au vice !
Laisse-moi pure !
LAFFEMAS –
Donc je n'ai plus qu'un service
A vous rendre à présent.

MARION – Quoi ?

LAFFEMAS –

Si vous voulez voir,
Je puis vous faire entrer. — Ce sera pour ce soir.

MARION, *tremblant de tout son corps* – Dieu ! ce soir !

LAFFEMAS – Oui, ce soir. — Pour voir par la portière,
Monsieur le cardinal viendra dans sa litière.

Marion est plongée dans une profonde et convulsive rêverie. Tout à coup elle passe ses deux mains sur son front et se tourne comme égarée vers Laffemas.

MARION – Comment feriez-vous donc pour les faire évader ?

LAFFEMAS, *bas* –

Si... vous vouliez ?... — Alors je puis faire garder
Cette brèche, par où viendra son éminence,
Par deux hommes à moi...

Il écoute du côté de la petite porte.

Du bruit... — On vient, je pense.

MARION, *se tordant les mains* – Et vous le sauverez ?

LAFFEMAS – Oui.

Bas.

Pour tout dire ici,
Les murs ont trop d'échos...— Ailleurs...

MARION, *avec désespoir* – Venez !

Laffemas se dirige vers la grande porte et lui fait signe du doigt de le suivre. — Marion tombe à genoux, tournée vers le guichet de la prison. Puis elle se lève avec un mouvement convulsif et disparaît par la grande porte à la suite de Laffemas. — Le petit guichet s'ouvre. Entrent, au milieu d'un groupe de gardes, Saverny et Didier.

SCÈNE III.

DIDIER, SAVERNY

Saverny, vêtu à la dernière mode, entre avec pétulance et gaieté. Didier tout en noir, pâle, à pas lents. Un geôlier, accompagné de deux hallebardiers, les conduit. Le geôlier place les deux hallebardiers en sentinelle près du rideau noir. — Didier va s'asseoir en silence sur le banc de pierre.

SAVERNY, *au geôlier qui vient de lui ouvrir la porte* – Merci !

Le bon air !

LE GEOLIER, *le tirant à l'écart, bas* – Monseigneur, à vous deux mots, de grâce.

SAVERNY – Quatre !

LE GEOLIER, *baissant de plus en plus la voix* – Voulez-vous fuir ?

SAVERNY, *vivement* – Par où faut-il qu'on passe ?

LE GEOLIER – C'est mon affaire.

SAVERNY – Vrai ?

Le geôlier fait un signe de tête.

Monsieur le cardinal,
Vous vouliez m'empêcher de retourner au bal !
Pardieu ! nous danserons encor. La bonne chose
Que de vivre !

Au geôlier.

Ah çà, quand ?

LE GEOLIER – Ce soir, à la nuit close.

SAVERNY, *se frottant les mains* –
D'honneur, je suis charmé de quitter ce logis.
D'où me vient ce secours ?

LE GEOLIER – Du marquis de Nangis.

SAVERNY – Mon bon oncle !

Au geôlier.

À propos, c'est pour tous deux, je pense ?

LE GEOLIER – Je n'en puis sauver qu'un.

SAVERNY – Pour double récompense ?

LE GEOLIER – Je n'en puis sauver qu'un.

SAVERNY, *hochant la tête* – Qu'un ?

Bas au geôlier.

Alors, écoutez.

Montrant Didier.

Voilà celui qu'il faut sauver.

LE GEOLIER – Vous plaisantez !

SAVERNY – Non pas. — Lui.

LE GEOLIER – Monseigneur, quelle idée est la vôtre !
Votre oncle fait cela pour vous, non pour un autre.

SAVERNY – Est-ce dit ? en ce cas, préparez deux linceuls.

Il tourne le dos au geôlier, qui sort étonné. Entre un greffier.

Bon ! — on ne pourra pas rester un instant seuls !

LE GREFFIER, *saluant les prisonniers* – Messieurs, un conseiller dû roi près la grand'chambre
Va venir.
Il salue de nouveau et sort.
SAVERNY – Bien. —
En riant.
Avoir vingt ans, être en septembre,
Et ne pas voir octobre ! — est-ce pas ennuyeux ?
DIDIER, *tenant le portrait à la main, immobile sur le devant du théâtre, et comme absorbé dans une contemplation profonde* –
Viens, viens. Regarde-moi, — bien, tes y eux sur mes yeux.
Ainsi ! — Comme elle est belle ! — et quelle grâce étrange !
Dirait-on une femme ? Oh non ! c'est un front d'ange !
Dieu lui-même, en donnant ce regard de candeur,
S'il y mit plus de flamme, y mit plus de pudeur.
Cette bouche d'enfant, qu'entr'ouvre un doux caprice,
Palpite d'innocence !...
Jetant par terre le portrait avec violence. Oh ! pourquoi ma nourrice,
Au lieu de recueillir le pauvre enfant trouvé,
M'a-t-elle pas brisé le front sur le pavé !
Qu'est-ce que j'avais fait à ma mère pour naître ?
Pourquoi dans son malheur, — dans son crime peut-être, —
En m'exilant du sein qui dut me réchauffer,
Fut-elle pas ma mère assez pour m'étouffer !
SAVERNY, *revenant du fond du préau* –
Regardez, mon ami, comme cette hirondelle
Vole bas, il pleuvra ce soir.
DIDIER, *sans l'entendre* –
Chose infidèle
Et folle qu'une femme ! être inconstant, amer,
Orageux et profond, comme l'eau de la mer !
Hélas ! À cette mer j'avais livré ma voile,
Je n'avais dans mon ciel rien qu'une seule étoile.
J'allais, j'ai fait naufrage, et j'aborde au tombeau !
Pourtant, j'étais né bon, l'avenir m'était beau ;
J'avais peut-être même une céleste flamme, —
Un esprit dans le cœur !...— O malheureuse femme !
Oh ! n'as-tu pas frémi de me mentir ainsi,

Moi qui laissais aller mon âme à ta merci !

SAVERNY –

C'est encor Marion ! — Vous avez vos idées
Là-dessus.

DIDIER, *sans l'écouter, ramassant le portrait et y fixant les yeux* –

Quoi ! parmi les choses dégradées
Il faut te rejeter, femme qui m'a trompé !
Démon, d'une aile d'ange aux yeux enveloppé !

Il remet le portrait sur son cœur.

Reviens là, c'est ta place ! —

Se rapprochant de Saverny.

Un bizarre prodige !
Ce portrait est vivant. — Il est vivant, te dis-je ! —
Tandis que tu dormais, en silence et sans bruit,
Écoute, il m'a rongé le cœur toute la nuit !

SAVERNY – Pauvre ami. — De la mort disons quelque parole.

À part.

Cela m'attriste un peu, mais cela le console.

DIDIER –

Que me demandez-vous ? Je n'ai point écouté.
Car, depuis qu'on m'a dit ce nom, il m'est resté
Un étourdissement dont j'ai l'âme affaiblie.
Je ne me souviens pas, je ne sais pas, j'oublie.

SAVERNY, *lui serrant le bras* – La mort ?

DIDIER, *avec joie* – Ah !

SAVERNY – Parlez-moi de la mort, mon ami.
Qu'est-ce enfin ?

DIDIER – Cette nuit avez-vous bien dormi ?

SAVERNY – Très-mal. — Mon lit est dur à meurtrir qui le touche !

DIDIER –

Bien. — Quand vous serez mort, mon ami, votre couche
Sera plus dure encor, mais vous dormirez bien.
Voilà tout. On a bien l'enfer, mais ce n'est rien
Près de la vie !

SAVERNY – Allons ! ma crainte s'est enfuie.
Mais, diable ! être pendu, voilà ce qui m'ennuie !

DIDIER – Hé ! c'est toujours la mort, n'en demandez pas tant !

SAVERNY –

A votre aise ! mais moi, je ne suis pas content.
Je crains peu de mourir, je le dis sans jactance,
Quand la mort est la mort et n'est pas la potence.

DIDIER –
La mort a mille aspects. Le gibet en est un.
Sans doute ce doit être un moment importun
Quand ce nœud vous éteint comme on souille une flamme,
Et vous serre la gorge, et vous fait jaillir l'âme !
Mais après tout, qu'importe ! et si tout est bien noir,
Pourvu que sur la terre on ne puisse rien voir, —
Qu'on soit sous un tombeau qui vous pèse et vous loue,
Ou que le vent des nuits vous tourmente et se joue
A rouler des débris de vous, que les corbeaux
Ont du gibet de pierre arrachés par lambeaux, —
Qu'est-ce que cela fait ?

SAVERNY – Vous êtes philosophe !

DIDIER –
Que le bec du vautour déchire mon étoffe,
Ou que le ver la ronge, ainsi qu'il fait d'un roi,
C'est l'affaire du corps : mais que m'importe, à moi !
Lorsque la lourde tombe a clos notre paupière,
L'âme lève du doigt le couvercle de pierre,
Et s'envole....

Entre un conseiller, suivi et précédé d'un hallebardier en noir.

SCÈNE IV.

LES MEMES, UN CONSEILLER A LA GRAND'CHAMBRE, *en grand costume*, GEOLIERS, GARDES.

LE GEOLIER, *annonçant* – Monsieur le conseiller du roi.

LE CONSEILLER, *saluant tour à tour Saverny et Didier* – Messieurs, mon ministère est pénible, et la loi
Est sévère....

SAVERNY – J'entends. Il n'est plus d'espérance.
Hé bien, parlez, monsieur !

LE CONSEILLER –
Il déroule un parchemin, et lit.

« Nous, Louis, roi de France
Et de Navarre, au fond, rejetons le pourvoi
Que lesdits condamnés ont formé près du roi ;
Pour la forme, des leurs ayant l'âme touchée,
Nous commuons leur peine à la tête tranchée. »

SAVERNY, *avec joie* – À la bonne heure.

LE CONSEILLER, *saluant de nouveau* – Ainsi, messieurs, tenez-vous prêts ;
Ce doit être aujourd'hui.

Il salue et se dispose à sortir.

DIDIER, *qui est resté dans son attitude rêveuse, à Saverny* –
Je disais donc qu'après,
Après la mort, qu'on ait mis le cadavre en claie,
Qu'on ait sur chaque membre élargi quelque plaie,
Qu'on ait tordu les bras, qu'on ait brisé les os,
Qu'on ait souillé le corps de ruisseaux en ruisseaux,
De toute cette chair, morte, sanglante, impure,
L'âme immortelle sort sans tache et sans blessure !

LE CONSEILLER, *revenant sur ses pas, à Didier* – Messieurs, occupez-vous de passer ce grand pas ;
Pensez-y bien.

DIDIER, *avec douceur* – Monsieur, ne m'interrompez pas.

SAVERNY, *gaiement à Didier* – Plus de gibet !

DIDIER –
Je sais. On a changé la fête.
Le cardinal ne va qu'avec son coupe-tête.
Il faut bien l'employer ; la hache rouillerait.

SAVERNY – Tiens ! vous prenez cela froidement ! L'intérêt
Est grand pourtant.

Au conseiller.

Merci de la bonne nouvelle.

LE CONSEILLER – Monsieur, je la voudrais meilleure encor. — Mon zèle...

SAVERNY – Ah ! pardon. À quelle heure ?

LE CONSEILLER – A neuf heures, ce soir.

DIDIER – Bien. Que du moins le ciel, comme mon cœur, soit noir.

SAVERNY – Où sera l'échafaud ?

LE CONSEILLER, *montrant de la main la cour voisine* – Ici, dans la cour même,
Monseigneur doit venir.
Le conseiller sort avec tout son cortège. Les deux prisonniers restent seuls. Le jour commence à baisser. On aperçoit seulement au fond briller la hallebarde des deux sentinelles, qui se promènent en silence devant la brèche.

SCÈNE V.

DIDIER, SAVERNY.

DIDIER, *solennellement, après un silence* –
A ce moment suprême,
Il convient de songer au sort qui nous attend.
Nous sommes à peu près du même âge, et pourtant
Je suis plus vieux que vous. Donc je dois faire en sorte
Que ma voix jusqu'au bout vous guide et vous exhorte.
D'autant plus que c'est moi qui vous perds ; le défi
Vint de moi. Vous viviez heureux, il m'a suffi
De toucher votre vie, hélas ! pour la corrompre.
Votre sort sous le mien a ployé jusqu'à rompre.
Or nous entrons tous deux ensemble dans la nuit
Du tombeau. Tenons-nous par la main...
On entend des coups de marteau.
SAVERNY – Qu'est ce bruit ?
DIDIER – C'est l'échafaud qu'on dresse, ou nos cercueils qu'on cloue.
Saverny s'assied sur le banc de pierre.
Continuant.
— Souvent au dernier pas le cœur de l'homme échoue,
La vie encor nous tient par de secrets côtés.
L'horloge sonne un coup.
Mais je crois qu'une voix nous appelle... Écoutez !
Un nouveau coup.
SAVERNY – Non, c'est l'heure qui sonne.
Un troisième coup.
DIDIER – Oui, l'heure !
Un quatrième coup.
SAVERNY – A la chapelle.

Quatre autres coups.

DIDIER – C'est toujours une voix, frère, qui nous appelle.

SAVERNY – Encore une heure.

Il appuie ses coudes sur la table de pierre et sa tête sur ses mains. On vient relever les hallebardiers de garde.

DIDIER –

Ami ! gardez-vous de fléchir,
De trébucher au seuil qui nous reste à franchir !
Du sépulcre sanglant qu'un bourreau nous apprête
La porte est basse, et nul n'y passe avec sa tête.
Frère ! allons d'un pas ferme au-devant de leurs coups.
Que ce soit l'échafaud qui tremble et non pas nous.
On veut notre tête ! hé ! pour n'être pas en faute,
Au bourreau qui l'attend il faut la porter haute.

Il s'approche de Saverny immobile.

Courage !...

Il lui prend le bras et s'aperçoit qu'il dort.

Il dort. — Et moi qui lui prêchais si bien
Le courage !... Il dormait ! qu'est le mien près du sien !

Il s'assied.

Dors, toi qui peux dormir ! — Bientôt me viendra l'heure
De dormir à mon tour. Oh ! — Pourvu que tout meure !
Pourvu que rien d'un cœur dans la tombe enfermée
Ne vive pour haïr ce qu'il a trop aimé !

La nuit est tout à fait tombée. Pendant que Didier se plonge de plus en plus dans ses pensées, entrent par la brèche du fond Marion et le geôlier. Le geôlier la précède avec une lanterne sourde et un paquet. Il dépose le paquet et la lanterne à terre, puis il s'avance avec précaution vers Marion, qui est restée sur le seuil, pâle, immobile, égarée.

SCÈNE VI.

LES MÊMES, MARION, LE GEOLIER.

LE GEÔLIER, *à Marion* – Surtout soyez dehors avant l'heure indiquée.

Il s'éloigne. Pendant tout le reste de la scène il continue de se promener de long en large au fond du théâtre.

MARION –

Elle s'avance en chancelant et comme absorbée dans une pensée de désespoir. De temps en temps elle passe la main sur son visage, comme si elle cherchait à effacer quelque chose.

.. Sa lèvre est un fer rouge et m'a toute marquée !

Tout à coup, dans l'ombre, elle aperçoit Didier, pousse un cri, court, se précipite et tombe haletante à ses genoux.

Didier ! Didier ! Didier !

DIDIER, *comme éveillé en sursaut* – Elle ici ! Dieu !

D'un ton froid.

— C'est vous !

MARION, *levant la tête* –

Qui veux-tu que ce soit ? Oh ! laisse à tes genoux !
Je me sens si bien là ! — Tes mains, tes mains chéries,
Donne-les-moi, tes mains ! — Comme ils les ont meurtries !
Des chaînes, n'est-ce pas ? desfers ?... — Les malheureux !
Je suis ici, vois-tu ? c'est que... — c'est bien affreux !

Elle pleure. On l'entend sangloter.

DIDIER – Qu'avez-vous à pleurer ?

MARION – Non. Est-ce que je pleure ?
Non, je ris.

Elle rit.

Nous allons nous enfuir tout à l'heure.
Je ris, je suis contente, il vivra ! c'est passé !

Elle tombe sur les genoux de Didier et pleure.

Oh ! tout cela me tue, et j'ai le cœur brisé !

DIDIER – Madame...

MARION –

Elle se lève sans l'entendre, et court chercher le paquet, qu'elle apporte à Didier.

Profitons de 1'instant où nous sommes.
Mets ce déguisement. J'ai gagné ces deux hommes.
On peut sans être vu sortir de Beaugency.
Nous prendrons une rue au bout de ce mur-ci.
Richelieu va venir voir comme on exécute
Ses ordres. Gardons-nous de perdre une minute.
Le canon tirera pour sa venue. Ainsi,
Tout alors est perdu si nous sommes ici !

DIDIER – C'est bien.

MARION – Vite ! — Ah mon Dieu ! c'est bien lui ! c'est lui-même !
Sauvé ! parle-moi donc. Mon Didier, je vous aime !
DIDIER – Vous dites une rue au détour de ce mur ?
MARION – Oui, j'en viens, j'ai tout vu. C'est un chemin très-sûr.
J'ai regardé fermer la dernière fenêtre.
Nous y rencontrerons quelques femmes peut-être.
D'ailleurs on vous prendra pour un passant. Voilà.
Quand vous serez bien loin, — mettez ces habits-là ! —
Nous rirons de vous voir déguisé de la sorte.
Vite !
DIDIER, *repoussant les habits du pied* – Rien ne presse.
MARION – Ah ! la mort est à la porte !
Fuyons, Didier ! — C'est moi qui viens ici.
DIDIER – Pourquoi ?
MARION – Pour vous sauver ! Grand Dieu ! quelle demande, à moi !
Pourquoi ce ton glacé ?
DIDIER, *avec un sourire triste* – Vous savez que nous sommes
Bien souvent insensés, nous autres pauvres hommes !
MARION – Viens ! oh viens ! le temps pressent les chevaux sont prêts ;
Tout ce que tu voudras, tu le diras après.
Mais partons !
DIDIER – Que fait là cet homme qui regarde ?
MARION – C'est le geôlier. Il est gagné comme la garde.
Doutez-vous de ces gens ? Vous avez l'air frappé...
DIDIER – Non, rien. — C'est que souvent on peut être trompé.
MARION – Oh ! viens ! — Si tu savais, chaque instant qui s'écoule
Je meurs ; je crois entendre au loin marcher la foule.
Oh ! hâtons-nous de fuir, je t'en prie à genoux !
DIDIER, *montrant Saverny endormi* – Dites-moi, pour lequel de nous deux venez-vous ?
MARION, *un moment interdite* –
À part.
Gaspard est généreux, il ne m'a point nommée !
Haut.
Est-ce ainsi que Didier parle à sa bien-aimée ?
Mon Didier, qu'avez-vous contre moi ?
DIDIER – Je n'ai rien.
Voyons, levez la tête et regardez-moi bien.

Marion, tremblante, fixe son regard sur le sien.
Oui, c'est bien ressemblant.
MARION – Mon Didier, je t'adore,
Mais viens donc !
DIDIER – Voulez-vous me regarder encore ?
Il la regarde fixement.
MARION, *terrifiée sous le regard de Didier –*
À part.
Dieu ! les baisers de l'autre, est-ce qu'il les verrait !
Haut.
Écoutez-moi, Didier, vous avez un secret.
Vous êtes mal pour moi. Vous avez quelque chose !
Il faut me dire tout. Vous savez, on suppose
Souvent le mal ; et puis, plus tard on est fâché
Quand un malheur survient par un secret caché !
Ah ! j'avais autrefois ma part dans vos pensées !
Toutes ces choses-là sont-elles donc passées ?
Ne m'aimez-vous donc plus ? — Vous souvient-il de Blois ?
De la petite chambre où j'étais autrefois ?
Comme nous nous aimions dans une paix profonde,
Que c'était un oubli de toute chose au monde ;
Seulement, vous, parfois vous étiez inquiet.
Souvent j'ai dit : — Mon Dieu ! si quelqu'un le voyait !
— C'était charmant ! — Un jour a tout perdu. — Chère âme,
Combien m'avez-vous dit de fois, en mots de flamme,
Que j'étais votre amour, que j'avais vos secrets,
Que je ferais de vous tout ce que je voudrais !...
Quelles grâces jamais vous ai-je demandées ?
Vous savez, bien souvent j'entre dans vos idées ;
Mais aujourd'hui cédez ! — Il y va de vos jours !
Ah ! vivez ou mourez, je vous suivrai toujours ;
Toute chose avec vous, Didier, me sera douce,
La fuite ou l'échafaud !...— Hé bien ! il me repousse !
Laissez-moi votre main, cela vous est égal,
Mon front sur vos genoux ne vous fait pas de mal !
J'ai couru pour venir : je suis bien fatiguée.
Ah ! qu'est-ce qu'ils diraient ceux qui m'ont vue si gaie.
Si contente autrefois, de me voir pleurer là ?

— As-tu quelque grief sur moi ? dis-moi cela !
Hélas ! souffre à tes pieds la pauvre malheureuse !
C'est une chose, ami, vraiment bien douloureuse
Que je ne puisse pas obtenir un seul mot
De vous ! — Enfin on dit ce qu'on a. — Non, plutôt
Poignardez-moi. — Voyons, mes larmes sont taries,
Et je veux te sourire, et je veux que tu ries,
Et si tu ne ris pas , je ne t'aimerai plus !
— Je fis assez longtemps tout ce que tu voulus,
C'est ton tour. Dans les fers ton âme s'est aigrie.
Parle-moi, voyons, parle, appelle-moi Marie !
DIDIER – Marie, ou Marion ?
MARION, *tombant épouvantée à terre* – Didier, soyez clément !
DIDIER, *d'une voix terrible* – Madame, on n'entre pas ici facilement !
Les bastilles d'état sont nuit et jour gardées,
Les portes sont de fer, les murs ont vingt coudées !
Pour que devant vos pas la prison s'ouvre ainsi,
A qui vous êtes-vous prostituée ici ?
MARION – Didier, qui vous a dit...
DIDIER – Personne. Je devine.
MARION – Didier ! j'en jure ici par la bonté divine,
C'était pour vous sauver, vous arracher d'ici,
Pour fléchir les bourreaux, pour vous sauver !
DIDIER – Merci !
Croisant les bras.
Ah ! qu'on soit jusque-là sans pudeur et sans âme,
C'est véritablement une honte, madame !
Il parcourt le théâtre à grands pas avec une explosion de cris de rage.
Où donc est le marchand d'opprobre et de mépris
Qui se fait acheter ma tête à de tels prix ?
Où donc est le geôlier, le juge ? où donc est l'homme ?
Que je le broie ici, que je l'écrase comme
Ceci !
Il brise le portrait entre ses mains.
— Le juge ! — allez, messieurs ! faites des lois
Et jugez ! Que m'importe, à moi, que le faux poids
Qui fait toujours pencher votre balance infâme
Soit la tête d'un homme ou l'honneur d'une femme !

A Marion.
— Allez le retrouver !
MARION – Oh ! ne me traitez pas
Ainsi ! de vos mépris poussée à chaque pas,
Je tremble, un mot de plus, Didier, je tombe morte !
Ah ! si jamais amour fut vraie, ardente et forte,
Si jamais homme fut adoré parmi tous,
Didier ! Didier ! c'est vous par moi !
DIDIER – Ha ! taisez-vous.
— J'aurais pu, — pour ma perte, — aussi moi, naître femme
J'aurais pu, — comme une autre, — être vile, être infâme ;
Me donner pour de l'or, faire au premier venu
Pour y dormir une heure offre de mon sein nu.
Mais s'il était venu vers moi, bonne et facile,
Un honnête homme, épris d'un honneur imbécile ;
Si j'avais d'aventure, en passant, rencontré
Un cœur d'illusions encor tout pénétré ;
Plutôt que de ne pas dire à cet homme honnête :
« Je suis cela ! » plutôt que de lui faire fête,
Plutôt que de ne pas moi-même l'avertir
Que mon œil chaste et pur ne faisait que mentir ;
Plutôt qu'être à ce point perfide, ingrate et fausse,
J'eusse aimé mieux creuser de mes ongles ma fosse !
MARION – Oh !
DIDIER – Que vous ririez bien si vous pouviez vous voir
Comme vous fit mon cœur, cet étrange miroir !
Que vous avez bien fait de le briser, madame !
Vous étiez là candide, et pure, et chaste !... ô femme !
Que t'avait fait cet homme, au cœur profond et doux,
Et qui t'a si long-temps aimée à deux genoux ?
LE GEOLIER – L'heure passe.
MARION – Ah ! le temps marche et l'instant s'envole !
— Didier ! je n'ai pas droit de dire une parole,
Je ne suis qu'une femme à qui l'on ne doit rien,
Vous m'avez réprouvée et maudite, et c'est bien,
Et j'ai mérité plus que haine et que risée,
Et vous êtes trop bon, et mon âme brisée
Vous bénit ; mais voici l'heure où le bourreau vient,

Lui que vous oubliez, de vous il se souvient.
Mais j'ai disposé tout. Vous pouvez fuir...— Écoute,
Ne me refuse pas, — tu sais ce qu'il m'en coûte ! —
Frappe-moi, laisse-moi dans l'opprobre où je suis,
Repousse-moi du pied, marche sur moi ; — mais fuis !
DIDIER – Fuir ! qui fuir ? Il n'est rien que j'aie à fuir au monde,
Hors vous, — et je vous fuis, — et la tombe est profonde.
LE GEOLIER – L'heure passe.

MARION – Viens ! fuis !
DIDIER – Je ne veux pas !
MARION – Pitié !
DIDIER – Pour qui ?
MARION – Te voir saisi, grand Dieu ! te voir lié,
Te voir...— Non, d'y penser j'en mourrai d'épouvanté.
— Oh ! dis, viens, viens ! veux-tu que je sois ta servante ?
Veux-tu me prendre, avec mes crimes expiés,
Pour avoir quelque chose à fouler sous tes pieds ?
Celle que tu daignas nommer aux jours d'épreuve
Épouse...
DIDIER – Épouse !
On entend le canon dans l'éloignement.
Alors, voici qui vous fait veuve.
MARION – Didier !...
LE GEOLIER – L'heure est passée.
Un roulement de tambours. – Entre le conseiller de la grand'chambre, accompagné de pénitents portant des torches, du bourreau, et suivis de soldats et de peuple qui inondent le théâtre.
MARION – Ah !

SCÈNE VII.

LES MÊMES, LE CONSEILLER, LE BOURREAU,

PEUPLE, SOLDATS, ETC.

LE CONSEILLER – Messieurs, je suis prêt.
MARION, *à Didier* – Quand je te l'avais dit que le bourreau viendrait !
DIDIER, *au conseiller* – Nous sommes prêts aussi.
LE CONSEILLER – Quel est celui qu'on nomme

Marquis de Saverny ?
Didier lui montre du doigt Saverny endormi.
Au bourreau.
Réveillez-le.
LE BOURREAU, *le secouant* – Mais comme
Il dort ! — Hé, monseigneur !
SAVERNY, *se frottant les yeux* – Ah !... comment ont-ils pu
M'ôter mon bon sommeil ?
DIDIER – Il n'est qu'interrompu.
SAVERNY, *à demi éveillé, apercevant Marion et la saluant* – Tiens ! je rêvais de vous justement, belle dame.
LE CONSEILLER – Avez-vous bien à Dieu recommandé votre âme ?
SAVERNY – Oui, monsieur.
LE CONSEILLER, *lui présentant un parchemin* – Bien. Veuillez me signer ce papier.
SAVERNY, *prenant le parchemin et le parcourant des yeux* –
C'est le procès-verbal. — Ce sera singulier,
Le récit de ma mort signé de mon paraphe !
Il signe, et parcourt de nouveau le papier.
Au greffier.
Monsieur, vous avez fait trois fautes d'orthographe.
Il reprend la plume et les corrige.
Au bourreau.
Toi qui m'as éveillé, tu vas me rendormir.
LE CONSEILLER, *à Didier* – Didier !
DIDIER –
Didier se présente. Il lui passe la plume
Votre nom là.
MARION, *se cachant les yeux* – Dieu ! cela fait frémir !
DIDIER, *signant* – Jamais à rien signer je n'eus autant de joie.
Les gardes font la haie et les entraînent tous deux.
SAVERNY, *à quelqu'un de la foule* – Monsieur, rangez-vous donc pour que cet enfant voie.
DIDIER, *à Saverny* – Mon frère ! c'est pour moi que vous faites ce pas.
Embrassons-nous.
Il embrasse Saverny.
MARION, *courant à lui* – Et moi, vous ne m'embrassez pas ?

Didier, embrassez-moi !
DIDIER, *montrant Saverny* – C'est mon ami, madame.
MARION, *joignant les mains* –
Oh ! que vous m'accablez durement, faible femme
Qui, sans cesse aux genoux ou du juge ou du roi,
Demande grâce à tous pour vous, à vous pour moi !
DIDIER, *Il se précipite vers Marion, haletant et fondant en larmes* –
Hé bien non ! non ! mon cœur se brise ! c'est horrible !
Non, je l'ai trop aimée ! il est bien impossible
De la quitter ainsi ! — Non ! c'est trop malaisé
De garder un front dur quand le cœur est brisé !
Viens ! oh ! viens dans mes bras !
Il la serre convulsivement dans ses bras.
Je vais mourir ; je t'aime !
Et te le dire ici, c'est le bonheur suprême !
MARION – Didier !
Il l'embrasse de nouveau avec emportement.
DIDIER –
Viens, pauvre femme ! — Ah ! dites-moi vraiment,
Est-il un seul de vous qui dans un tel moment
Refusât d'embrasser la pauvre infortunée
Qui s'est à lui sans cesse et tout à fait donnée ?
J'avais tort ! j'avais tort ! Messieurs, voulez-vous donc
Que je meure à ses yeux sans pitié, sans pardon ?
— Oh ! viens que je te dise !— Entre toutes les femmes,
Et ceux qui sont ici m'approuvent dans leurs âmes,
Celle que j'aime, celle à qui reste ma foi,
Celle que je vénère enfin, c'est encor toi ! —
Car tu fus bonne, douce, aimante, dévouée ! —
Écoute-moi : ma vie est déjà dénouée,
Je vais mourir, la mort fait tout voir au vrai jour.
Va, si tu m'as trompé, c'est par excès d'amour !
— Et ta chute d'ailleurs, l'as-tu pas expiée ?
— Ta mère en ton berceau t'a peut-être oubliée
Comme moi. — Pauvre enfant ! toute jeune, ils auront
Vendu ton innocence !... Ah ! relève ton front !
— Écoutez tous : — à l'heure où je suis, cette terre
S'efface comme une ombre, et la bouche est sincère !

Hé bien, en ce moment, — du haut de l'échafaud,
— Quand l'innocent y meurt, il n'est rien de plus haut ! —
Marie, ange du ciel que la terre a flétrie,
Mon amour, mon épouse, — écoute-moi, Marie,—
Au nom du Dieu vers qui la mort va m'entraînant,
Je te pardonne !

MARION, *étouffée de larmes* – O ciel !

DIDIER – A ton tour maintenant,

Il s'agenouille devant elle.

Pardonne-moi !

MARION – Didier !...

DIDIER, *toujours à genoux* –

Pardonne-moi, te dis-je !
C'est moi qui fus méchant. Dieu te frappe et t'afflige
Par moi. Tu daigneras encor pleurer ma mort.
Avoir fait ton malheur, va, c'est un grand remord.
Ne me le laisse pas, pardonne-moi, Marie !

MARION – Ah !...

DIDIER –

Dis un mot, tes mains sur mon front, je t'en prie,
Ou si ton cœur est plein, si tu ne peux parler,
Fais-moi signe... je meurs, il faut me consoler !

Marion lui impose les mains sur le front. Il se relève et l'embrasse étroitement, avec un sourire de joie céleste.

Adieu ! — Marchons, messieurs !

MARION –

Elle se jette égarée entre lui et les soldats.

Non, c'est une folie !
Si l'on croit t'égorger aisément, on oublie
Que je suis là ! — Messieurs, messieurs, épargnez-nous !
Voyons, comment faut-il qu'on vous parle ? à genoux ?
M'y voilà. Maintenant, si vous avez dans l'âme
Quelque chose qui tremble à la voix d'une femme,
Si Dieu ne vous a pas maudits et frappés tous,
Ne me le tuez pas ! —

Aux spectateurs. Et vous, messieurs, et vous,
Lorsque vous rentrerez ce soir dans vos familles,
Vous ne manquerez pas de mères et de filles

Qui vous diront : — Mon Dieu ! c'est un bien grand forfait !
Vous pouviez l'empêcher, vous ne l'avez pas fait !
— Didier ! on doit savoir qu'il faut que je vous suive.
Ils ne vous tueront pas s'ils veulent que je vive !
DIDIER – Non, laisse-moi mourir. Cela vaut mieux, vois-tu ?
Ma blessure est profonde, amie ! elle aurait eu
Trop de peine à guérir. Il vaut mieux que je meure.
Seulement si jamais, — vois-tu comme je pleure ? —
Un autre vient vers toi, plus heureux ou plus beau,
Songe à ton pauvre ami couché dans le tombeau !
MARION – Non ! tu vivras pour moi. Sont-ils donc inflexibles ?
Tu vivras !
DIDIER – Ne dis pas des choses impossibles ;
A ma tombe plutôt accoutume tes yeux.
Embrasse-moi. Vois-tu ! mort, tu m'aimeras mieux.
J'aurai dans ta mémoire une place sacrée ;
Mais vivre près de toi, vivre l'âme ulcérée,
O ciel ! moi qui n'aurais jamais aimé que toi,
Tous les jours, peux-tu bien y songer sans effroi,
Je te ferais pleurer, j'aurais mille pensées,
Que je ne dirais pas, sur les choses passées.
J'aurais l'air d'épier, de douter, de souffrir.
Tu serais malheureuse ! — Oh ! laisse-moi mourir !
LE CONSEILLER, *à Marion* – Il faut dans un moment que le cardinal passe. Il sera temps encor de demander leur grâce.
MARION – Le cardinal ! c'est vrai. Le cardinal viendra.
Il viendra. Vous verrez, messieurs, qu'il m'entendra.
Mon Didier, tu vas voir ce que je vais lui dire.
Ah ! comment peux-tu croire, enfin c'est du délire,
Que ce bon cardinal, un vieillard, un chrétien,
Ne te pardonne pas ? — Tu me pardonnes bien !
Neuf heures sonnent, — Didier fait signe à tous de se taire. Marion écoute avec terreur.— Les neuf coups sonnés, Didier s'appuie sur Saverny.
DIDIER, *au peuple* – Vous qui venez ici pour nous voir au passage,
Si l'on parle de nous, rendez-nous témoignage
Que tous deux sans pâlir nous avons écouté
Cette heure qui pour nous sonnait l'éternité !
Le canon éclate à la porte du donjon. Le voile noir qui cachait la brèche

du mur tombe. Paraît la litière gigantesque du cardinal, portée par vingt-quatre gardes à pied, entourée par vingt autres gardes portant des hallebardes et des torches. Elle est écarlate et armoriée aux armes de la maison de Richelieu. Les rideaux de la litière sont fermés. Elle traverse lentement le fond du théâtre. Rumeur dans la foule.

MARION, *se traînant sur les mains jusqu'à la litière, et se tordant les mains* – Au nom de votre Christ, au nom de votre race,
Grâce, grâce pour eux, monseigneur !

UNE VOIX, *sortant de la litière* – Pas de grâce !

Marion tombe sur le pavé.— La litière passe, et le cortège des deux condamnés se met en marche et sort à sa suite.— La foule se précipite sur leurs pas à grand bruit.

MARION, *seule* –

Elle se relève à demi et se traîne sur les mains en regardant autour d'elle.

Qu'a-t-il dit ? — Où sont-ils ! — Didier ! Didier ! plus rien.
Personne ici !... Ce peuple !... Était-ce un rêve ? ou bien
Est-ce que je suis folle ?

Rentre le peuple en désordre.— La litière reparaît au fond du théâtre par le côté où elle a disparu.— Marion se lève et pousse un cri terrible.

Il revient !

LES GARDES, *écartant le peuple* – Place ! place !

MARION, *debout, échevelée, et montrant la litière au peuple* – Regardez tous ! voilà l'homme rouge qui passe !

Elle tombe sur le pavé.

Alexandre Dumas, *Les Trois Mousquetaires*

CHAPITRE XIV.

L'HOMME DE MEUNG.

Ce rassemblement était produit, non point par l'attente d'un homme qu'on devait pendre, mais par la contemplation d'un pendu. La voiture, arrêtée un instant, reprit donc sa marche, traversa la foule, continua son chemin, enfila la rue Saint-Honoré, tourna la rue des Bons-Enfants et s'arrêta devant une porte basse.

La porte s'ouvrit, deux gardes reçurent dans leurs bras Bonacieux soutenu par l'exempt, et on le poussa dans une allée, on lui fit monter un escalier et on le déposa dans une antichambre. Tous ces mouvements s'étaient opérés pour lui d'une façon machinale. Il avait marché comme on marche en rêve ; il avait entrevu les objets à travers un brouillard ; ses oreilles avaient perçu des sons sans les comprendre ; on eût pu l'exécuter dans ce moment, qu'il n'eût pas fait un geste pour entreprendre sa défense, qu'il n'eût pas poussé un cri pour implorer la pitié.

Il resta donc ainsi sur la banquette, le dos appuyé au mur et les bras pendants, à l'endroit même où les gardes l'avaient déposé.

Cependant, comme en regardant autour de lui il ne voyait aucun objet menaçant, comme rien n'indiquait qu'il courût un danger réel, comme la banquette était convenablement rembourrée, comme la muraille était recouverte d'un beau cuir de Cordoue, comme de grands rideaux de damas rouge flottaient devant la fenêtre, retenus par des embrasses d'or, il comprit peu à peu que sa frayeur était exagérée et il commença de remuer la tête à droite et à gauche et de bas en haut. À ce mouvement, auquel personne ne s'opposa, il reprit un peu de courage et se risqua à remuer une jambe, puis l'autre ; enfin, en s'aidant de ses deux mains, il se souleva sur sa banquette et se trouva sur ses pieds.

En ce moment un officier de bonne mine ouvrit une portière, continua d'échanger encore quelques paroles avec une personne qui se trouvait dans la pièce voisine, et se retournant vers le prisonnier :

— C'est vous qui vous nommez Bonacieux ? dit-il.

— Oui, monsieur l'officier, balbutia le mercier plus mort que vif, pour vous servir.

— Entrez, dit l'officier.

Et il s'effaça pour que le mercier pût passer. Celui-ci obéit sans réplique, et entra dans la chambre, où il paraissait être attendu.

C'était un grand cabinet, aux murailles garnies d'armes offensives et défensives, clos et grand, et dans lequel il y avait déjà du feu, quoique l'on fût à peine à la fin du mois de septembre. Une table carrée, couverte de livres et de papiers, sur lesquels était déroulé un plan immense de la ville de La Rochelle, tenait le milieu de l'appartement. Debout, devant la cheminée, était un homme de moyenne taille, à la mine hautaine et fière, aux yeux perçants, au front large, à la moyenne amaigrie, qu'allongeait encore une royale surmontée d'une paire de moustaches. Quoique cet homme eût trente-six à trente-sept ans à peine, cheveux, moustaches et royale s'en allaient grisonnants. Cet homme, moins l'épée, avait toute la mine d'un homme de guerre, et ses bottes de buffle, encore légèrement couvertes de poussière, indiquaient qu'il avait monté à cheval dans la journée.

Cet homme, c'était Armand-Jean Duplessis, cardinal de Richelieu, non point tel qu'on nous le représente, cassé comme un vieillard, souffrant comme un martyr, le corps brisé, la voix éteinte, enterré dans un grand fauteuil comme dans une tombe anticipée, ne vivant plus que par l'éternelle application de sa pensée ; mais tel qu'il était réellement à cette époque, c'est-à-dire adroit et galant cavalier, faible de corps déjà, mais soutenu par cette puissance morale qui a fait de lui un des hommes les plus extraordinaires qui aient existé ; se préparant enfin, après avoir soutenu le duc de Nevers dans son duché de Mantoue, après avoir pris Nîmes, Castres et Uzès, à chasser les Anglais de l'île de Ré, et à faire le siège de La Rochelle.

A la première vue, rien ne dénotait donc le cardinal, et il était impossible à ceux-là qui ne connaissaient point son visage de deviner devant qui ils se trouvaient.

Le pauvre mercier demeura debout à la porte, tandis que les yeux du personnage que nous venons de décrire se fixaient sur lui et semblaient vouloir pénétrer jusqu'au fond de sa pensée.

— C'est là ce Bonacieux ? demanda-t-il après un moment de silence.

— Oui, monseigneur, reprit l'officier.

— C'est bien, donnez-moi ces papiers et laissez-nous.

L'officier prit sur la table les papiers désignés, les remit à celui qui les demandait, s'inclina jusqu'à terre et sortit.

Bonacieux reconnut dans ces papiers ses interrogatoires de la Bastille. De temps en temps l'homme de la cheminée levait les yeux de dessus les écritures et les plongeait comme deux poignards jusqu'au fond du cœur du pauvre mercier.

Au bout de dix minutes de lecture et de dix secondes d'examen le cardinal était fixé.

— Cette tête-là n'a jamais conspiré, murmura-t-il ; mais, n'importe, voyons toujours.

— Vous êtes accusé de haute trahison, dit lentement le cardinal.

— C'est ce qu'on m'a déjà appris, monseigneur, s'écria Bonacieux, donnant à son interrogateur le titre qu'il avait entendu l'officier lui donner ; mais je vous jure que je n'en savais rien.

Le cardinal réprima un sourire.

— Vous avez conspiré avec votre femme, avec Mme de Chevreuse et avec milord duc de Buckingham.

— En effet, monseigneur, répondit le mercier ; je l'ai entendue prononcer tous ces noms-là.

— Et à quelle occasion ?

— Elle disait que le cardinal de Richelieu avait attiré le duc de Buckingham à Paris pour le perdre et pour perdre la reine avec lui.

— Elle disait cela ! s'écria le cardinal avec violence.

— Oui, monseigneur, mais moi je lui ai dit qu'elle avait tort de tenir de pareils propos, et que Son Éminence était incapable...

— Taisez-vous ! vous êtes un imbécile ! reprit le cardinal.

— C'est justement ce que ma femme m'a répondu, monseigneur.

— Savez-vous qui vous a enlevé votre femme ?

— Non, monseigneur.

— Vous avez des soupçons cependant ?

— Oui, monseigneur, mais ces soupçons ont paru contrarier M. le commissaire, et je ne les ai plus.

— Votre femme s'est échappée ; le saviez-vous ?

— Non, monseigneur, je l'ai appris depuis que je suis en prison, et toujours par l'entremise de M. le commissaire, un homme bien aimable !

Le cardinal réprima un second sourire.

— Alors vous ignorez ce que votre femme est devenue depuis sa fuite ?

— Absolument, monseigneur ; mais elle a dû rentrer au Louvre.

— A une heure du matin elle n'y était pas rentrée encore.

— Ah ! mon Dieu ! mais qu'est-elle devenue alors ?

— On le saura, soyez tranquille, on ne cache rien au cardinal ; le cardinal sait tout.

— En ce cas, monseigneur, est-ce que vous croyez que le cardinal consentira à me dire ce qu'est devenue ma femme ?

— Peut-être, mais il faut d'abord que vous avouiez tout ce que vous savez relativement aux relations de votre femme avec Mme de Chevreuse.

— Mais, monseigneur, je ne sais rien, je ne l'ai jamais vue.

— Quand vous alliez chercher votre femme au Louvre, revenait-elle directement chez vous ?

— Presque jamais, elle avait affaire à des marchands de toile chez lesquels je la conduisais.

— Et combien y en avait-il, de marchands de toile ?

— Deux, monseigneur.

— Où demeurent-ils ?

— L'un, rue de Vaugirard ; l'autre, rue de la Harpe.

— Entriez-vous chez eux avec elle ?

— Jamais, monseigneur, je l'attendais à la porte.

— Et quel prétexte vous donnait-elle pour entrer ainsi toute seule ?

— Elle ne m'en donnait pas, elle me disait d'attendre, et j'attendais.

— Vous êtes un mari complaisant, mon cher monsieur Bonacieux, dit le cardinal.

— Il m'a appelé son cher monsieur, dit en lui-même le mercier ; peste, les affaires vont bien !

— Reconnaîtriez-vous ces portes ?

— Oui.

— Savez-vous les numéros ?

— Oui.

— Quels sont-ils ?

— N° 25 dans la rue de Vaugirard ; n° 75 dans la rue de la Harpe.

— C'est bien, dit le cardinal.

A ces mots, il prit une sonnette d'argent, et sonna ; l'officier rentra.

— Allez, dit-il à demi-voix, allez me chercher Rochefort, et qu'il vienne à l'instant même s'il est rentré.

— Le comte est là, dit l'officier, et il demande instamment à parler à Votre Éminence.

— A Votre Éminence ! murmura Bonacieux, qui savait que tel était le titre qu'on donnait d'ordinaire au cardinal ; à Votre Éminence !

— Qu'il vienne alors, qu'il vienne ! dit vivement Richelieu.

L'officier s'élança hors de l'appartement avec cette rapidité que mettaient d'ordinaire tous les serviteurs du cardinal à lui obéir.

— A Votre Éminence ! murmurait Bonacieux en roulant des yeux égarés.

Cinq minutes ne s'étaient pas écoulées depuis la disparition de l'officier, que la porte s'ouvrit et qu'un nouveau personnage entra.

— C'est lui ! s'écria Bonacieux.

— Qui, lui ? demanda le cardinal.

— Celui qui m'a enlevé ma femme.

Le cardinal sonna une seconde fois. L'officier reparut.

— Remettez cet homme aux mains de ses deux gardes et qu'il attende que je le rappelle devant moi.

— Non, monseigneur, non, ce n'est pas lui ! s'écria Bonacieux ; non, je m'étais trompé, c'est un autre qui ne lui ressemble pas du tout ; monsieur est un honnête homme.

— Emmenez cet imbécile ! dit le cardinal.

L'officier prit Bonacieux sous le bras et le reconduisit dans l'antichambre, où il retrouva ses deux gardes.

Le nouveau personnage que l'on venait d'introduire suivit des yeux avec impatience Bonacieux jusqu'à ce qu'il fût sorti, et dès que la porte se fut refermée sur lui :

— Ils se sont vus, dit-il en s'approchant vivement du cardinal.

— Qui ? demanda Son Éminence.

— Elle et lui.

— La reine et le duc ? s'écria Richelieu.

— Oui.

Jules Michelet, *Histoire de France*, tome XI

CHAPITRE XVI

Lutte de Richelieu contre les deux reines. (Juillet-octobre 1630.)

Richelieu, trop évidemment, dans l'Europe catholique et le monde des honnêtes gens, seul était l'ennemi. Sans lui, tout était paix profonde, ou du moins on ne demandait qu'à se réconcilier. C'est ce que le duc de Savoie fit dire au roi. C'est ce qu'insinuait le pape, devenu le compère des Espagnols et de l'Empereur, depuis leur horrible succès de Mantoue. C'est enfin ce que vint dire à Louis XIII l'envoyé des deux reines, Valençay, un homme très brave, fort bien choisi pour un conseil de lâcheté.

Tous étaient pour la paix. Thoiras, qui défendait Casal, disait qu'il ne pouvait plus tenir. Nos généraux, d'Effiat, Montmorency, sauf un brillant combat, ne purent et ne firent rien. D'Effiat était malade. Montmorency était, disait-il, ruiné. Il eût voulu devenir connétable. Mais, s'il le devenait, Créqui, le roi du Dauphiné, eût brisé son épée. D'autre part, Guise était en pleine guerre avec Richelieu pour son amirauté de Provence, Bellegarde pour un droit qu'il prétendait comme gouverneur de Bourgogne, etc. Toutes ces plaintes, ces disputes, ce procès général entre la cour et Richelieu, retentissaient au roi dans cette triste solitude des montagnes, et il en était accablé. Une forte tête, un homme bien portant, eût succombé ; combien plus Louis XIII !

Il faut ici avoir pitié de lui, et dire ce qu'il était.

Plusieurs de ses très bons portraits (surtout celui de Philippe de Champagne à Fontainebleau) le montrent au vrai, une longue figure de teint très brun, à moustaches noires. Rien d'Henri IV, rien de Marie de Médicis. Les Espagnols, à son avènement, disaient que ce faux Louis était fils d'un des Orsini. Quoi qu'il en soit, il avait tous les goûts d'un prince italien de la décadence, bon musicien et même compositeur passable, peintre, réussissant dans je ne sais combien de petits arts et de métiers. La prodigieuse idolâtrie de la royauté et de lui-même où on l'éleva pouvait en faire un vrai tyran. Il n'avait pas beaucoup de cœur, était sec, dur, parfois cruel. Petitement dévot, sans tomber cependant à l'idiotisme des rois espagnols ni de Ferdinand II, le terrible mannequin des Jésuites. Louis XIII avait une conscience, n'était pas insensible à l'idée du devoir. Sa gloire de roi, l'*honneur de la couronne* et l'honneur de la France se confondaient dans son esprit. Richelieu tira parti de cela admirablement, et de son vice lui fit plusieurs vertus.

Le malheur était qu'on ne pouvait compter sur rien avec une créature si maladive, qui déjà trois ou quatre fois avait touché à la mort, que l'ennui consumait, que les soucis minaient, que les médecins ruinaient, exterminaient, par la médecine du temps, implacablement purgative, acharnée à chasser cette humeur noire, qui était sa vie même ; chassée, elle eût emporté tout.

Le premier médecin, Bouvart, de dévotion tout espagnole et vivant aux églises, l'homme des reines, leur organe, ordonna le retour à Lyon (7 août), l'oubli des pensées de la guerre, À quoi les reines ajoutèrent de vives prières pour que le malade se réconciliât avec ses bons parents, l'Espagnol et le Savoyard, avec l'Empereur. Quoi de plus chrétien ? Les rois de l'Europe, en réalité, sont une famille. On le fit consentir à une trêve qui, le 1er septembre, devait livrer Casal aux Espagnols. Les Français n'y gardaient qu'un fort, qu'encore ils devaient livrer du 15 au 31 octobre s'ils ne recevaient secours.

Le roi promit de plus à sa mère, à sa femme, qu'il chasserait Richelieu, mais seulement « après la paix ». Brulart et le Père Joseph la négociaient à Ratisbonne.

Richelieu, arrivant à Lyon, trouva la situation toute gâtée et malade autant que le roi. Le roi était encore debout ; mais il avait si mauvaise mise qu'on voyait qu'il allait tomber. Le bon courtisan Bassompierre, homme de la reine mère. Guise, Longueville, le vieux d'Épernon, ne perdirent pas de temps pour s'assurer du roi. Lequel ? Celui qui était à Paris, le frère de Louis XIII. Le roi de Lyon déjà ne comptait plus.

Ils saluèrent la royauté nouvelle, prirent les ordres de Monsieur pour l'arrestation de Richelieu. Les dames eussent voulu davantage. La sœur de Guise (princesse de Conti) eût préféré sa mort, et elle fit acheter des poignards. Les Espagnols y avaient toujours songé. Et Campanella en avait fait avertir Richelieu. La reine Anne d'Autriche n'y répugnait pas trop. Elle disait seulement : « Il est prêtre. »

Dans ses *Mémoires*, tout politiques, Richelieu couvre tout cela de respect, de silence, il ménage les deux reines, ménage les princes étrangers. Mais, dans le petit *Journal*, écrit par lui, pour lui, chaque soir, et qui donne une mention des avis, des rapports d'espions, de toutes les informations qui lui venaient, on y voit bien plus clair. Ces témoignages, du reste, sont pour la plupart confirmés par tous les mémoires, actes et lettres publiés depuis.

Or voici le dessous des cartes. L'intrigue et la guerre politique couvraient une guerre de femmes.

Richelieu avait été l'amant de Marie de Médicis, plus âgée de vingt ans. Et il ne l'était plus. Ses ennemis ont fait mille contes ridicules sur le libertinage de cet homme si occupé, si maladif, si espionné, observé spécialement par un roi très sévère.

Dans la vérité, Richelieu avait alors une vie sombre et prudente, très réservée. Comme tant d'autres ecclésiastiques, il ne se fiait qu'à une parente, une espèce de fille adoptive, sa nièce, madame de Combalet, qui tenait sa maison et avait soin de lui. C'était une jeune femme, jolie, modeste, austère. Quand elle avait eu le bonheur d'être quitte d'un fort pauvre mari, pour ne plus y être reprise, elle fit vœu de se faire carmélite, s'habilla comme à cinquante ans, prit une robe d'étamine et ne montra plus ses cheveux. Seulement, comme son oncle aimait fort les bouquets, elle ne manquait guère, en l'allant voir, d'avoir des fleurs au sein.

Tout était singulier dans cette jeune femme. On la disait malade secrètement. Nul galant. Mais elle avait un grand attrait. Des dames en étaient éprises et folles, jusqu'à quitter mari, famille et tout, pour s'établir chez elle, la soigner et faire ses affaires. Pour elle, elle semblait uniquement occupée de son oncle, qui eut longtemps la prudence de ne point lui faire de dons excessifs. Ce ne fut que peu avant sa mort qu'il fit tout d'un coup sa fortune, la fit duchesse d'Aiguillon.

Il l'aimait fort. En 1626, quand la mort de Chalais exaspéra la cour, on pinça Richelieu à cet endroit sensible. On fit scrupule à sa nièce de vivre avec ce damné prêtre, cet homme de sang. Elle eut honte, elle eut peur, renouvela son vœu. Le cardinal, troublé, consulta et s'enquit si le vœu était valable. Ses docteurs lui répondirent : Non. Mais elle n'était pas plus tranquille, elle voulait se mettre au couvent. L'oncle n'y sut remède que dans une étrange démarche. Quoique fort mal avec le pape alors, il chargea notre ambassadeur d'obtenir de Sa Sainteté un bref qui interdît le couvent à sa nièce. Elle n'en garda pas moins à la cour, où elle était dame de la reine mère, une tenue de carmélite, toujours fort sérieuse et ne levant jamais les yeux.

Les reines la haïssaient, et pour son oncle, et comme espion, enfin comme contraste à leur vie et reproche muet. Elles l'abreuvaient de fiel et la mortifiaient tout le jour.

Une autre carmélite régnait, fleurissait à la cour, madame Du Fargis, née Rochepot, qui avait été trois ans au couvent de la rue Saint-Jacques, mais, il est vrai, sans faire de vœu. Elle s'était liée (là sans doute) avec la nièce du ministre, quoique connue déjà par maints scandales. On lui fit épouser ce Du Fargis, notre ambassadeur en Espagne, qui y signa la paix contre ses instructions, en 1626. Quand on chassa les dames complaisantes qui, au Louvre et ailleurs, avaient si mal gardé la jeune reine contre Buckingham, on leur substitua la Fargis, plus complaisante encore et bien plus dangereuse. Elle était jolie, ardente, effrontée, tout à fait propre à aguerrir la reine par ses exemples. Agent de l'Espagne, elle lui faisait des amis de tous ses amants. C'était Créqui, c'était Cramail, c'était le vieux garde des sceaux, etc. Tel était, dans l'absence de la Chevreuse, le Mentor de la jeune reine.

La vieille reine, non moins honteusement, était menée par un Provençal d'Arles, un musicien aventurier, qui, pour mieux gouverner la dame, s'était fait médecin, et, pour l'assotir tout à fait, étudiait en astrologie. Dans le petit *Journal* de Richelieu, on voit toute l'importance du docteur. Le rival du grand homme, son antagoniste en Europe, ce n'est pas Spinola, ni Waldstein, ni Olivarès. C'est Vaultier. La reine mère crie et pleure pour Vaultier. La question suprême est de savoir si Vaultier remplacera Richelieu, d'abord dans la maison de la reine mère, puis dans l'État, dans le gouvernement.

Le roi s'alita le 22 septembre, et le 30 fut à la mort. Au dedans, au dehors, on agit vivement. On écrivit en Bretagne, en Bourgogne, pour que des deux bouts de la France il y eût explosion contre Richelieu. On écrivit au prince de Condé qu'il se hâtât de quitter celui que tous quittaient et qui allait périr.

Voyons un peu chez le roi comment les choses se passent. Du 20 au 30, ce fut le plus grand troublé. La médecine la plus violente, les remèdes les plus héroïques ne pouvaient guérir Louis XIII. Il allait à la selle quarante fois par jour et rendait le sang pur. L'intrépide Bouvart était à bout et consterné. Saignée sur saignée, médecine sur médecine, rien n'y faisait. La maladie semblait, malignement moqueuse, augmenter d'heure en heure pour humilier la Faculté.

C'était un spectacle lamentable de voir ce moribond, tant de selles, tant de sang. La cour était fort mal logée, et l'étiquette au diable. Chacun entrait, venait, voyait. Tel priait, tel pleurait. Le 1er octobre, il y eut une grande scène. Le roi mourant communia et demanda pardon à tout le monde.

C'est de ce mot chrétien que Brienne voudrait abuser pour nous faire croire que le roi fit satisfaction à sa femme. Et il ajoute, comme un sot, que le mourant même promit de se guider *par ses conseils !...* Conseils d'une telle étourdie, si compromise et le jouet visible de son entourage éhonté !

Tous les autres témoins nous disent le contraire. Ils attestent que le malade était plus défiant que jamais, qu'il démêlait très bien l'intérêt qu'on avait à sa mort. À ce point qu'il refusait tout, sauf ce qu'il recevait directement de la main de son premier valet de chambre, un bon homme allemand, Béringhem.

Ce Béringhem devenait extrêmement important. Et, si quelqu'un pouvait *in extremis* tirer quelque chose de la main mourante, vraisemblablement c'était lui. Ni le confesseur Suffren, ni le médecin Bouvart, n'exerçait d'ascendant.

Monsieur croyait succéder à coup sûr. Cependant un homme plusieurs fois gracié, noté en des actes publics comme lié aux ennemis de l'État, aurait été aisément contesté, spécialement de Richelieu, sûr de périr si Monsieur était roi.

Une autre personne craignait cet avènement : c'était la jeune reine, jadis bien avec Monsieur, alors mal, parce que le prince rieur et ses bouffons s'égayaient sur les petites aventures de la reine et ses fausses couches. Que n'était-elle enceinte ! Elle eût été régente, et Monsieur était écarté ! Mais, si elle ne l'était pas, il ne lui restait qu'à épouser cet homme méprisé, et qui riait d'elle tout le jour. C'était le plan de la reine mère, laquelle comptait bien gouverner. La reine Anne serait restée dépendante et petite fille.

On dit qu'une chose violemment voulue et désirée se réalise, qu'un véhément désir parfois crée son objet. J'ignore ce qui en est. Ce qui me semble sûr, c'est que la reine, qui avait tant d'intérêt à être grosse, le devint en effet.

Elle ne le déclara point. Mais quatre mois après, la chose étant visible pour tous, le confident médecin Bouvart n'osa le nier. Elle avorta en mars 1631, par un moyen artificiel, comme on verra, et probablement à six mois.

Le roi l'avait quittée en mai 1630 ; il la revit à la fin d'août étant déjà malade et en pleine fièvre. Ils se réconcilièrent le jour où il crut mourir, se brouillèrent encore, restèrent brouillés. Je ne vois quand il put être père.

N'importe. Qu'elle fût grosse au jour de la mort, elle était sauvée. Elle restait reine régente, ou du moins présidant le conseil de régence. Elle subordonnait la reine mère et Monsieur, qui n'était plus que son premier sujet.

Il suffisait pour cela que le roi, s'il testait en forme ordinaire, tout en reconnaissant son frère, laissât ajouter la petite réserve naturelle, qui était *de style*, quand le mourant était un homme marié : « *Sauf le cas* où notre très chère épouse seroit enceinte. »

Mais, si le roi n'aimait pas son frère, il n'aimait guère non plus sa femme. Défiant, comme il était, il aurait bien pu être assez malicieux pour effacer ce mot.

Il était bien essentiel qu'on s'assurât de l'homme qui seul en ce moment paraissait lui inspirer un peu de confiance, de Béringhem, non pas pour qu'il agît directement, mais seulement pour veiller les moments où la haine du roi pour son frère serait plus forte que sa malveillance pour sa femme. Ce moment de lui-même allait se présenter. À grand bruit, de Paris, arrivait une armée, les amis de Monsieur avec tous leurs amis, les Guises, les Créqui et les Bassompierre. Déjà ils étaient sûrs du gouverneur de Lyon, de sorte qu'ils tenaient le roi dans leurs mains. Si le 2 ou le 3, le 4 octobre, dans leur impatience d'héritiers, ils venaient le troubler et le faire tester pour Monsieur, les deux gardes du lit, Béringhem et la veuve, n'avaient qu'à surveiller le testament, et le mourant, plus que jamais irrité contre Monsieur, n'eût point fait à la reine l'injure de lui biffer la réserve naturelle en tout héritage.

Comment acquit-on Béringhem ? Comme on acquiert un jeune homme, faible et doux, fort galant, sans défense contre les femmes. Celle qui menait l'intrigue, la confidente d'Anne, la Fargis, s'en saisit par un coup d'audace. La cour était campée à Lyon dans un hôtel étroit. Chacun couchait où il pouvait. Béringhem, dans les rares moments où la fatigue l'obligeait de prendre un peu de repos, se jetait sur un matelas, à deux pas de son maître, dans une pièce de passage où on allait et venait. La Fargis n'hésita pas. Sans crainte des passants, sans pudeur du mourant, qui aurait pu entendre, elle alla s'établir dans le lit du valet de chambre, et on les vit entre deux draps.

Il ne manquait plus qu'une chose, c'était que le roi se hâtât de mourir. Les deux partis étaient en présence. La reine Anne tenait la chambre. Et les amis de Monsieur tenaient la ville. Quel que fût le vainqueur, Richelieu périssait. Il se trouva tout à coup seul. Il avait parlé à Bassompierre. En vain. Il parla à M. de Montmorency, à qui il avait donné espoir de le faire connétable. Mais tout ce qu'il tira de son caractère généreux, ce fut l'offre de le faire sauver de Lyon ; offre très dangereuse : car c'était le pousser à s'accuser lui-même. En le sauvant ainsi, il le perdait.

Les médecins avaient saigné six fois en six jours cet homme pâle qui n'avait point de sang. Ils essayèrent encore de lui en tirer le 2 octobre. À ce moment, la nature le sauva. La vraie cause du mal, ignorée des docteurs, un abcès à l'anus, creva. Tout fut fini. Quoique très faible, il se mit sur son séant, parla de se lever.

Le jour même arrivaient Guise, Créqui, Bassompierre, représentants du nouveau roi. Ils furent consternés, terrifiés, de trouver cet homme mort qui se levait de son tombeau. Richelieu était près de lui. Il lui montrait que les Impériaux se jouaient de lui à Ratisbonne. Il en tira, le 2, un ordre ferme qui semblait annoncer la résurrection de la France, ordre à l'ambassadeur Brulart de revenir ; le Père Joseph, son auxiliaire, pouvait rester, n'ayant pas caractère pour signer un arrangement. Du reste, Richelieu se croyait bien sûr de Joseph, son très intime confident.

L'Empereur, qui jusque-là empêchait la paix en n'offrant qu'un traité impossible, avait hâte de la faire, d'abord parce que Gustave avançait ; deuxièmement, parce qu'il savait que Louis XIII avait promis, dès la paix faite, de chasser Richelieu. Joseph et Brulart, fort pressés des Impériaux et sans doute de nos deux reines, étaient dans un grand embarras. Il y a loin de Lyon à Ratisbonne. Joseph reçut-il les nouvelles du 1er octobre, la communion du roi mourant ? ou celles du 2, sa résurrection ? On l'ignore. Mais, quand il eût eu les dernières, même le roi vivant, Richelieu pouvait périr si Joseph consommait le traité de paix qui devait faire son expulsion.

Donc, au total, Joseph semblait tenir le fil des destinées de Richelieu. C'était son homme, mais il ne l'aimait pas. Joseph croyait l'avoir créé, et avoir créé un ingrat. Le ministre ne faisait pas ce qu'il voulait pour sa fortune. Avec ses sandales de capucin, sa ceinture de corde, cette comédie d'humilité, il visait au chapeau, qui sans doute lui eût donné moyen de supplanter son ami. Richelieu, qui le voyait venir, essaya, dès 1628, de s'en débarrasser, de le claquemurer dans une ville morte, à La Rochelle, dont il l'eût fait évêque. Mais Joseph, non moins fin, déclina l'honneur de cet enterrement, et s'obstina à rester capucin.

En acceptant le traité de l'Empereur contre les instructions de Richelieu, il avait deux chances pour une. Si le roi mourait, le nouveau roi l'approuvait, le louait. Et, si le roi ne mourait pas, les deux reines montraient au convalescent le traité de Joseph, et, *la paix étant faite*, lui faisaient chasser Richelieu. Qui succéderait à celui-ci ? Il n'y avait qu'un homme capable, Joseph encore. Il devenait ministre, et, de plus, cardinal. Le pape se joignait à l'Empereur pour le presser de faire la paix.

Le fameux capucin était un homme aimable, obligeant, qui, tout agent qu'il fût de Richelieu, avait trouvé moyen de rester bien avec tout le monde. C'est lui qui, en 1626, fonda l'énorme fortune d'Orléans, en décidant Richelieu, malgré sa répugnance, à donner à Monsieur mademoiselle de Montpensier. Monsieur l'aimait, et dit avec regret à la mort de Joseph : « C'était l'ami des princes. »

Il mérita ce titre à Ratisbonne. Pressé, prié, il consentit que Brulart, son collègue, signât la paix. Lui, capucin indigne, il déclinait un tel honneur. Mais on lui mit la plume en main, et sans doute on lui dit que le pape le voulait, qu'en s'abstenant il perdrait pour jamais le chapeau. Il signa (13 octobre 1630).

Cet acte, œuvre de Vienne, était un monstre d'équivoques et de pièges qui compromettait tout : 1° l'*honneur*. En Italie, le commissaire de l'Empereur entrait à Casal ; les Français et les Espagnols sortaient, mais avec grande différence, les Espagnols pour rester à deux pas ; notre duc de Mantoue, sans protection et tout seul, restait comme un mouton à la garde des loups. 2° Ce beau traité *compromettait la France*, lui interdisant l'alliance avec les ennemis de l'Empereur (dès lors avec Gustave) ; il ouvrait le royaume, il y avait une phrase qui eût pu faire rendre à l'Empire les Trois Évêchés. 3° La paix n'était pas pour la seule affaire d'Italie, mais générale, donc *comprenant l'Espagne*, qui n'avait rien demandé, et qui restait tout à fait libre de signer ou ne pas signer. Le traité nous liait les mains et n'obligeait pas l'ennemi.

Joseph a dit qu'il avait signé pour gagner du temps ; que le roi pouvait, après tout, ne pas ratifier. Très mauvaise raison. Dans le désir général de la paix, dans les rapides entraînements de la France, ce chiffon de traité une fois répandu et connu, tout devait aller à la dérive, son premier et son grand effet étant justement d'écarter la main-forte qui tenait la corde tendue.

Le tant désiré parchemin s'envole à Lyon, comme la colombe de l'Arche. Saisi et baisé des deux reines, il est ébruité dans toute la ville, célébré à cor et à cris. La paix ! la paix !... Les feux de joie s'allument. Les reines au balcon, croyant, dans la fumée, voir s'évanouir Richelieu.

Cela le 20, Et, le 26, le même effet en Italie, sous Casal, effet décisif et terrible sur notre armée. Richelieu, du 2 au 26, avait obtenu du roi réveillé un effort désespéré ; il avait de ses mains arraché aux intendants, envoyé l'argent nécessaire. Plus, des renforts. Plus, Tordre précis du roi de donner la bataille, et, si on la gagnait, de ne pas s'amuser à ménager l'Espagne mais de finir ces comédies et d'entrer dans le Milanais Cette armée était sous trois maréchaux, Schomberg et d'Effiat, deux hommes de talent et très sûrs, le troisième suspect (l'agent des reines), Marillac, frère du carde des sceaux. Mais ce Marillac dut marcher. Schomberg, ayant l'ordre précis et répété, ne voulut plus attendre une heure, et mena l'armée à l'ennemi. Les Espagnols étaient perdus. Leur grand général Spinola venait de mourir, et leur courage aussi. Les Français, pleins d'élan, allaient leur passer sur le corps, et d'autant plus sûrement qu'ils avaient carte blanche, non plus pour secourir une méchante ville de Piémont, mais pour s'en aller voir Milan, la Lombardie.

A ce moment, comme du ciel, un secours vient aux Espagnols, renvoyé du pape, l'abbé Mazarino. C'était le 26, et, depuis plusieurs jours, le traité fait le 13 avait été apporté en Piémont ; une semaine entière, probablement, Mazarin le garda en poche, devinant bien, le rusé comédien, le parti qu'il en tirerait. Aux premières salves, faites de loin, sans danger encore, notre abbé se présente aux rangs français, court, se démène, fait signe d'un mouchoir le long des premiers rangs ; il va, vient, voltige à cheval, criant : La paix ! la paix !

Ce n'était pas assez pour arrêter Schomberg, qui, le matin encore, dans une dernière lettre du roi, avait lu qu'il ne reconnaissait pas cette paix. Mais c'était assez pour détremper ceux (il y en a en toute armée) qui ne marchent pas volontiers. C'était assez pour faire crier à Marillac que tout était fini. Schomberg lui-même se rangea à cet avis, tant il vit les esprits changés et l'armée refroidie.

Le résultat de cette farce était de finir la résistance de Casal. Assiégeants, assiégés, Espagnols et Français s'en vont. Mais les Impériaux (pires qu'Espagnols) y entrent, un commissaire de l'Empereur, avec une armée de domestiques allemands.

Ce joli trait de Mazarin commença la carrière de ce grand Mascarille. Tout le parti espagnol en Europe, et nos reines surtout, en firent, en ornèrent la légende. Et quoi de plus touchant ? Entre deux armées engagées, dans la première furie, sous une grêle de balles, ce jeune homme intrépide (mousquetaire avant d'être prêtre) se précipite, brave mille morts, pour arrêter l'effusion du sang. Tant de courage, d'humanité, de charité chrétienne... Tout à la fois la légende d'un saint et celle d'un héros de roman !... Telle fut la noble et charmante auréole sous laquelle fut bientôt présenté à notre Espagnole Anne le sauveur de l'armée d'Espagne. Admirable rencontre ! mystérieuse prédestination ! On fit remarquer à la reine que cet ange de paix avait des traits du beau, du noble Buckingham, du héros qu'elle avait aimé.

CHAPITRE XVII

Journée des Dupes. — Victoire de Richelieu sur les reines et Monsieur. — (Novembre 1630 à juillet 1631.)

L'effort du grand ministre, les nobles velléités du roi à son réveil, avaient donc avorté. On devait croire le roi indigné contre ceux qui lui avaient enlevé une victoire certaine, une conquête probable. Or, le contraire advint. En gardant encore son ministre, il assura de nouveau aux reines que, « la paix faite, il le renverrait. » (Fin d'octobre 1630.)

Par quelle prise avaient-elles ressaisi le roi ? Par la plus imprévue : une femme, un amour... Cet insensible, ce malade saigné à blanc, si pâle, qui faisait presque peur, on trouva l'art de le rendre amoureux !

L'aventurier Vaultier, musicien de la reine mère, qui s'était fait son médecin et astrologue, était un esprit pénétrant. On lui doit cet hommage. Il devina que ce moment où un homme échappe à la mort, où, les cierges de l'extrême-onction s'éteignant, il voit la vraie lumière, se croit rené, il est infiniment sensible par sa faiblesse même, enfant, tendre et poète, sous l'enchantement de sa nouvelle aurore.

Donc, il advint que cette aurore, cette belle lumière de vie dont la nature se pare pour un mourant ressuscité, Louis XIII la vit un matin tout animée, charmante, dans une demoiselle de quinze ans, une blonde du Midi, L'avisé Provençal avait cherché, trouvé la petite fille au fond du Périgord, l'avait fait venir avec sa grand'mère, qu'il gagna en lui promettant de devenir dame d'atours de la mère du roi.

On savait parfaitement par quel concert d'éloges, organisé et concordant comme par hasard, on pouvait faire aimer quelqu'un de Louis XIII. On lui donnait de temps à autre un favori, un camarade d'amusement ou de chasse. En hommes, c'était assez facile, plus difficile en femmes. Le sentiment qu'il avait de son insuffisance le rendait plus timide. Mais ici le grand intérêt que les reines avaient à la chose leur donna de l'adresse. On prépara le roi à voir cette jeune merveille, et, quand il fit ses relevailles (pour ainsi dire) et alla rendre grâces à Saint-Jean de Lyon, le coup désiré fut frappé.

Le roi, plein de reconnaissance, ayant bien remercié Dieu, resta encore à entendre un sermon. Là, les yeux errants du convalescent tombèrent sur la nouvelle venue, mademoiselle de Hautefort. L'*Aurore*, comme l'appelaient ses compagnes pour son teint rose, ses cheveux rutilants, illuminée sans doute du reflet des vitraux, apparut un rayon d'en haut et la résurrection elle-même à ce Lazare. Il eut honte d'avoir un carreau sous les genoux quand elle n'en avait pas, et, sans s'inquiéter de ce qu'on en dirait, il suivit son sentiment poétique et lui fit porter son carreau. Une fille du Nord eût été abîmée d'étonnement et d'embarras, eût fait quelque gaucherie. Mais celle-ci, d'une légère rougeur, du vif éclat de ses yeux bleus, transfigurée, prit le carreau, et, sans s'en servir, le posa près d'elle avec respect. Et tout cela d'un si grand air, d'une telle noblesse virginale, que tout le monde en fut ébahi.

Voilà le roi, dès ce jour, sorti de la vie sauvage où l'avaient tenu ses favoris de chasse et autres, Luynes, Baradas, récemment Saint-Simon. Le voilà assidu désormais chez les reines sans cacher aucunement qu'il y va pour mademoiselle de Hautefort. Il fait pour elle des vers, de la musique, lui parle de sa chasse comme à un camarade, de ses ennuis et même des affaires du royaume, parfois de son ministre. Elle, sans rechercher l'honneur de ces confidences, elle y répond modestement, avec adresse et présence d'esprit. Parfaitement dévouée aux reines, à sa chère maîtresse Anne d'Autriche (si innocente et si persécutée), elle dit à merveille, d'une vivacité naïve et gasconne, les petits mots qu'on lui fait dire, du reste ne parlant qu'en chrétienne, pour l'union de la famille royale, pour le soulagement du pauvre et la fin de la guerre.

Richelieu se noyait. Et voila que cette enfant, innocente et charmante, presque sans s'en douter, lui met la pierre au cou.

Le naufragé imagina de se reprendre à une vieille planche, la reine mère, à son ancien attachement. Puisque, de toutes parts, le vent était à l'amour et que l'amour lui faisait la guerre, il entreprit d'y recourir lui-même. Il avait fort vieilli, il est vrai ; il avait déjà les joues creuses, le poil gris, l'air fantôme qu'on lui voit au portrait du Louvre. Mais enfin la bonne dame avait toujours vingt ans de plus. Un homme de tant d'esprit, et qui avait cet esprit dans les yeux, ne pouvait-il, à force de tendres respects, de mensonges, réveiller au vieux cœur l'étincelle des beaux jours passés ? Un Vaultier tiendrait-il contre Richelieu en présence ? Celui-ci prit un parti héroïque, ce fut de s'établir sur le terrain de Vaultier même, dans le propre bateau, l'appartement et l'alcôve mouvante où la reine descendait la Loire pour aller à Paris. Elle passait les jours au lit ; lui à ses pieds, agenouillé sur des coussins, comme on faisait alors.

Spectacle intéressant ! Et quel dommage que Saint-Simon ne fût pas né ! La passion première parut revenue tout à fait. C'était un doux concert de mots charmants en italien entre la vieille haineuse et le prêtre enfiellé. *Amico del cor mio !* disait-elle. Lui, il était ému, rêveur, visiblement fervent et plein de religion, mais troublé sans doute de tant de beauté.

Qui tromperait et mentirait le mieux ? C'était la question. La Florentine avait l'émulation de Catherine de Médicis. Mais, parmi ses douceurs, telle venimeuse œillade put révéler au grand observateur la plaie qui lui restait et que rien ne guérit. La Fargis avait eu soin de lui dire que le cardinal et sa nièce (qui, comme tous les caractères sombres, avaient des échappées bouffonnes) égayaient leurs ébats à faire la comédie des galants transports de la vieille en baragouinage italien.

Long et pénible fut ce tête-à-tête du bateau. Dés qu'elle en descendit, le cardinal partit grand train et rejoignit le roi à Auxerre. Le roi, loin des beaux yeux d'*Aurore*, avait quelque peu réfléchi. Une chose le rendait soucieux, c'était d'apprendre peu à peu comme on avait travaillé aux huit jours où il était mort et dans quelle tendre intimité on était avec l'homme de l'Espagne, Mirabel, alors à Bruxelles, qu'on fit revenir. Il avoua à Richelieu que la reine mère était toujours contre lui et n'oubliait rien pour le perdre.

La bataille était pour Paris. Le champ de bataille était le Luxembourg, où la reine mère promenait sa fureur dans sa galerie de Rubens. Quoique le roi n'eût rien promis *qu'après la paix*, elle voulait sur l'heure qu'il chassât Richelieu (il novembre 1630). Celui-ci, averti, accourt, veut entrer, se défendre ; mais la porte est fermée ; il entre par une autre. Il s'explique, il prie et il pleure. Une effroyable averse d'injures est la réponse. Le roi s'enfuit et se sauve à Versailles.

On a dit que Richelieu, en ce moment, se crut perdu, qu'il fallut le conseil, la fermeté du cardinal de La Valette pour lui rendre le courage et le faire aller aussi à Versailles. J'en doute fort. Sa ténacité indomptable est bien prouvée. Il avait près du roi un ami, il est vrai, un petit ami, Saint-Simon, ex-page que le roi avait fait premier écuyer. Ce favori obscur, sans grande action, avait pourtant cela d'être près du roi à toute heure. Il n'avait pas les charmes et les heureux moments de mademoiselle de Hautefort, mais en revanche l'assiduité ; nuit et jour, il était le très discret écho, sourd, non retentissant, des plaintes du roi. Il faisait profession de ne se mêler de rien, de n'avoir aucune initiative. Il savait dire : « Oui, Sire » ; donner la réplique simple, indispensable. Le roi, s'affligeant de son abandon et du fardeau d'affaires qu'allait lui laisser Richelieu, aurait dit d'un ton de regret : « Où est-il maintenant ? » A ce mot, qui n'était pas une demande, l'autre répondit cependant : « Mais, Sire, il est ici. »

Richelieu, comme de dessous terre, reparut et changea le roi. Il lui montra avec respect, mais lui montra pourtant qu'en France, en Italie, partout, on se moquait de lui ; qu'il avait perdu à Casal les résultats de deux campagnes, que l'Empereur en était maître, donc l'Espagnol (c'était même chose) ; que le pape était devenu tout impérial, que Venise demandait grâce à l'Empereur, qu'ici l'homme des reines, le vieux garde des sceaux, Marillac, là-bas son frère le général, étaient excellents Espagnols ; que sa cour, son conseil, n'avaient pour chef réel que l'ambassadeur Mirabel, appelé secrètement par la reine Anne à Paris.

Le Paris de la Ligue avait eu pour roi Mendoza. Il ne tenait pas à Mirabel qu'il ne jouât le même rôle. Il trouvait dans le Parlement force têtes pointues pour l'écouter, ou des sots importants, ou des fous imprudents qui auraient joué au jeu insensé de s'appuyer sur l'ennemi « dans l'intérêt des libertés publiques ». Le roi eut honte, eut peur d'une telle situation. Il reprit les sceaux au vieux Marillac, l'exila, fit arrêter l'autre Marillac à l'armée. Mais il était encore si incertain, qu'il lui fallut du temps pour se décider à donner les sceaux à Châteauneuf, un homme énergique et capable que lui désignait Richelieu. Il s'assura de Paris et de la police du Parlement en nommant Lejay premier président.

Mais comment la reine mère allait-elle prendre tout cela ? C'était l'inquiétude du roi. Il envoya quelqu'un, à deux heures de nuit, de Versailles à Paris, pour réveiller le Père Suffren, au noviciat des Jésuites, et le prier d'intervenir et de calmer sa mère.

Cette journée, qu'on appela *Journée des Dupes* (11 novembre 1630), ne fut point décisive au fond, comme on l'a dit. Richelieu n'était sûr de rien ; le roi restait chagrin de voir que lui seul eût raison.

Il n'avait pas eu assez peur. On n'avait pu, sur des preuves certaines, lui faire voir, lire, toucher le complot. Heureusement pour Richelieu, en surveillant la Lorraine, le centre ordinaire des intrigues, il saisit sur la route (décembre 1630) un médecin du roi, Senelle, chargé et surchargé de lettres pour la reine Anne, pour la Fargis et autres.

Que contenaient ces lettres ? On ne le sait pas trop. Dans le procès qu'on fit, on n'ose lever qu'un coin du voile. On parle de complots contre la vie du roi, sans en alléguer d'autres preuves que des recherches astrologiques qu'on faisait pour savoir l'époque de sa mort. Curiosité, il est vrai, mauvaise et très sinistre. On a vu que les pronostics de la mort d'Henri IV y avaient très réellement contribué, encouragé les meurtriers, qui se crurent sûrs de le tuer au jour prédit, marqué là-haut.

Les deux reines et Monsieur ne souhaitaient qu'une mort, celle de Richelieu. On en avait souvent parlé, mais toujours on disait que, si Monsieur faisait tuer Richelieu, le roi le ferait mourir. Cela aurait pu arriver. Louis XIII, malade, comme Charles IX, avait sous les yeux son histoire. Dès son enfance, endoctriné par de Luynes, il tenait de lui cette opinion que Charles IX fut empoisonné par Catherine, et qu'il n'eût pas péri s'il eût fait périr son frère.

Donc, Monsieur devait y songer, attendre encore. La mort de Richelieu exigeait la mort préalable du roi, qui, du reste, semblait ne devoir tarder ; il ne se rétablissait point. Mais les valets parfois sont plus impatients que les maîtres ; il se pouvait que ceux de Monsieur ou des reines perdissent patience et donnassent au roi malade quelque suprême médecine. L'Église y eût gagné, et l'âme aussi de Louis XIII. Car il allait se perdre, faire le grand péché d'Henri IV qui lui coûta la vie, l'alliance protestante. On le disait partout depuis un an pour irriter les catholiques, quoiqu'en réalité il ne traita que l'année suivante.

Dans la riche collection de lettres qu'on saisit, parmi celles qui étaient écrites à la reine, aux grands personnages, il y en avait une pour une vieille bourgeoise, de nom fort significatif, mademoiselle Du Tillet.

Cette vieille était un vrai bijou du Diable, dont elle avait l'esprit. Une destinée tout à rebours. Pour sa laideur, elle avait été adorée du duc d'Épernon. Et, pour sa roture de petite bourgeoise, elle régnait dans la maison de Guise, faisait la pluie et le beau temps. Il y avait quelque chose là-dessous. Elle ne bougeait du Luxembourg, où la reine mère la traitait avec grande considération. C'était une sibylle, une espèce d'oracle ; on répétait et on retenait ses mots. On la consultait en affaires, comme on fait des grands hommes qui, en leur temps, ont accompli des choses ardues et hasardeuses. Comment s'en étonner ? Elle passait pour avoir été dans le secret de Ravaillac.

Mais elle était très fine, et cette fois, pas plus que l'autre, on ne put la prendre. Interrogée, elle plut à Richelieu en parlant outrageusement de la Fargis.

La découverte des lettres mit les trois cabales en déroute, et en division. Chacun sacrifia les deux autres.

Monsieur traita, promit d'être l'ami de Richelieu, qui acheta ses favoris. Il promit à la reine de parler pour elle, et parla plutôt contre.

La reine mère traita aussi pour sauver son Vaultier. Elle envoya le nonce du pape à Richelieu lui dire qu'il y avait moyen de s'arranger. Puis, inquiète, elle lui envoya encore le Père Suffren pour le prier de venir, et quand il fut venu, très douce, elle lui dit qu'elle avait réfléchi et qu'elle sentait bien que les affaires du roi ne pouvaient se passer de lui. Elle consentit à aller au conseil, et là, faisant bon marché de la jeune reine, sa belle-fille, elle trouva fort bon qu'on punit la Fargis, qui ne pouvait guère l'être sans qu'Anne en demeurât tachée.

Mais la plus embarrassée était la jeune reine, dont la grossesse apparaissait. Elle ne fit pas beaucoup d'effort pour la Fargis ; elle pensa à elle-même, et, avec la faiblesse d'une femme en cet état, chargea et dénonça sa grande amie. Elle dit cette chose ridicule, trop visiblement improbable, qu'elle (la reine Anne) avait défendu le cardinal, refusé de le perdre, et que cette méchante Fargis avait forgé les lettres pour l'en punir et la perdre elle-même.

Richelieu, absolument maître de la situation, montra pour la reine une grande douceur. Il craignit de déchirer le rideau de gaze légère qui couvrait le triste intérieur de la famille royale. Il craignit de rendre le roi ridicule. Il craignit peut-être pour Anne elle-même. Car cet homme, qui semblait si sec, aimait les femmes pourtant. Il croyait la reine fragile ; il la voyait tombée jusqu'à l'avilissante faiblesse d'accuser son amie. Il espéra dans cette mollesse de nature, et crut qu'un jour ou l'autre, dans quelque embarras où l'étourdie se jetterait encore, il l'aurait à discrétion.

Donc, il se contenta d'éloigner cette Fargis. Il la laissa s'enfuir, ce qui rendait le procès impossible. Mais, contre son attente, la Fargis partie (30 décembre 1630), la reine se désola et s'emporta ; elle montra pour la perte de celle qu'elle venait d'accuser un inexplicable désespoir. Elle disait tantôt qu'elle savait qu'on voulait la renvoyer en Espagne, tantôt la faire mourir pour que la nièce du cardinal pût épouser le roi. Elle priait, pleurait aussi, pour conserver un valet d'intérieur auquel elle tenait d'une manière étonnante, son apothicaire. Elle en fit une affaire d'État. De couronne à couronne, l'Espagne demanda à la France, par son ambassadeur, que cet indispensable serviteur fût rendu à la reine. On le lui rendit pour deux mois, et avec cette clause qu'il ne la verrait qu'au Louvre et en présence d'une dame très sûre.

Son embarras tenait à l'éloignement de sa garde-malade et de l'homme qui pouvait simplifier son état. Il devenait visible. Richelieu, malicieusement, envoyait voir souvent comment elle se portait. Exaspérée, elle dit : « Mais qu'il vienne lui-même !... Il sera le très bienvenu ! »

Cet état ne l'empêchait pas de s'agiter, de recevoir des agents de Lorraine ou de trotter aux Carmélites pour voir Mirabel en cachette, ou un Anglais papiste, lord Montaigu, agent de sa belle-sœur Henriette, et mêlé dans tous les complots.

Intrigues misérables, sans résultat possible. L'Espagne n'avait aucune chance de soulever le peuple en ce moment. Le seul complot qui eût pu réussir, c'était de profiter de la passion du roi pour mademoiselle de Hautefort, de le faire succomber, et par elle de s'emparer de lui entièrement. Innocente, mais dévouée, passionnée pour sa maîtresse, cette enfant (de seize ans) eût donné sa vie pour la reine, et peut-être un peu plus encore. L'intérêt de l'Église, d'ailleurs, eût tout couvert. Quel beau texte pour les casuistes ! une douce faiblesse qui empêchait un crime (l'alliance protestante), qui chassait Richelieu, le démon de la guerre, qui rendait la paix à l'Europe et réconciliait la grande famille chrétienne !... Prés d'un tel dévouement, qu'était-ce que celui de Judith, qui ne sauva que Béthulie ?

La jeune victime était toute leur ressource en ce naufrage. Vaultier le dit dès Lyon. Son collègue, le pieux médecin Bouvart, à Saint-Germain, quand la reine fut visiblement grosse, n'osa plus tarder, mit les fers au feu. Il se jeta un jour dans un long discours à la Sganarelle, que le roi ne pouvait comprendre. Le sens qu'il démêla à la fin, c'est qu'il n'était malade que de chasteté (comme un de ses aïeux qui en mourut, dit-on) ; mais que lui, ce serait grand dommage s'il en mourait. Et, comme le roi s'impatientait, demandait où il en voulait venir, à quel remède, saignée, médecine ou lavement..., Bouvart, embarrassé, insinua que la vraie médecine, c'était mademoiselle de Hautefort.

Bouvart était un sot. Un homme que lui-même purgeait, dit-on, deux cents fois dans un an, était bien à l'abri de ces basses tentations. Il fut scandalisé. C'est tout ce qu'on gagna.

Cependant les choses pressaient. On fit un essai plus direct. Le fait est très connu, mais de date incertaine. Je n'hésite pas à le placer au moment où la reine, dans une situation urgente, eut besoin d'emporter la chose.

Un jour, en souriant, mademoiselle de Hautefort tenait, laissait voir un petit billet. Voilà le roi curieux. Il veut savoir ce que c'est. En badinant toujours, elle recule, et le roi avance, curieux et intrigué de plus en plus. Il la prie de le laisser lire, avance la main pour le prendre. Elle le cache dans son sein. Le roi est arrêté tout court et ne sait plus que faire. Cela se passait devant la reine. Elle fit une chose hardie, et qui pouvait avoir de grandes conséquences. Elle prit les mains de la jeune fille, et la tint pour que le roi pût la fouiller.

Mais Louis XIII fut plus embarrassé encore. Il recourut à l'expédient (ridicule, excellent) de prendre de petites pinces d'argent qui étaient là, et, chastement, de ce lieu délicat, sans contact, enleva la lettre.

Que serait-il arrivé si les choses s'étaient passées autrement ? On rira si l'on veut, on se moquera de ceux qui donnent aux petites causes une grande portée. Il n'y a rien de petit au gouvernement monarchique.

Si les pincettes ne s'étaient trouvées là, si Louis XIII n'eût pas été homme à les prendre, il serait arrivé que le roi eût senti la débonnaireté de la reine, goûté sa complaisance, compris ce que dit madame de Motteville, « que la reine désirait qu'il aimât mademoiselle de Hautefort ». Enfin sa conscience dévote eût cédé, étouffée par cette connivence de la personne intéressée.

Mademoiselle de Hautefort ne se fût pas sacrifiée pour n'en retirer rien. Aussi ardente et résolue qu'elle avait été vertueuse, le pas fait, elle aurait mené bien loin le roi dans le sens de la reine. Victoire complète de l'Espagne et du pape. Chute et procès de Richelieu. Nulle alliance avec Gustave-Adolphe.

Mais Louis XIII ne fut pas assez inintelligent pour ne pas comprendre. Il méprisa ceux qui l'entouraient, et se donna solidement et fortement à Richelieu.

Celui-ci, qui connaissait mieux son homme et son malade, en contraste avec l'impuissante corruption de la cour, réussit par l'austérité. Le roi aimait le capucin Joseph. Richelieu, non seulement rappela Joseph, mais lui organisa un ministère de capucins. Joseph eut quatre principaux secrétaires de son ordre, un état de maison, des chevaux, des voitures, des logements aux résidences de la cour. Mais rien ne fit meilleur effet au roi que de voir le ministère peuplé de ces robes grises. Rien n'affermit mieux sa conscience et dans ses sévérités pour sa mère, et dans ses résistances au pape, dans l'alliance avec

Gustave. Il crut que beaucoup de choses étaient permises à un roi qui faisait aller les capucins en carrosse.

Du reste, Richelieu, qui connaissait Joseph et l'avait expérimenté le premier fourbe de la terre, tout en le grandissant ainsi, le mit parfaitement dans sa main. Il dit aimer tant ce cher frère, qu'il ne le logerait qu'avec lui. Lui et ses capucins, ses employés, son petit ministère, tout fut établi chez le cardinal, au même étage, dans son appartement et sous ses yeux, de sorte qu'il pût toujours lui-même espionner ce chef des espions.

Le tenant de si près, il l'employa à dire au roi certaines choses difficiles, à ouvrir certains avis violents, se réservant pour lui des dehors de modération. Le capucin, né homme d'épée, passait pour en garder l'esprit, et on en faisait cent histoires plaisantes. On disait, par exemple, qu'un jour disant sa messe, il reçut un officier qui venait prendre un ordre pressé pour une surprise de place : « Mais, s'ils font résistance ? » dit l'officier. « Alors tuez tout », dit le bon Père, et il reprit sa messe interrompue.

Richelieu ne pouvait, sans une mauvaise couleur d'ingratitude, parler contre son ancienne protectrice, la reine mère. Peut-être fit-il parler Joseph, et par lui enleva la grande mesure de la séparation de la mère et du fils.

Monsieur, le 31 janvier, ayant repris la guerre par une sortie furieuse et une bravade qu'il vint faire chez le cardinal, on acheva de persuader au roi, excédé de ces orages, qu'avec sa mère et son frère il n'aurait jamais de repos. Il alla à Compiègne avec toute la cour, mais partit, y laissa sa mère sous la garde de M. d'Estrées, lui faisant dire qu'il la priait d'aller à Moulins, d'y rester. On lui enleva Vaultier, pour le lui rendre, disait-on, dès qu'elle serait à Moulins.

Le lendemain (25 février 1631), on mit son fidèle Bassompierre à la Bastille. La sœur de Guise, princesse de Conti, fut exilée avec trois duchesses, dont deux étaient aussi de la maison de Guise.

Monsieur s'enfuit en Franche-Comté, sur terre espagnole, le 11 mars, avec le secours de sa mère, qui lui remit les pierreries de sa défunte femme. Elle-même, laissée sans gardes à Compiègne, sur je ne sais quel avis qu'on lui donna, s'enfuit aux Pays-Bas (18 juillet 1531). C'est ce que voulait Richelieu.

Trois gouverneurs de provinces, Guise, Elbeuf et Bellegarde, avaient quitté la France. On les fit condamner à mort par le parlement de Dijon, ainsi que la Fargis, et Senelle aux galères. Le roi lui-même avait été à Dijon pour assurer la Bourgogne, gouvernement du fugitif Bellegarde.

Le roi fit ce voyage en mars, et partit de Dijon le 2 avril pour revenir. Ce fut en mars que la reine avorta.

Richelieu avait eu la complaisance de laisser revenir près d'elle la Chevreuse, qui promettait de le servir désormais. Monsieur en plaisanta. Il dit dans son exil « qu'on avait fait revenir la Chevreuse pour donner plus de moyens à la reine de faire un enfant ». (*Journal de Richelieu, Arch. cur.*, t. V, p. 71.)

On lit dans le même *Journal*, p. 41, cette note curieuse :
« Madame Bellier a dit au sieur Cardinal, en grandissime secret, *comme la reine avoit été grosse* dernièrement, qu'elle s'étoit *blessée*, que la cause de cet accident étoit *un emplâtre* qu'on lui avoit donné, pensant faire bien. Depuis, Patrocle (écuyer de la reine) m'en a dit autant, et le médecin ensuite. »

Le roi ignora-t-il cette grossesse ? Et Richelieu fut-il tellement magnanime pour sa belle ennemie jusqu'à la couvrir de son silence ? Je ne l'imagine pas.

Je crois plutôt qu'il laissa ce triste secret arriver au roi, pensant ne pouvoir s'affermir sur une meilleure base que sur le mépris de la reine.

Ce qui est sûr, c'est qu'Anne d'Autriche avorta en mars, et que Richelieu, définitivement vainqueur et maître, osa, au mois d'avril, clore et signer son traité avec Gustave, dressé dès le mois de janvier.

Achevé d'imprimer en France
par Maury Imprimeur
45330 Malesherbes